新訂第２版

テキスト
国際会計基準

桜井久勝【編著】
Edited by Sakurai Hisakatsu

Global
Accounting
Standards

IAS & IFRS

東京　白桃書房　神田

序　文

本書は，『国際会計基準』および『国際財務報告基準』を構成するすべての会計基準の内容を，網羅的かつ総合的に解説したものである。

本書の初版を2001年に公刊して以降，この会計基準の制定主体は国際会計基準委員会（IASC）から国際会計基準審議会（IASB）へと組織替えが行われ，会計基準の名称が国際会計基準（IAS）から国際財務報告基準（IFRS）へと改称されるとともに，会計基準の新設と更新が相次いだ。これに対応して本書は，第6版まで版を重ねた後，2018年に新訂版へと改訂された。しかしその後も，国際財務報告基準の新設や改正は続行され，グローバル経済におけるその重要性もますます高まり続けてきた。そこで本書も，このような動きに対応して最新の情報を読者に提供するため，このたび新訂第2版へと内容を更新することとした。

本書で取りあげる会計基準は，1973年に設立された国際会計基準委員会が，会計処理と開示に関する国際的なルールとして設定を開始したものであり，それらは国際的に利用可能な財務諸表とディスクロージャーの世界的な普及を通じて，資本のグローバルな流通の促進に貢献することを期待して，こんにちまで継承されてきた。

当初は遙かな願いに過ぎなかったこの期待は，長年にわたる世界中の会計学研究者と実務家の知恵と情熱を結集して，実現へ向けた歩みを着実に続けている。これを推進する原動力となったのは，2005年にEU諸国が域内企業に対して国際財務報告基準の適用を義務づけたこと，および2007年にはSECがアメリカ市場で上場や資金調達する外国企業に対して国際財務報告基準に準拠した財務諸表を承認したことである。日本の金融庁もまた，2010年3月期の年度の連結財務諸表から，所定の条件を満たす日本企業が国際財務報告基準を任意に適用することを認めた。その後，日本では金融庁の後押しもあり，国際財務報告基準を採用する日本企業の時価総額は，日本の上場企業全体の45.6％にも達している（2022年8月末現在）。このほか現在では多数の国々が，国際財務報告基準を自国基準として利用するようになっている。

したがって国際会計基準と国際財務報告基準は，外国の証券市場での上場や資金調達を意図する企業にとっても，また外国企業が発行する証券を売買しようとする国内の投資家にとっても，必要不可欠な知識であるといえよう。

しかし国際会計基準と国際財務報告基準の重要性は，それだけにとどまらない。そのような国際的ルールが各国の会計基準に影響を及ぼし，国際的な資本流通を意図しないような国内企業の会計実務を徐々に変革していくであろうことが十分に予想されるからである。このことは過去約25年間に日本で新設ないし改訂された会計基準の多くが，国際的な会計基準から顕著な影響を受けていることからも明らかであろう。国内の会計基準の動向を先取りするうえでも，国際的な会計基準に関する情報が大いに役立つにちがいない。

本書は，そのような国際会計基準および国際財務報告基準の理解と普及を願って，各基準書の内容を可能な限り簡潔明快に解説している。国際会計基準委員会によってこんにちまでに公表されている会計基準は，次の一覧表に示したとおり1号から41号に及ぶ。また後継の国際会計基準審議会は，2024年4月末現在で国際財務報告基準を18号まで発表している。このうち，すでに廃止されたもの18件を除いて，残り41の基準書の内容が本書で解説される。これに，会計基準の国際的統合（第1章），および国際会計基準の制定と適用（第2章），ならびに財務報告に関する概念フレームワーク（第3章）の説明を加えて，本書は全体で44の章から成る。第4章以下は，国際会計基準と国際財務報告基準の番号の順に1章ずつが充てられている。

号	タイトル	当初制定	最終改正	最終版発効日
国際会計基準				
1	財務諸表の表示	1975年1月	2021年2月	2023年1月1日
	2027年1月以降の開始年度からIFRS18へ代替される予定			
2	棚卸資産	1975年10月	2003年5月	2005年1月1日
	3～6号（廃止）			
7	キャッシュ・フロー計算書	1977年10月	2024年4月	2027年1月1日
8	会計方針，会計上の見積りの変更および誤謬　（「財務諸表の作成の基礎」へ標題変更の予定）	1978年2月	2003年12月	2005年1月1日
	9号（廃止）			
10	後発事象	1978年10月	2003年12月	2005年1月1日
	11号　工事契約（廃止→IFRS15）			
12	法人所得税	1979年7月	2017年12月	2019年1月1日
	13号（廃止）			
	14号（廃止→IFRS 8）			
	15号（廃止）			
16	有形固定資産	1982年3月	2020年5月	2022年1月1日
	17号　リース（廃止→IFRS16）			
	18号　収益（廃止→IFRS15）			
19	従業員給付	1983年1月	2018年2月	2019年1月1日
20	政府補助金の会計処理と政府援助の開示	1983年4月	2008年5月	2009年1月1日
21	外国為替レート変動の影響	1983年7月	2008年12月	2009年7月1日
	22号（廃止→IFRS 3）			
23	借入コスト	1984年3月	2017年12月	2019年1月1日
24	関連当事者についての開示	1984年7月	2013年12月	2014年7月1日
	25号（廃止）			
26	退職給付制度の会計と報告	1987年1月	1987年1月	1988年1月1日
27	個別財務諸表	1989年4月	2014年8月	2016年1月1日
28	関連会社と共同支配企業に対する投資	1989年4月	2017年10月	2019年1月1日
29	超インフレ経済下における財務報告	1989年7月	2008年5月	2009年1月1日
	30号（廃止→IFRS 7）			

	31号（廃止→IAS28）			
32	金融商品の表示	1995年6月	2012年5月	2014年1月1日
33	1株当たり利益	1997年2月	2007年9月	2009年1月1日
34	期中財務報告	1999年6月	2014年9月	2016年1月1日
	35号（廃止→IFRS5）			
36	資産の減損	1998年6月	2013年5月	2014年1月1日
37	引当金，偶発負債および偶発資産	1998年9月	2020年5月	2022年1月1日
38	無形資産	1998年9月	2014年5月	2016年1月1日
	39号　金融商品：認識と測定（廃止→IFRS9）			
40	投資不動産	2000年4月	2016年12月	2018年7月1日
41	農業	2000年12月	2014年6月	2016年1月1日
国際財務報告基準				
1	国際財務報告基準の初度適用	2003年6月	2016年12月	2018年1月1日
2	株式に基づく報酬	2004年2月	2016年6月	2018年1月1日
3	企業結合	2004年3月	2017年12月	2019年1月1日
	4号　保険契約（廃止→IFRS17）			
5	売却目的で保有する非流動資産と非継続事業	2004年3月	2014年9月	2016年1月1日
6	鉱物資源の探査と評価	2004年12月	2005年6月	2006年1月1日
7	金融商品の開示	2005年8月	2019年9月	2020年1月1日
8	事業セグメント	2006年11月	2013年12月	2014年7月1日
9	金融商品	2009年11月	2019年9月	2020年1月1日
10	連結財務諸表	2011年5月	2014年12月	2016年1月1日
11	共同支配の取決め	2011年5月	2017年12月	2019年1月1日
12	他の企業への関与の開示	2011年5月	2016年12月	2017年1月1日
13	公正価値測定	2011年5月	2013年12月	2014年7月1日
14	規制繰延勘定	2014年1月	2014年1月	2016年1月1日
15	顧客との契約から生じる収益	2014年5月	2016年4月	2018年1月1日
16	リース	2016年1月	2021年3月	2021年4月1日
17	保険契約	2017年5月	2020年6月	2023年1月1日
18	財務諸表における表示および開示	2024年4月	2024年4月	2027年1月1日
概念フレームワーク		1989年7月	2018年3月	

このたび本書を新訂第2版へと更新するにあたり，旧版の出版後に生じた会計基準の新設改廃への対応を中心として，本書に反映させた主要なポイントは次の3点である。

1．2024年4月に国際財務報告基準（IFRS）第18号が新設され，これに伴って国際会計基準（IAS）第1号が廃止されることになったことに伴い，新基準を解説する第44章を新設したこと。ただし，たとえば3月決算企業については2027年3月決算期までIAS第1号が適用されるので，IAS第1号の解説も残している。
2．これ以外の国際財務報告基準の改正に対応して，それに関連する章の解説を更新したこと。ただし，重要性に乏しい改正への言及は，敢えて行わなかった。
3．旧版以後に生じた日本の会計基準の新設改廃に対応して，それに関連する章の解説を更新することにより，国際基準と日本基準の比較情報をブラッシュアップしたこと。

このような更新を行う一方で，本書が従来から有していた次の特徴は，新訂第２版でも維持されている。多くの人々が国際会計基準についての理解を深めるために，本書が役に立てば幸いである。

1．現時点で有効な基準書をすべて省略することなく順に取りあげ，それぞれの内容をできるだけ簡潔明瞭に要点解説したこと。
2．すべての基準書について，日本の会計基準との比較を行い，重要な相違点に焦点を当てて説明したこと。
3．各章の冒頭に，その章で解説する国際会計基準または国際財務報告基準の設定目的と適用範囲を示して，それぞれの会計基準の位置づけを明らかにしたこと。
4．会計基準の内容の解説に続いて，その章の「キーワード」を示すことにより，重要概念の復習を可能にしたこと。
5．すべての章の最後に，「演習問題」を付して理解度を自己点検できるようにしたこと。

本書の出版に際し，分担執筆をお引き受け下さった先生方に，心からお礼を申し上げたい。また白桃書房の大矢栄一郎社長にも謝意を表したい。

2024年４月

編者　桜井　久勝

執筆分担

第１章　会計基準の国際的統合　桜井久勝
第２章　国際会計基準の制定と適用　池田健一
第３章　財務報告に関する概念フレームワーク　小野慎一郎
第４章　財務諸表の表示（IAS１）　増村紀子
第５章　棚卸資産（IAS２）　石光　裕
第６章　キャッシュ・フロー計算書（IAS７）　土田俊也
第７章　会計方針，会計上の見積りの変更および誤謬（IAS８）　浦山剛史
第８章　後発事象（IAS10）　山下和宏
第９章　法人所得税（IAS12）　金光明雄
第10章　有形固定資産（IAS16）　音川和久
第11章　従業員給付（IAS19）　桜井久勝
第12章　政府補助金の会計処理と政府援助の開示（IAS20）　若林公美
第13章　外国為替レート変動の影響（IAS21）　若林公美
第14章　借入コスト（IAS23）　音川和久
第15章　関連当事者についての開示（IAS24）　金光明雄
第16章　退職給付制度の会計と報告（IAS26）　桜井久勝
第17章　個別財務諸表（IAS27）　石川博行
第18章　関連会社と共同支配企業に対する投資（IAS28）　石川博行
第19章　超インフレ経済下における財務報告（IAS29）　増村紀子
第20章　金融商品の表示（IAS32）　桜井貴憲
第21章　１株当たり利益（IAS33）　石川博行
第22章　期中財務報告（IAS34）　土田俊也
第23章　資産の減損（IAS36）　桜井久勝
第24章　引当金，偶発負債および偶発資産（IAS37）　石井孝和
第25章　無形資産（IAS38）　池田健一
第26章　投資不動産（IAS40）　若林公美
第27章　農業（IAS41）　村宮克彦
第28章　国際財務報告基準の初度適用（IFRS１）　増村紀子
第29章　株式に基づく報酬（IFRS２）　與三野禎倫
第30章　企業結合（IFRS３）　池田健一
第31章　売却目的で保有する非流動資産および非継続事業（IFRS５）　北川教央
第32章　鉱物資源の探査と評価（IFRS６）　髙田知実

目　次

1 会計基準の国際的統合

1 会計基準の必要性

現代の企業は多様な関係者との利害関係を伴いつつ経済活動を行っている。そのような利害関係者には，企業に資金を提供している株主や債権者，および将来の資金提供を検討している投資者をはじめ，従業員，仕入先や顧客等の取引先，政府機関などがある。これらの人々は，企業との関係において自己の利益を守り，適切な経済的意思決定を行うために，企業の動向に強い関心を有し，企業に関する情報を必要としている。

利害関係者によって必要とされるそのような情報を，企業が提供するための効果的な手段は，貸借対照表や損益計算書などの財務諸表の公表を中心とした財務報告である。したがって財務報告は，元来，法律による強制の有無にかかわらず，企業経営を円滑に行うために，企業が自発的に行う側面をもっている。しかし経済社会において企業の影響力が増大するにつれ，企業の財務報告に対しても法律の規制が加えられるようになっている。

そのような法律として，日本には会社法と金融商品取引法がある。**会社法**は株式会社などに対して，事業年度ごとに貸借対照表や損益計算書などの計算書類を作成し，定時株主総会に先立ってこれを株主や債権者に開示するよう求めている。この情報を入手した株主は，これを十分に検討して会社の状況を把握したうえで，株主総会での取締役人事や利益分配の議案などに賛否を表明することにより，自己の利益を守るように期待されている。

他方，**金融商品取引法**による財務報告の制度は上場会社などに対してのみ適用され，会社が定期的に財務諸表を作成し，金融庁に提出するように求めている。提出された財務諸表は，金融庁が管理するウェブサイトで公開され，誰でも自由にこれを閲覧することができる。そして上場会社の株式や社債などを売買しようとする投資家は，会社の財務諸表から必要な情報を入手して株式などの価値を判断したうえで，市場において賢明な売買を行うように期待されている。このような投資家たちの賢明な売買が株式市場で集約されて成立した株価は，その企業が資金調達のために発行する新株式の発行価額を左右する。したがって最終的には，家計で貯蓄されてきた資金が，それを必要とする企業へ配分されていく仕方に影響を及ぼすことになる。国全体としては，収益性の高い企業ほど株価が高くなる結果として，より多くの資金が配分されていくことになれば，経済効率の観点から望ましいといえよう。

会社法や金融商品取引法が規定する財務報告の目的がうまく達成されるためには，会社の財務諸表が適切に作成されていることが不可欠の前提条件となる。しかし財務諸表は会社自身が作成するものであるから，常に正しく作成される保証はない。たとえば会社は資金調達を有利に進めるために，あるいは取締役が保身のために株主からの信任を取り付けようとして，利益額をできるだけ大きくしようと操作する可能性がある。逆に，法人税の対象となる課税所得を圧縮しようとして，あるいは賃上げや増配など利害関係者からの要求をかわそうとして，利益を減らすための操作が行われることもある。したがって財務報告の適切性を確保するには，財務諸表の作成と公表に際して準拠されるべき社会的な規範を設定し，会社が行う会計処理に一定の規制を加えることが必要になる。

このような社会的な規範として形成されてきたものが**会計基準**である。これらの基準は，公正妥当なものとして社会的な承認を得ているという意味で，「一般に認められた会計原則」とか「一般に公正妥当と認められる企業会計の基準」と呼ばれている。制定された会計基準が，公正妥当なものとして社会的な承認を得るためには，新設改廃する会計基準のテーマの選択から，討議文書や草案の公表，ならびにパブリック・コメントの募集など，基準設定の過程で関係者が誰でも自由に意見表明ができるように，会計基準の設定プロセスの透明性を確保することが重要である。会計基準を設定するためのこのような一連の手続はデュープロセス（due process）と呼ばれている。

2　日本の会計基準

日本の会計基準の設定は，第二次大戦後長らく，大蔵省（現在の金融庁）に設置された**企業会計審議会**が担ってきた。しかし会計基準は政府機関ではなく民間団体が行うという国際動向に合わせて，2001年に**企業会計基準委員会**が設立され，「企業会計基準第○号」という名称で会計基準を設定するようになった。企業会計審議会が過去に設定した会計基準のいくつかは，企業会計基準委員会により改編されたが，次の７つの基準は現在も効力を有している。なお，下記の会計基準の末尾に付した［　］には，その日本基準の規定内容が，本書の以下の部分で解説する個々の国際基準のどれと対応または関連するものであるかを示す省略記号が記されている。IASは2000年まで制定されてきた「国際会計基準」を表し，IFRSはそれ以後に公表されるようになった「国際財務報告基準」を意味している。

「企業会計原則」，「原価計算基準」

「外貨建取引等会計処理基準」［IAS21］

「連結キャッシュ・フロー計算書等の作成基準」［IAS 7］

「研究開発費等に係る会計基準」［IAS38］

「税効果会計に係る会計基準」［IAS12］

「固定資産の減損に係る会計基準」［IAS36］

他方，企業会計基準委員会が設定した「企業会計基準」は，2024年３月末現在で，次に示すとおり第１号から第33号にまで及んでいる（なお，3.14.19の各号は26号へ統合され，15号は29号へ統合された）。各基準の末尾の［　］には，その日本基準と対応ないし関連する国際基準が示されている。

第１号：自己株式及び準備金の額の減少等に関する会計基準［IAS32］
第２号：１株当たり当期純利益に関する会計基準［IAS33］
第４号：役員賞与に関する会計基準［IAS19］
第５号：貸借対照表の純資産の部の表示に関する会計基準［IAS１］
第６号：株主資本等変動計算書に関する会計基準［IAS１］
第７号：事業分離等に関する会計基準［なし　IFRS３参照］
第８号：ストック・オプション等に関する会計基準［IFRS２］
第９号：棚卸資産の評価に関する会計基準［IAS２］
第10号：金融商品に関する会計基準［IAS32，IFRS7，IFRS９］
第11号：関連当事者等の開示に関する会計基準［IAS24］
第12号：四半期財務諸表に関する会計基準［IAS34］
第13号：リース取引に関する会計基準［IFRS16］
第16号：持分法に関する会計基準［IAS21］
第17号：セグメント情報等の開示に関する会計基準［IFRS８］
第18号：資産除去債務に関する会計基準［IAS16，IAS37］
第20号：賃貸等不動産の時価等の開示に関する会計基準［IAS40］
第21号：企業結合に関する会計基準［IFRS３］
第22号：連結財務諸表に関する会計基準［IFRS10］
第23号：「研究開発費等に係る会計基準」の一部改正［IAS38］
第24号：会計方針の開示，会計上の変更及び誤謬の訂正に関する会計情報［IAS８］
第25号：包括利益の表示に関する会計基準［IAS１］
第26号：退職給付に関する会計基準［IAS19］
第27号：法人税，住民税及び事業税等に関する会計基準［IAS12］
第28号：『税効果会計に係る会計基準』の一部改正［IAS12］
第29号：収益認識に関する会計基準［IFRS15］
第30号：時価の算定に関する会計基準［IFRS13］
第31号：会計上の見積りの開示に関する会計基準［IAS１］
第32号：「連結キャッシュ・フロー計算書等の作成基準」の一部改正［IAS７］
第33号：中間財務諸表に関する会計基準［IAS34］
公開草案：リースに関する会計基準［IFRS16］

3　会計基準の国際的統合の利点

⑴　資本の国際的な流通

日本の会計基準は，日本の会社法や金融商品取引法などの法規制，および日本企業の経済環境や商慣習などを前提としたうえで，会計基準を制定するための日本国内でのデュープロセスを経て生み出されたものである。それと同様に世界各国の会計基準は，その国の政治・経済・企業文化などを背景とする価値観に基づき，それぞれ独自の発展を遂げて現在に至っている。したがって同一の取引であっても，その具体的な会計処理を規定する会計基準の内容は，国によって相違する場合がある。

これに対し今や，資本の流通は国境を越えてますます活発に行われようとしている。たとえば東京証券取引所が行った株式分布状況調査によると，2023年３月末の外国人による日本株の保有比率は金額ベースで30％に達することが明らかになった。また2023年１月から12月までの株式売買については，海外投資家の占める割合が，株数ベースおよび金額ベースとも70％にも及ぶことが報告されている。その一方で，日本人の個人や機関投資家が外国企業の株式を対象として行う売買や保有もますます拡大傾向にある。

以上は投資家の立場から見た国際化の状況であるが，企業の資金調達にも国際化の進展が見られる。日本企業が外国の証券市場に上場して，有価証券の募集や売出しを行うことにより，外国の市場から資金を調達する場合がそれである。たとえばニューヨーク証券取引所に上場する日本企業は，2023年12月末現在で11社にのぼっており，ロンドンやフランクフルトなどヨーロッパ市場に上場する企業は，これよりさらに多い。逆に，東京証券取引所に上場する外国企業は，2023年12月末現在で６社を数えている。

このようにして資本の流通が国境を越えてグローバル化する中で，企業の財務諸表がその所在国に固有の会計基準に基づいて作成されていれば，財務諸表を利用する投資家とこれを作成する企業の双方に，いくつかの問題が生じる。もし各国の会計基準が国際的に統一され，世界中の企業が統一された国際基準で作成した財務諸表を公表するようになれば，投資家と企業の双方に次のようなベネフィットが生じることが期待される。

⑵　投資家にとってのベネフィット

会計基準の国際的統合によって最大の恩恵を受けるのは，外国企業の有価証券を投資対象の候補として検討する投資家であろう。このベネフィットは，世界中の企業の財務諸表が同一の会計基準に基づいて作成される結果として，財務諸表の国際的な比較可能性が向上することから生じる。

たとえば，ある投資家が航空業界の将来性を予想して，世界の航空会社の中から有望な投資先を選考しようとして財務諸表を入手したとしよう。デルタ航空やユナイティッド航空の財務諸表がアメリカ基準で作成され，エールフランスやルフトハンザがヨーロッパの会計基準で作成した財務諸表を公表しているのが現状であるから，日本基準で作成された日本航空や全日空の財務諸表をこれらと比較するのは簡単ではない。同一の取引であっても，その会計処理について各国の会計基準が規定する取扱が異なるからである。会計基準の差が財務諸表に及ぼした影響を相互に調整できる場合もないわけではないが，財務諸表を作成する基礎となったデータの多くは公表されていない。したがって投資者がみずからそのような調整を行うことができないのが通常である。

このような現状に対し，各国の会計基準が国際的に統一されて，世界中の企業が統一後の国際基準で作成した財務諸表を公表するようになれば，投資家は共通の財務指標で各国の企業の収益性や安全性を容易に国際比較することが可能になる。したがって投資家による証券投資の意思決定が促進されるだけでなく，証券投資に伴うリスクを国際的に分散して軽減するのにも役立つであろう。

そのようなベネフィットは，個々の投資家だけでなく証券市場全体にも波及することが期待される。たとえば東京証券取引所に上場する日本企業の多くが，国際基準で作成した財務諸表を公表すれば，外国人投資家が日本市場で行う証券売買がさらに活発になり，日本の金融資本市場の国際的な魅力が，よりいっそう向上すると予想される。

(3) 企業の資金調達のベネフィット

会計基準の国際的統合は，企業が行う資金調達の観点からもベネフィットをもたらすであろう。たとえば日本企業がアメリカの証券市場に株式を上場したり新株発行による資金調達を行う場合，そのためにアメリカでの公表が求められる財務諸表について，アメリカの当局は自国の投資者を保護する目的で，アメリカの投資者が慣れ親しんでいるアメリカの会計基準でこれを作成するように要求してきた。したがって日本企業が，日本の会計基準ですでに財務諸表を作成していれば，アメリカ基準でも作成し直さなければならないため，財務諸表の作成コストがかさむことになる。

このため日本の金融庁は，アメリカ基準で作成された連結財務諸表を，日本の金融商品取引法に基づく連結財務諸表として提出することを，所定の日本企業に許容してきた。またアメリカの当局が，国際会計基準に準拠した連結財務諸表をアメリカでの上場や資金調達に利用することを，外国企業に許容する決定を2007年に行ったことに対応して，日本の金融庁も国際会計基準で作成された連結財務諸表を日本市場向けに公表することを承認している。

他方，国際会計基準に基づく財務諸表が広く普及しているヨーロッパの証券市場では，日本とアメリカなど所定の国の会計基準がヨーロッパの基準と同等であると認定されているので，現在のところは日本基準で作成した財務諸表の利用が可能である。しかしヨーロッパで投資家の関心を高めるには，現地で広く普及した国際会計基準による財務諸表を公表するに越したことはない。

このような世界の主要な金融資本市場での当局の規制を前提に考えると，世界中の主要な市場で受け容れられる財務諸表を1組だけ作成するとすれば，国際会計基準またはアメリカ会計基準に準拠するのが賢明であるといえる。さもなければ，国別対応のために複数組の財務諸表を作成するコストを負担せざるをえないのである。このことからも明らかなように，会計基準の国際的統合は，企業の財務諸表の作成コストを削減させるのに大いに役立つであろう。

もっとも，外国での上場や資金調達を意図しない日本企業にとっては，当面は日本基準による財務諸表だけを作成することで十分であろう。しかし将来のために，資金調達の選択肢を増やしておくことも重要である。国際会計基準で作成された財務諸表は広く信頼され，世界中の投資家から資金を集めやすくなるであろうから，国際的な金融資本市場における資金調達手段の多様化を実現するのに役立つものと期待される。

さらには国際会計基準の導入が，資金調達関連コストの低減をもたらす可能性もある。投資家が財務諸表の信頼性について不安を感じれば，そのリスク負担分だけ投資家が要求する資本コストは上乗せされることが考えられる。したがって国際会計基準の導入によって，財務諸表に対する投資家の信頼性を確保できれば，その分だけ資本コストを低減できる可能性が高い。

⑷　企業の経営管理のベネフィット

会計基準の国際的統合は，資金調達だけでなく経営管理の観点からも，企業にベネフィットをもたらすことが予想される。とくに世界の各地に在外子会社を有して，それを円滑かつ効率的に管理しなければならない企業には，多くの効用が期待される。

第１に，グループ内各社の会計基準が統一されると，同じ基準で作成された情報が集まるから，会計データを活用して行うグループ管理のためのインフラが一元化されることになる。もちろん全子会社が日本基準で会計データを作成するよう統一しても，この目的を達成できるが，国際基準が各国で承認されていれば，これに統一する方がはるかに容易である。

グループ会社による統一的な会計基準の採用が，財務報告の品質を向上させることは言うまでもないが，効果はそれだけにとどまらない。各子会社の業績が同一の基準で測定されてくれば，親会社は海外子会社の意思決定や経営管理を現地任せにすることなく，科学的な計数管理の手法によって効果的な経営戦略を迅速に展開できるだろう。たとえば収益性が劣る事業や子会社に投資を続けてしまう危険を削減し，グループ内での効率的な資金配分が可能になる。この結果として，世界的な規模でよりいっそうのガバナンス強化を促進することができる。

期待される効用の第２は，各社が自社と競合他社の財務諸表をグローバルな視点で比較できる可能性が向上することである。この結果，世界市場で競争関係にある同業他社と比較して，自社が促進すべき強みや改善を要する自社の弱点を，財務諸表分析を通じて的確に把握できるようになるだろう。世界的な規模での財務諸表の国際的な比較可能性の向上は，投資者だけでなく相互に競争関係にある企業にとっても，優れた意思決定の基礎として会計情報の有用性を高めるものと期待される。

さらに第3の効用として，企業みずからが経営管理のために行う管理会計の情報を，法規制に基づく制度会計にも反映させることにより，二重コストの排除や対外意識を反映した事業運営に寄与することを指摘する見解もある。国際会計基準には，会計処理を左右するような詳細な具体的数値の規定がほとんどなく，会計基準の適用に際しての判断の多くが企業自身に委ねられる傾向がある。したがって経営管理のための管理会計データを，財務報告のための制度会計にも織り込める余地が大きい。この結果，管理会計と財務会計の二重計算コストが削減され，また企業の経営判断が財務報告に直結することになれば，企業経営に関する利害関係者の理解が促進されることにもなるであろう。

キーワード

会計基準＝企業が財務諸表の作成と表示に際して準拠しなければならない社会的な規範として形成され文書化されている会計のルールである。それ自体は法律ではないが，日本で財務諸表の作成と報告を規定する会社法と金融商品取引法は，会社が一般に公正妥当と認められる企業会計の基準に準拠して財務諸表を作成するよう求めている。

デュープロセス＝一般には，法に基づく適正手続を意味するが，会計基準の制定に関していう場合には，制定された会計基準が社会的な規範として効力をもつために，その基準の制定過程で遵守されなければならない手続のことである。そこには，新設改廃する会計基準のテーマの選択から，討議文書や公開草案の公表，ならびにパブリック・コメントの募集などの手続が含まれる。

演習問題

［1］　会計基準の国際的統合に関する次の記述のうち，正しいものを選びなさい。

a．全世界の企業の会計基準が国際的に統合されれば，財務諸表の国際比較が促進されて投資家は大きな便益を得るが，企業にはほとんど便益は生じない。

b．日本企業が国際会計基準で作成した連結財務諸表は，アメリカの証券市場でもヨーロッパの証券市場でも，上場や資金調達のための財務報告に利用することができる。

c．日本企業であれ外国企業であれ，日本の金融商品取引法に基づく財務報告において利用できるのは，日本の会計基準に準拠して作成された連結財務諸表だけである。

d．国際会計基準に準拠することで，その企業が公表する財務諸表に対する投資家の信頼性が高まれば，その分だけ資本コストが低減すると期待できる。

（正解）ｂとｄが正しい。

（解説）会計基準の国際的統合は企業にも便益をもたらす（本章の本文参照）ので，ａは誤り。外国企業と所定の日本企業については，アメリカ基準や国際会計基準による連結財務諸表を日本で開示することが認められているので，ｃは誤り。

［桜井　久勝］

2 国際会計基準の制定と適用

1　IASBの発足

国際会計基準は，当初は1973年に９カ国の職業会計士団体の合意によって設立された国際会計基準委員会（International Accounting Standards Committee：IASC）により設定されていた。その後，2000年５月に証券監督者国際機構（International Organization of Security Commissions：IOSCO）から国際会計基準がグローバルスタンダードとして承認を受けたのを契機に，それまでの国際会計基準委員会の代わりに新たに国際会計基準審議会（International Accounting Standards Board：IASB）が2001年に設立された。

これに伴い，会計基準の名称が国際会計基準（International Accounting Standards：IAS）から国際財務報告基準（International Financial Reporting Standards：IFRS）へと改称されている。この結果，現存する国際基準にIASCが設定したIAS（国際会計基準）とIASBが設定したIFRS（国際財務報告基準）が含まれることになったが，本章では両者をまとめて「国際会計基準」と呼ぶことにする。なお，日本の金融商品取引法に基づく財務諸表を規制する連結財務諸表規則も第93条で，これらをまとめて国際会計基準と呼んでいる。また，国際サステナビリティ基準審議会（Internal Sustainability Standards Board：ISSB）の創設により，ISSBのサステナビリティ開示基準と「国際会計基準（**IFRS会計基準**と呼ぶ場合がある)」をあわせて**IFRS基準**と呼んでいる。

図表１は，IASBの主要な組織を示している。アメリカのデラウェア州におかれたIFRS財団（国際財務報告基準財団）[注1]のもとで，評議員会（Trustees），国際会計基準審議会（IASB），IFRS諮問会議（Advisory Council），IFRS解釈指針委員会（IFRS Interpretations Committee），

図表１　IASBの主要な組織

公益的な説明責任
IFRS財団モニタリング・ボード
ガバナンス，戦略，監督
IFRS財団評議員会
独立した基準設定およびそれに関連する活動
国際会計基準審議会（IASB）
IFRS会計基準
国際サステナビリティ基準審議会（ISSB）
IFRSサステナビリティ開示基準
IFRS諮問会議（IFRS-AC）（評議員会，IASB，ISSBに諮問を行う）
IFRS解釈指針委員会（IFRS-IC）

（出所）https : //www.ifrs.org/about–us/our–structure/（2024年２月閲覧）

モニタリング・ボード（Monitoring Board），2021年11月に新たに設立された国際サステナビリティ基準審議会（ISSB）に加えて，図表1には示されていないが会計基準アドバイザリー・フォーラム（ASAF）がおかれている。各組織の概要と役割は次のとおりである。

(1) 評議員会（Trustees）

22名の評議員から構成される組織で，IASBの活動資金の調達，IASB，IFRS諮問会議，IFRS解釈指針委員会のメンバーの任免，IASBの活動状況の評価や監督を行う。評議員の任期は3年で，選任は地理的なバランス（南北アメリカ6名，欧州6名，アジア・オセアニア6名，アフリカ1名，その他3名）と職務経歴の多様性が考慮される。

(2) 国際会計基準審議会（IASB）

14名のメンバー（南北アメリカ4名，欧州4名，アジア・オセアニア4名，アフリカ1名，その他1名）で構成され，任期は5年である[注2]。公開草案やIFRS（解釈指針を含む）の決定を行う。これらIFRS会計基準の決定には9名以上の理事の賛成が必要である。

(3) IFRS諮問会議（Advisory Council）

多様な地域的・職業的経歴を有する組織の代表者，約50名とオブザーバー3組織（欧州委員会［EC］，日本の金融庁，SEC）で構成され，IASBに議題の決定や優先順位について助言を与える役割を果たしている。

(4) IFRS解釈指針委員会（IFRS Interpretations Committee）

議決権のない議長と議決権を持つメンバー14名とオブザーバー2組織（IOSCO，EC）で構成され，任期は3年である。IFRS適用時に生じる問題点を検討し，解釈指針の開発を行う。なお，解釈指針の決定権はIASBが有している。

(5) モニタリング・ボード（Monitoring Board）

評議員の指名を承認するとともに，評議員会の責任の遂行に関するレビューや評議員会に対して助言を提供すること，評議員会やそのサブグループと会合する。

(6) 国際サステナビリティ基準審議会（ISSB）

14名のメンバーで国際的に比較可能なサステナビリティ開示基準の開発にあたっている。

(7) 会計基準アドバイザリー・フォーラム（ASAF）

2013年に設置されたIASBの技術的諮問機関であり，議決権のない12名のメンバーから構成される（アメリカ3名，欧州3名，アジア・オセアニア3名，アフリカ1名，その他2名）。なお，3年ごとにメンバー構成は見直される。

2 国際会計基準の制定と適用に関する変遷

(1) 1973年から2002年まで

IFRSは国際的な会計基準として世界各国で要求（require）または容認（permit）されており，少なくとも168か国以上で適用されているとされる[注3]。

国際会計基準（IAS）は，もともと1973年に発足した国際会計基準委員会（IASC）により公表されていた。その後，経済のグローバル化の進展に伴い国際会計基準の重要性が高まったこともあり，1987年に財務諸表の比較可能性プロジェクトが開始され，証券監督者国際機構（IOSCO）が同プロジェクトに加わった。そして，2000年５月17日にIOSCOがIASをグローバルスタンダードとして承認した。これによりIASに強制力が付与されることとなった。

それを契機に，2001年に国際会計基準審議会（IASB）が発足し，公表する国際会計基準も国際財務報告基準（IFRS）に改称された。2002年７月にEU（欧州連合）は2005年からIFRSに基づく連結財務諸表の作成を欧州の上場企業に強制する決定を行った。これにより，IFRSを適用する欧州企業が当時の275社から上場企業の約8,000社（子会社など影響を受ける企業は10万社ともいわれる）に急増した。さらに，2002年10月にIASBはFASBと，アメリカのコネチカット州ノーウォークで国際会計基準とアメリカ会計基準の中長期的な統合化へ向けて「覚書－ノーウォーク合意」を交換している。

⑵　2003年から2007年まで

2004年６月に欧州証券規制当局委員会（Committee of European Securities Regulations：CESR）はアメリカ，日本，カナダの会計基準がIFRSと同等と認められるか評価する**同等性評価**を開始した。これはEUにおける唯一の行政執行機関である欧州委員会（EC）の指示によるものである。ここで同等とは，会計基準が同じという意味ではなく，投資家が評価対象の国の会計基準に準拠した財務諸表に基づいた場合に，IFRSに準拠した財務諸表に基づく場合と類似した投資意思決定が可能な場合は，同等とされる。

これを受けてCESRは，2005年７月にECに対して同等性評価の結果を提出した。アメリカ，日本，カナダの会計基準を全体としてIFRSと同等とした上で，会計基準の重要な差異について，一定の補完措置（アメリカは19項目，日本は26項目，カナダは14項目）が求められた[注4]。この結果，EUが同等性の最終決定を行う前に，これらの補完措置に対応する必要が生じた。

このような補完措置には，情報の追加開示が求められる⑴開示Aと⑵開示B，仮定計算ベースの要約財務諸表の作成が求められる⑶補完計算書の３種類がある。

EUによる同等性評価が行われた背景として，EUは域内の上場企業にIFRSを強制適用しており，域内で証券を公募，上場する域外の企業にもIFRS，またはこれと同等と認められる会計基準による連結財務諸表の開示を2009年１月から要求されていたことがあげられる。

2005年４月にSEC（アメリカ証券取引委員会）は，2009年までにIFRSを利用する外国企業（EU域内企業に限定されない）に対するアメリカ基準への調整措置を解消するための目標を示した「ロードマップ」を公表している。なお，SECは，2007年11月16日以降に終了する事業年度から，外国企業に対してIFRSに基づき作成した財務諸表をアメリカ基準への調整表なしで受け入れる決定を当初の目標より２年早い2007年に行っている。

2006年2月にFASB（財務会計基準審議会）とIASBは2008年までに会計基準の統合化を完成すべき事項に合意し，覚書（Memorandum of Understanding：MOU）という形で公表した。

2006年10月にわが国の企業会計基準委員会は，「わが国会計基準の開発に関するプロジェクト計画について－EUによる同等性評価等を視野に入れたコンバージェンスへの取組み－」を公表した。ここでは2008年上旬までに26項目の差異を解消するプロジェクト計画表が示されている。

2007年8月にわが国の企業会計基準委員会とIASBは，「東京合意」を締結した。その内容は，①2008年までに短期コンバージェンス・プロジェクトを完了すること，②目標期日までに適用される会計基準に関するそれ以外の差異のコンバージェンスを2011年6月30日までに行うという目標期日を設定したことからなる。

2007年12月にCESR（欧州証券規制当局委員会）は「中国，日本，アメリカの会計基準の同等性に関するCESRの助言案」を公表した。助言案は，アメリカの会計基準については同等と評価すべきとし，日本の会計基準についても東京合意で提示された目標に向けて予定表どおりに対応していないことを示す適切な証拠がない限り，同等と考えるべきとした。一方，中国の会計基準については同等性評価を当面延期した[注5]。

この間2005年にEU（欧州連合），オーストラリア，南アフリカでIFRSの適用が義務付けられた。2007年にはニュージーランドでIFRSの適用が義務付けられた。

(3)　2008年から2010年まで

2008年9月にFASBとIASBは，2006年2月に公表したMOUを改訂し，現時点までのコンバージェンス達成状況と今後の予定表を示し，2011年6月までにコンバージェンスの達成を行うべき項目を示した。

2008年12月にEC（欧州委員会）は，アメリカの会計基準と日本の会計基準が「EUで採用されているIFRSと同等であるとの最終決定を行った。これにより，2009年以降もEU域内市場で日本企業は日本の会計基準に準拠した財務諸表を用いて証券の公募や上場が可能となった。

2009年6月に企業会計審議会は，「わが国における国際会計基準の取扱いについて（中間報告）」を公表し，2010年3月期から下記の要件を満たす日本企業の連結財務諸表でIFRSの**任意適用**が可能になった。

その要件の概要は，①上場企業であり，国際的な財務活動・事業活動を行っていること，②有価証券報告書でIFRSによる連結財務諸表の適正性を確保するための取組みや体制を整備している，③一定範囲の日本企業にIFRSを強制適用することを将来の政策課題として検討する，というものである[注6]。中間報告で今後のコンバージェンスを確実にするための実務上の工夫として「**連結先行**」の考え方が示されている[注7]。

2009年にアジア・オセアニア基準設定主体グループ（AOSSG）が設立された。これは，定期的に開催されてきた日中韓三カ国会計基準設定主体会議の趣旨を拡張したものである。AOSSGは年次総会，議長諮問委員会，ワーキング・グループから構成されている。

3　国際会計基準をめぐるヨーロッパ，アメリカ，日本，その他の諸国の対応

⑴　ヨーロッパの対応

EU（欧州連合）は2005年から規制市場に上場する企業の連結財務諸表に統一的にIFRSを強制適用している。その理由として，市場内における異なる財務報告の共存は混乱を招き，コストがかかるとともに，有効な監督・執行をさらに難しくする。さらに，投資家に比較可能な情報が提供されず，クロスボーダー取引を妨げ，市場を断片化させ欧州証券市場にとって深刻な競争上のデメリットとなることがあげられている[注8]。

これに関連して，EUでは国際会計基準審議会（IASB）の公表するIFRSの適用にはエンドースメントが必要とされる。その理由として，IFRSの適用の可否を判断することに加え，IFRSの開発にEUの影響力を強化することがあげられている。

欧州におけるIFRSのエンドースメントの判断要件はEU規制により定められている。国際会計基準は次の要件を満たした場合に限り承認される[注9]。

・国際会計基準の内容は，（会社法）第4指令，第7指令で求められている「真実かつ公正な概観（true and fair view）」に抵触せず，欧州の公益に資するものである。
・国際会計基準の内容は経済的意思決定を行う上で，また，経営者の受託責任を評価する上で財務情報が満たすべき理解可能性，目的適合性，信頼性，比較可能性という要件を満たしている。

EUでは，IFRSの開発に積極的に関与するため，2014年にEFRAG（欧州財務報告諮問グループ）の改革を行い，会計基準の共通化を進めている。無形資産，暗号資産，認識の中止，取引関連の費用および変動可能かつ偶発的な支払い（Variable and contingent payments）などのテーマに2018年から取り組んでいる。

⑵　アメリカの対応

2010年にコンドースメント・アプローチが提唱された。これはコンバージェンスとエンドースメントを合成した造語であるとされ，5年から7年の一定の期間にわたりIFRSをアメリカ基準に組み込むことで単一で高品質な国際的に認められた会計基準の目標を達成しようとする。

2014年にSECは，①完全なIFRS（ピュアIFRS）の使用，②アメリカの上場企業にIFRS財務諸表の作成を認める選択肢の提供，③コンドースメント・アプローチという3つの代替案を示した。このうち，①と②にはほとんど支持がないとされる。

その後，2024年1月までSECは公式に何らの決定も行っておらず将来のアクションの予定も公表していない。このため，アメリカが今後数年の間にIFRSを任意適用または強制適用する可能性は極めて低いといわれている。なお，外国登録企業にはIFRSに準拠した財務諸表による資金調達を認めている。さらに，会計基準開発に向けた議論の場でアメ

リカの意見発信力が高まっているとされる。2024年3月にSECは，上場企業および公募における気候関連情報開示を強化・標準化するための規則を採択している。

(3) 日本の対応

2012年11月に東京大手町にIASBのアジア初のサテライトオフィスである「IFRS財団アジア・オセアニアオフィス」が開設された。

2013年4月に会計基準アドバイザリー・フォーラム（ASAF：エーサフ）を設置した。その目的は2つ示されている。1つは，財務報告基準の単一のセットの開発に貢献し，市場参加者が十分な情報に基づいて経済的な意思決定を行うのに役立つようにすること。もう1つは，IASBの基準設定に関する主要な技術的論点についての各国および各地域のインプットを提供し，効果的な専門的議論を促進すること，である。

2013年6月に企業会計審議会は，「国際会計基準（IFRS）への対応のあり方に関する当面の方針」を公表し，IFRSの強制適用については，いまだその判断をすべき状況になくIFRSの任意適用の積上げを図るため，IFRS任意適用要件の緩和が提言された[注10]。

2015年6月に企業会計基準委員会（ASBJ）は，日本版IFRS「修正国際基準（国際会計基準と企業会計基準委員会による修正会計基準によって構成される会計基準）」（JMIS）を公表した。これにより日本の資本市場で認められる会計基準は，日本基準，アメリカ基準，指定国際会計基準（ピュアIFRS），修正国際基準の4つとなっている。このうち日本基準を適用する企業が圧倒的に多いが，指定国際基準（ピュアIFRS）を任意適用する企業がしだいに増加する傾向がみられ，2023年5月19日時点でプライム市場の上場企業の，株式時価総額ベースではほぼ48.3%を占めている。なお，2024年3月20日時点で修正国際基準を適用している企業はないという。

日本においてIFRSを任意適用している企業は，全く修正や解釈の歪みのない，最もカレントで完全なピュアIFRSを適用することができており，ピュアIFRSを適応している企業が市場の時価総額の半数近くを占めるという状況になっている。

(4) その他の諸国の対応

2010年からブラジル上場企業に対して連結財務諸表でIFRS適用が義務付けられた。

2011年からカナダと韓国の上場企業に対してIFRS適用が義務付けられ，インドの上場企業についてはIFRS適用が容認された。タイではIFRSをベースとする自国の会計基準を導入している。

2012年からアルゼンチン，メキシコ，ロシアでIFRSの適用が義務付けられた。なお，アルゼンチンとメキシコは金融機関を除く全上場企業が対象である。さらにマレーシアとインドネシアではIFRSをベースとする自国の会計基準を導入している。

2013年から台湾でIFRSをベースとする自国の会計基準を導入している。

2015年からインドでインド版IFRSの適用が開始され，インドのグローバル企業が適用している。2018年からシンガポールでIFRSと同等の財務報告フレームワークが導入される予定とされていたが延期されている。

注1　2001年にアメリカのデラウェア州に設けられたIASC財団（国際会計基準財団）が2010年の名称変更に伴いIFRS財団となった。なお，IFRS財団は非営利の組織でありIASBを通じて単一の高品質な国際会計基準であるIFRSを開発することを主な目的としている。

注2　任期は1期目が5年で2期目は3年である。ただし，議長と副議長は2期目も5年である。14名のうち，非常勤のメンバーを最大3名まで含めることができる。なお，議長と副議長（2名）は常勤の理事である必要がある。

注3　IFRSホームページ〈http : //www.ifrs.org〉（2024年2月閲覧）。

注4　カナダ会計基準審議会（AcSB）は2005年3月にカナダの会計基準の将来の方向性に関する戦略の公開草案を公表し，2011年からIFRS適用を義務付けた。その後，2011年より上場企業にIFRSを強制適用している。ただし，SEC登録企業にはアメリカの会計基準の適用を許容している。

注5　欧州委員会(EC)は2012年4月に中国に対して同等性評価をしている。なお，CESRは，2011年に欧州証券市場監督機構（European Securities and Markets Authority：ESMA）に再編されている。

注6　2013年10月に連結財務諸表規則等が改正され，任意適用の要件が緩和されたため②の要件のみとなった。この結果，資本金20億円以上の海外子会社を有しない企業や新規上場企業（IPO）等の連結財務諸表にもIFRSの任意適用が可能になっている。

注7　その後,「連結先行」の考え方から「連単分離」の考え方にシフトしたともいわれる。

注8　欧州では，市場統合との関連で統一ルールが適用される「規制市場」と各国がその判断により設計可能な「非規制市場」の枠組みが存在している。規制市場に上場するすべての企業はIFRSの適用が強制されているが，非規制市場で取引される企業が適用する会計基準は取引所の判断に委ねられている。

注9　EUではIAS39号のヘッジ会計の一部の規定について欧州委員会（EC）の承認が得られなかったためカーブアウト（適用除外）している。しかし，そのオプションは8,000社を超える欧州の全上場企業のうち1％にも満たない30社弱の企業によってのみ利用されており，その他の99％の欧州の上場企業は，完全なIFRS（ピュアIFRS）を使用しているという。

注10　2024年3月末現在，IFRSを任意適用している企業は，任意適用を決定している企業11社を含めて281社に達している。なお，日本基準を適用する場合の会計数値と比較して，IFRSを適用する場合の純利益，総資産および総負債は有意に増加し，売上高は有意に減少する傾向がある。

キーワード

国際会計基準審議会（IASB）＝イギリスのロンドンに本拠をおき国際財務報告基準（IFRS）を設定している組織。2000年5月の国際会計基準委員会（IASC）の組織改革により誕生し，2001年4月より活動を開始している。

証券監督者国際機構（IOSCO）＝アメリカの証券取引委員会（SEC），日本の大蔵省証券局（現在の金融庁）が普通会員として加盟している国際組織で，証券規制の国際的調和化と各国の規制当局間の協調を図るための活動を行っている。

カーブアウト（Carve Out）＝適用除外のこと。

東京合意＝2007年8月にわが国の企業会計基準委員会がIASBと締結した会計基準のコンバージェンスの加速化に向けた取組みへの合意のこと。

連結先行＝企業会計審議会が2009年6月30日に公表した「わが国における国際会計基準の取扱いに関する意見書（中間報告）」で示された「連結財務諸表と個別財務諸表の関係を少し緩め，連結財務諸表に係る会計基準については，情報提供機能の強化および国際的な比較可能性の向上の観点から，わが国固有の商慣行や伝統的な会計実務に関連の深い個別財務諸表に先行して機動的に改訂する考え方（二，1）」のこと。

演習問題

［1］ 次の（ ① ）から（ ⑩ ）に正しい語句を記入しなさい。

1．（ ① ）は，当初，1973年に設立された国際会計基準委員会（IASC）により設定されていたが，会計基準に（ ② ）がないという課題を有していた。

2．2000年５月に国際会計基準（IAS）が証券監督者国際機構（IOSCO）の承認を受けたのを契機に，現在の（ ③ ）という組織が発足した。

3．2002年10月にIASBはアメリカの会計基準設定機関であるFASBと，国際会計基準とアメリカ会計基準の中長期的な統合化へ向け「覚書－（ ④ ）合意」を交換した。

4．2007年８月にわが国の会計基準設定機関である（ ⑤ ）とIASBは，日本の会計基準と国際財務報告基準（IFRS）のコンバージェンスに関する取決めを行い，その内容を（ ⑥ ）として公表した。

5．EU（欧州連合）は2005年から規制市場に上場する企業の連結財務諸表に統一的にIFRSを強制適用しているが国際会計基準審議会（IASB）の公表するIFRSの適用には（ ⑦ ）が必要とされる。

6．日本の資本市場で認められる会計基準は，日本基準，アメリカ基準，指定国際会計基準［（ ⑧ ）］，修正国際基準の４つとなっている。

7．アメリカでは５年から７年の一定の期間にわたってIFRSをアメリカ基準に組み込むことで単一で高品質な国際的に認められた会計基準の目標を達成しようとする（ ⑨ ）が提唱されている。

8．2021年11月に，国際サステナビリティ基準審議会（ ⑩ ）が創設され，2023年６月26日には，IFRS S１号「サステナビリティ関連財務情報の開示に関する全般的要求事項」とIFRS S２号「気候関連開示」が公表されている。

（正解）①国際会計基準 ②強制力 ③国際会計基準審議会（IASB） ④ノーウォーク ⑤企業会計基準委員会 ⑥東京合意 ⑦エンドースメント ⑧ピュアIFRS ⑨コンドースメント・アプローチ ⑩ISSB

［池田 健一］

Conceptual Framework for Financial Reporting

3 財務報告に関する概念フレームワーク

概念フレームワークの位置づけと目的

概念フレームワーク（Conceptual Framework）は，一般目的（つまり汎用的な）財務報告の目的や諸概念を記述している。本フレームワークの目的は次のとおりである。

(a) IASBが，首尾一貫した概念に基づいてIFRSを開発することを支援する。

(b) 特定の取引や他の事象に適用するIFRSがない場合，またはIFRSが会計方針の選択を認めている場合に，作成者が首尾一貫した会計方針を適用することを支援する。

(c) すべての関係者が，IFRSを理解し解釈することを支援する。

概念フレームワークはIFRSそのものではなく，その内容がIFRSよりも優先されることはない。IASBは，財務報告の目的を満たすため，概念フレームワークの諸側面から離脱してIFRSを定めることがあり，その際は「結論の根拠」で離脱の説明が行われる。

IASBの現行の概念フレームワークは，2018年3月に公表された「財務報告に関する概念フレームワーク」である。その前身は，IASCが1989年7月に公表した「財務諸表の作成および表示に関するフレームワーク」である（2010年9月に一部改訂）。2018年3月の改訂により，欠落内容の補完，明確化，更新が行われ，以下の構成となっている。

第1章：一般目的財務報告の目的
第2章：有用な財務情報の質的特性
第3章：財務諸表および報告企業
第4章：財務諸表の構成要素
第5章：認識および認識の中止
第6章：測定
第7章：表示および開示
第8章：資本および資本維持の概念

概念フレームワークの内容

1　一般目的財務報告の目的

一般目的財務報告（general purpose financial reporting）の目的は，本フレームワークの基礎をなす。本フレームワークのその他の側面は，その目的から論理的に導かれる。

(1) 一般目的財務報告の目的と有用性

一般目的財務報告の目的は，現在のおよび潜在的な投資者，融資者および他の債権者

（以下，「投資者等」と表記）が企業への資源提供に関する意思決定を行う際に有用な，報告企業についての財務情報を提供することである。投資者等の多くは，情報提供を企業に直接要求することができず，必要な財務情報の多くを一般目的財務報告書に依拠せざるを得ない。したがって，彼らは一般目的財務報告書が対象とする主要な利用者である。

なお，経営者は必要とする財務情報を内部で入手できるので，一般目的財務報告書に依拠する必要はない。また，他の関係者（規制当局など）も一般目的財務報告書を有用と考える場合があるが，当該報告書はそれらのグループを主たる対象とはしていない。

投資者等が企業への資源提供に関して行う意思決定には，次の判断が含まれる。

(a)　資本性・負債性金融商品の売買または保有

(b)　貸付金および他の形態の信用の供与または決済

(c)　企業の経済的資源の利用に影響を及ぼす経営者の行動に対して，投票その他の方法で影響を与える権利の行使

上記の意思決定は，投資者等が期待するリターン（配当，元利支払，市場価格変動など）に左右される。リターンの期待形成に際し，投資者等は次の点に関する評価を行う。

(a)　企業への将来の正味キャッシュ・インフローの見通しの金額，時期，不確実性

(b)　企業の経済的資源に係る経営者の受託責任（stewardship）

上記の評価を行うために，投資者等は以下の情報を必要としている。

(a)　企業の財政状態（financial position）に関する情報，すなわち企業の経済的資源および企業に対する請求権，と，当該資源や請求権の変動に関する情報

(b)　企業の経営者や統治機関が，企業の経済的資源を利用する責任をどれだけ効率的かつ効果的に果たしたのかに関する情報

したがって，一般目的財務報告はその目的を達成するため，企業の経済的資源・請求権とそれらの変動に関する情報や，当該資源の利用に関する情報を提供する必要がある。

(2)　企業の経済的資源，企業に対する請求権，資源や請求権の変動に関する情報

経済的資源と請求権に関する情報は，財務上の強みと弱み，流動性や支払能力，追加的な資金調達の必要性，経済的資源に係る経営者の受託責任といった点を利用者が評価する際に役立つ。資源ごとの種類や金額の情報も重要である。資源の種類が異なれば，将来キャッシュ・フローの見通しについての利用者の評価への影響も異なるためである。

資源や請求権の変動は，その企業の財務業績（financial performance）と，社債や株式の発行等の他の事象または取引から生じる。将来キャッシュ・フローの見通しや経営者の受託責任を適切に評価するには，利用者が２種類の変動を識別できることが必要である。

このうち，財務業績は発生主義会計（accrual accounting）により反映される。発生主義会計とは，企業の経済的資源および請求権に対し，取引その他の事象の影響が発生する期間に（現金の受取および支払の期間とは関係なく），その影響を描写するものである。

発生主義会計により反映された財務業績の情報は，企業が正味キャッシュ・インフロー

を生み出す過去および将来の能力や，経済的資源に係る経営者の受託責任を評価する際に役立つ。その情報は，企業が利用可能な経済的資源をどの程度増加させたのかを表すものであり，営業活動を通じて正味キャッシュ・インフローを生み出す能力を示す。

なお，過去のキャッシュ・フローを反映した財務業績の情報も，将来の正味キャッシュ・インフローを生み出す企業の能力や経営者の受託責任を利用者が評価する際に有用である。その情報は，企業がどのように資金を獲得し支出しているのかを表すものであり，営業活動の理解，投資・財務活動の評価，流動性や支払能力の評価などに役立つ。

⑶ 企業の経済的資源の利用に関する情報

企業の経済的資源を利用する責任を経営者がどれだけ効率的かつ効果的に果たしたのかに関する情報は，経済的資源に係る経営者の受託責任を評価したり，将来の資源利用の効率性・有効性を予測したりする際に役立つ。したがってその情報は，将来の正味キャッシュ・インフローについての企業の見通しを評価する際にも有用でありうる。

資源利用に係る経営者の責任には，価格や技術変化等の経済的要因の不利な影響から資源を保護することや，法律や契約上の定め等の遵守を確保することなどが含まれる。

2 有用な財務情報の質的特性

企業による財務報告のさまざまな局面やIASBによる基準開発に際して，代替案が存在するときには，財務報告の目的を最もよく達成する（つまり，意思決定有用性が高い）案を選択する。しかし，上記の目的だけでは選択の指針がほとんど提供されていない。そこで概念フレームワークは，目的達成のために財務情報が備えるべき質的特性や，財務報告に関する一般的な制約であるコストについても論じている。

図表1が示すように，財務情報の質的特性は階層構造をなすと考えられている。最も重要である**基本的な質的特性**と，それよりも重要性は低いがやはり非常に望ましい**補強的な質的特性**とが区別されたうえで，基本的な質的特性の構成要素が識別されている。

⑴ 基本的な質的特性（fundamental qualitative characteristics）

基本的な質的特性は，**目的適合性**および**忠実な表現**である。

① 目的適合性（relevance）

目的適合性のある財務情報は，利用者が行う意思決定に相違を生じさせることができる。言い換えれば，意思決定に影響を与えない情報に目的適合性はない。

財務情報は，**予測価値**（predictive value），**確認価値**（confirmatory value）またはそれらの両方を有する場合に，意思決定に相違を生じさせることができる。利用者が将来の結果を予測するために用いるプロセスへのインプットとして使用できる場合に，財務情報は予測価値を有する。また，過去の評価についてのフィードバックを提供する（過去の評価を確認するかまたは変更する）場合に，財務情報は確認価値を有する。

図表１　財務情報の質的特性の階層構造

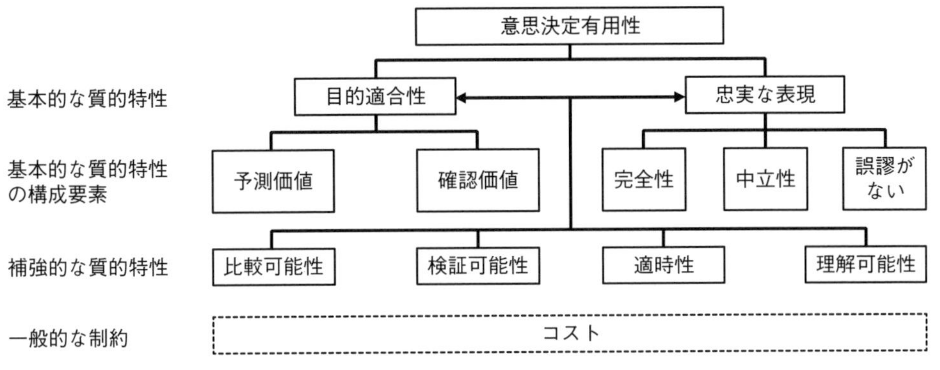

なお，予測価値がある情報には確認価値もあることが多い。たとえば，当年度の収益情報は，将来の年度の収益を予測するための基礎として利用できるが，過去の年度に行った当年度についての収益予測と比較することもできる。そうした比較の結果は，過去の予測に使用されたプロセスを利用者が修正・改善するのに役立つ。

重要性（materiality）は目的適合性の一側面であり，個別企業レベルで適用される概念である。情報は，それを脱漏したり誤表示したり不明瞭にしたりすることが，一般目的財務報告書の主要な利用者が行う意思決定に影響を与えると合理的に予想しうる場合には，重要性があるとされる。ただし，何が重要性を有するかは個々の企業の文脈によるから，IASB は，何が重要性のあるものとなりうるかを前もって決めることはできない。

②　忠実な表現（faithful representation）

財務情報が有用であるためには，目的適合性のある現象を表現するだけでなく，表現しようとしている現象の実質を忠実に表現しなければならない。経済現象の実質と法的形式が異なるときには，法的形式についてだけの情報の提供は忠実な表現をもたらさない。

完璧に忠実な表現は，**完全性**（completeness），**中立性**（neutrality），**誤謬がない**（free from error）という特性を備えた描写によって達成される。ただし，その条件が完璧に満たされることは稀なため，３つの特性を可能な範囲で最大化することが期待されている。

完全性とは，描写される現象を利用者が理解するのに必要なすべての情報（数値だけでなく説明や記述も含む）が含まれることを指す。たとえば，ある資産グループの完全性のある描写には，少なくとも，資産の内容の記述，グループ内のすべての資産の数値的描写，数値的描写が表すもの（歴史的原価，公正価値など）に関する記述が含まれる。

中立性とは，財務情報の選択や表示方法の決定に際し，利用者が有利または不利に受け取る確率を高めるための操作（歪曲，ウェイト付け，強調，軽視など）が行われていないことを指す。この中立性は**慎重性**（prudence）の行使によって支えられる。慎重性とは，不確実性がある状況下で判断を行う際に警戒心を行使することである。慎重性の行使は，資産・収益の過小表示や負債・費用の過大表示を認めるものではない。

誤謬がないとは，現象の記述に誤謬や脱漏がなく，情報を作成するのに用いられたプロセスが誤謬なしに選択され適用されたことを意味する。

なお，財務報告における金額が直接観察できず見積りを伴うときには，**測定の不確実性**（measurement uncertainty）が生じる。測定の不確実性は，後述する検証可能性が低い情報をもたらし，ひいては忠実な表現に影響を与えうる。

③　基本的な質的特性の適用

財務報告の目的を達成するために，基本的な質的特性間のトレードオフが生じる場合がある。たとえば，目的適合性が最も高い情報は非常に不確実な見積りかもしれない。この場合，見積りに伴う測定の不確実性のレベルが高いため，その見積りが経済現象を忠実に表現するか否かの疑問が生じうる。こうしたトレードオフへの対処方法には，説明による補完措置，見積りの種類の変更，見積りに依存しない情報の提供が考えられる。

⑵　補強的な質的特性（enhancing qualitative characteristics）

比較可能性，**検証可能性**，**適時性**および**理解可能性**は，目的適合性があり忠実に表現されている情報の有用性を補強する質的特性である。

①　比較可能性（comparability）

比較可能性とは，項目間の類似点と相違点を利用者が識別し理解できるようにすることを意味する。この概念は，同一企業についての期間比較，または同一期間における企業間比較を行ったうえで，情報利用者が意思決定を行うことを想定したものである。

比較可能性という目標を達成するためには，首尾一貫性（consistency）が役立つ。首尾一貫性とは，同一企業についての異なる期間で，あるいは同一期間における異なる企業で，同じ項目に同じ方法を使用することを指している。

なお，比較可能性は画一性（uniformity）を意味しない。情報が比較可能となるためには，類似するものは類似するように，異なるものは異なるように見えなければならない。

②　検証可能性（verifiability）

検証可能性とは，特定の描写が忠実な表現であることについて，知識を有する独立した別々の観察者が合意に達しうることを意味する。検証には直接的な検証と間接的な検証がある。直接的な検証とは，直接的な観察（例：現金の実査）を通じて，金額またはその他の表現を検証することを意味する。間接的な検証とは，モデル，算式またはその他の技法へのインプット（例：数量と原価）のチェックを行った後，同じ方法論（例：先入先出法）を用いてアウトプット（例：期末棚卸高）の再計算を行うことを意味する。

③　適時性（timeliness）

適時性とは，情報利用者の意思決定に影響を及ぼすことができるうちに，情報を利用可能にすることを意味する。一般に，情報が古くなればなるほど，その有用性は低くなる。

④　理解可能性（understandability）

理解可能性とは，利用者が情報の意味を把握できるようにすることを意味する。情報を分類して，特徴づけて，明瞭かつ簡潔に表示することで，理解可能性が得られる。

(3) 有用な財務報告に対するコストの制約

財務報告により提供されうる情報に関しては，コストが一般的制約となる。コストの種類としてはまず，財務情報の提供者による情報作成コストがある。それらのコストは，リターンの低下という形で最終的には利用者が負担する。また，財務情報の利用者にも情報の分析や解釈のコストが生じる。さらに利用者には，必要な情報が提供されない場合に，その情報を他から入手したり見積ったりするための追加コストも生じる。

そこでIASBは，特定の情報の報告を要求するかどうかを判断する際に，報告の便益が，そのために生じるコストを正当化できるかどうかを評価することになる。

3 財務諸表および報告企業

「1 一般目的財務報告の目的」「2 有用な財務情報の質的特性」は一般目的財務報告を対象としていたが，これ以降は，財務報告のうちの**財務諸表**に対象を限定している。経営者による説明（management commentary）などの形式の財務報告は扱っていない。

(1) 財務諸表（financial statements）

財務諸表の目的は，報告企業への将来の正味キャッシュ・インフローの見通しや，経済的資源に係る経営者の受託責任を評価する際に有用な，報告企業の資産，負債，持分，収益，費用に関する情報を提供することである。その情報は次の形式で提供される。

(a) 認識した資産，負債，持分を示す財政状態計算書（statement of financial position）

(b) 認識した収益，費用を示す財務業績計算書（statement(s) of financial performance）

(c) その他の計算書または注記（other statements and notes）

財務諸表は特定の期間（報告期間［reporting period］）について作成される。財務諸表利用者が変化および傾向を識別・評価することを支援するため，財務諸表では少なくとも過去1期間についての比較情報が示される。

財務諸表は，現在のおよび潜在的な投資者といった特定の利用者の視点でなく，報告企業全体としての視点（いわゆるentity perspective）で取引または他の事象に関する情報を提供する。これは，報告企業と投資者等は別個の存在であるとの見方を反映している。

財務諸表は通常，企業が**継続企業**（going concern）であり，予見可能な将来にわたって事業活動を継続するであろうという前提に基づいて作成される。ただし，清算または取引停止を行う意図または必要性が存在する場合には，異なる基礎に基づいて財務諸表を作成しなければならない可能性がある。その場合には，採用した基礎を開示する。

(2) 報告企業（reporting entity）

報告企業とは，財務諸表の作成が要求されているか，作成することを選択した企業のことである。報告企業は，単独の企業または単独の企業の一部である場合や，複数の企業から構成される場合がある。なお，報告企業は法人（legal entity）とは限らない。

ある企業（親会社）が別の企業（子会社）を支配しているときに，報告企業が親会社とその子会社の両方から成る場合，当該報告企業の財務諸表は**連結財務諸表**（consolidated financial statements）と呼ばれる。連結財務諸表では，親会社と子会社を１つの報告企業として，その報告企業の資産，負債，持分，収益，費用に関する情報を提供する。報告企業に親会社のみが含まれる場合，その財務諸表を**非連結財務諸表**（unconsolidated financial statements）という。また，報告企業が親子関係にない複数の企業から構成される場合，その報告企業の財務諸表は**結合財務諸表**（combined financial statements）と呼ばれる。

なお，報告企業が法人ではなく，親子関係も存在しないときには，報告企業の範囲を決定することが困難な場合がありうる。そのような場合には，報告企業の財務諸表の主要な利用者の情報ニーズに従って，報告企業の範囲が決定される。

４　財務諸表の構成要素

財務諸表の構成要素のうち，財政状態に関係するものは**資産**（asset），**負債**（liability），**持分**（equity）である。財務業績に関係するものは**収益**（income），**費用**（expense）である。図表２のように，各要素の定義は経済的資源・請求権やそれらの変動と結びつく。

⑴　資産の定義

資産とは，過去の事象の結果として，企業が支配する現在の**経済的資源**（economic resource）である。経済的資源とは，経済的便益を生み出す潜在能力を有する権利である。

権利は，⒜他者の義務に対応するもの（例：金銭債権），⒝他者の義務に対応しないもの（例：有形固定資産や棚卸資産を使用する権利）など，さまざまな形態をとる。多くの権利は契約，法律または類似の手段により確立されるが，企業は他の方法（例：公知では

図表２　財務諸表の構成要素

「1　一般目的財務報告の目的」で議論された項目	構成要素	定義または説明
経済的資源	資産	過去の事象の結果として，企業が支配する現在の経済的資源 （経済的資源とは，経済的便益を生み出す潜在能力を有する権利）
請求権	負債	過去の事象の結果として，経済的資源を移転する現在の義務
	持分	すべての負債を控除した後の企業の資産に対する残余持分
財務業績を反映した，経済的資源および請求権の変動	収益	持分の増加をもたらす資産の増加または負債の減少 （ただし，持分請求権の保有者からの拠出に関連するものを除く）
	費用	持分の減少をもたらす資産の減少または負債の増加 （ただし，持分請求権の保有者への分配に関連するものを除く）
経済的資源および請求権のその他の変動	—	持分請求権の保有者からの拠出および同保有者への分配
	—	資産または負債の交換で，持分の増加または減少をもたらさないもの

ないノウハウの獲得・創出）から権利を取得する場合もある。また，係争事件が発生したときなど，権利が存在するかどうかが不確実な場合がある。こうした**存在の不確実性**（existence uncertainty）は，後述する認識の段階での考慮事項となる。

権利が経済的便益を生み出す方式には，(a)契約上のキャッシュ・フローまたは他の経済的資源の受取り，(b)有利な条件での他者との経済的資源の交換，(c)（経済的資源の使用やリースに伴う）キャッシュ・インフローの創出またはキャッシュ・アウトフローの節減などが含まれる。なお，ある権利が経済的便益を生み出す蓋然性（probability）が低い場合でも，その権利は経済的資源（ひいては資産）の定義を満たしうる。蓋然性の低さは，資産の定義ではなく，後述する認識や測定の判断に影響を及ぼす要因となる。

経済的資源の支配（control of an economic resource）によって，当該資源は企業に結びつけられる。経済的資源の使用を指図し，そこから生じる経済的便益を獲得する現在の能力を有している場合に，企業は経済的資源を支配しているとされる。

(2) 負債の定義

負債とは，過去の事象の結果として経済的資源を移転するという企業の現在の義務（obligation）である。負債に該当するには，以下の３要件を満たさなければならない。

第１に，企業が義務を負っていることである。義務とは，回避する実際上の能力を有していない企業の責務または責任（duty or responsibility）である。多くの義務は契約，法律または類似の手段により確立され，法的に強制されるが，いわゆる推定的義務（constructive obligation）が生じることもある。推定的義務とは，実務慣行や公表した方針・声明と整合しない行動をとる実際上の能力を有していない場合に生じる義務のことである。また，権利と同様に，義務についても存在の不確実性が認識段階で考慮される。

第２に，その義務が経済的資源の移転をもたらすことである。義務が経済的資源の移転をもたらす方式には，(a)金銭の支払いや財・サービスの引渡し，(b)不利な条件での他者との経済的資源の交換，(c)不確実な将来の事象が生じた場合における経済的資源の移転などが含まれる。また，経済的資源の移転をもたらす蓋然性が低い義務も負債の定義を満たしうるが，蓋然性の低さは認識や測定に影響する要因となる。

第３に，その義務が過去の事象の結果としての現在の義務にあたることである。このためには，(a)企業が財・サービスなどの経済的便益を獲得したか，特定の事業や市場での営業活動を行った，(b)結果として，その事象がなければ移転の必要がなかった経済的資源を企業が移転することになるであろう，という２要件への該当が求められる。

(3) 資産と負債の両方の定義に関連する事項

① 会計処理単位（unit of account）

会計処理単位とは，認識規準や測定概念が適用される権利（またはそのグループ），義務（またはそのグループ），もしくは権利と義務のグループを指す。資産・負債および関連する収益・費用に認識規準や測定概念がどのように適用されるかを検討する際に，その資産・負債に関して会計処理単位が選択される。会計処理単位の決定は，IFRSの開発で行われる認識と測定に関する決定とリンクしているため，概念フレームワークではなくIFRSの開発において実施される。会計処理単位は有用な情報を提供するために選択されるから，会計処理単位の決定では目的適合性，忠実な表現，コストの制約が考慮される。

② 未履行契約（executory contracts）

未履行契約とは，未履行の程度が等しい契約（いずれの当事者もみずからの義務を全く履行していないか，または両方の当事者がみずからの義務を同じ範囲まで部分的に履行しているもの）である。未履行契約は，経済的資源を交換する権利と義務を確立するが，その権利と義務は相互依存的であり分離できないため，両者は単一の資産または負債を構成する。当該資産・負債が財務諸表に含まれるか否かは，認識規準と測定基礎に依存する。

③ 契約上の権利と契約上の義務の実質

契約条項が創り出す権利と義務を忠実に表現するために，財務諸表はそれらの経済的実質を報告する。実質を識別する際には，明示的および黙示的なすべての条項が考慮される。契約の経済性に対して見分けのつく影響がない条項は実質性がなく，無視される。

⑷ 持分の定義

持分とは，すべての負債を控除した後の企業の資産に対する残余持分である。企業に対する請求権のうち負債の定義を満たさないものが**持分請求権**（equity claim）である。

⑸ 収益および費用の定義

収益とは，持分の増加をもたらす資産の増加または負債の減少（ただし，持分請求権の保有者からの拠出に関連するものを除く）である。費用とは，持分の減少をもたらす資産の減少または負債の増加（ただし，持分請求権の保有者への分配に関連するものを除く）である。収益および費用は資産および負債の変動によって定義されているが，収益および費用に関する情報は資産および負債が提供する情報と同等に重要である。

5 認識および認識の中止

⑴ 認識（recognition）

認識とは，財政状態計算書および財務業績計算書への記載のために，財務諸表の構成要素の定義を満たす項目を捕捉するプロセスである。認識の際に当該項目は言語と貨幣額で描写され，その額は計算書における１つ以上の合計額に含められる。

なお，収益とそれに関連する費用を同時に認識することは，費用収益の対応（matching of costs with income）と呼ばれることがある。しかし，それは資産・負債の変動を認識した結果として生じるのであり，対応は本フレームワークの目的ではない。対応のために，資産・負債の定義を満たさない項目を財政状態計算書に認識することは認められない。

資産・負債の認識（およびそれに伴う収益・費用・持分変動の認識）は，その認識が財務諸表利用者に有用な情報を提供する場合にのみ行われる。つまり，次の２要件（有用な財務情報の質的特性に基づく規準）を充足するときに資産・負債が認識される。

(a) 資産，負債，収益，費用，持分変動に関する目的適合性のある情報をもたらす。

(b) 資産，負債，収益，費用，持分変動の忠実な表現をもたらす。

さらにコストの制約もある。認識により利用者へ提供される情報の便益が，情報の提供および利用のコストを正当化する可能性が高い場合に，資産・負債の認識が行われる。

本フレームワークは認識規準として質的特性（目的適合性と忠実な表現）を直接参照するとともに，両特性についてさらに詳細な指針を示している。まず，次の場合には，特定項目の認識が目的適合性を備えた情報を提供しない可能性がある。

(a) 資産・負債の存在についての不確実性がある場合

(b) 経済的便益の流出入の蓋然性が低い場合

上記の(b)の場合には，資産・負債を認識するよりもむしろ，潜在的な流出入の大きさやタイミングに関する情報や，流出入の発生確率に影響を及ぼす要因についての情報を注記で示す方が，目的適合性の高い情報を提供できる可能性がある。

特定項目の認識が忠実な表現をもたらすかどうかは，以下の点などに影響を受ける。

(a) 測定の不確実性

(b) その他の要素（関連する資産・負債が認識されるか否か，表示および開示など）

測定の不確実性が非常に高い場合には，その測定値による認識とともに見積りや不確実性の説明を示す方法や，目的適合性が若干低下したとしても不確実性がより低い別の測定値を使って認識する方法がありうる。目的適合性のあるすべての測定値が高い不確実性を伴い，説明を加えても有用な情報とならない状況では，資産・負債は認識されない。

以上のように，質的特性への影響要因を広く考慮し，認識に関する決定が行われる。

(2) 認識の中止（derecognition）

認識の中止とは，認識済みの資産・負債の全部または一部を企業の財政状態計算書から除去することである。以下のように，認識の中止は通常，その項目が資産・負債の定義をもはや満たさないときに生じる。

(a) 認識した資産の全部または一部に対する支配を失うとき

(b) 認識した負債の全部または一部について，現在の義務をもはや負っていないとき

認識の中止に関する会計基準は，下記の両方を忠実に表現することを目標としている。

(a) 認識の中止をもたらした取引または他の事象の後に保有している資産・負債（当該取引または他の事象の一部として取得，発生または創出された資産・負債を含む）

(b) 当該取引または他の事象の結果として生じた企業の資産・負債の変動

認識の中止の議論では通常，２つのアプローチが対比される。１つ目は支配アプローチであり，認識規準を満たさなくなった場合に認識を中止するという考え方である。２つ目はリスク・経済価値アプローチであり，資産・負債がもたらす大部分のリスク・経済価値

から解放されるまで当該資産・負債を認識するという考え方である。IASBは，支配アプローチが上記の目標(a)，リスク・経済価値アプローチが目標(b)とより整合的であると考えている。２つの目標は相反する結論を導くことがあるが，IASBは両方の目標を有効なものと考えており，２つのアプローチのどちらを用いるのかを特定していない。

6 測 定

測定（measurement）とは，財務諸表に認識された構成要素を貨幣的に数量化するプロセスであり，この際には**測定基礎**（measurement basis）を選択する必要がある。測定基礎とは，測定しようとする項目の識別された特徴（例：歴史的原価，公正価値，履行価値）である。測定基礎を資産・負債に適用することにより，当該資産・負債および関連する収益・費用に関する**測定値**（measure）が得られる。なお，有用な財務情報の質的特性やコストの制約を考慮すると，異なる資産・負債および収益・費用には，異なる測定基礎が選択される結果となる可能性が高い。これは混合測定（mixed measurement）と呼ばれる。

(1) 測定基礎の分類

① 歴史的原価（historical cost）

歴史的原価に基づく測定値は，測定される項目を生じさせた取引や事象の価格から（少なくとも部分的に）導出された情報を用いて，資産・負債および関連する収益・費用に関する貨幣的情報を提供する。歴史的原価は，資産の減損や不利な状況になった場合の負債に関連する変動を除き，経済的価値の変動を反映しない。

② 現在価額（current value）

現在価額に基づく測定値は，測定日現在の状況を反映するように更新された情報を用いて，資産・負債および関連する収益・費用についての貨幣的情報を提供する。現在価額に分類される測定基礎には，次のものが含まれる。

(a) 公正価値（fair value）

(b) 資産の使用価値（value in use）および負債の履行価値（fulfilment value）

(c) 現在原価（current cost）

公正価値とは，測定日での市場参加者間の秩序ある取引において，資産の売却により受け取るであろう価格または負債の移転により支払うであろう価格である。公正価値は，企業がアクセスしている市場の参加者の観点を反映する。すなわち，市場参加者がみずからの経済的利益を最大化するよう行動する場合に用いるであろう仮定と同じ仮定に基づき測定される。活発な市場では価格を観察することで公正価値を直接決定できるが，それ以外の場合はキャッシュ・フローに基づく測定技法などにより間接的に決定される。

使用価値とは，資産の使用と最終的な処分から得られると見込まれるキャッシュ・フローまたはその他の経済的便益の現在価値である。**履行価値**とは，負債の履行により移転の義務を負うと見込まれる現金またはその他の経済的資源の現在価値である。使用価値と履行価値は，いずれも市場参加者の仮定ではなく，企業固有の仮定を反映する。また，直接には観察できず，キャッシュ・フローに基づく測定技法により決定される。

資産の**現在原価**とは，測定日における同等の資産の原価であり，測定日に支払われるであろう対価に，取引コストを加えたものをいう。負債の現在原価とは，測定日における同等の負債について受け取るであろう対価から，取引コストを差し引いたものをいう。

(2) 測定基礎を選択する際に考慮すべき要因

測定基礎を選択する際には，財政状態計算書と財務業績計算書の両方で提供される情報の性質を考慮する必要がある。測定基礎の選択により提供される情報は，財務諸表の利用者に有用でなければならないから，その情報には目的適合性と忠実な表現が求められる。さらに可能な限り，比較可能性，検証可能性，適時性，理解可能性を有する必要がある。また，財務報告の他の判断と同様に，コストが測定基礎の選択を制約する。

測定基礎の選択により提供される情報の目的適合性は，次の要因の影響を受ける。

(a) 資産・負債の特性（特に，キャッシュ・フローの変動可能性，市場要因や他のリスクに対する当該資産・負債の価値の感応度）

(b) 資産・負債の将来キャッシュ・フローへの寄与方法（事業活動の性質が影響）

たとえば，デリバティブのように資産・負債の価値の感応度が高い場合，歴史的原価は目的適合性のある情報を提供できない。また，有形固定資産のように他の経済的資源と組み合わせて利用され，将来キャッシュ・フローへ間接的に寄与する場合には，歴史的原価または現在原価がマージンについて目的適合性のある情報を生み出す。

ある測定基礎のもとで忠実な表現が達成されるかどうかは，次の要因に影響される。

(a) 測定の不整合（会計上のミスマッチ）

(b) 測定の不確実性

資産と負債が一定の形で関連している場合，当該資産・負債に異なる測定基礎を用いると測定の不整合が生じ，忠実な表現が達成できなくなるおそれがある。このため，関連する資産・負債（特に，両者のキャッシュ・フローがリンクしているとき）については，同一の測定基礎を用いることが有用性を増す方法でありうる。また，見積りに伴う測定の不確実性のレベルが非常に高い場合，その見積りが経済現象を忠実に表現するか否かの疑問が生じうる。その際は異なる測定基礎の選択を検討することが適切である。

7 表示および開示

(1) 表示と開示の目的および原則

財務諸表に含まれる情報を効果的に伝達するために，表示（presentation）および開示（disclosure）の要求事項を開発する際には，次の2つのバランスをとる必要がある。

(a) 忠実な表現で目的適合性のある情報を提供するための柔軟性を企業に与えること

(b) 期間比較や企業間比較を可能にする情報を要求すること

また，次の原則を考慮することによっても財務諸表情報の効果的伝達が支援される。

(a) 企業固有の情報は画一化された記述よりも有用である。

(b) 情報の重複は通常不要であり，理解可能性の低下をもたらすことがありうる。

(2) 分類（classification）

分類とは，表示と開示の目的のため共通の特性（項目の性質，事業活動内での役割［機能］，測定方法など）に基づき，資産，負債，持分，収益，費用を区分することである。

財務業績計算書における収益および費用は，次の一方に分類され含められる。

(a) 損益計算書（statement of profit or loss）

(b) 損益計算書外のその他の包括利益（other comprehensive income）

なお，本フレームワークは，財務業績計算書が一計算書方式か二計算書方式かを特定していない。損益計算書という名称は，個別の計算書または計算書内のセクションを指す。

損益計算書は，報告期間における企業の財務業績に関する主要な情報源である。損益計算書に含まれる純利益（total for profit or loss）は，報告期間における企業の財務業績を高い要約度で描写している。多くの財務諸表利用者は，分析の出発点として，または報告期間の財務業績の主要な指標として，純利益を分析に組み込んでいる。

したがって，すべての収益および費用は，原則として損益計算書に含められる。ただし，例外的な状況においてIASBは，資産・負債の現在価額の変動から生じる収益・費用を損益計算書から除外し，その他の包括利益に含めることを決定する場合がある。そのような決定は，特定項目を損益計算書から除外することで，損益計算書がより目的適合性の高い情報を提供するか，報告期間の財務業績をより忠実に表現するときに行われる。

ある期間にその他の包括利益へ含められた収益・費用は，原則として将来に損益計算書へ組み替えられる（リサイクリングされる）。組替えは，それを行うことで損益計算書がより目的適合性の高い情報を提供するか，その期間の財務業績をより忠実に表現するようになる時期に行われる。ただし，組替えを行うべき時期や金額を識別する明確な基礎が存在しない場合には，IASBは基準開発にあたり，その他の包括利益から損益計算書への組替えを行わないことを決定する可能性がある。恣意的でなく適切な識別基準が存在しなければ，組替えは有用な情報を提供しないだろうと考えられるためである。

8 資本および資本維持の概念

当期中の所有者への分配と所有者からの出資の影響を除いた後で，期末資本と期首資本の大きさが同じであれば，企業はその資本を維持したことになる。期首資本を維持するために必要な額を超える資産の流入額（つまり，資本維持後の余剰分）が利益である。したがって，資本や資本維持の概念の選択により，利益の性格が決定される。

資本（capital）概念は，投下した貨幣または投下購買力などの貨幣資本概念と，操業能力などの実体資本概念に分けられる。貨幣資本概念のもとでは，資本は企業の純資産または持分と同義である。実体資本概念のもとでは，資本は，たとえば1日当たりの生産量に基づく企業の生産能力とみなされる。企業は，財務諸表の利用者のニーズに基づいて，いずれかの資本概念を選択しなければならない。

上記の資本概念はそれぞれ，**貨幣資本維持**（financial capital maintenance）の概念と，**実体資本維持**（physical capital maintenance）の概念を導く。貨幣資本維持の概念のもとで，資本が名目貨幣単位で定義される場合には，当期中の名目貨幣資本の増加額が利益となる。また，貨幣資本維持の概念のもとで，資本が恒常購買力単位で定義される場合には，当期中の投下購買力の増加額が利益となる。他方で，実体資本維持概念のもとでは，当期中の物的生産能力または操業能力の増加額が利益となる。

日本の概念フレームワークとの比較

日本でこれに該当する文書は，企業会計基準委員会が2006年12月に改訂した討議資料「財務会計の概念フレームワーク」（以下，「日本FW」と表記）である。IASBの概念フレームワークと日本FWの相違点のうち，主要な事項は次のとおりである。

① 日本FWは，企業関係者の間の私的契約等を通じた利害調整にも，会計情報が副次的に利用されることに言及している。そして，副次的な利用との関係も考慮しながら，財務報告の目的の達成が図られるとしている。

② 意思決定有用性を支える基本的な質的特性として，IASBは目的適合性と忠実な表現をあげているが，日本FWは**意思決定との関連性**と**信頼性**をあげている。また，IASBは補強的な質的特性に比較可能性，検証可能性，適時性，理解可能性を含めているが，日本FWは一般的制約となる特性として**内的整合性**と比較可能性に言及している。

③ 財務諸表の構成要素として，IASBは利益そのものを含めていないが，日本FWは**純利益**と**包括利益**の2つを構成要素としている。また，IASBが資産と負債の差額を持分とするのに対し，日本FWはこの差額を**純資産**としたうえで，純資産のうち株主に帰属する部分を**株主資本**と定義している。その結果，純資産と包括利益の間だけでなく，株主資本と純利益の間にもクリーン・サープラス関係が成立する。

④ その他の包括利益から純利益への組替え（リサイクリング）について，IASBは具体的なガイダンスを示していない（組替えを行わないIFRSを開発する場合がある）が，日本FWは投資のリスクから解放されたときに組替えを行うことを明示している。

⑤ 認識規準として，IASBは質的特性を直接参照しているが，日本FWは契約の部分的

な履行と一定水準以上の発生の可能性（蓋然性）を求めている。IASBは認識規準の適用指針で蓋然性に触れているが，それが低い場合に認識されない可能性があると述べており，蓋然性が高い場合に限り認識すべきとする日本FWとは強調点が異なる。

なお，日本FWの詳細については，斎藤静樹（編著）『詳解　討議資料・財務会計の概念フレームワーク（第2版）』（中央経済社，2007年）を参照していただきたい。

キーワード

概念フレームワークには，多くの重要な用語が解説されているが，ここではその中でも特に重要なものだけを取りあげる。

資産＝過去の事象の結果として，企業が支配する現在の経済的資源。

負債＝過去の事象の結果として，経済的資源を移転するという企業の現在の義務。

持分＝すべての負債を控除した後の企業の資産に対する残余持分。

収益＝持分の増加をもたらす資産の増加または負債の減少（ただし，持分請求権の保有者からの拠出に関連するものを除く）。

費用＝持分の減少をもたらす資産の減少または負債の増加（ただし，持分請求権の保有者への分配に関連するものを除く）。

認識＝財政状態計算書および財務業績計算書への記載のために，財務諸表の構成要素の定義を満たす項目を捕捉するプロセス。

測定基礎＝貨幣的に数量化しようとする項目の識別された特徴（例：歴史的原価，公正価値，履行価値）。

演習問題

［1］　以下の記述のうち，2018年3月に公表されたIASBの概念フレームワークに照らして正しいものに○，誤っているものに×をつけなさい。

a．IASBは，財務報告の目的を満たすため，概念フレームワークの諸側面から離脱して個別の基準書（IFRS）を定めることがある。

b．一般目的財務報告書が対象とする主要な利用者には，現在のおよび潜在的な投資者，融資者（貸付者），融資者以外の債権者，経営者が含まれる。

c．有用な財務情報が備えるべき基本的な質的特性は目的適合性と忠実な表現である。

d．補強的な質的特性としての慎重性とは，費用を収益よりも早く認識すること（すなわち，費用と収益に対する非対称的な取扱い）を意味する。

e．連結財務諸表の報告企業に該当するのは，親会社のみである。

f．ある権利が資産の定義を満たすためには，その権利が経済的便益を生み出す蓋然性が高いことが必要とされる（蓋然性が低いときには資産の定義を満たさない）。

g．財務諸表の構成要素には純利益が含まれ，「特定期間の期末までに生じた純資産の変動額のうち，その期間中にリスクから解放された投資の成果」と定義されている。

h．資産または負債の定義を満たした項目は，すべて財政状態計算書に認識される。

i．認識の中止とは，認識済みの資産・負債の全部または一部を企業の財政状態計算書から除去することであり，資産の全部または一部に対する支配を失うときや，負債の全部または一部について現在の義務をもはや負っていないときに生じる。

j．現在価額に分類される測定基礎には，公正価値，（資産の）使用価値，（負債の）履行価値，現在原価が含まれる。

k．見積りに伴う測定の不確実性は，基本的な質的特性のうちの忠実な表現に影響を与えうるため，認識や測定基礎の選択の際に考慮すべき要因となる。

l．すべての収益および費用は原則として損益計算書（statement of profit and loss）に含められるが，IASBは例外的な状況において，特定項目を損益計算書から除外し，損益計算書外のその他の包括利益に含めることを決定する場合がある。

（正解）a．○　b．×　c．○　d．×　e．×　f．×
g．×　h．×　i．○　j．○　k．○　l．○

（解説）b：経営者は，一般目的財務報告書が対象とする主要な利用者に含まれない。

d：補強的な質的特性は，比較可能性，検証可能性，適時性，理解可能性の4つであり，慎重性は含まれない。慎重性の行使は，中立性（ひいては忠実な表現）を支えるものである。ここでの慎重性とは，不確実性がある状況下で判断を行う際に警戒心を行使することであり，費用と収益に対する非対称的な取扱いのことではない。

e：連結財務諸表の報告企業に該当するのは，親会社と子会社である（両者を併せて1つの報告企業とみなす）。

f：ある権利が経済的便益を生み出す蓋然性が低い場合でも，その権利は経済的資源（ひいては資産）の定義を満たしうる。蓋然性の低さは，資産の定義ではなく，認識や測定の判断に影響を及ぼす要因となる。

g：財務諸表の構成要素に純利益は含まれず，純利益の定義も行われていない。なお，日本FWは純利益を財務諸表の構成要素に含め，リスクから解放された投資の成果という観点から純利益の定義を行っている。

h：資産または負債の定義を満たした項目であっても，認識規準（目的適合性と忠実な表現に基づく規準）を充足しないために，財政状態計算書に認識されない項目もある。

［小野　慎一郎］

IAS 1 : Presentation of Financial Statements

4 財務諸表の表示

目的と適用範囲

1 目的

本基準書の目的は，企業の財務諸表の時系列比較や企業間比較ができるように，一般目的財務諸表の表示の基準を規定することにある。そのため本基準書は，一般目的財務諸表の表示についての全般的な規定を定めている。個々の取引の認識，測定および開示については，それぞれ該当のIFRSで取り扱われている。

2 適用範囲

本基準書は，IFRSに準拠して作成されるすべての一般目的財務諸表の表示に適用される。一般目的財務諸表とは，自己の特別な情報ニーズに合わせた財務諸表の作成を，企業に要求する立場にない利用者のニーズを満たすことを目的として，作成される財務諸表のことである。以下では一般目的財務諸表を財務諸表と記述する。

なお，本基準書は2027年1月以降の開始年度から，IFRS第18号「財務諸表における表示および開示」（本書の第44章で解説）に取って代わられることが決まっている。

会計基準の内容

1 財務諸表の目的

財務諸表の目的は，経済的意思決定を行う広範囲の利用者にとって有用となる企業の財政状態，経営成績およびキャッシュ・フローについての情報を提供することである。財務諸表は経営者に委託された資源に対する経営者の受託責任の成果を示すものでもある。このような目的を達成するために，財務諸表には企業の(a)資産，(b)負債，(c)資本，(d)収益および費用（損益を含む），(e)株主持分の変動，(f)キャッシュ・フローについての情報を表示する。これらの情報は注記中の他の情報とあわせて，財務諸表の利用者が企業の将来のキャッシュ・フローの金額，特にその時期と確実性を予測するのに役立つ。

2　財務諸表の構成

財務諸表を構成する個々の書面は，それぞれ明瞭に識別できるように示さなければならない。報告企業名，個別企業と連結企業の別，財務諸表の対象期間，表示通貨，表示単位は，はっきりと表示する必要がある。

完全な一組の財務諸表は次のものから構成される。(a)財政状態計算書，(b)包括利益計算書，(c)持分変動計算書，(d)キャッシュ・フロー計算書，(e)注記，(f)比較情報，(g)最も古い比較対象期間の期首現在の財政状態計算書（会計方針の遡及適用や財務諸表の組替え・修正再表示を行った場合）。財務諸表を構成する個々の書面の名前は，伝統的な呼称とは異なった名称で規定されている。しかし企業がこれらの財務諸表の名称をそのまま用いる必要はない。

財務諸表は少なくとも年に1回は作成されなければならない。決算日が変更され，財務諸表が1年ではない期間について作成される場合には，財務諸表の対象期間に加えて，変更の理由，および比較可能性についての問題が生じる旨を開示しなければならない。

3　全般的な考慮事項

(1)　適正表示とIFRSへの準拠

財務諸表は，企業の財政状態，経営成績およびキャッシュ・フローを適正に表示するものでなければならない。このためには，取引およびその他の事象や状況についての影響を，概念フレームワークに示された資産，負債，収益，費用の定義と認識基準に従い，財務諸表に忠実に表示することが求められる。IFRSを適用し必要に応じて追加的な開示を行うことにより，適正に表示された財務諸表が作成できるといえる。

IFRSに準拠した財務諸表を作成する企業は，注記においてIFRSに準拠している旨を明示的かつ無限定に開示しなければならない。IFRSのすべての規定に準拠していない限り，その財務諸表がIFRSに準拠していると開示してはならない。

IFRSの規定に準拠していない会計方針を採用した場合には，その会計方針について開示したり注記等で説明を加えたりしても，あくまでもIFRSに準拠している会計方針であるとはいえない。極めて稀ではあるが，IFRSのある規定に準拠するとむしろ誤解を招くことになり，概念フレームワークに定められている財務諸表の目的に反すると経営者が判断することがある。このような場合には，離脱の内容，理由，およびその離脱が及ぼす財務的影響などを開示したうえで，その規定から離脱しなければならない。

(2)　継続企業の前提

経営者は財務諸表を作成するに際して，企業が継続企業として存続する能力があるか否かを検討しなければならない。経営者に清算もしくは営業停止の意図がある場合や，そうする以外に現実的な代替案がない場合を除き，財務諸表は継続企業であることを前提にして作成しなければならない。経営者は，継続企業としての存続能力に重大な疑義を生じさせるような事象または状況に関する重要な不確実性を認識したときは，その不確実性を開示しなければならない。財務諸表が継続企業を前提として作成されていない場合には，その事実を財務諸表作成の基準および継続企業とは認められない理由とともに開示しなければならない。

⑶ 発生主義会計

企業はキャッシュ・フロー情報を除き，発生主義会計により財務諸表を作成しなければならない。

⑷ 表示の継続性

財務諸表上の項目の表示や区分は，各期を通じて継続しなければならない。ただし(a)変更した方がより適切であることが明らかな場合，(b)他のIFRSの規定により変更が強制されている場合は，この限りではない。

⑸ 重要性と合算表示

情報が省略，誤表示，不明瞭である時，財務諸表の主要な利用者にとって財務諸表に基づいて行う意思決定に影響が生じると合理的に予想される場合，その情報には重要性がある。重要性がある項目は財務諸表上で個別に表示しなければならない。類似した性質や機能をもたない項目は，個々に重要性がない限り合算表示する。IFRSの規定が特定の表示を求めているか否かにかかわらず，これらの原則は適用される。

⑹ 相　殺

他のIFRSで要求されていたり容認されている場合を除き，資産と負債，および収益と費用は相殺してはならない。

⑺ 比較情報

他のIFRSで容認されていたり要求されている場合を除き，財務諸表中のすべての金額は前期との比較情報を開示しなければならない。当期の財務諸表を理解するうえで目的適合性がある場合には，文章による説明についてもこれを開示しなければならない。財務諸表の項目の表示や区分が訂正された場合には，比較情報の金額の組替えを行い，組替えの内容や金額およびその理由を開示しなければならない。

4 財政状態計算書

⑴ 流動項目と非流動項目の区分と配列

流動項目と非流動項目は，区分して表示しなければならない。ひな型で示された配列方法は，非流動項目を先に示す「固定性配列法」である。ただし流動項目を先に表示した方が，より目的適合性がある情報を提供することになる場合はこの限りではない。どちらの表示方法を採用したとしても，表示されている資産と負債の各項目に，期末日から1年以内に回収または決済される予定の金額と，期末日から1年より先に回収または決済される予定の金額とが混在している場合には，後者の金額を開示しなければならない。

(2) 流動資産と非流動資産

流動資産とは次をいう。(a)現金および現金同等物（使用制限が加えられていないもの），(b)企業の通常の営業循環過程内に実現する予定もしくは期末日から1年以内に販売または消費する予定で保有されている資産，(c)主として売買目的で保有されている資産。これら以外の資産はすべて非流動資産である。ただし繰延税金資産はすべて非流動資産に区分する。

(3) 流動負債と非流動負債

流動負債とは次をいう。(a)企業の通常の営業循環過程内もしくは期末日から1年以内に決済される予定である負債，(b)主として売買目的で保有されている負債，(c)期末日から1年より先に負債の決済を繰延べることのできる期末日現在の権利を有していない負債。これら以外の負債はすべて非流動負債である。

ただし次の場合は非流動負債に区分する。(a)繰延税金負債，(b)期末日から1年より先を返済期限とする借換えを行う期末日現在の権利を有する場合，(c)融資契約上の条項に違反した結果として当該負債の返済を要求されているが，期末日の時点から1年より先の返済猶予を債権者が認め，その間に企業が当該違反を是正でき，債権者が即時の返済を要求できない場合。

(4) 本体に表示すべき情報

財政状態計算書の本体での必須表示項目は次のとおりである。(a)有形固定資産，(b)投資不動産，(c)無形固定資産，(d)金融資産（(e)・(h)・(i)を除く），(e)持分法で会計処理された投資，(f)生物資産，(g)棚卸資産，(h)営業債権その他の受取勘定，(i)現金および現金同等物，(j)営業債務その他の支払勘定，(k)引当金，(l)金融負債（(j)・(k)を除く），(m)税金負債および税金資産，(n)繰延税金負債および繰延税金資産，(o)売却目的保有資産（または処分グループ）に分類された資産合計とそれに関連する負債，(p)非支配株主持分，(q)親会社株主に帰属する資本金および剰余金。

企業の財政状態を理解するために目的適合性がある場合には，追加的な項目，見出し，小計を表示する。

(5) 本体または注記のいずれかに表示すべき情報

本体または注記のいずれかで，次の事項を表示しなければならない。

(a) 本体での表示項目についてのより詳しい内訳

(b) 株式の種類ごとの次の情報。(i)授権株式数，全額払込済の発行済株式数，未払込額のある発行済株式数，(ii)1株当たりの額面金額または無額面の旨，(iii)発行済株式数の期首から期末への変化の説明，(iv)株式に付されている権利や制限，(v)自己株式および子会社または関連会社保有の自己株式，(vi)オプションや売渡契約のための留保株式およびその契約条件と金額等。

(c) 株主持分に含まれる各種剰余金の内容と目的

(d) その企業の資本が株式発行によって調達した資本ではない場合，または資本性金融商品に区分されたプッタブル金融商品を企業が区分変更した場合についての所定の情報

5 包括利益計算書

(1) 包括利益の表示

包括利益とは，企業所有者の立場である株主との取引以外から生じた株主持分の変動と定義される。包括利益は「当期損益」と「その他の包括利益」とから構成される。これらは次の2方式のいずれかにより報告すべきこととする。

(a) 一計算書方式：単一の包括利益計算書を作成して包括利益を表示する方式。

(b) 二計算書方式：当期損益の内訳を表示する計算書（損益計算書）と，当期損益から始まりその他の包括利益の内訳を表示する計算書（包括利益計算書）による方式。このとき損益計算書を先に表示し，続いて包括利益計算書を表示する。

(2) その他の包括利益

その他の包括利益に含まれる項目には次のものがある。(a)再評価剰余金の変動，(b)確定給付制度による退職給付の再測定，(c)在外営業活動体の財務諸表の換算から生じる為替換算調整勘定，(d)資本性金融商品への投資に係る再測定に関する損益，(e)キャッシュ・フロー・ヘッジにおけるヘッジ手段から生じた損益のうちの有効部分，(f)金融負債の公正価値変動分のうち，信用リスクの変動に起因する部分，(g)持分法を適用している関連会社と共同支配企業のその他の包括利益に対する持分。

当期以前にその他の包括利益として認識された金額を，当期損益に組替える手続を「組替調整（リサイクリング）」という。その他の包括利益に含まれる個々の項目は，性質別に分析して，後に組替調整が行われる項目と行われない項目に区分したうえで，各区分の小計とあわせて表示しなければならない。なお税効果額は個々の項目の金額に反映させてもよいし，区分ごとに一括して税効果額合計として表示してもよい。また組替調整額は，その他の包括利益に含まれる個々の項目ごとに，計算書の本体または注記で表示する。

(3) 本体に表示すべき情報

IAS 1号以外で別途に規定されている場合を除き，当期損益の計算にはその期間に認識される収益と費用のすべての項目を含めなければならない。計算書の本体には，次の金額を表す項目を表示する。(a)収益，(b)償却原価で測定される金融商品の認識の中止により生じる損益，(c)金融費用，(d)減損損失（戻入額を含む），(e)持分法を適用している関連会社と共同支配企業の損益に対する持分，(f)金融資産の区分変更に関連した損益や組替調整

額，(g)税金費用，(h)非継続事業から生じる損益の合計額，(i)当期損益。ただし，いかなる項目も特別損益として表示してはならない（注記でも表示不可）。加えて，(j)その他の包括利益，(k)包括利益，(l)前述の(i)と(k)のうち非支配株主持分に帰属する部分と，親会社株主に帰属する部分の別を表示する。(j)に関しては，計算書の本体にその他の包括利益に含まれる個々の項目を表示しなければならない。

企業の経営成績を理解するために目的適合性がある場合には，追加的な項目，見出し，小計を表示する。

(4) 本体またはその注記のいずれかに表示すべき情報

重要な項目については，計算書の本体またはその注記のいずれかに，その内容と金額を個別に表示しなければならない。そのような項目には次がある。(a)棚卸資産の正味実現可能価額への評価減，または有形固定資産の回収可能価額への評価減ならびに評価減の戻入れ，(b)事業の再構築費用やその引当金の戻入れ，(c)有形固定資産の処分，(d)投資の処分，(e)非継続事業，(f)訴訟の解決，(g)その他の引当金の戻入れ。

より信頼性の高い目的適合性のある情報を提供するために，費用を性質別または機能別に分析して表示しなければならない。それぞれの様式は次のように例示される。

①費用を性質別に分析した表示

収益		××
その他の収益		××
製品・仕掛品の棚卸増減額	(××)	
原材料・消耗品の消費高	(××)	
人件費	(××)	
償却費	(××)	
その他の費用	(××)	
費用合計		(××)
税引前利益		××

②費用を機能別に分析した表示

収益	××
売上原価	(××)
売上総利益	××
その他の収益	××
販売費	(××)
管理費	(××)
その他の費用	(××)
税引前利益	××

なお費用を機能別に分析している企業は，人件費や償却費などの費用について性質に関する追加情報も開示しなければならない。

6 持分変動計算書

(1) 本体に表示すべき情報

持分変動計算書の本体には次の表示が求められる。(a)包括利益計算書で算出される包括利益の金額，(b)包括利益を親会社株主に帰属する部分と，非支配株主に帰属する部分とに分けて表示した金額，(c)会計方針の遡及訂正を行った場合あるいは財務諸表の修正再表示を行った場合における，株主持分に含まれる個々の項目への影響額，(d)株主持分に含まれる個々の項目についての期首と期末の帳簿価額の調整表。

⑵ 本体または注記のいずれかに表示すべき情報

持分変動計算書の本体またはその注記のいずれかで，その他の包括利益に含まれる個々の項目についての期首と期末の調整表を表示しなければならない。また株主への配当金額およびその1株当たりの金額も表示しなければならない。

7 キャッシュ・フロー計算書

キャッシュ・フロー計算書とそれに関連する事項の表示については，IAS 7号「キャッシュ・フロー計算書」の規定が適用される。

8 財務諸表の注記

⑴ 注記すべき情報

財務諸表の**注記**（notes）には，次の事項を開示しなければならない。(a)財務諸表作成の基本となる事項ならびに会計方針，(b)IFRS によって要求されているが，4つの計算書（財政状態計算書，包括利益計算書，持分変動計算書，キャッシュ・フロー計算書）の本体には表示されていない情報，(c)4つの計算書の本体には表示されていないが，各計算書の理解に役立つ追加情報である。

これらの注記情報は，理解可能性と比較可能性への影響を考慮したうえで，体系的な方法で記載されなければならない。また計算書の本体の各関連項目と相互参照できるようになっていなければならない。

⑵ 注記の順序と区分

注記を体系的な方法で記載するための記載の順序や区分の例は次のとおりである。(a)IFRS に準拠している旨の記述，(b)会計方針，(c)財務諸表に表示されている項目について，表示順序にしたがって説明した補足情報，(d)その他の開示事項。

⑶ 経営者が行った判断についての情報

経営者が会計方針の適用過程で行った判断のうち，財務諸表上の金額に最も重要な影響をもたらす判断については開示しなければならない。

⑷ 将来に関する主要な想定事項やその他の見積りの不確実性についての情報

次期の資産や負債の帳簿価額に重要な修正を加える原因となる重要なリスクを伴う場合に，将来に関する主要な想定事項および決算日におけるその他の見積りの不確実性に関する情報を開示しなければならない。将来の金利，原価に影響する将来の価格上昇などである。

⑸ 資本管理に関する情報

財務諸表の利用者が資本管理に関する企業の目的・方針・プロセスを評価することができるように，次の情報を開示しなければならない。(a)資本管理に関する質的情報，(b)企業が資本として管理しているものについての量的情報，(c)(a)・(b)についての前期からの変化，(d)資本規制への遵守の有無，(e)資本規制を遵守していない場合のその影響。

(6) 配当に関する情報

配当に関する情報として，次の情報を開示しなければならない。(a)財務諸表の公表の承認前に提案または宣言された未認識の配当金額およびその1株当たりの金額，(b)未認識の累積型優先配当金額。

(7) 資本性金融商品に区分されたプッタブル金融商品に関する情報

資本性金融商品に区分されたプッタブル金融商品について，次の情報を開示しなければならない。(a)資本に区分されている金額についての量的データの要約，(b)当該金融商品を再購入または償還する義務を管理する企業の目的・方針・プロセス（前期からの変更を含む），(c)当該区分の金融商品を再購入または償還するために期待されるキャッシュ・アウトフロー，(d)(c)の決定方法。

(8) その他の情報

その他の開示しなければならない情報には次がある。(a)本拠地，法的形態，法人設立国，登記上の本社の所在地，(b)事業内容や主要な営業活動に関する説明，(c)親会社名，連結企業全体の親会社名，(d)存続期間の定めがある場合にはその期間についての情報。

日本基準との比較

財務諸表の表示に関して，国際会計基準と日本基準の間には次の相違がある。

(1) 財務諸表の表題が異なる。日本基準では「財政状態計算書」を貸借対照表，一計算書方式の場合の「包括利益計算書」を損益及び包括利益計算書，そして「持分変動計算書」を株主資本等変動計算書と呼ぶ。

(2) 適正表示のために一定の場合に基準書の規定から離脱することを求める規定がある。日本基準にはそのような規定はない。

(3) 財政状態計算書のひな型として固定性配列法の様式が示されている。より適切にする場合には流動性配列法によるべきとされている。日本基準では流動性配列法が原則である。

(4) その他の包括利益に関して，組替調整を行わない項目があるため，区分表示が必要とされている。日本基準ではすべての項目が組替調整の対象とされる。

(5) 費用は性質別分析と機能別分析が認められている。日本基準では機能別分析を認めている。

(6) 当期損益の表示に際しては，営業利益や経常利益といった段階的利益の表示は求められていない。またいかなる項目も特別損益として表示してはならない。日本基準では，段階的利益を表示し，その際には特別損益に属する項目を表示しなければならない。

(7) 将来に関する主要な想定事項やその他の見積りの不確実性についての情報，資本管理についての情報等，広範な注記が求められている。日本基準ではそのような注記は求められていない。

キーワード

注記（notes）＝各計算書の本体に表示されている項目の説明，その項目に含まれる詳細についての説明，各計算書の本体に表示されていない項目についての情報を，計算書の本体以外の箇所に記載したものをいう。

演習問題

［1］ IFRSへの準拠について正しいものはどれか。

a．IFRSと相反する国内規定がある場合には，IFRSからの離脱が認められる。

b．IFRSに準拠していない処理でも適正表示が達成できると判断される場合には，一定の開示を条件としてIFRSからの離脱が認められる。

c．IFRSの開示規定に準拠していなくてもIFRSの会計処理の規定に準拠している場合には，IFRSに準拠しているといえる。

d．IFRSのある規定に従えば誤解を招くような場合には，一定の開示を条件としてその規定から離脱しなければならない。

（正解） d：IFRSに準拠するとむしろ誤解を招くことになり，概念フレームワークに定められる財務諸表の目的に反すると経営者が結論づける場合には，離脱に関する情報を開示したうえで離脱しなければならない。

［2］ 財政状態計算書上での流動と非流動の区分について誤っているものはどれか。

a．使用制限がない現金および現金同等物は流動資産に区分する。

b．期末日から1年以内に売却予定の市場性ある有価証券は流動資産に区分する。

c．企業の通常の営業循環過程において決済予定であり，その決済期限が決算日から2年後である負債は流動負債に分類する。

d．期末日から10ヵ月後に決済期限が到来する負債であって，長期にわたり負債の決済を繰延べることのできる期末日現在の権利を会社が有している場合には，流動負債に分類する。

（正解） d：期末日から1年より先に負債の決済を繰延べることのできる期末日現在の権利を有している場合には非流動負債となる。

［増村　紀子］

IAS 2 : Inventories

 棚卸資産

目的と適用範囲

1 目的

本基準書の目的は，棚卸資産の会計処理を規定することである。棚卸資産の原価の決定，正味実現可能価額への評価減を含む費用の認識についての指針を提供する。本基準書はまた原価配分方法をも規定する。

2 適用範囲

本基準書の適用対象となる棚卸資産には，(a)通常の営業過程での販売を目的として保有されている完成品，(b)その販売を目的として生産の途上にある仕掛品，および(c)生産や役務提供の過程で消費される原材料と貯蔵品が含まれる。ただし顧客との契約履行のために発生した費用のうち，棚卸資産に該当しないものは，IFRS15号「顧客との契約から生じる収益」に準拠して会計処理される。

なお，金融商品（IAS32号とIFRS 9 号），および農業における生物資産や収穫時点での農産物（IAS41号）は，本基準書の適用範囲から除かれる。これらについてはカッコ内に示した会計基準が適用される。また次の資産は本基準書の適用範囲内であるが，その測定については本基準書を適用しない。すなわち，(a)農業と林業の生産物，収穫後の農作物，鉱物および鉱物製品の生産者が保有する棚卸資産のうち，正味実現可能価額で測定されるもの，(b)商品ブローカーやトレーダーが保有する商品で，売却費用控除後の公正価値で測定されるものがそれである。

会計基準の内容

1 棚卸資産の取得原価

棚卸資産（inventories）の取得原価には，購入原価や加工費をはじめ，棚卸資産が現在の場所や状態に至るまでに発生したその他の原価のすべてを含まなければならない。

棚卸資産の購入原価とは，購入代価，輸入関税等の税金，完成品，原材料および役務の

取得に直接関係する運送費，荷役費およびその他の費用をいう。なお値引，割戻しについては購入原価から控除される。次に加工費には，生産単位に直接関係する費用（直接労務費など），原材料を完成品に加工する際に生じる固定的な製造間接費（工場の建物・設備の減価償却費や維持費，工場の事務管理費など）および変動的な製造間接費（間接材料費，間接労務費など）の規則的な配賦額が含まれる。

その他の原価は，たとえば特定の顧客のための製品設計にかかった費用のように，棚卸資産が現在の場所や状態に至るまでに発生したものに限り，棚卸資産の取得原価に含めることができる。また棚卸資産購入のための資金調達により発生する利子などの借入費用は，販売可能な状態にするために長期間を要する棚卸資産であるなどIAS23号「借入費用」の定める要件を満たす場合に限って，当該資産の取得原価に含めることができる。一方，仕損じ品にかかる製造費用のうち異常な金額，保管費用（製造工程上必要とされるものを除く），現状に至ることに寄与しない管理部門の間接費，および販売費用は取得原価から除外される。

2　原価配分方法

棚卸資産の原価は，**先入先出法**（first–in, first–out formula）または**加重平均法**（weighted average cost formula）によって配分しなければならない。ただし通常は代替性がない棚卸資産の原価および特定のプロジェクトのために製造され，かつ他の棚卸資産から区分されている財貨または役務については，当該原価を当該棚卸資産に直接帰属させる原価配分方法である**個別法**（specific identification）が適用される。

標準原価法および売価還元法のような棚卸資産の測定技法は，その適用結果が原価と近似する場合にのみ簡便法として使用が認められる。

また企業は，性質と使用方法が類似するすべての棚卸資産に対し，同じ原価配分の方法を使用しなければならず，販売された棚卸資産の帳簿価額は，当該資産の収益が認識される期間に費用として認識されなければならない。

3　棚卸資産の期末評価

棚卸資産が損傷，陳腐化した場合や販売価格が下落した場合など，取得原価が回収できなくなることがある。このとき，資産はその販売または利用によって実現されると予想される額を超えて評価すべきではないとの考え方から，棚卸資産は原価と正味実現可能価額のいずれか低い額によって評価しなければならない（**低価法**の強制）。

正味実現可能価額（net realizable value）とは，通常の営業過程における棚卸資産の売却により実現されることが予測される正味の金額をいい，通常の営業過程での予想売価から，完成までに要する見積原価および販売に要する見積費用を控除した額である。この金額の計算は，見積りを行う時点で入手できる最も信頼性の高い証拠に基づき，当該資産の保有目的をも考慮して行われる。たとえば，販売や役務提供が確定している場合，その履行のために保有している棚卸資産は，その契約価格に基づき評価され，契約分を上回る棚卸資産は通常の販売価格に基づいて評価される。また棚卸資産を製造する目的で所有する原材料は，たとえ正味実現可能価額が下落していても，それを用いて製造した製品が原価以上で販売されると見込まれる限り，評価減されない。ただし原材料価格の下落によって，製品の正味実現可能価額が原価よりも低くなる場合は評価減が行われ，このとき再調達原価をもって正味実現可能価額とすることが認められている。

棚卸資産の正味実現可能価額への評価減の額および棚卸資産に関係するすべての損失は，評価減または損失の原因が発生した期間に費用として認識しなければならない。また正味実現可能価額の上昇により生じる棚卸資産の評価減の戻入額は，その戻入れを行った期間において，費用として認識された棚卸資産の金額の減少として認識される（洗替え法）。

4 開 示

財務諸表には，以下の事項を開示しなければならない。

(a) 棚卸資産の評価にあたって採用した会計方針（原価配分方法を含む）
(b) 棚卸資産の合計額およびその企業に適した分類ごとの帳簿価額
(c) 公正価値（市場参加者が事前に棚卸資産について認識する機会を提供され，自発的取引が行われた場合に，棚卸資産の売却により受領する金額）から売却費用を控除した金額で計上した棚卸資産の帳簿価額
(d) 期中に費用として認識された棚卸資産の額
(e) 期中に費用として認識された棚卸資産の評価減の金額
(f) 期中に費用として認識された棚卸資産の評価減の戻入金額
(g) 棚卸資産の評価減の戻入れをする原因となった状況および事象
(h) 負債の担保の用に供されている棚卸資産の帳簿価額

日本基準との比較

日本では長らく棚卸資産の期末評価の基準として，原価法と低価法の間での任意選択が認められてきたが，企業会計基準第9号「棚卸資産の評価に関する会計基準」に基づき，2008年4月以降に開始する年度からは低価法を適用すべきこととされた。また原価配分方法と

して，これまで後入先出法や最終仕入原価法の適用が認められていたが，2010年４月以後に開始する年度からは，後入先出法の採用を認めないこととした。また最終仕入原価法も，極めて限られた場合にのみ許容されることになって，これらの相違は解消されたが，次のような差異が残されている。

⑴　日本基準の棚卸資産の範囲には，IAS２号での範囲に加え，事務用消耗品等の販売活動や一般管理活動で短期間に消費される財貨も含まれる。

⑵　早期支払いによる仕入割引を，日本基準は営業外収益とするが，IASBの解釈委員会は購入原価からの控除項目としている（2004年11月）。

⑶　低価法の適用時の時価として，IAS２号が正味売却価額（＝正味実現可能価額）を採用するのに対し，日本基準では正味売却価額を原則としつつ，所定の場合に再調達原価を用いることができる。したがって日本基準では，原材料の再調達原価の下落時に評価減が行われるのに対し，IAS２号ではその原材料で生産する製品の正味売却価額が下落しない限り，原材料の評価減は行われない。

⑷　低価法により評価減を行った翌期の処理として，日本基準では洗替え法と切放し法の間で選択ができるが，IAS２号は正味売却価額の上昇による評価損の戻入れとして，洗替え法を適用することとし，戻入れ額だけ費用（売上原価や材料費）の減額を規定する。

キーワード

棚卸資産＝⒜通常の事業の過程において販売を目的として保有されているもの，⒝その販売を目的とする生産の過程にあるもの，または⒞生産過程もしくは役務の提供にあたって消費される原材料または貯蔵品。

正味実現可能価額＝通常の営業過程での予想売価から，完成までに要する見積原価および販売に要する見積費用を控除した額。

演習問題

［１］　棚卸資産の原価配分に関する次の記述のうち，正しいものに○，誤っているものに×をつけなさい。

ａ．販売用の土地や高額の宝石など，互換性のない財貨には個別法を適用しなければならない。

ｂ．タンクで貯蔵する原油のように，古い在庫と新規の受入物が物理的に混ざってしまうような財貨には，移動平均法を適用しなければならない。

ｃ．後入先出法はやや特殊な方法であるから，これを採用した場合は，先入先出法など一般的な方法による計算結果との差額を注記しなければならない。

ｄ．大量生産品のような互換性のある棚卸資産については，平均法を適用してもよいし先入先出法を適用してもよい。

（正解）a．○　b．×　c．×　d．○

（解説）互換性のある財貨は，その物理的な流れとの整合性に拘束されず，先入先出法・総平均法・移動平均法のいずれかであれば，どの方法を適用してもよい。後入先出法は，2005年1月以降の開始年度から，たとえ注記をしても適用できなくなった。

［2］ IAS 2号の適用対象となる棚卸資産の期末評価について，次の記述のうち正しいものはどれか。

a．棚卸資産は，期末の経済的事実を反映させるために，公正価値で評価しなければならない。

b．棚卸資産は，事業用の資産であるから，取得原価で評価しなければならない。

c．棚卸資産は，低価法で評価しなければならない。

d．棚卸資産は，原則として取得原価で評価するが，低価法を選択適用できる。

（正解）c：棚卸資産の期末評価には低価基準の適用が強制されている。

［3］ A社は製品Xと材料Yを棚卸資産に計上しており，材料Yは製品Xの生産に使用される。前期末と当期末のこれらの資産の評価データは次のとおりである（単位：千円）。なお，当期末の製品Xの正味実現可能価額が原価より低くなった原因の1つは，材料Yの価格下落である。A社が棚卸資産として計上すべき合計金額は，前期末と当期末においてそれぞれいくらか。

	前期末		当期末	
	製品X	材料Y	製品X	材料Y
帳簿価額	50,000	10,000	70,000	16,000
正味実現可能価額	55,000	—	60,000	—
取替原価	—	9,000	—	15,000

（正解）前期末　60,000　当期末　75,000

（解説）

前期末：製品Xの帳簿価額50,000＋原材料Yの帳簿価額10,000＝60,000

材料の取替原価が帳簿価額を下回っているが，材料の使用目的である製品が帳簿価額以上で販売されているので，評価減を行わない。

当期末：製品Xの正味実現可能価額60,000＋原材料Yの取替原価15,000＝75,000

［石光　　裕］

IAS 7 : Statement of Cash Flows

6 キャッシュ・フロー計算書

目的と適用範囲

◎1◎目的

本基準書の目的は，期中のキャッシュ・フローを，営業・投資・財務の3活動に分類表示したキャッシュ・フロー計算書によって，企業の現金および現金同等物の変動実績に関する情報の提供を求めることである。なお，本章は2024年4月における一部改正（2027年1月以降の開始年度から適用）も含めて解説している。

◎2◎適用範囲

本基準書は，金融機関を含むすべての企業に対して適用され，基本財務諸表の1つとしてキャッシュ・フロー計算書を作成することが要求される。

会計基準の内容

1　現金および現金同等物

キャッシュ・フロー計算書が提供するのは，現金および現金同等物の流入と流出に関する情報である。現金は，手許現金と要求払預金から成る。現金同等物（cash equivalents）は，投資その他の目的ではなく，短期の資金需要を満たす目的で保有されるものであり，(a)容易に換金可能であり，かつ(b)価値の変動について僅少なリスクしか負わないものでなければならない。

通常，取得日から短期のうち（一般に3カ月以内）に満期が到来する投資は，現金同等物としての条件を満たす。持分証券（株式）への投資は，原則として現金同等物から除外される。なお，国によっては，当座借越が企業の現金管理活動の重要な要素となっていることがある。その場合，当座借越は現金および現金同等物に含められる（負の現金同等物）。

2 キャッシュ・フロー計算書の作成

キャッシュ・フロー計算書（statement of cash flows）は，期中のキャッシュ・フローを，営業活動（operating activities），投資活動（investing activities），および財務活動（financing activities）に区分して報告しなければならない。活動別に区分された情報は，利用者が，これら活動が企業の財政状態や現金および現金同等物の額に与えたインパクトを評価するのを可能にする。

(1) 営業活動

営業活動は，収益を生み出すことを目的とする企業の主たる活動である。**営業活動によるキャッシュ・フロー**は，一般に純損益の決定に関わる取引その他の事象から生ずる。ただし，固定資産の売却のように，純損益の決定に含められる収益・費用を生ずる取引であっても，営業活動ではなく投資活動に区分されるものもある。

営業活動によるキャッシュ・フローの例には，次のようなものがある。①財貨の販売およびサービスの提供からの収入，②ロイヤルティ，報酬，手数料その他の収益からの収入，③財貨およびサービスの仕入先に対する支出，④従業員に対する，または従業員のための支出，⑤法人税等の支払または還付（財務活動または投資活動と明確に結びつけられる場合を除く），⑥短期売買目的で保有される契約からの収入または支出などがそれである。

(2) 投資活動

投資活動によるキャッシュ・フローの開示は，将来の利益やキャッシュ・フローを生み出すことを意図した資源に対し，どの程度の支出が行われたかを示すために重要である。

投資活動によるキャッシュ・フローの例には，次のようなものがある。①有形固定資産，無形固定資産およびその他の長期資産に関する取得支出と売却収入，②他企業の持分や債券に関する取得支出と売却収入（現金同等物とみなされるものを除く），③資金の貸付支出とその返済による収入，④デリバティブ契約のうち，短期売買目的のもの，および財務活動に該当するものを除く，取引の収入と支出などがそれである。

(3) 財務活動

財務活動によるキャッシュ・フローの開示は，企業への資本提供者による，将来キャッシュ・フローに対する請求権を予測するうえで重要である。

財務活動によるキャッシュ・フローの例には，次のようなものがある。①株式その他の持分証券の発行からの収入，②自己株式の取得支出，③社債の発行と償還および資金の借入と返済に関する収入・支出，④リースの負債残高を減少させるための借手による支出などがそれである。

3　直接法および間接法

前述の３区分の活動のうち，営業活動によるキャッシュ・フローの報告に際しては，直接法によることが推奨されるが，間接法を採用してもよい。投資活動と財務活動によるキャッシュ・フローは，純額での報告が許容される一部の項目を除いて直接法を採用し，総収入と総支出を報告しなければならない。

直接法（direct method）は，主な種類ごとの収入総額と支出総額を開示する方法である。直接法による場合，現金収入および支出の総額の主な種類ごとの情報は，①企業の会計記録を基礎とするか，②損益計算における収益と費用の項目に所定の調整を加えて収入・支出へと変換する方法で得られる。

他方，**間接法**（indirect method）は，損益計算における利益から出発し，①非資金的性格の取引の影響や，②過去と将来の営業活動からの収入・支出の繰延と見越計上などの調整項目を示しつつ，収支尻を算出する方法である。間接法による場合，出発点となる利益は，IFRS 第18号「財務諸表における表示および開示」が規定する営業利益である。この利益は，損益計算書の項目を営業・投資・財務・法人所得税・非継続事業に５区分した場合の，営業の区分に分類される収益・費用の差額であり，臨時的な損益も含まれる。このような営業利益に対する一般的な調整項目には，①棚卸資産および営業上の債権・債務の期中変化額や，減価償却費，引当金繰入額などの項目がある。

4　個別項目の取扱い

⑴　外貨建のキャッシュ・フロー

外貨建取引から生ずるキャッシュ・フローは，外貨額に，キャッシュ・フローが生じた日の為替レートを適用して，報告通貨によって記録されなければならない。また，在外子会社のキャッシュ・フローは，キャッシュ・フローが生じた日の為替レートで換算されなければならない。

⑵　利息および配当金

受取利息，受取配当金，支払利息および支払配当金に関する収支は，独立の項目として開示しなければならない。このうち利息の受取額と配当金の受取額は，投資活動の区分に記載し，利息の支払額と配当金の支払額は，財務活動の区分に記載する。利息や配当金の受取額は投資活動の結果としてもたらされるものであり，利息や配当金の支払額は財務資源を獲得するためのコストであると考えられるからである。

この記載区分のほか，2024年４月に本基準書が改訂される以前には，利息の受取額と配当金の受取額および利息の支払額を営業活動の区分に記載し，配当金の支払額を財務活動の区分に記載する方法も，並列的に認められていたが，2024年４月の改正により，前述の方法だけが認められることとなった。これによりキャッシュ・フロー計算書は，その比較可能性が向上するものと期待される。

(3) 法人税等

法人税等のキャッシュ・フローは，財務活動または投資活動と明確に結びつけられる場合を除き，営業活動に分類し，さらに独立の項目として開示しなければならない。

(4) 子会社その他の事業体の取得と処分

子会社その他の事業体の取得と処分から生ずるキャッシュ・フローの総額は，投資活動に分類し，さらに独立の項目として開示するとともに，所定の詳細情報（IAS 7 号40項で規定）を提供しなければならない。

(5) 非資金取引

現金および現金同等物の使用を必要としない投資取引および財務取引は，キャッシュ・フロー計算書の本体において報告されるべきではない。しかしその中には，期中のキャッシュ・フローには直接インパクトを与えなくとも，企業の財政状態に重要な影響を及ぼす取引も存在する（転換社債の株式への転換，株式の発行による買収等）。これらの非資金取引に関する情報は，財務諸表とは別の箇所において開示されなければならない。

(6) 財務活動から生じた負債の変動

企業は，財務活動から生じた負債の変動を，財務諸表の利用者が評価できるようにする開示を提供しなければならない。そのための方法の1つとして，財政状態計算書上の期首残高と期末残高との調整表を示すことがあげられる。

(7) 現金および現金同等物の構成要素

企業は，現金および現金同等物の構成要素を開示しなければならない。また，キャッシュ・フロー計算書における現金および現金同等物と，財政状態計算書で報告される現金および現金同等物に該当する項目との調整を開示しなければならない。さらに企業は，現金および現金同等物のうち，利用することができない重要な金額があれば，経営者によるコメントとともに開示しなければならない。

日本基準との比較

IAS 7 号と比較される日本基準は，企業会計審議会が1998年に公表した「連結キャッシュ・フロー計算書等の作成基準」である。日本基準は多くの点でIAS 7 号と共通するが，次の相違点もある。

(1) 短期売買目的の有価証券の購入と売却に関する収支は，日本基準では投資活動に区分されるが，IAS 7 号では営業活動に区分される。

(2) 利息と配当金の記載区分が相違する。日本基準では，受取利息・受取配当金・支払利息を営業活動の区分に記載する方法も認められるが，IAS 7号では，受取利息と受取配当金は投資活動の区分に記載し，支払利息は財務活動の区分に記載しなければならない。

(3) IAS 7号は営業活動によるキャッシュ・フローの報告に際し，直接法の採用を推奨しているが，日本基準には直接法を推奨するような記述はない。

(4) 在外子会社のキャッシュ・フローの換算は，日本基準では期中平均レートまたは決算日レートによって行うが，IAS 7号では実際レートかそれに近似するレート（たとえば期中平均レート）によって行う。決算日レートを適用することはできない。

キーワード

現金＝手許現金および要求払預金。
現金同等物＝容易に換金可能で，かつ価値の変動について僅少なリスクしか負わない，短期で流動性の高い投資。
キャッシュ・フロー＝現金および現金同等物の流入と流出。
営業活動＝収益を生み出すことを目的とする企業の主たる活動，および投資活動または財務活動以外の活動。
投資活動＝長期資産および現金同等物に含まれないその他の投資の取得と処分に関する活動。
財務活動＝企業の資本および借入金の大きさと構成に変化をもたらす活動。

演習問題

［1］ 2024年4月に改正されたIAS第7号のもとで，次の項目は，キャッシュ・フロー計算書のどの区分に記載されるか。営業活動の区分に記載される項目はA，投資活動はB，財務活動はC，キャッシュ・フロー計算書には掲載されない項目にはDを示しなさい。なお2通りの表示区分のどちらに記載してもよい項目については，両方の区分の記号を答えなさい。

a．短期売買目的で保有する有価証券の購入支出
b．株主への配当金の支払額
c．貸付金から生じる利息の受取額
d．転換社債の株式への転換額
e．資産計上された開発費に関連する支出

（正解） a．A　b．C　c．B　d．D　e．B

（解説） a：売買目的有価証券の収支は投資活動ではなく営業活動に区分される。
d：重要な非資金取引として，注記等の方法で情報提供されるが，キャッシュ・フロー計算書の本体には掲載されない。
e．無形固定資産を取得するための支出に含まれるので，投資活動に区分される。

［2］ 次の資料に基づき，営業活動の区分を直接法で作成するキャッシュ・フロー計算書における，商品の仕入支出額を計算しなさい。

<資料>
当期売上原価　1,300,000円
期首商品棚卸高　150,000円　　期末商品棚卸高　120,000円
期首買掛金残高　180,000円　　期末買掛金残高　200,000円
（正解）1,250,000円
（解説）「期首商品棚卸高＋当期商品仕入高－期末商品棚卸高＝売上原価」という関係から，当期商品仕入高を算出する。
当期商品仕入高＝売上原価1,300,000円－期首商品150,000円＋期末商品120,000円
＝1,270,000円
さらに「買掛金期首残高＋当期商品仕入高－買掛金期末残高＝商品の仕入支出」であるので，
期首買掛金180,000円＋当期仕入1,270,000円－期末買掛金200,000円
＝1,250,000円
となる。

［3］　営業活動の区分を間接法で作成するキャッシュ・フロー計算書において，次の項目はキャッシュ・フローの増加項目と減少項目のいずれとして取り扱われるか。増加項目には＋，減少項目には－を示して答えなさい。
ａ．棚卸資産の増加
ｂ．支払手形の増加
ｃ．減価償却費
ｄ．退職給付引当金への繰入額
ｅ．持分法による投資利益
ｆ．固定資産売却益
（正解）ａ．－　ｂ．＋　ｃ．＋　ｄ．＋　ｅ．－　ｆ．－
（解説）ａ：棚卸資産に資金が拘束されたことを意味するので，減算項目
ｂ：手形の満期日まで資金が残ることを意味するので，加算項目
ｃとｄ：利益計算では減額されているが資金流出を生じないから，加え戻して加算項目
ｅ：利益計算では加算されているが資金流入を生じないから，減額のための減算項目
ｆ：固定資産売却益は当期純利益の決定に含められているが，固定資産の売却は営業活動ではないから，その影響を除去するため減算項目

［土田　俊也］

IAS 8 : Accounting Policies, Changes in Accounting Estimates and Errors

会計方針，会計上の見積りの変更および誤謬

目的と適用範囲

1 目的

本基準書の目的は，会計方針の選択と変更に関する要件，会計方針の変更，会計上の見積りの変更および誤謬の訂正に関する会計処理および開示を規定することである。本基準書は，企業の財務諸表の目的適合性と信頼性，および財務諸表の期間比較可能性と企業間比較可能性を向上させることを意図している。

なお，IASBは2021年2月に「会計上の見積りの定義」を公表し，会計上の見積りの定義を導入するとともに，会計上の見積りの変更を会計方針の変更と区別するのに役立てるための修正を行っている。また2024年4月に，IAS第1号がIFRS第18号へと改訂されたことに伴い，IAS第8号のタイトルも上記の旧名称から，「財務諸表の作成の基礎（Basis of Preparation of Financial Statements）」という新名称への変更が予定されている。

2 適用範囲

本基準書は，会計方針の選択と適用，会計方針の変更，会計上の見積りの変更，および過年度の誤謬の訂正の会計処理に適用される。なお，会計方針に関する開示要求については，会計方針の変更に関するものを除き，IAS第1号ないしIFRS第18号で規定されている。

会計基準の内容

1 会計方針

(1) 会計方針の選択と適用

取引その他の事象または状況に対して特に適用するIFRSが存在する場合には，当該項目に適用する会計方針は，そのIFRSを適用して決定しなければならない。具体的に当てはまるIFRSが存在しない場合には，経営者は次の情報がもたらされるように，会計方針を策定し，適用するように判断しなければならない。

(a) 利用者の経済的意思決定のニーズに対して目的適合性がある。
(b) 財務諸表が次の事項を満たしており信頼性がある。
 (i) 企業の財政状態，財務業績およびキャッシュ・フローを忠実に表している。
 (ii) 法的形式だけでなく，取引その他の事象および状況の経済的実質を反映している。
 (iii) 中立である，すなわち偏った見方がされていない。
 (iv) 慎重である。
 (v) 重要性があるすべての点で完全である。

上記の判断を行うに当たっては，経営者は次の根拠資料を上から順に参照し，その適用可能性について検討しなければならない。

(a) 類似の事項や関連した事項について扱っているIFRSの要求事項
(b) 概念フレームワークにおける資産，負債，収益および費用に関する定義，認識規準および測定概念

また経営者は，上記(a)および(b)の根拠資料に反しない範囲において，会計基準の開発に類似の概念フレームワークを使用している他の会計基準設定機関の直近の基準等の公表物，その他の会計文献および一般に認められる業界実務慣行を考慮することができる。

(2) 会計方針の首尾一貫性

企業は，類似の取引その他の事象および状況に関しては，首尾一貫して同じ会計方針を選択し適用しなければならない。IFRSにおいて，項目の区分ごとに異なる会計方針が要求または許容されている場合には，各区分について適切な会計方針を首尾一貫して選択し適用しなければならない。

(3) 会計方針の変更

会計方針の変更が以下のいずれかに該当する場合にのみ，企業は会計方針を変更することが認められる。

(a) IFRSによって要求される場合
(b) 企業の財政状態，財務業績またはキャッシュ・フローに対し，取引その他の事象または状況が及ぼす影響について，信頼性があり，より目的適合性のある情報を提供する財務諸表となる場合

なお，(i)過去に発生したものとは実質が異なる取引その他の事象または状況に対する会計方針の適用，(ii)および過去に発生していないか，または重要性がなかった取引その他の事象または状況に対する新たな会計方針の適用，については会計方針の変更とはならない。

(4) 会計方針の変更時の処理

IAS 8号では，次の2つの場合に分けて，会計方針の変更時の処理が定められている。

(a) 特段の経過措置があるIFRSを初めて適用することによる会計方針の変更

(b) 特段の経過措置がないIFRSを初めて適用することによる会計方針の変更，または任意の会計方針の変更

(a)の場合は，当該経過措置に従って会計処理をしなければならない。また，(b)の場合は，当該変更を遡及して適用しなければならない。(a)または(b)により会計方針の変更が**遡及適用**される場合には，新しい会計方針が以前からずっと適用されていたかのように，表示されている最も古い期間の資本項目のうち影響を受ける項目の期首残高および各過年度に開示されているその他の比較対象金額を修正しなければならない。

ただし，変更による特定期間の影響額または累積的影響額を算定することが実務上不可能な場合には，以下のようにそれぞれ実務上可能となる時点から適用を行う。

① 特定期間の影響額を算定することが実務上不可能な場合

表示されている1期以上の過年度に関する比較情報について，会計方針を変更することによる特定期間の影響額を算定することが実務上不可能な場合には，遡及適用が実務上可能となる最も古い期間の期首の資産および負債の帳簿価額に対し新しい会計方針を適用し，また当該期間の資本項目のうち影響を受ける項目の期首残高を修正しなければならない。

② 累積的影響額を算定することが実務上不可能な場合

当期の期首時点において，すべての過年度に新しい会計方針を適用することの累積的影響額を算定することが実務上不可能な場合には，実務上適用可能となる最も古い時点から将来に向かって新しい会計方針を適用して比較情報を修正しなければならない。

(5) 会計方針の変更に関する開示

① あるIFRSを初めて適用する場合に必要な開示

(a) 当該IFRSの名称

(b) 変更が経過措置に従って行われた場合はその旨

(c) 変更の内容

(d) 経過措置がある場合はその概要

(e) 将来の期間に影響する経過措置がある場合はその内容

(f) 当期および表示されている各過年度について，実務上可能な範囲における以下の事項に関する修正額

- 影響を受ける財務諸表の各項目
- IAS33号「1株当たり利益」が適用される企業については，基本的1株当たり利益および希薄化後1株当たり利益

(g) 実務上可能な範囲において，表示されている期間より前の期間に関する修正額

(h) 特定の過年度または表示されている期間より前の期間について遡及適用が実務上不可能な場合には，当該状態が存在するに至った状況，会計方針の変更の適用方法および適用時期についての説明

この開示は1回だけ行えばよく，その後の期間において開示を繰り返す必要はない。

② 任意の会計方針の変更の場合に必要な開示

(a) 会計方針の変更の内容

(b) 新しい会計方針を適用することにより，信頼性のある目的適合性のより高い情報を提供することになる理由

(c) 上記①の(f)(g)(h)と同じ事項

この開示も1回だけ行えばよく，その後の期間において開示を繰り返す必要はない。

③ 未発効の新しいIFRSを適用していない場合に必要な開示

(a) 適用していない旨

(b) 新しいIFRSが初めて適用される期間の財務諸表に与える影響の評価に関する既知または合理的に見積可能な情報

上記のほか，IFRSの名称や適用が要求される日などの開示を検討する。

2 会計上の見積りの変更

(1) 会計上の見積りの変更

資産・負債の公正価値や有形固定資産の減価償却など，財務諸表項目には見積りにより測定されるものも多いが，見積りの基礎となった状況に変化が生じたり，新しい情報を入手したりすることで，見積りの修正が必要となる場合がある。このように会計上の見積りの変更は，新しい情報や新しい展開から生じるもので，過去の期間には関連せず，誤謬の訂正ではない。

適用する測定基礎の変更は，会計方針の変更であり，会計上の見積りの変更ではない。会計方針の変更と会計上の見積りの変更の区別が困難な場合には，その変更は会計上の見積りの変更として処理する。

(2) 会計上の見積りの変更の影響の認識

会計上の見積りの変更の影響は，次のように将来に向かって認識しなければならない。

(a) 当該変更がその期間にのみ影響を与える場合には，当該変更期間の純損益に含める。

(b) 当該変更がその期間および将来の期間の両方に影響を与える場合には，その両方の期間の純損益に含める。

また，会計上の見積りの変更が資産および負債に変動を生じさせる場合，または資本項目に関係する場合には，その範囲において，当該変更期間における関連する資産，負債または資本項目の帳簿価額を修正し，当該変更を認識しなければならない。

(3) 開　示

当期または将来の期間に影響を及ぼすと予想される会計上の見積りの変更に関して，そ

の内容と金額を開示しなければならない。ただし，将来の期間に与える影響額を見積ることが実務上不可能なために影響額を開示しない場合は，その旨を開示する。

3　誤　謬

⑴　誤謬の訂正

誤謬（error）は，計算上の誤り，会計方針の適用の誤り，事実の見落としや解釈の誤り，不正行為の影響などによって生じる財務諸表の脱漏または誤表示である。当期に発見された当期の誤謬は，財務諸表の公表承認前に訂正する。また，過年度において重要性のある誤謬が発生していたことを当期に発見した場合には，発見後，公表が承認される最初の財務諸表において，以下のように過年度の誤謬を遡及して訂正しなければならない。

(a)　誤謬が表示対象となる過年度において発生した場合には，当該表示対象となる過年度についての比較対象金額を修正再表示する。

(b)　誤謬が表示対象となる最も古い期間より前の期間に発生している場合には，当該表示対象となる最も古い期間の資産，負債および資本の期首残高を修正再表示する。

ただし，誤謬による特定期間への影響額または累積的影響額を算定することが実務上不可能な場合には，以下のようにそれぞれ実務上可能な時点から修正を行う。

①　特定期間への影響額を算定することが実務上不可能な場合

表示対象となる１期以上の過年度についての比較情報に対し誤謬が与える特定期間への影響額を算定することが実務上不可能な場合には，企業は遡及的修正再表示が実務上可能となる最も古い期間の資産，負債および資本の期首残高を修正再表示しなければならない。

②　累積的影響額を算定することが実務上不可能な場合

当期の期首時点において，過年度のすべてについて誤謬による累積的影響額を算定することが実務上不可能な場合には，企業は実務上可能となる最も古い時点から将来に向かって比較情報を修正再表示しなければならない。

⑵　開　示

過年度の誤謬に関して，以下の事項を開示しなければならない。

(a)　過年度の誤謬の内容

(b)　表示対象となる各過年度について，実務上可能な範囲における以下の事項に関する修正額

・影響を受ける財務諸表の各項目

・IAS33号「１株当たり利益」が適用される企業については，基本的１株当たり利益および希薄化後１株当たり利益

(c)　表示対象となる最も古い期間の期首における訂正額

(d)　特定の過年度について遡及的修正再表示が実務上不可能な場合には，当該状態が存在するに至った状況，誤謬の訂正方法および訂正時期についての説明

なお，その後の期間の財務諸表において，これらの開示を繰り返す必要はない。

日本基準との比較

会計方針の変更，会計上の見積りの変更および過年度の誤謬の取扱いに関して，IASと日本基準とにはいくつかの差異があった。しかし，2009年12月に公表された企業会計基準第24号「会計上の変更及び過去の誤謬に関する会計基準」の適用により，従来の重要な差異は解消された。

項　目	現行基準	IAS 8号
会計方針の変更の取扱い	・新たな会計方針を遡及適用 ・過去の開示期間への影響額を注記	・新たな会計方針を遡及適用 ・当期および過去の開示期間への影響額を注記
会計上の見積りの変更の取扱い	・変更の影響が及ぶ当期または将来の期間の損益で認識 ・減価償却方法は会計方針に該当するが，その変更は会計上の見積りの変更として処理	・変更の影響が及ぶ当期または将来の期間の損益で認識 ・減価償却方法の変更は会計上の見積りの変更として処理
過年度の誤謬の取扱い	・修正再表示 ・修正再表示が実務上不可能な場合の取扱いなし	・修正再表示 ・修正再表示が実務上不可能な場合の取扱いあり

キーワード

会計方針＝企業が財務諸表を作成表示するに当たって採用する特定の原則，基礎，慣行，ルールおよび実務。

会計上の見積り＝測定の不確実性にさらされている財務諸表における貨幣額。

過年度の誤謬＝次のいずれにも該当する信頼性の高い情報の不使用または誤用による，過去1期間または複数期間の財務諸表における脱漏または誤表示。

(a)　当該期間の財務諸表の公表が承認されたときに入手可能となっていた情報。

(b)　当該財務諸表を作成・表示するときに入手でき，検討できたと合理的に予測できた情報。

遡及適用＝新しい会計方針が過去から適用されていたかのように，取引その他の事象および状況に適用すること。

遡及的修正再表示＝過年度に誤謬が発生していなかったものとして，財務諸表の構成要素の金額の認識，測定および開示を訂正すること。

実務上不可能＝企業がある要求事項の適用のためにあらゆる合理的な努力を行った後も適用することができないこと。特定の過年度について，以下のいずれかに該当する場合には，実務上不可能に該当する。

(a)　遡及適用または遡及的修正再表示の影響を確定できない場合。

(b)　遡及適用または遡及的修正再表示に際して，その当時の経営者の意図が何であったかを仮

定する必要がある場合。

(c) 遡及適用または遡及的修正再表示に際して，金額について重大な見積りを必要とするが，そのための次のような情報を他の情報と客観的に区別することが不可能である場合。

(i) 当該金額の認識・測定・開示の日に存在していた状況の証拠を提供する情報。

(ii) 当該過年度の財務諸表の公表が承認されたときに入手可能であった情報。

演習問題

［1］ 次の会計処理のうち，IAS 8号からみて，適切なものには○，適切でないものには×を示しなさい。

a．会計方針を任意に変更したため，新しい会計方針が過去から適用されていたかのように，表示されている最も古い期間の影響を受ける資本項目の期首残高および各過年度に開示されているその他の比較対象金額を修正した。

b．会計方針の変更と会計上の見積りの変更のどちらに該当するか判断するのが困難であったため，当該変更を会計上の見積りの変更として処理した。

c．会計上の見積りを変更したため，過去から変更後の見積りを適用していたものとして過年度の損益を修正再表示した。

d．過年度に重大な誤謬が発生していたことを発見したため，当該誤謬が発生した過年度に関する比較情報を修正再表示した。

e．過去に株主総会に報告した財務諸表は，理由の如何にかかわらず後日に変更を行ってはならず，会計方針の変更であれ誤謬の訂正であれ，それに伴う影響額は当期の財務諸表に計上して対応する。

f．減価償却方法を定率法から定額法へ任意変更したので，過年度の財務諸表にも定額法を遡及適用して，訂正を行った。

（正解） a b dが○　c e fが×

（解説） c：会計上の見積りを変更した場合，過年度の損益の修正再表示は行わず，変更による影響額を当期または将来期間の純損益に含める。

e：会計方針の変更であれば，新しい会計方針が遡及適用され，誤謬の訂正であれば，過年度の比較情報が修正再表示される。

f：減価償却方法の変更は会計上の見積りの変更として取り扱われるので，変更の影響が及ぶ当期以降の純損益に，その影響額を含める。

［浦山　剛史］

IAS 10 : Events after the Reporting Period

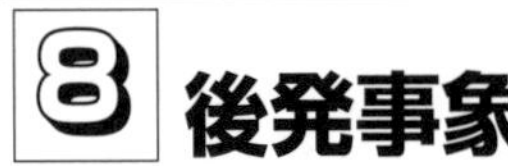

8 後発事象

目的と適用範囲

1 目的

本基準書は，報告期間の末日と財務諸表の発行の承認日との間に発生した事象の会計上の取扱いと開示について規定する。財務諸表の修正を行う必要がある修正後発事象については財務諸表の計上金額を修正する。これに対して，財務諸表の修正を必要としない非修正後発事象のうち重要なものについては注記等の形式で情報の開示が求められる。

2 適用範囲

本基準書は，報告期間の末日から財務諸表の発行の承認日までに発生した修正後発事象と非修正後発事象の２種類に対して適用される。後発事象に関連するものとして偶発事象があるが，偶発事象の取扱いはIAS37号「引当金，偶発負債および偶発資産」によって規定されている。

会計基準の内容

1　修正後発事象

後発事象（events after the reporting period）とは，報告期間の末日から財務諸表の発行が承認される日までの間に発生する事象であり，修正後発事象と非修正後発事象の２種類に分類できる。

修正後発事象（adjusting events after the reporting period）とは，報告期間の末日においてすでに存在した状況をよりいっそう的確に立証することになるような後発事象である。このタイプの後発事象が生じた場合，企業はそれを反映させるために財務諸表に計上された金額を修正しなければならない。

次に示すのは，修正後発事象の例である。

①　報告期間の末日後に訴訟事件が解決し，報告期間の末日においてすでに債務が存在したことが確認されるようになったために，これを単に偶発負債として開示するのではな

く，引当金の新設や修正が必要なケース。

② 報告期間の末日において資産がすでに減損していたこと，または認識していた減損損失の金額を修正する必要があることを示す情報が，報告期間の末日後に入手されたケース。

③ 報告期間の末日より前に行われた資産の売買に関して，購入原価または売却手取金が報告期間の末日後に決定されたケース。

④ 企業が報告期間の末日現在において，それより前の事象の結果として，利益配分またはボーナス支払の債務を有する場合で，その支払金額が報告期間の末日後に決定されたケース。

⑤ 財務諸表が誤っていることを示す不正行為または誤謬の発見。

2 非修正後発事象

非修正後発事象（non–adjusting events after the reporting period）とは，報告期間の末日よりも後に新たに発生した状況を示す事象であり，企業はこのタイプの後発事象について財務諸表に計上した金額を修正してはならない。

非修正後発事象の例としては，次のようなケースがある。

① 報告期間の末日後に発生した投資の公正価値の下落。公正価値の下落は，報告期間の末日における投資の状況とは通常は関連しておらず，次の年度に発生した状況を反映している。したがって企業は当該投資について財務諸表上ですでに認識されている金額を修正しない。

② 資本性金融商品の所有者に対する配当が報告期間の末日後に宣言されたケース。この場合も，企業は当該配当金を報告期間の末日の負債として認識してはならない。

なお，非修正後発事象であってもその重要性が大きく，それを開示しなければ財務諸表の利用者による適切な評価や意思決定に影響を与える可能性がある場合には，企業は非修正後発事象について当該事象の内容，財務的影響の見積り等の情報を開示しなければならない。

以下に掲げるものは，そのような例である。

① 報告期間の末日後の重大な企業結合，または主要な子会社の処分。

② 事業を継続しないという計画の公表。

③ 資産の大規模な購入および処分，または政府による収用。

④ 報告期間の末日後の火災による主要な生産設備の損壊。

⑤ 重大なリストラクチャリングの発表または着手。

⑥ 報告期間の末日後に行われた普通株および潜在的普通株の重大な取引。

⑦ 資産の価格や外国為替レートの報告期間の末日後に生起した異常に大きな変動。

⑧ 報告期間の末日後に制定または発表された税率や税法の変更で，当期の税金および繰延税金資産・負債に重大な影響を及ぼすもの。
⑨ 多額の保証を供与する重大な契約の締結や偶発負債の発生。
⑩ 報告期間の末日後に発生した事象からのみ生じた重大な訴訟の開始。

3 継続企業にかかわる後発事象

企業の経営者が報告期間の末日後に，企業の清算や営業の停止を決定したときは，その企業は**継続企業**（going concern）であることを前提とした財務諸表を作成してはならない。そのような決定に至らない場合でも，報告期間の末日後に経営成績や財政状態が悪化した場合には，継続企業の前提が依然として妥当するか否かを検討する必要がある。

継続企業の前提がもはや適切でない場合には，その影響が広範にわたるため，当初の会計処理基準の枠内で認識された金額を修正するのではなく，会計処理基準を根本的に変更しなければならない。なお，財務諸表が継続企業を前提に作成されているのではない場合，および継続企業であることについて経営者が重大な不確実性を認識している場合には，IAS 1 号「財務諸表の表示」に準拠した開示が要求される。

4 財務諸表の発行を承認した日

企業は，財務諸表の発行を承認した日，およびその承認を与えた機関名や組織名を開示しなければならない。財務諸表は，その発行を承認した日よりも後の事象を反映していないため，当該財務諸表の発行がいつ承認されたかを知っておくことは，財務諸表の利用者にとって重要である。

通常，財務諸表をめぐっては決算日後に次のような出来事が順に生じる。すなわち，財務諸表の原案の完成，取締役会による財務諸表の発行の承認，利益等の特定数値の発表，株主宛の送付，株主総会での報告または承認，監督官庁への提出がそれである。この場合に，ここでいう財務諸表の発行を承認した日とは，取締役会による財務諸表の発行の承認が行われた日のことである。

日本基準との比較

後発事象は企業会計原則の注解１－３においても開示が求められているが，日本の実務的な指針としては，日本公認会計士協会の監査・保証実務委員会報告第76号「後発事象に関する監査上の取扱い」（2003年３月当初制定，2008年７月最終改正）がある。IAS10号が後発事象の対象期間を財務諸表の発行が承認された日までとするのに対し，上記報告第76号は監査報告書の日付までに発生したものを，監査対象となる後発事象として規定している。これ以外の点について実質的な相違はない。

キーワード

後発事象＝報告期間の末日と財務諸表の発行の承認日との間に発生した事象。

修正後発事象＝報告期間の末日にすでに存在していた状況を事後的に立証することになるタイプの後発事象。企業は修正後発事象を反映させるために財務諸表に計上された金額を修正しなければならない。

非修正後発事象＝報告期間の末日後に新しく発生した状況を示すタイプの後発事象。この非修正後発事象については，企業は財務諸表に計上した金額を修正してはならない。

演習問題

［1］ 報告期間の末日後に生じた次の各事象について，報告期間の末日現在の財務諸表の修正を要するものには記号A，財務諸表の修正は行わないが後発事象として開示が必要なものには記号B，報告期間の末日現在の財務諸表に修正も開示も要しないものにCをつけなさい。

a．報告期間の末日後に工場で火災が発生し，主要な生産設備に重大な損害を被った。

b．勝訴を前提として対応してきた訴訟事件が報告期間の末日後に決着し，当社は損害賠償責任を負担すべきこととなった。

c．報告期間の末日後に株式市場の相場が大きく下落し，保有する投資有価証券に重大な損失が生じた。

d．将来性が有望視される新製品の開発プロジェクトが報告期間の末日後に取締役会で承認され，新しい研究開発活動に着手した。

e．倒産が懸念されていた得意先が報告期間の末日後に破産宣告を受けたため，売掛金のほとんど全部が予想を上回って回収不能であることが判明した。

f．以前から交渉してきた重要な他社の吸収合併について，報告期間の末日後にようやく合意が成立した。

（正解） a．B　b．A　c．B　d．C　e．A　f．B

（解説） b：報告期間の末日現在では係争中の訴訟事件の裁定が後発事象の対象期間中に下されたために，財務諸表の修正を要することになる。損害賠償引当金の計上。

e：貸倒引当金の不足分の追加計上。

［山下　和宏］

IAS 12 : Income Taxes

法人所得税

目的と適用範囲

1 目的

本基準書の目的は，法人所得税の会計処理を規定することである。

2 適用範囲

本基準書は，法人所得税の会計処理と開示に適用される。本基準書で法人所得税とは，課税所得を課税標準として課される国内および国外のすべての税金をいう。

IAS12号は，1979年の制定後，数度の改訂を経て2023年に最終改訂され，2023年1月1日以後開始する事業年度から，現行基準が適用されている。2023年の改訂では，経済協力開発機構（OECD）の第2の柱モデルルールを採用して法制化された税制により生じる法人所得税に関連する繰延税金の認識と開示要求の適用を一時的に免除し，影響を受ける多国籍企業に対しては第2の柱モデルルールの法人所得税に関連する情報の開示を要求している。

会計基準の内容

1　当期税金資産・負債の認識と測定

当期および過去の期間に係る**当期税金**（current tax）のうち，当期末において未納付額がある場合には，これを「未払法人所得税等」という名称で負債に計上しなければならない。他方，当期および過去の期間に，それらの期間に係る当期税金の額を超える額を納付した場合には，その超過額を「未収還付法人所得税等」という名称で資産に計上しなければならない。さらに当期に税務上の欠損金が発生し，それを繰戻して過年度に支払った税金を回収することが可能な場合においても，当該欠損金の繰戻還付による便益を資産として認識しなければならない。

当期税金負債は，決算日における法定税率を使用して税務当局に納付されると予想される金額で測定する。他方，当期税金資産は，決算日における法定税率を使用して税務当局から還付されると予想される金額で測定する。

2　会計上と税務上の差異

(1)　一時差異の把握

企業会計上の利益計算と税務上の課税所得計算は，その目的が異なるため，ある取引や事象に対して適用される会計処理が会計上と税務上とで異なることが少なくない。この場合，**会計上の利益**（accounting profit）と税務上の**課税所得**（taxable profit）との間に差異が生じる。IAS12号は，会計処理の相違が会計数値に及ぼす影響または結果を会計上と税務上の差異として把握し，その差異が納税額へ及ぼす影響（税効果）を測定し，これを財務諸表に反映させることによって，法人所得税の適正な期間配分を行うことを要求している。一般に，IAS12号が規定する会計処理を**税効果会計**という。

税効果会計が必要とされる原因となる会計上と税務上の差異を把握する方法には，次の2つの方法がある。1つは，会計上の収益・費用と税務上の益金・損金の期間帰属のズレに着目する方法である。この方法によって把握される差異は，永久差異と期間差異に分類される。

永久差異とは，当期に生じた不一致が将来において永久に解消されないような差異をいう。たとえば，わが国では，受取配当金の益金不算入額や交際費等の損金不算入額などがこれに該当する。それらは，会計上の利益計算では収益または費用として計上されるが，税務上の課税所得計算では永久に益金または損金に算入されない項目である。このように永久差異は，会計上と税務上での取扱いの相違が原因で生じる差異である。

他方，**期間差異**（timing differences）は，当期に生じた不一致が将来の会計期間に解消すると予想される差異である。たとえば，法定耐用年数より短い期間の償却年数で減価償却を行うなどして，税務上で是認される限度額を超える償却費を計上する場合に差異が生じるが，それは当該償却資産が処分される将来の時点で解消されるので，期間差異に含まれる。このように期間差異は，会計上と税務上での損益の期間帰属の相違に起因して生じる差異である。

これに対し差異を把握するいま1つの方法は，財政状態計算書（貸借対照表のこと）上の資産・負債の金額と課税所得計算上の資産・負債の金額（これを**税務基準額**（tax base）という）の差額に着目する方法である。IAS12号ではこの考え方を採用している。この方法によると，前述の減価償却に伴う期間差異は，償却資産の財政状態計算書上の帳簿価額と税務上の評価額の差異として把握されることになる。このことは，財政状態計算書上の償却資産の未償却残高が税務上の未償却残高よりも償却限度超過額に相当する分だけ小さくなることを考えれば明らかであろう。

ところで，このような不一致をもたらす項目には，前述の期間差異以外に，資産・負債の時価評価によって生じた評価差額がある。たとえば，市場性のある相互持ち合い株式に関する未実現の評価益がそうである。税務上はそのような時価評価を行わないから，その資産が売却される将来時点までの間，一時的に差異が生じることになる。

前述の期間差異と，このような資産・負債の時価評価による評価差額を合わせて**一時差異**（temporary differences）という。一時差異とは，財政状態計算書上の資産・負債の金額と税務基準額との差額をいう。IAS12号が規定する税効果会計では，一時差異に係る税効果に焦点を当てて，その認識と測定を行う。

なお，IAS40号の公正価値モデルで測定される投資不動産およびIAS16号の再評価モデルで測定される非償却性の有形固定資産については，その帳簿価額が売却を通じて回収されることを前提（この前提は反証可能）に，一時差異とその税効果が測定される。たとえば投資不動産の売却益が課税されない国では，売却による回収という前提が反証される場合（その資産が減価償却可能であり，売却ではなく，大部分の経済的便益を時間の経過につれて消費することが目的のビジネスモデルのもとで保有されている場合）を除いて，公正価値の変動に起因する一時差異については繰延税金を認識してはならない。

(2) 一時差異の類型

一時差異は，将来加算一時差異と将来減算一時差異に分類される。

将来加算一時差異（taxable temporary differences）とは，資産・負債の財政状態計算書上の帳簿価額が将来の期に回収または決済されたときに，その期の課税所得の計算上で加算される一時差異をいう。たとえば，剰余金の処分として積立てられる租税特別措置法上の準備金の額や純資産の部に直接計上される資産の評価益などがこれに該当する。

他方，**将来減算一時差異**（deductible temporary differences）は，資産・負債の財政状態計算書上の帳簿価額が将来の期に回収または決済されたときに，その期の課税所得の計算上で減算される一時差異である。たとえば，税法の損金算入限度額を超える減価償却費の計上や貸倒引当金の繰入を行った場合に生じる。

3 繰延税金負債の認識

将来加算一時差異の発生は，当期の取引や事象の結果として，それが解消する将来期間の納税額を増加させる効果をもたらすが，これは税金の支払いが将来に先送りされたと解釈できる。IAS12号は，この事実を反映させるために，将来加算一時差異の額に税率を乗じて算定した将来の税金の増加分を**繰延税金負債**（deferred tax liabilities）として負債に計上することを要求している。

たとえば当期に，海外の資源開発事業法人の増資にあたり3,000を払込み，期末に剰余金の処分として海外投資等損失準備金900を積立て，これを損金に算入したとする。しかし会計上は，海外投資等損失準備金の費用計上は認められないから，会計上と税務上で差異額900が生じる。ただし剰余金の処分によってこの準備金を積立てたときには，積立後5年間据え置いた後の5年間にわたり毎期均等額ずつ取崩し，戻入額を益金に算入しなければならない。したがってこの差異は将来加算一時差異として把握され，差異額900に実効税率（30%と仮定する）を乗じた金額を繰延税金負債として計上する。仕訳の借方科目にある**繰延税金費用**（deferred tax expense）（わが国では「法人税等調整額」と表示される）は，損益計算書（二計算書方式の場合）または包括利益計算書（一計算書方式の場合）に費用計上された当期税金に対する調整分を示す項目であり，当期の損益計算に含まれる。

（借）繰延税金費用　　270　　（貸）繰延税金負債　270
　　（法人税等調整額）

なお，準備金の取崩時には，それによって将来加算一時差異が解消されたという事実を記録するために，将来加算一時差異に関連する繰延税金負債を取崩期間の5年間にわたり，毎期54（＝解消する将来加算一時差異180×30%）ずつ消去しなければならない。

（借）繰延税金負債　54　　　（貸）繰延税金利益　54
　　　　　　　　　　　　　　　　（法人税等調整額）

IAS12号は，①その償却費が税務上損金不算入となるのれんから生じる繰延税金負債，および②企業結合でない取引で，取引時に会計上の利益にも課税所得（税務上の欠損金）にも影響を与えず，かつ取引時に同額の将来加算一時差異と将来減算一時差異とを生じさせない取引における資産・負債の当初認識から生じる繰延税金負債を除いて，すべての将来加算一時差異に対して繰延税金負債の認識を要求している。2021年の改訂では，取引当初時に同額の将来加算一時差異と将来減算一時差異が生じるようなリースや廃棄義務などの取引について繰延税金に関する当初認識の免除規定は適用されず，繰延税金負債（資産）を認識する必要があることが明確化された。

また，子会社，支店および関連会社に対する投資ならびに共同支配の取決めに対する持分に係るすべての将来加算一時差異についても，①親会社，投資者，共同支配投資者または共同支配事業者が当該一時差異を解消する時期をコントロールすることができ，かつ②予測可能な期間内に当該一時差異が解消しない可能性が高い場合を除いて，繰延税金負債を認識しなければならない。

4　繰延税金資産の認識

(1)　繰延税金資産の計上

将来減算一時差異の発生は，当期の取引や事象の結果として，それが解消する将来期間の納税額を減少させる効果をもたらすが，これは当期に前払いした税金が将来の納税時に減額されると解釈できる。IAS12号は，この事実を反映させるために，将来減算一時差異の額に税率を乗じて算定した将来の税金の減少分を**繰延税金資産**（deferred tax assets）として資産に計上することを要求している。

たとえばいま，当期首に取得した償却資産1,000（残存価額はゼロとする）について，法定耐用年数が10年のところを会計上は5年で定額法によって償却し，取得後5年が経過した後に当該償却資産を除却すると仮定する。このとき，会計上の減価償却額は毎期200であるのに対して，税務上損金算入される償却額は100であるから，毎期100の差異が生じる。そして税務基準額の方が大きい部分は，この資産の除却時点で解消されてその期の課税所得を減少させるので，これは将来減算一時差異である。したがって毎決算期に100ずつ生じる将来減算一時差異に実効税率（30%と仮定する）を乗じた金額を，繰延税金資産として計上する。仕訳の貸方科目である**繰延税金利益**（deferred tax income）（わが国では「法人税等調整額」と表示される）は，損益計算書または包括利益計算書に費用計上された当期税金に対する調整分を示す項目であり，当期の損益計算に含まれる。

（借）繰延税金資産　30　　（貸）繰延税金利益　30
（法人税等調整額）

なお，この資産の除却時には将来減算一時差異が解消された事実を記録するために，繰延税金資産の財政状態計算書計上額150（＝繰延税金資産30×５年）を消去する。

（借）繰延税金費用　150　　（貸）繰延税金資産　150
（法人税等調整額）

IAS12号は，①IFRS３号「企業結合」に従って繰延利益として処理される負ののれんから生じる繰延税金資産，および②企業結合でない取引で，取引時に会計上の利益にも課税所得（税務上の欠損金）にも影響を与えず，かつ取引時に同額の将来加算一時差異と将来減算一時差異とを生じさせない取引における資産・負債の当初認識から生じる繰延税金資産を除いて，将来減算一時差異と相殺できる課税所得が生じる可能性が高い範囲内で，すべての将来減算一時差異に対して繰延税金資産の認識を要求している。2021年の改訂では，取引当初時に同額の将来加算一時差異と将来減算一時差異が生じるようなリースや廃棄義務などの取引について繰延税金に関する当初認識の免除規定は適用されず，繰延税金資産（負債）を認識する必要があることが明確化された。

また，子会社，支店および関連会社に対する投資ならびに共同支配の取決めに対する持分から発生するすべての将来減算一時差異についても，①当該一時差異が予測可能な期間内に解消し，かつ②当該一時差異と相殺できる課税所得が稼得される可能性が高い場合にその範囲内でのみ，繰延税金資産を認識しなければならない。

繰延税金資産の認識の判断における将来減算一時差異の利用（相殺）とその対象となる将来の課税所得の範囲については次のような取扱いを要する。①将来減算一時差異と相殺可能な将来の課税所得の算定に際して，既存の将来減算一時差異の解消に係る損金算入の影響を含めない。②満期保有予定で，公正価値で測定される負債性金融商品の未実現損失は将来減算一時差異を生じさせる。③将来減算一時差異の利用（相殺）の判断は，個別に行わず，他の将来減算一時差異と合算して行う。④帳簿価額を超えて回収する可能性が十分な証拠により裏づけられる場合，将来減算一時差異の利用（相殺）対象となる課税所得の見積りにおいて，帳簿価額を超えて回収することが可能と予想される金額を含む。

⑵ 繰延税金資産の回収可能性

企業は，将来減算一時差異と相殺できる課税所得が生じる可能性が高い範囲内で，繰延税金資産を認識する。IAS12号は，次のような場合に将来減算一時差異と相殺できる課税所得が稼得される可能性が高いとしている。すなわち，①同一の納税主体内に同一の税務当局に対する十分な将来加算一時差異が存在していて，㈠将来減算一時差異の解消が予想される年度と同一年度，または㈡繰延税金資産により生じる税務上の欠損金の繰戻しまたは繰越しが可能な年度に，将来加算一時差異が解消すると予想される場合である。これに対して，同一の納税主体内に同一の税務当局に対する十分な将来加算一時差異が存在しない場合には，②同一の税務当局に対する将来減算一時差異の解消年度と同一年度に十分な課税所得を稼得する可能性が高い範囲，または③適切な年度に課税所得を生じさせるタックス・プラニングの機会が利用可能な範囲を限度として，繰延税金資産を認識することになる。ここでのタックス・プラニングの機会とは，企業が税務上の欠損金または税額控除の繰越期限到来前に，特定の期に課税所得を創出または増加させる行動をいう。

⑶ 税務上の繰越欠損金および繰越税額控除

税務上，課税の公平性という観点から，過去に生じた欠損金を将来の課税所得から控除することが認められる場合がある。これを欠損金の繰越というが，それが認められる場合には，**税務上の欠損金**（tax losses）に対して，潜在的に将来の納税額を減少させる効果を期待することができる。またこのことは，繰越期間内であれば税額からの控除が認められる税務上の繰越税額控除（unused tax credits）についても同様である。したがってこれらの項目に対しても，繰延税金資産を認識する余地があると考えられる。

IAS12号では，将来減算一時差異に対する繰延税金資産と同様の認識規準に従って，税務上の繰越欠損金や繰越税額控除に対しても繰延税金資産を認識するとしている。しかし繰越欠損金の存在は，将来，課税所得が稼得されないかもしれないという強力な根拠でもある。したがって近年に損失が発生したという事実がある場合には，将来に十分な課税所得が稼得されるという他の信頼すべき根拠が存在する範囲内で繰延税金資産を認識する。

5 繰延税金資産・負債の測定

⑴ 資産負債法による測定

繰延税金資産・負債の金額は，一時差異に税率を乗じることによって計算されるが，そこで適用する税率の違いにより，繰延税金資産・負債の測定方法は繰延法と資産負債法に分類される。**繰延法**（deferral method）では，一時差異の発生時の税率が用いられるのに対し，**資産負債法**（liability method）では，一時差異の解消時の税率が用いられる。

IAS12号は，資産負債法の適用を規定している。資産の回収や負債の決済の方法が適用税率や税務基準額に影響を与える場合には，回収や決済の方法に対応した税率と税務基準額を使用する。また課税地域によっては，純利益または留保利益が株主に配当されるかどうかにより異なる税率で課税されることがある。この場合には，未分配利益に対する税率を用いて繰延税金資産・負債を測定する。

⑵ 割引計算の禁止

一時差異の発生から解消までの期間が長期にわたる場合には，時間価値を考慮に入れた割引計算による測定も考えられる。しかしIAS12号は，信頼性のある割引計算を行うために必要な割引率や一時差異の解消時点に関する正確な見積りが実務上困難であるとして，割引計算による測定を認めていない。

⑶ 繰延税金資産計上額の見直し

繰延税金資産の計上額については，毎期見直しを行う必要がある。将来において，繰延税金資産の便益の一部または全部を実現させるだけの十分な課税所得を稼得する可能性が低くなった場合には，その程度に応じて繰延税金資産の計上額を減額しなければならない。しかしその後，十分な課税所得を稼得する可能性が高くなったときには，この減額分を戻入れる。これらに伴う繰延税金資産の増減額は，繰延税金費用（利益）として処理され，見直しを行った年度の損益計算に含まれる。

6 税金費用の認識

IAS12号は，当期税金と繰延税金の２項目を当期の税金費用として認識することを求めている。「当期税金」は当期に納付すべき税額であり，わが国では「法人税，住民税及び事業税」と表示される。**繰延税金**（deferred tax）は，繰延税金資産・負債の認識に対応して計上される相手勘定で，当期税金に対する調整額を意味する（わが国では「法人税等調整額」）。税率または税法の変更，繰延税金資産の回収可能性の再検討，または資産の予定回収方法の変更によって繰延税金資産・負債の計上額が増減する場合には，その増減によって生じる繰延税金も当期の損益計算に含まれる。ただし，損益計算書または包括利益計算書を経由することなく純資産（資本）勘定に直接貸方計上または借方計上される項目に関連して生じる繰延税金や，取得とみなされる企業結合から生じる繰延税金は，当期の損益計算に含まれない。

7　財務諸表における表示

⑴　税金費用と税金資産・負債の表示

経常的な事業活動からの損益に関する税金費用（利益）は，損益計算書または包括利益計算書に表示しなければならない。

税金に関する資産・負債は，当期税金資産・負債と繰延税金資産・負債に区別して表示する。財政状態計算書上，資産・負債を流動・非流動項目に区分して表示している場合には，繰延税金資産・負債をすべて非流動項目に分類して表示しなければならない。

⑵　税金資産・負債の相殺

当期税金資産と当期税金負債は，会計処理上，個々に認識され測定される。ただし，①企業が認識された金額を相殺する法律上強制力のある権利を有し，かつ②企業が純額で決済するか，または資産を実現させると同時に負債を決済することを意図している場合には，当期税金資産と当期税金負債を相殺して表示しなければならない。

他方，繰延税金資産と繰延税金負債は，次のような場合には相殺して表示しなければならない。すなわち，①企業が当期税金資産と当期税金負債を相殺する法律上強制力のある権利を有し，かつ②繰延税金資産と繰延税金負債が，㈠同一の税務当局によって，同一の納税企業体に課された法人所得税に関するものか，または㈡同一の税務当局によって，重要な金額の繰延税金資産・負債が回収または決済されると予想される将来年度に，当期税金資産・負債を純額で決済すること，あるいは資産を実現させると同時に負債を決済することを意図している複数の納税企業体に課された法人所得税に関するものである場合がそれである。

さらにIAS12号は，79－88項で開示事項を詳細に規定するが，ここでは省略する。

日本基準との比較

わが国では，当期税金の会計処理と開示については企業会計基準第27号「法人税，住民税及び事業税等に関する会計基準」（2022年最終改訂）において，繰延税金（税効果会計）の会計処理と開示については企業会計審議会が制定した「税効果会計に係る会計基準」（1998年）および企業会計基準第28号「『税効果会計に係る会計基準』の一部改正」（2021年最終改訂）において規定されている。

IAS12号と日本基準では，損益計算書または包括利益計算書上の表示について，IAS12

号が当期税金と繰延税金を一括して税金費用として表示することを要求しているのに対し，日本基準は税金費用を「法人税，住民税及び事業税」（当期税金）と「法人税等調整額」（繰延税金）に区分表示することを要求している点を除いて，基本的に両基準間に大きな相違はみられない。

キーワード

会計上の利益＝税金費用を控除する前のある期の純損益。
課税所得（欠損金）＝税法のルールに従って算定され，法人所得税の納付すべき金額（還付される金額）を算定する基礎となる所得（マイナスの所得）。
税金費用（税金利益）＝純損益計算に含まれる当期税金と繰延税金の合計額。
当期税金＝課税所得（欠損金）について納付すべき（還付される）税額。
繰延税金＝税効果会計の適用により，当期税金に対する調整として損益計算書または包括利益計算書に計上される額。
繰延税金負債＝将来加算一時差異に関連して将来の期に課される税額。
繰延税金資産＝将来減算一時差異，税務上の繰越欠損金，および繰越税額控除に関連して将来の期に回収可能な税額。
一時差異＝ある資産または負債の財政状態計算書上の帳簿価額と税務基準額との差額。
将来加算一時差異＝資産または負債の帳簿価額が将来の期に回収または決済されたときに，その期の課税所得（欠損金）に加算される一時差異。
将来減算一時差異＝資産または負債の帳簿価額が将来の期に回収または決済されたときに，その期の課税所得（欠損金）から減算される一時差異。

演習問題

［1］ 決算日においてA社に対する売掛金80,000に対し5％の貸倒引当金を設定したが，税務上の法定繰入限度額は1,000である。この差異に対し実効税率を30％として税効果会計を適用した場合，繰延税金資産はいくらになるか。

（正解）900

（解説）売掛金の帳簿価額76,000－税務基準額79,000＝将来減算一時差異3,000
将来減算一時差異3,000×30％＝900

［2］ 取引先との相互持ち合いのために期首に取得した原価30,000の株式の期末時価が50,000に上昇したので，時価評価して差額を純資産の部に計上する。しかし税務上は，相互持ち合い株式の時価評価を認めていない。この差異に対し実効税率を30％として税効果会計を適用した場合，繰延税金負債はいくらになるか。

（正解）6,000

（解説）株式の帳簿価額50,000－税務基準額30,000＝将来加算一時差異20,000
将来加算一時差異20,000×30％＝6,000

［3］ 次の記述のうち正しいものはどれか。

a．繰延税金資産および繰延税金負債は，これらに関連する資産・負債の分類に基づいて流動項目と非流動項目に区分して表示しなければならない。

b．一時差異の発生から解消までの期間が長期にわたる場合には，時間価値を考慮に入れた割引計算による繰延税金の測定も認められる。

c．認識された繰延税金資産については，将来における実現可能性を毎期見直さなければならない。

d．欠損金の将来における繰越控除が許容されている場合には，欠損金が生じた年度において繰延税金資産を認識しなければならない。

（正解） c

（解説） a はすべて非流動の区分に表示される。b の割引計算は禁止されている。d で欠損金が将来の課税所得で相殺しきれない場合には，繰延税金資産の認識が禁止される。

［金光　明雄］

IAS 16 : Property, Plant and Equipment

10 有形固定資産

目的と適用範囲

1 目的

本基準書は，資産の認識，帳簿価額や減価償却費の決定など，有形固定資産の会計処理を規定している。

2 適用範囲

本基準書は，他の基準で異なる会計処理が要求・容認されている場合を除いて，有形固定資産の会計処理に適用しなければならない。また，IAS40号に準拠して自己所有の投資不動産に取得原価モデルを採用する場合には，本基準書の規定が適用される。ただし，売却目的で保有する有形固定資産（IFRS 5 号），果実生成型植物を除く農業活動に伴う生物資産（IAS41号），鉱物資源の探査と評価にかかる資産（IFRS 6 号），石油や天然ガスなどの非再生資源は，本基準書の適用範囲から除かれる。

会計基準の内容

1　有形固定資産の認識

有形固定資産（property, plant and equipment）とは，財やサービスの生産・供給における使用目的，外部への貸与目的または管理目的のために企業が保有しており，かつ 1 期間を超えて使用することが予想される有形資産のことである。有形固定資産はその他の資産と同様に，以下の 2 つの要件を満足する場合に資産として認識される。

① 当該資産に関連する将来の経済的便益が企業にもたらされる可能性が高いこと。

② 当該資産の取得原価が信頼性をもって測定できること。

これらの規準の適用時には，企業の状況に応じた判断が必要である。たとえば，金型や工具のように，個別的には重要でない項目でも，その集合価値に対して規準を適用することが適切な場合がある。また，交換部品，予備設備や修理用設備は，有形固定資産の定義を満たす限り，本基準書に準拠する。

有形固定資産にかかる支出は，この認識規準に基づいて発生時点で評価される。この支出には，有形固定資産を取得または建設した当初に発生するものと，その一部を付加，取替または修理したときに事後的に発生するものとがある。

⑴ 当初発生の支出

安全上または環境上の配慮から取得した有形固定資産は，それ自体が将来の経済的便益を直接にはもたらさない場合がある。しかし，当該資産の取得が他の資産からの経済的便益を獲得するために必要であるならば，資産として認識する資格を有する。ただし，その帳簿価額は，IAS36号「資産の減損」に準拠して見直される。

⑵ 事後発生の支出

有形固定資産の修繕および維持のためになされる支出は主に，労務費や消耗品費であり，それが日常的な修理に伴う支出であれば，発生時に費用処理される。

有形固定資産の中には，定期的な間隔で部品を取り替えることが必要な項目がある。部品の取替に要した支出は，その発生時に資産認識規準を満たす限り，当該資産の帳簿価額に含める。そして，取り替えられた部品の帳簿価額は，後述する規定に準拠して認識が中止される。また，航空機など，大規模な欠陥検査を定期的に実施しなければならない項目について，大規模検査に要した支出は，資産認識規準を満たす限り，当該資産の帳簿価額に含める。そして，過去の検査にかかる帳簿価額は，その認識が中止される。

2 有形固定資産の認識時点での測定

⑴ 購入した資産

資産認識規準を満たす有形固定資産は，その取得原価で測定しなければならない。ここに取得原価（cost）とは，①購入価格（輸入関税や非還付購買税を含む），②意図した方法で当該資産を稼働できるようにするための直接付随費用，③解体・除去・修復にかかる当初見積原価から構成される。取引上の値引や割戻しは，購入価格から控除される。直接付随費用としては，資産の建設・取得に伴う従業員給付費用，整地費用，当初搬入・取扱費用，据付・組立費用，検査費用（検査中に生産されたサンプルの売却収入とその関連コストは取得原価に加算せず，損益として計上する），専門職報酬などがある。他方，新施設の開設費用，新製品・サービスの導入費用，新地域・新規顧客の開拓費用，管理費用やその他一般間接費などは，取得原価を構成しない。解体・除去・修復にかかる当初見積原価は，取得原価に含まれ，IAS37号「引当金，偶発負債および偶発資産」に準拠して認識・測定される。

⑵ 自家建設した資産

自家建設した資産についても，原則は同じである。たとえば，通常の事業活動において類似の資産を販売目的で製造しているとすれば，当該資産を販売目的で生産したときの製造原価がその取得原価となる（IAS 2 号「棚卸資産」を参照)。原材料や労働力などの異常な消費に伴う原価差額や内部利益は，取得原価に含めない。

自家建設中に発生した支払利息が取得原価の構成要素となるか否かは，IAS23号「借入コスト」に準拠して決定される。有形固定資産の取得原価は，認識日における即時現金払購入価格である。その支払が正常な与信期間を超えて猶予された場合，総支払額と即時現金払購入価格との差額は，借入コストたる性格を有する。

(3) 交換で取得した資産

有形固定資産を非貨幣性資産または貨幣性資産と非貨幣性資産の組合せと交換した場合，当該資産の取得原価は，交換取引が「商業的実質」を有しており，かつ公正価値が信頼性をもって測定できるならば，放棄した資産の公正価値で測定される。ただし，受入れた資産の公正価値の方が明らかに確実であれば，受入れた資産の公正価値が用いられる。その他の場合には，放棄した資産の帳簿価額がその取得原価となる。

交換取引が**商業的実質**（commercial substance）を有するとは，(a)受入れた資産のキャッシュ・フローの構成（リスク，時期，金額）が譲渡した資産のキャッシュ・フローの構成と異なるか，または(b)交換取引により影響を受ける事業部分の企業価値である「実体固有価値」(entity–specific value）が変化するか，いずれかの条件を満たし，かつその変化が交換した資産の公正価値に比べて重要であることをいう。実体固有価値は，税引後のキャッシュ・フローに基づいて算定される。

なお，国庫補助金を受けた場合はIAS20号「国庫補助金の会計および政府援助の開示」に準拠して，その取得原価が決定される。

3 認識以後の測定

有形固定資産の種類ごとに，取得原価モデルまたは再評価モデルのいずれかを会計方針として選択しなければならない。ただし，再評価モデルの採用は，公正価値が信頼性をもって測定できる場合に限られる。

取得原価モデル（cost model）を採用した場合，有形固定資産は，取得原価から減価償却累計額および減損損失累計額を控除した金額で計上しなければならない。

一方，**再評価モデル**（revaluation model）を採用した場合，有形固定資産は，再評価実施日における公正価値から，その後の減価償却累計額および減損損失累計額を控除した再評価額で計上しなければならない。なお，有形固定資産の減損に関する会計処理はIAS36号「資産の減損」で規定されている。

4 再評価モデル

(1) 公正価値の測定

公正価値（fair value）とは，測定日において市場参加者間で秩序ある取引が行われた場合に，資産の売却によって受け取るであろう価格または負債の移転のために支払うであろう価格のことである。

再評価は，帳簿価額が決算日の公正価値と大きく異ならないように定期的に実施しなければならない。したがって，再評価の頻度は，その対象資産の公正価値の変動に依存する。すなわち，公正価値の変動が著しい資産は毎年の再評価を必要とするが，変動が緩やかな資産は，3年ないし5年ごとの再評価で十分な場合がある。

恣意的な資産の再評価や異なる日の取得原価と公正価値の混合を回避するために，同一種類に属する有形固定資産は，その全体を同時に再評価しなければならない。有形固定資産の種類は，企業の操業活動における性質や利用の類似性を基準に分類される。たとえば，土地，建物，機械，船舶，航空機，自動車，器具・備品，事務機器，果実生成型植物などは，独立した有形固定資産の種類である。

(2) 再評価の会計処理

有形固定資産の帳簿価額が再評価の結果として増加する場合，その増価額は，**再評価剰余金**（revaluation surplus）という株主持分の科目を用いてその他の包括利益に計上される。これに伴い，取得原価や減価償却累計額も修正を要するが，これには2通りの方法がある。いま，取得原価100，減価償却累計額60の建物を再評価したところ，その公正価値が50であると鑑定されたという仮設例により，それぞれの方法を説明する。

① 再評価前の帳簿価額（100－60＝40）が再評価額50に等しくなるよう，減価償却累計額控除前の帳簿価額100と減価償却累計額60を比例修正（ここでは25%ずつ増額）する。

（借）建　　物	25	（貸）建物減価償却累計額	15
		再評価剰余金	10

② 減価償却累計額控除前の帳簿価額100と減価償却累計額60を消去し，再評価による増価額10を加えて，資産の評価額を公正価値50で計上しなおす。

（借）建物減価償却累計額	60	（貸）建　　物	100
建　　物	50	再評価剰余金	10

なお，この処理によりいったん再評価剰余金を計上した資産を，その後の再評価により減額する場合は，残高が存する限り再評価剰余金の減少として「その他の包括利益」に計上される。

他方，有形固定資産の帳簿価額が再評価の結果として減少する場合，その減価額は，費用として計上される。たとえば，上記の設例で，建物の再評価額が30であったとしよう。このときの仕訳を示せば，次のとおりである。

第①法	（借）建物減価償却累計額	15	（貸）建	物	25
	固定資産再評価損	10			
第②法	（借）建物減価償却累計額	60	（貸）建	物	100
	建　物	30			
	固定資産再評価損	10			

なお，同一資産について以前に評価損を計上している場合，その後の再評価による増価額は，当該評価損の金額を超えない限り収益として計上される。

再評価された資産が継続利用されるに伴い，株主持分に計上された再評価剰余金は取り崩して，留保利益に振替えられる。各期の取崩額は，再評価後の帳簿価額に基づいて計算された減価償却費と当初取得原価に基づく減価償却費との差額として算定する。また，資産が除却または処分された場合は，その資産にかかる剰余金全体を，損益として計上することなく，留保利益勘定に直接的に振替える。

なお，資産再評価から生じる法人税等への影響は，IAS12号「法人所得税」に準拠して認識・開示される。

5　減価償却

⑴　減価償却の単位

減価償却（depreciation）とは，有形固定資産の償却可能価額をその耐用年数にわたって規則的に費用配分することである。取得原価合計に比べて重要性のある構成要素はそれぞれ，独立して減価償却しなければならない。たとえば，航空機について当初認識された金額を重要な構成要素に配分し，機体とエンジンを独立して減価償却するのは適切である。しかし，重要な構成要素であっても，それらが同じ耐用年数や減価償却方法を有するならば，それらをまとめて減価償却費が決定される。

有形固定資産の構成要素を独立して減価償却した場合，それぞれが金額的に重要でない残りの部分は，費消パターンや耐用年数を忠実に表現できるように一括して近似計算するか，それらをさらに独立して減価償却することが必要である。

各期間の減価償却費は，他の資産の帳簿価額に含められる場合を除き費用処理される（IAS 2 号「棚卸資産」，IAS38号「無形資産」を参照）。

⑵　償却可能価額と償却期間

有形固定資産の**償却可能価額**（depreciable amount）は，取得原価またはそれに代わる金額から残存価額を控除した金額である。ここに**残存価額**（residual value）とは，耐用年数が到来し予期された状態にある資産の処分から獲得されるであろう金額（処分費用の見積額を除く）のことである。減価償却は，資産の公正価値がその帳簿価額を上回る場合であっても実施される。しかし，資産の残存価額がその帳簿価額に等しいか上回る場合には，減価償却は実施されず，当該資産の減価償却費はその状態が解消されるまでゼロとなる。

減価償却は，意図した方法で当該資産を稼働できるようになった時点から開始される一方，当該資産がIFRS 5号に準拠して売却目的の保有として分類された日，または当該資産の認識が中止された日のいずれか早い日に中止される。したがって，休止状態になったり使用を停止しても，減価償却を中止する理由にはならない。

有形固定資産の**耐用年数**（useful life）とは，予想使用期間，もしくは当該資産から獲得される予想生産高または類似の単位である。耐用年数の決定には，物理的減耗，技術的・商業的陳腐化，法的制限など，さまざまな要因を考慮する必要がある。経済的便益の一部しか費消しないうちに資産を処分することもあるから，資産の耐用年数は必ずしも経済的寿命と一致しない。その見積りは，類似した資産を有する当該企業の経験に基づく判断の問題である。

土地は通常，無限の耐用年数を有するので減価償却の対象ではない。一方，建物は，有限の耐用年数を有するので償却可能資産である。つまり，土地と建物は分離可能資産であり，たとえ一緒に取得した場合でも独立して会計処理される。ただし，土地の取得原価に含められた解体・除去・修復にかかる支出部分は，その負担に伴い経済的便益を獲得する期間にわたって減価償却される。土地そのものの耐用年数が有限であれば，そこから得られる経済的便益を反映した方法で減価償却される。

有形固定資産の残存価額や耐用年数は，少なくとも各事業年度末に再検討しなければならない。もし以前の予想が大きく変化すれば，IAS 8号に準拠して会計上の見積りの変更として処理される。

⑶　減価償却方法

資産の償却可能価額をその耐用年数にわたって規則的に費用配分する**減価償却方法**（depreciation method）には，定額法（straight−line method），定率法（diminishing balance method），生産高比例法（units of production method）などがある。企業は，経済的便益の費消パターンを的確に反映する方法を選択し，その費消パターンに関する予想が変化しない限り毎期継続して適用することが必要である。なお，資産の使用により生み出される収益に基づく減価償却方法は採用できない。

減価償却方法は，少なくとも各事業年度末に再検討しなければならない。もしその予想に大きな変化があれば，変更後の費消パターンを反映するように減価償却方法を変更する。この変更は，IAS 8号に準拠して会計上の見積りの変更として処理される。

(4) 認識の中止

有形固定資産は，処分されたり，将来の経済的便益がその使用・処分から期待できなくなった場合に，認識を中止しなければならない。認識の中止から生じる利得または損失は，当該資産の正味処分収入額と帳簿価額の差額として決定され，認識を中止した期間の損益として計上される。資産の処分に伴い受領する対価の金額およびその後の変動は，IFRS15号「顧客との契約から生じる収益」に従って処理される。取り替えた部品の認識を中止するにあたってその帳簿価額を決定するのが困難であるときは，取得または建設時点の取得原価に近似するものとして取替原価を用いてもよい。なお，資産の処分時点の決定には，IFRS15号の規準が適用され，セール・アンド・リースバック取引は，IFRS16号「リース」に準拠して処理される。

有形固定資産の減損，滅失，放棄に伴い第三者から補償を受ける場合，それらは受領可能になった時点で利益計上される。こうした補償は，資産の減損，認識の中止，その後の修復・取替とは独立した経済的事象であり，それぞれ別個に会計処理される。

6 開 示

有形固定資産の種類別に，次のものを開示しなければならない。①減価償却累計額控除前の帳簿価額を決定するために使用した測定基礎，②採用した減価償却方法，③採用した耐用年数（または償却率），④期首・期末の減価償却累計額控除前の帳簿価額と，減価償却累計額，⑤帳簿価額の要因別期中増減額（取得，処分，企業結合を通じた取得，資産再評価，減損，減価償却，外貨建財務諸表の換算，その他の要因を記載）。

次のような有形固定資産に関する情報開示も要求される。①所有権に対する制限，債務の担保とされた有形固定資産の存在と金額，②建設中の有形固定資産に対する支出金額（建設仮勘定），③有形固定資産の取得のための契約残高，④有形固定資産の減損，滅失，放棄に伴い第三者から補償を受けた金額，⑤検査中に生産されたサンプルの売却収入など，通常の生産と異なる活動から生じた損益の金額と表示科目（④と⑤は，包括利益計算書において独立表示している場合は除く）。

有形固定資産を再評価した場合には，次のものを開示しなければならない。①再評価の実施日，②独立した評価鑑定士の関与の有無，③取得原価モデルを仮定した場合の，有形固定資産の各種類別の帳簿価額，④再評価剰余金，その期中増減額，および当該剰余金残高に対する配当制限。

このほかにも，財務諸表利用者のニーズに適合していると考えて，自発的開示が推奨される項目がパラグラフ79で示されているが，ここでは省略する。

日本基準との比較

日本基準では，有形固定資産の当初認識時点の取得原価について，外部から購入した場合は，購入価格に付随費用を加算し，値引・割戻しの金額を減算して算定する。自家建設した場合は，適正な原価計算の基準に準拠して算定された製造原価をもって取得原価とする。また，種類と用途が同じ資産との交換より固定資産を受け入れた場合は，譲渡した資産の帳簿価額が受入資産の取得原価となる。

一方，有形固定資産の当初認識以後の測定について，日本基準では，「再評価モデル」の採用が認められておらず，取得原価から残存価額を控除した償却可能価額を，その耐用年数にわたって，定額法などの減価償却方法を用いて規則的に費用配分する「取得原価モデル」が適用される。なお，減価償却方法・耐用年数・残存価額などの決定に際しては，実務上，法人税法の規定を参照することが多い。

キーワード

帳簿価額＝減価償却累計額および減損損失累計額を控除した後の，財政状態計算書（貸借対照表のこと）において認識される資産金額。

取得原価＝資産を取得するために取得時点または建設時点において支払った現金または現金同等物，引き渡した他の対価の公正価値，もしくはIFRS 2号などの特定の要求に準拠して当初認識された資産の帰属金額。

償却可能価額＝資産の取得原価またはそれに代わる金額から残存価額を控除した差額。

減価償却＝資産の償却可能価額の，耐用年数にわたる規則的な配分。

実体固有価値＝資産の継続的使用および耐用年数到来時の処分から生じる予想キャッシュ・フローの現在価値，または負債決済時に生じる予想キャッシュ・フローの現在価値。

有形固定資産＝財やサービスの生産・供給における使用目的，外部への貸与目的または管理目的のために保有しており，かつ1期間を超えて使用することが予想される有形資産。

残存価額＝耐用年数が到来し予期された状態にある資産の処分から獲得される予想収入額から，処分費用見積額を控除した金額。

耐用年数＝企業における資産の予想使用期間，もしくは資産から獲得される予想生産高または類似の単位。

演習問題

［1］ 所有中の有形固定資産について再評価を実施した結果，次の事実が判明した。このとき，再評価剰余金および固定資産再評価損の金額はそれぞれいくらか（単位：百万円）。

	取得原価	減価償却累計額	公正価値
土　地	1,000	0	1,200
建　物	500	100	300
機　械	100	60	50
合　計	1,600	160	1,550

（正解）再評価剰余金　210百万円，固定資産再評価損　100百万円

（解説）取得原価から減価償却累計額を控除した帳簿価額と公正価値を比較し，その増価額（土地200百万円，機械10百万円）が再評価剰余金として「その他の包括利益」に計上され，その減価額（建物100百万円）が「固定資産再評価損」として損益計算に含められる。

［音川　和久］

IAS 19 : Employee Benefits

11 従業員給付

目的と適用範囲

1 目的

本基準書の目的は，従業員給付（＝従業員が提供した勤務の見返りとして企業が与えるあらゆる形態の対価）について，その会計処理と開示を規定することである。特に企業が，①将来の対価と交換に従業員から勤務の提供を受けたときの負債と，②その勤務の経済的便益を消費したときの費用を，会計上で認識するよう要求している。

2 適用範囲

本基準書は，IFRS 2 号「株式報酬」の適用対象となるストック・オプションなどを除き，すべての従業員給付に適用される。そのような従業員給付が，①短期従業員給付，②退職後給付，③その他の長期従業員給付，④解雇給付に 4 区分して規定されている。

IAS19号は，1983年の制定後，数度の改訂を経て2018年 2 月に最終改訂され，この最新基準の適用開始は2019年 1 月 1 日以後に開始する年度からである。

会計基準の内容

1　短期従業員給付の会計処理

(1)　短期従業員給付とその会計

短期従業員給付（short-term employee benefits）とは，従業員がその勤務を提供した会計期間の末日後12カ月以内にすべてが決済されると予想される対価（後述の解雇給付と株式報酬給付を除く）である。これには賃金給料，賞与と利益分配，社会保障拠出金，住宅や医療サービスの提供など現金以外の給付，有給休暇などが含まれる。

短期従業員給付については，会計期間内に従業員が企業に勤務を提供したときに，その見返りとして支払われると予想される金額を，割引を行うことなく，費用として計上する。なお，棚卸資産や有形固定資産の生産・自家建設に要した従業員給付は，その資産の取得原価に含めることが要求されている（IAS 2 号および IAS16号）。会計期間中に支払われなかった対価は，負債（未払費用）として認識し，勤務の対価分を超過する支払額は，資産（前払費用）として認識する。

⑵ 短期有給休暇

短期従業員給付の１つに有給休暇がある。有給休暇は，当期の資格取得分のうち未消化日数を将来へ繰り越すことが認められる累積型と，そのような繰り越しを認めない非累積型に大別される。

非累積型の場合は，従業員が有給休暇を消化したときに，それを費用に計上する。

（借）従業員給付費用　xxx　（貸）現　金　預　金　xxx

他方，累積型の場合は，将来に消化することが可能な日数を生じさせる勤労を行った年度において，費用と負債を計上する。

（借）従業員給付費用　xxx　（貸）有給休暇引当金　xxx

この場合の金額は，決算日現在で累積した未消化の資格取得分のうち，将来に消化される予想日数に関する企業の負担額である。たとえば毎年５日の有給疾病休暇を認めている企業で，期末に未消化の平均日数が１人当たり２日であるが，従業員のうち８人は翌年に１人当たり平均で6.5日の休暇を取得すると予想され，休暇の取得時にはまずその年度の資格取得分から先に消化した後に以前からの繰り越し分を消化することになっておれば，（6.5日－５日）×８人＝12日分に相当する費用と負債を，決算時に認識する。

⑶ 利益分配と賞与制度

当期の勤労に起因して，期末時点で企業が利益分配や賞与支払を行うべき義務を負っており，その金額を合理的に見積ることができる場合には，それを決算時に認識する。

（借）従業員給付費用　xxx　（貸）賞与引当金　xxx

なおこのような債務額の支払が，勤務した会計期間の期末後12カ月以内に行われない場合は，短期従業員給付ではなく「その他の長期従業員給付」に分類され，割引現在価値の計算が必要になる。

⑷ 短期従業員給付の開示

IAS19号は，短期従業員給付について特別なディスクロージャーは要求していない。しかしIAS１号（財務諸表の表示）は，人件費を損益計算書上か注記のいずれかに記載することを要求し，IAS24号（関連当事者についての開示）は，経営幹部に対する従業員給付の情報の開示を要求している。これらの開示要求は，他の従業員給付についても同様である。

2　退職後給付の諸制度

⑴　確定拠出制度と確定給付制度

退職後給付（post–employment benefits）とは，雇用が終了した後に支給される給付（後述の解雇給付と株式報酬給付を除く）である。これには退職給付（退職一時金や退職年金）と，退職給付以外の給付（たとえば退職後生命保険や退職後医療給付など）がある。

退職一時金や退職年金などの退職給付を支給する企業は，従業員の退職時までに財源を準備する必要があるが，その方法には内部引当方式と外部積立方式がある。内部引当は企業の内部で支払財源を蓄積する方法であり，この場合は，企業が従業員に対して負っている退職給付の支給義務の全部が，その企業の債務となる。他方，外部積立方式は，企業が生命保険会社や信託銀行などと契約を締結して，毎期計画的に所定の掛金を払い込む代わりに，退職に伴う従業員への給付は生命保険会社等で蓄積された財源から支払われるという方式である。企業が払い込んだ掛金は，将来の支払のための基金として蓄積されるとともに，有価証券などへ運用されて利子や配当または値上がり益を得て増殖されていく。

IAS19号は，内部引当と外部積立の両方に適用される。その限りにおいて，両者の区別は重要ではない。よりいっそう重要なのは，外部積立方式を採用する企業の制度が，確定拠出制度と確定給付制度のいずれであるかという点である。これにより具体的な会計処理は大きく異なる。

「**確定拠出制度**」（defined contribution plans：掛金建制度ともいう）は，事前に企業が生命保険会社等に支払う毎期の拠出額だけが確定しており，退職者への将来の給付額は現実の資金運用の巧拙に依存して左右されるタイプの制度である。これに対して「**確定給付制度**」（defined benefit plans：給付建制度ともいう）は，将来に退職者が受け取るべき給付額が，資金運用の成果とは無関係に，あらかじめ一定の算式等で定められている制度である。多くの日本企業が採用する厚生年金基金制度は，確定給付制度である。この制度のもとでは，掛金として拠出された資金の運用収益が計画と相違した結果，十分な財源が準備できなくなった場合の不足分は，すべて企業によって負担されることになる。

⑵　確定拠出制度の会計処理

確定拠出制度のもとでは，従業員の勤務と交換に，企業が拠出する掛金の金額を費用として認識する。実際に拠出された額が所定の掛金額に満たない部分は負債（未払費用）として認識し，逆に実際の拠出額が所定の掛金額を超える部分は資産（前払費用）として認識する。掛金が対象となる勤務期間の末日から12カ月を超えて支払われるのでない限り，割引計算は必要とされない。

3 確定給付制度による退職給付の会計処理

⑴ 退職給付債務の測定と期間配分

確定給付制度の会計処理のポイントは，従業員の将来の退職時点での退職給付額を見積ったうえで，それを当該従業員の勤続期間中の各年度に配分して，費用として計上することである。具体的な説明のために，次のような例を考えよう。

いま，当期の期首に就職して働き始めたA氏に対して，当期末から34年後の定年時に退職一時金を支給することが約束されており，その金額は［退職直前の年間給与額×勤続年数×0.05］という計算式によることになっているものとする。

確定給付制度が採用されているとき，まず最初に必要になるのは，将来の退職に伴って支給すべき退職給付の金額を，原則として各従業員別に見積ることである。例示のケースでこれを行うには，A氏の退職直前の年間給与額と勤続年数の予測が必要となる。将来の給与額の予測には，遠い将来までの昇給を予想するという困難な作業が伴うが，いまその額が1,000万円と予想されたとしよう。

他方，勤続年数についても，A氏が定年前に途中で退職したり死亡する可能性があるから，決して確実な数字ではないが，この点については従業員が定年まで勤続する平均的な確率を用いるなどの方法で解決できる。例示を単純化するためA氏が定年まで35年（すなわち当期1年＋当期末から将来34年）にわたり勤続すると仮定すれば，A氏への退職一時金の額は，［1,000万円×35年×0.05＝1,750万円］と予測される。

なお退職一時金ではなく，これを所定期間にわたり分割して退職年金として支払う場合もあるが，その場合には年金額について退職時点を基準に計算した割引現在価値の合計が退職一時金の額と等しくなるように設計されているから，一時金か年金かは重要な問題ではない。

このようにして退職給付額が特定されると，次の作業は，この金額を従業員の勤務期間中の各年度に合理的な方法で配分することである。IAS19号は，これを「予測単位積増方式（projected unit credit method）」と呼ばれる方法で行うべきものとしている。その代表的な方法には，①退職給付の算定式を基礎とする方法（支給倍率基準）と，②毎期に均等額ずつ配分する方法（期間定額基準）がある。このうちIAS19号は，支給倍率基準を原則としつつも，勤務年数の後半部分から生じる退職給付が著しく大きい場合には，期間定額基準によるものとしている。ここでは計算がより簡単な期間定額基準の採用を仮定すると，例示の場合の各期の配分額は［退職給付額1,750万円÷勤続年数35年＝50万円］となる。予測単位積増方式という名前は，各年度で従業員が労働を提供するつど，将来に給付を受ける権利を1単位ずつ積み増すことになると考えた計算方式であることに由来している。

⑵ 現在価値による各期の費用の測定

前述の例では，従業員の勤続期間を基準として各期に50万円ずつが配分されたが，この額を含めた退職給付が実際に支払われるのは，各期間の決算日からみて相当に先の時点である。たとえばA氏が当期の勤務の結果として権利を獲得した当期分の50万円が支給されるのは，当期末から34年後である。したがって34年後の50万円を現時点で評価するには，所定の利子率（年５％と仮定）を用いて，次のように割引現在価値を計算する必要がある。

$$500,000円 \div (1+0.05)^{34} = 95,177円$$

この金額こそが，当期負担分の**退職給付費用**として人件費に含められるべき金額であると同時に，将来の退職給付支払義務に関して，当期末時点で企業が債務として認識しておくべき「**退職給付債務**」の金額でもある。

（借）退職給付費用　95,177　　（貸）退職給付引当金　95,177

この計算で用いる割引率は，優良社債の市場利回りによるのが原則であるが，社債の成熟した市場が存在しない国では，政府債の市場利回りを用いる。割引利子率が小さくなるほど，各期の費用額と債務額が大きくなることはいうまでもない。

以上が第１年度の計算であるが，第２年度についても同様に考えればよい。第２年度が負担すべき50万円の第２年度末での割引現在価値は［$500,000円 \div (1+0.05)^{33} = 99,936$円］と計算される。この金額は，この期間の労働の対価として発生したものと考えられる費用であるから，「**勤務費用**（current service cost）」と呼ばれる。

しかしこれ以外にも第２年度が負担すべき費用項目が存在する。それは退職給付の支払義務に関して第１年度末に認識された債務から生じる金利である。すなわち第１年度末に計上された債務は，支払が行われないまま第２年度末まで繰り越されたわけであるから，１年間に［元金95,177円×利率５％＝4,759円］の利子を生じているはずである。したがってこの金利分もまた退職給付債務の１要素として計算に含めなければならない。この結果，第２年度末には，勤務費用99,936円と利息額4,759円を合計して，次の会計記録が行われる。

（借）退職給付費用　104,695　　（貸）退職給付引当金　104,695

企業が社外に基金を設定しない内部引当方式では，毎期末に計上される**退職給付引当金**が貸借対照表で負債として累積されていくことになる。

(3)　過去勤務費用

企業は経営政策や労務管理の一環として，支給する退職給付の水準変更を伴うような退職給付制度の変更を行うことがある。この場合に，制度変更の前と後で生じる退職給付債務の変化額を「過去勤務費用（past service cost）」と呼び，これも勤務費用に含まれる。

いま設例の企業が，退職給付の水準をグレード・アップするために，第２年度末の時点で退職一時金の計算式に含まれる0.05という係数を0.06に引き上げたとしよう。このような改訂は，これからの勤務期間についてだけでなく，A氏のこれまでの2年の勤務期間についても適用されるのが一般的である。次の計算例が示すとおり，新しい計算式のもとでの第2年度末現在の退職給付債務と，従来の債務額との間の差額が，この場合の過去勤務費用である。

過去勤務債務の計算例

退職時の一時金の額	1,000万円×35年×0.06＝2,100万円	
1年当たりの負担額	2,100万円÷35年＝60万円	
第2年度末現在での新しい退職給付債務		
1年目の勤務から生じた債務	60万円÷$(1.05)^{34}$＝	114,213
上記債務に生じた2年目の利子	114,213×0.05＝	5,711
2年目の勤務から生じた債務	60万円÷$(1.05)^{33}$＝	119,924
	計	239,848
過去勤務費用＝新しい債務額239,848－従前の債務額199,872＝39,976円		

過去勤務費用が発生すると，①その金額を発生年度で一括して勤務費用に追加計上することにより，事実の忠実な描写を促進するか，または②従業員の勤労意欲の向上を通じて将来に期待される収益の増加と対応づけるために，将来の年度で分割計上して調整するかが問題となる。これに関し，IAS19号は①の会計処理を規定する。他方，日本基準は利益計算に関して②の取扱を規定したうえで，連結貸借対照表でのみ①の会計処理との差額を加算して，「退職給付に係る負債」として固定負債に計上するとともに，その加算額を「退職給付に係る調整額」として「その他の包括利益」に計上することを求めている。

このほかIAS19号は，確定給付制度を廃止し清算する場合には，その時点の退職給付債務額から清算のための支払額を控除した残額を，勤務費用の一項目として純利益の計算に含めることを規定している。

(4) 外部積立方式での退職給付費用

退職給付の支払財源を内部引当ではなく，外部積立の方式で形成する企業も多い。この方式の場合，企業は生命保険会社や信託銀行などと契約して，退職給付の支払財源となる基金を社外に設立し，その基金に対して定期的に掛金を払い込んで退職給付の「**年金資産**（plan assets：制度資産ともいう）」を形成しておき，従業員の退職時にはこの資産から従業員へ退職給付が支払われることになる。このようにして社外の基金へ掛金を拠出すれば，それに応じて企業みずからの債務は減少するから，負債として退職給付引当金の設定もその分だけ減額される。

たとえば前述の例示の第1年度の退職給付費用の額95,177円に対し，企業の拠出額が80,000円（期末日での拠出を仮定）であれば，不足分の15,177円だけが母体企業の負債となる。

（借）退職給付費用　95,177　　（貸）現　金　預　金　80,000
退職給付引当金　15,177

もちろん各期の退職給付費用と同額の掛金が拠出される場合もあるが，掛金の額は企業の資金繰り等を考慮に入れて政策的に決定されるから，発生主義の考え方に基づく前述のような退職給付費用の金額からみて，必ずしも十分であるとは限らない。掛金が費用計上額より少なければ，不足分が退職給付引当金として負債計上されるのである。

このようにして社外に年金資産が蓄積されると，第２年度の利息額は，年金資産の不足額に割引率を乗じて［(退職給付債務95,177－年金資産80,000）×５％＝759円］として計算される。この額は，母体企業が負担する債務の純額に基づいていることから，「**利息純額**（net interest)」と呼ばれる。この結果，第２年度の退職給付費用は（過去勤務費用が生じない場合)，［勤務費用99,936＋利息純額759＝100,695円］となる。そしてこの企業が第２年度末の決算日にも８万円の掛金を拠出する場合，追加計上すべき退職給付引当金は20,695円である。

（借）退職給付費用　100,695　　（貸）現　金　預　金　80,000
退職給付引当金　20,695

これに対し日本基準では，期首の退職給付債務に割引率を乗じて利息費用を算定し，期首の年金資産に期待収益率を乗じて期待運用収益を算定したうえで，［勤務費用＋利息費用－期待運用収益］として各期の退職給付費用が算定されている。

なお外部積立方式の採用下で，年金資産が退職給付債務を上回った場合は，その超過額が母体企業と従業員のいずれに帰属するかが問題となる。これに関し日本基準は，超過額の全部を，個別貸借対照表では前払年金費用，連結貸借対照表では「退職給付に係る資産」として，資産計上することを規定する。これに対しIAS19号は，将来の掛金の減少という形で母体企業が享受できる便益の現在価値をもって，資産計上額の上限としている。

⑸　保険数理上の差異

退職給付の制度は，元来，長期間にわたって平均的にみた場合に収支が均衡するように，はじめから計画的に運営されているものである。たとえば設例のA氏の退職給付について，計画が予定通りに進行すれば，第２年度末における年金基金の財政状態は，次に図示する状態になっているものと予想される。

年金基金の財政状態

（資産）		（負債）	
１年目の掛金受入額	80,000	１年目の勤労から生じた債務	95,177
割引率で算定した運用成果	4,000	上記の債務に発生した利息	4,759
２年目の掛金受入額	80,000	２年目の勤労から生じた債務	99,936
計	164,000	計	199,872
差額（退職給付引当金）	35,872		

しかし退職給付債務の増加や年金資産の蓄積は，種々の理由により，計画通りには進行しないのが通常である。たとえば掛金受入額の運用先である株式や債券の時価が下落した結果，設例の企業で第2年度末の年金資産の時価評価額が，計画上の164,000円ではなく140,000円にしか達しなければ，退職給付引当金35,872円を加えても，退職給付債務との間で24,000円の差額（この場合は積立不足）が生じる。

しかもそのような差異が生じる原因は，年金資産の運用不振だけにとどまらない。退職給付債務の計算に際しては，保険数理上のさまざまな仮定が用いられているからである。そのような仮定には，人口統計上の仮定（たとえば従業員の死亡率や途中退職率など）と，財務上の仮定（昇給率，割引利子率，年金資産運用成果など）がある。このため仮定と実績の間で差異が生じたり，仮定を変更したためにそれまでの計算に修正が必要になるのが通常である。この修正額は，「**保険数理上の損益**（actuarial gains and losses)」とか「数理計算上の差異」と呼ばれる。

このような保険数理上の損益が発生すると，①その金額を発生年度で一括して認識することにより事実の忠実な描写を促進するか，または②年金の収支は長期平均的に均衡すればよいと考えて，短期的には認識することなく，将来の年度で分割計上して調整するかが問題となる。

これに関しIAS19号は①の考え方に従い，年金資産の運用損益の過不足や数理計算上の差異などを一括して「**再測定**（remeasurement)」と呼び，それが把握された時点で「その他の包括利益」の1項目として即時に認識することを規定する。たとえば前述の数値例のように，年金資産の運用不振により24,000円の積立不足が判明すれば，その時点で次の会計処理を行い，年金基金の財政状態を母体企業の貸借対照表に反映させるのである。

（借）退職給付費用調整額　24,000　（貸）退職給付に係る負債　24,000
［その他の包括利益］

他方，日本基準は個別財務諸表で②の会計処理を規定する一方で，連結財務諸表に関してのみ，IAS19号と同様の会計処理を採用している。しかしIAS19号が，いったん「その他の包括利益」に算入された調整額をそのまま放置するのに対し，日本基準はこの調整額を，従業員の平均残存勤務期間以内の一定年数で按分し，按分額を毎期の純利益の計算に含める**組替調整**（リサイクリングともいう）の会計処理を，個別と連結の損益計算書について求めている。日本基準のもとでは，保険数理上の損益が，その発生時点以後の年度に分割計上されることにより遅れて認識されるため，この会計処理は**遅延認識**と呼ばれる。

(6) 財務諸表での表示と開示

退職給付に関する損益の項目は，勤務費用・利息純額・再測定の3つに区分して把握され，それぞれ次のように表示される。勤務費用と利息純額は損益計算書に計上して純利益の計算に含めるが，区分表示の方法はIAS1号に従って判断する。また，再測定とされた額は，その他の包括利益の１項目として包括利益計算書に計上する。

他方，退職給付債務と年金資産の額を相殺した純額は，資産または負債（退職給付引当金，退職給付に係る負債など）として，貸借対照表に計上する。IAS19号はこの金額を「確定給付負債（資産）の純額」」と呼んでいる。

財務諸表の本体での上記の取扱に加えて，次の事項の開示も要求されている。

① 退職給付制度の特徴と運営のリスクに関する説明
- 退職給付制度の一般的説明（給付内容，運営の規制とガバナンスなど）
- その企業特有のリスクに関する説明（年金資産の特定分野への投資など）
- 制度の改訂・縮小・清算に関する説明

② 財務諸表の金額に関する説明
- 退職給付債務と年金資産の期首残高から期末残高への変化を説明する調整表（当期勤務費用・利息純額・再測定・過去勤務費用・年金基金への拠出と基金からの支給など）
- 年金資産の種類別（現金・株式・債券・不動産・デリバティブなど）の公正価値
- 退職給付債務の算定に用いた数理計算上の仮定

③ 退職給付制度が企業のキャッシュ・フローに及ぼす影響に関する説明
- 数理計算上の仮定の変更が期末の退職給付債務に及ぼす影響（感応度）とその分析手法
- リスク管理のための資産負債マッチング戦略に関する説明
- キャッシュ・フローの予測に有用な情報（掛金の拠出と積立の方針，翌期の予想掛金額，給付支給時期の分析など）

４ その他の従業員給付の会計処理

⑴ その他の長期従業員給付（other long-term employee benefits）

その他の長期従業員給付とは，IFRS２号が適用される株式報酬を除く，短期従業員給付・退職後給付・解雇給付以外のすべての従業員給付として定義されており，従業員がその勤務を提供した会計期間の末日後12カ月以内にすべてが決済されるとは予想されない場合の対価をいう。たとえば期末日から12カ月を超えて後に支払われる賞与や利益分配，繰延報奨，長期有給休暇（長期勤続休暇や慰労休暇など），長期勤続給付（記念休暇など），長期障害給付がこれに含まれる。

「その他の長期従業員給付」の会計処理も，前述の退職給付の場合に準じて行われる。すなわちこれに関連する損益が，勤務費用・純利息費用・再測定に区分して把握される点で，退職給付の場合と同様である。しかし退職給付に関する再測定の額が，その他の包括利益として会計処理されるのに対し，その他の長期従業員給付に関する再測定の額は，勤務費用および利息純額とともに，当期純利益の計算に含められる。

⑵ 解雇給付（termination benefits）

解雇給付とは，企業が通常の退職日前に従業員の雇用を終了するという企業の決定や，自発的な早期退職を受け入れるという従業員の決定の結果として，従業員の雇用の終了と交換に支給される対価である。解雇給付に関する規定が別個に設けられているのは，その支給の原因が従業員の勤務ではなく，雇用の終了に存するからである。

企業は，解雇給付に関する負債と費用を，①企業がその給付の申し出を撤回できなくなった時点，または②企業が解雇給付の支払を伴うような工場閉鎖などのリストラクチャリング費用を認識した時点のうち，いずれか早い日に認識しなければならない。その金額は給付の性質に従って次のように測定する。すなわち，解雇給付が認識される会計期間の末日後12カ月以内にすべてが決済されると予想される場合は，短期従業員給付に関する規定に準拠し，12カ月以内にすべてが決済されると予想されない場合は，その他の長期従業員給付に関する規定に準拠するのである。

日本基準との比較

IAS19号（2011年最終改訂）が各種の従業員給付を幅広く規定するのに対し，日本基準としては「退職給付に関する会計基準」（企業会計基準第26号：2022年最終改訂）だけが存在する。このため退職給付会計だけに限定して比較すると，退職給付債務の測定方法や適用する割引率，および年金資産の評価については，両基準間に基本的な相違はない。これら以外の相違点は，次ページの表のとおりである。

キーワード

従業員給付＝従業員が提供した勤務と交換に，または雇用の終了と交換に，企業が与えるあらゆる形態の対価。

確定給付制度（給付建制度）＝将来に退職者が受け取る給付額が，あらかじめ一定の算式等で定められていて，それに必要な財源の不足分が母体企業によって負担されるタイプの退職給付制度。

退職給付債務＝確定給付制度のもとで当期および過去の期間の従業員の勤労により生じる債務を決済するために必要な将来の予想支払額の現在価値。確定給付制度債務の現在価値ともいう。

年金資産＝退職給付の支払財源として掛金の蓄積と運用によって形成された資産。制度資産ともいう。

勤務費用＝当期中の従業員の勤務により生じる退職給付債務の現在価値の増加額。

過去勤務費用＝退職給付制度の改善などの変更を，従業員の過去の勤務期間にも適用する結果として生じる，退職給付債務の現在価値の増加額。

利息純額＝退職給付債務から年金資産を控除した純額が，時の経過により当期中に生じた増加（または減少）額。

数理計算上の差異＝保険数理上の仮定の変更や，事前の仮定と実際の結果の相違に伴う修正から

	IAS19号	日　本　基　準
純利益計算に含める退職給付費用	①勤務費用（過去勤務費用を含む），②利息純額	①当期の勤務費用，②退職給付債務に生じる利息費用，③年金資産から生じる期待運用収益，④過去勤務費用の償却額，⑤数理計算差異の償却額
退職給付債務に生じる利息費用	［利息純額＝（期首の退職給付債務−年金資産）×割引率］として算定し，退職給付の費用とする。この結果，利息費用と運用収益の相殺後の純額が費用計上される。	［利息費用＝期首の退職給付債務×割引率］として算定し，退職給付費用に含める。
年金資産に生じる運用収益		［期待運用収益＝期首の年金資産×期待運用収益率］として算定し，退職給付費用から控除する。
過去勤務費用	退職給付制度の変更年度で負債を追加等調整するとともに，当期の勤務費用と合算して純利益の計算に含める。(即時認識)	退職給付制度の変更年度で負債を追加等調整するとともに，「その他の包括利益」として計上し，従業員の平均残存勤務年数内の一定年数で均等に償却する。(遅延認識)
数理計算上の差異	差異の把握年度で負債を追加等調整するとともに，「その他の包括利益」として計上する。	差異の把握年度で負債を追加等調整するとともに，「その他の包括利益」として計上し，従業員の平均残存勤務年数内の一定年数で均等に償却する。(遅延認識)
その他の包括利益のリサイクリング	行わない。	その他の包括利益とした過去勤務費用と推理計算債の償却額を，退職給付費用に含めることでリサイクリングを行う。

生じる，退職給付債務の現在価値の変動。

再測定＝退職給付債務から年金資産を控除した純額が，期末において期首に予定された額と相違する差額であり，数理計算上の差異や年金資産の運用収益などから構成される。

演習問題

［1］　X社は，退職時の給与の5％に等しい退職一時金を支払う制度を，内部引当方式で運営している。従業員Y氏の第1年度の給与は10,000千円で，毎年7％（複利で）増加すると仮定する。使用する割引率は年率10％である。第1年度の期首から勤務を開始し，第5年度の末日に退職すると予想されるこの従業員について，退職一時金を期間定額基準で配分するとき，第1年度および第2年度の退職給付費用はそれぞれいくらか（単位：千円）。なお，$(1+0.07)^3=1.23$，$(1+0.07)^4=1.31$，$(1+0.07)^5=1.40$，$(1+0.1)^3=1.33$，$(1+0.1)^4=1.46$，$(1+0.1)^5=1.61$とする。

（正解）

第1年度は90，第2年度は107

（解説）

第5年度末の退職給付額：10,000×1.31×0.05＝655

このうち当期の勤務に見合う額：655÷5年＝131

第１年度末における現在価値：131÷1.46＝90……第１年度の勤務費用

第１年度には利息費用がないから，退職給付費用は90

第２年度末における現在価値：131÷1.33＝98……第２年度の勤務費用

第２年度の利息純額：(期首の退職給付債務90−年金資産０）×割引率0.1＝９

第２年度の退職給付費用：勤務費用98＋利息純額９＝107

［２］ 上記のＸ社が，この制度を外部積立方式で運営しており，毎年度末に掛金70千円を拠出すると仮定する。このとき，Ｙ氏に関する第１年度および第２年度の退職給付費用はそれぞれいくらか。また第１年度末および第２年度末の貸借対照表に計上されているべき退職給付引当金はいくらか（単位：千円)。

（正解）

退職給付費用：第１年度は90，第２年度は100

退職給付引当金：第１年度末は20，第２年度末は50

（解説）

上記［１］より，第１年度は勤務費用90，利息費用０

第１年度の仕訳 （借）退職給付費用 90 （貸）現 金 預 金 70
退職給付引当金 20

第２年度の勤務費用は上記［１］より98。利息純額は［(期首の退職給付債務90−期首の年金資産70）×0.1＝２］である。

第２年度の退職給付費用：勤務費用98＋利息純額２＝100

第２年度の仕訳 （借）退職給付費用 100 （貸）現 金 預 金 70
退職給付引当金 30

第２年度末の退職給付引当金：第１年度繰入額20＋第２年度繰入額30＝50

［３］ 保険数理上の利得または損失の償却について，次ａ～ｅのうち正しい会計処理はどれか。

ａ．退職給付債務と年金資産のいずれか大きい方の10％を越える差異について，現存従業員の平均残存勤務年数で割算した額を，各期の退職給付費用と引当金に追加計上する。

ｂ．数理計算上の差異の全額を，現存従業員の平均残存勤務年数で割算した額を，各期の退職給付費用と引当金に追加計上する。

ｃ．数理計算上の差異の全額を発生時に当期純利益の計算に含める。

ｄ．数理計算上の差異の全額を発生時に「その他の包括利益」に計上し，当期の包括利益の計算に含める。

（正解） d

（解説）保険数理差異の取扱は，IAS19号の2011年の改訂により変更された。基準改訂前はａ～ｃのいずれの方法も認められていたが，簿外負債の発生を防止するとともに財務諸表の企業間比較を可能にするため，ｄの方法に統一された。

［４］ Ｚ社は，５年勤続して初めて退職給付の受給権が従業員に与えられるとの規定のもとで，退職一時金制度を運営している。本年度に給与水準が改訂されたことに起因して，各従業員について次の金額ずつの過去勤務債務が発生した。これに起因してＺ社が当期に退職給付費用に追加計上しなければならない金額はいくらか（単位：千円)。

従業員	Ａ氏	Ｂ氏	Ｃ氏	Ｄ氏	Ｅ氏
勤務年数	10年	８年	６年	４年	２年
過去勤務費用	500	400	300	200	100

（正解）1,500

（解説）IAS19号の改訂前は，受給権が確定済みの従業員分は全額を計上するが，受給権が未確定の従業員分は確定までの残存年数で除した額だけを計上することになっていた。しかし2011年の改訂後は，受給権にかかわらず過去勤務費用の全額を発生時に退職給付費用に含めて即時認識することとされた。

［桜井　久勝］

IAS 20 : Accounting Government Grants and Disclosure of Government Assistance

 政府補助金の会計処理と政府援助の開示

目的と適用範囲

1 目的

本基準書の目的は，政府補助金（国庫補助金ともいう）の会計処理と開示およびその他の形態の政府援助の開示を規定することである。

2 適用範囲

本基準書は，政府補助金およびその他の形態の政府援助に適用される。適用が除外されるのは，物価変動の影響を反映する補足情報などの特殊問題，課税所得計算や納税債務等の便益として提供される政府援助，企業に対する政府の資本参加，IAS41号「農業」の範囲に含められる政府補助金である。

会計基準の内容

1　資産に関する補助金（grants related to assets）

⑴　インカム・アプローチの採用

政府補助金には，資産に関する補助金（固定資産の取得を条件として交付されるもの）と，利益に関する補助金（利益補償を目的として交付されるもの）がある。

固定資産の取得を条件として交付される**政府補助金**（government grants）の会計処理には，次の２つの一般的なアプローチが考えられる。１つは政府補助金の受入れを資本取引とみて，財政状態計算書（貸借対照表のこと）の株主持分に直接的に貸記するキャピタル・アプローチである。もう１つは，これを損益取引とみて，補助金の額を数期間にわたり利益に算入するインカム・アプローチである。IAS20号では，インカム・アプローチが採用されている。

⑵　収益の認識時点

資産に関する政府補助金は，次の２つの条件が満たされた時点で，収益としての認識が開始される。すなわち，⒜企業が補助金の交付を受けるための付帯条件を満たすこと，お

よび(b)補助金を実際に受けることにつき，合理的な保証が得られることである。

しかし，その全額を一時に収益として認識するのではなく，補償の対象とされる関連費用と対応させるために必要な期間にわたって，組織的に損益計算書（二計算書方式の場合）または包括利益計算書（一計算書方式の場合）において認識することが求められる。

関連費用と対応させるのに必要な期間は，償却資産の場合は，その資産の減価償却費の計上期間である。非償却資産に関する補助金で，一定の責務を果たすことが条件となっている場合（たとえば建物の建設を条件とした土地に対する補助）は，責務を果たすための費用を負担する期間にわたり，補助金を配分して収益に計上する。

補助金の受入れ時点で一時に全額を計上できるのは，交付を受けた期間以外の期間へ配分する基準が存在しない場合だけである。これについては後述する。なお，政府補助金は一般には貨幣性資産で交付されるが，土地のような非貨幣性資産の移転によって交付された場合には，その公正価値によって政府補助金の額を決定する。

(3) 財政状態計算書での表示

IAS20号は，資産に関する補助金の財務諸表における表示として，次の２つの方法が認められる。第１の方法は，補助金を繰延利益（deferred income）として財政状態計算書に計上し，資産の耐用年数を通じて減価償却費が計上されるのに対応して償却し，損益計算書または包括利益計算書において同額を取崩益として計上する方法である（以下，**繰延利益法**と呼ぶ)。第２の方法は，資産の取得原価から補助金を控除した残額を，資産の帳簿価額として計上する方法である（以下，**直接控除法**と呼ぶ)。日本の圧縮記帳はこの方法に該当する。この場合は，資産の減価償却費が減少することにより，政府補助金の配分額が自動的に利益として認識されることになる。

これら２つの会計処理を，次に例示する。いま，A 社は第１年度期首に，資産に関する政府補助金4,000を受け取り，10,000の機械（耐用年数20年，定額法，残存価額０）を購入したとする。第１年度の会計処理は次のとおりである。

① 繰延利益法

(借)	現金預金	4,000	(貸) 政府補助金繰延利益	4,000
(借)	機械	10,000	(貸) 現金預金	10,000
(借)	減価償却費	500	(貸) 減価償却累計額	500
(借)	政府補助金繰延利益	200	(貸) 政府補助金取崩益	200

② 直接控除法

(借)	現金預金	4,000	(貸) 政府補助金	4,000
(借)	機械	6,000	(貸) 現金預金	10,000
	政府補助金	4,000		

(借) 減価償却費	300	(貸) 減価償却累計額	300

(4) 国庫補助金の返還

政府補助金は，交付の条件を満たさなくなれば，返還の義務が生じることもある。この場合，返還額は前期修正項目とみて期首の留保利益を修正するのでなく，会計上の見積りの変更（IAS 8 号参照）として取り扱われる。

したがって，①繰延利益法を採用している場合には，返還額を繰延利益残高から控除し，②直接控除法を採用している場合には，資産の帳簿価額に加え戻すことによって記録される。また，補助金がなかったならば現在までに計上されてきたはずの累積追加減価償却費を，直ちに損失として計上する。たとえば，前述の設例に関して，第2年度の期首に政府補助金の全額を返還する場合の会計処理は次のとおりである。

① 繰延利益法

(借) 政府補助金繰延利益	3,800	(貸) 現金預金	4,000
政府補助金返還損	200		

② 直接控除法

(借) 機械	4,000	(貸) 現金預金	4,000
(借) 政府補助金返還損	200	(貸) 減価償却累計額	200

2 利益に関する補助金（grants related to income）

政府補助金や**政府援助**（government assistance）のうち所定のものは，補助金の受入れ時点で一時に全額を，その期の利益として計上する。この取扱いを受けるのは次のような補助金である。

(a) 利益に関する補助金…特定の費用を援助することにより利益を補償するための補助金は，関連費用が発生して交付を受けた期間の利益として表示するか，関連費用から控除して報告する。ただし，包括利益計算書と損益計算書が個別に表示される二計算書方式の場合には，損益計算書において，当該項目は表示されなければならない。

(b) すでに発生した費用・損失を補償する目的で交付された補助金…その期の損益として認識する。

(c) 緊急の財政的支援を与える目的で交付された補助金…将来の関連費用と対応するものでないため，補助金を受けた期間の損益として計上する。

3 開 示

政府補助金や政府援助を受けた場合，次の開示を行わなければならない。

(a) 政府補助金について採用された会計方針（繰延利益法・直接控除法），および財務諸表で採用された表示方法

(b) 財務諸表で認識された政府補助金の性格と範囲，および他の形態の政府援助で企業が直接便益を受けたもの

(c) 認識した政府補助に付随する未履行の条件とその他の偶発事象

日本基準との比較

資産に関する補助金の貸借対照表での表示方法として，わが国では直接控除法に相当する圧縮記帳を認めている。また，政府補助金の受入れ時点で全額を利益に計上するとともに，利益剰余金の処分において，それと同額の任意積立金を設定する方法（積立金方式）が行われる場合もあり，繰延利益法と同様の効果が期待される。しかし，IAS20号では，積立金方式は許容されていない。他方，利益に関する補助金については明文の規定はないが，IAS20号と同様に損益計上されている。

キーワード

政府援助＝一定の規準を満たした特定の企業や一定の範囲の企業に対して，経済的便益を提供することを目的とした政府の活動。

政府補助金＝企業の営業活動に関連する一定の条件を，過去または将来において満たす見返りとして，企業への資源の移転という形で行われる政府援助。

資産に関する補助金＝長期資産を，購入・建設その他の方法で取得しなければならないことを主要な条件とする補助金。

利益に関する補助金＝資産に関する補助金以外の補助金。

演習問題

［1］ 有形固定資産の取得を条件として交付された政府補助金の会計処理方法として，国際会計基準が認めるのは次のどの方法か。

a．政府補助金を財政状態計算書の株主持分に直接的に貸記する方法

b．政府補助金を繰延利益として財政状態計算書の貸方に計上する方法

c．資産の取得原価から政府補助金を控除した残額を，資産の帳簿価額とする方法

d．政府補助金の全額を受入年度の利益として，二計算書方式による損益計算書に計上する方法

（正解） b と c

（解説）資産に関する補助金であるから，繰延利益法と直接控除法が認められている。

［若林　公美］

IAS 21 : The Effects of Changes in Foreign Exchange Rates

13 外国為替レート変動の影響

目的と適用範囲

◎1◎目的

企業は①みずから外貨建取引を行うか，②在外営業活動体（在外子会社や支店など）を保有することによって在外活動を遂行する。本基準書の目的は，このような企業の在外活動を財務諸表に計上するための方法と，外貨表示財務諸表を報告企業の表示通貨に換算するための方法を，規定することである。本基準書は，換算に用いる為替レートを決定し，為替レートの変動がもたらす影響を報告する方法に関する問題を取り扱う。

◎2◎適用範囲

本基準書は，①外貨建取引と残高の会計処理，②連結・持分法によって報告企業の連結財務諸表に組み込まれる在外営業活動体の業績と財政状態の換算，および③企業の業績と財政状態の表示通貨への換算を取り扱うものである。外貨建デリバティブおよび外貨建項目のヘッジ取引等のヘッジ会計は，基本的に本基準書の適用範囲外である（IFRS 7 号，IFRS 9 号を適用）。外貨建取引から生じるキャッシュ・フローのキャッシュ・フロー計算書における表示，および在外営業活動体の財務諸表のキャッシュ・フローの換算も，本基準書の範囲には含まれない（IAS 7 号を適用）。

会計基準の内容

1　機能通貨アプローチの採用

外貨建取引は，為替レートを用いて報告通貨に換算されなければならない。換言すれば，これは機能通貨（すなわち測定通貨）を決定し，機能通貨で表示を行うことを意味する。IAS21号は，米国基準と同じく，機能通貨に基づいて換算方法を決定する機能通貨アプローチを採用する。ここでいう**機能通貨**とは，企業が営業活動を行う主要な経済環境で用いられ，キャッシュ・フローをもたらす通貨として定義されるが，本質的に測定通貨と同義である。企業は，以下の要因に基づいて，機能通貨を決定する。

① 価格表示や決済に用いられ，財貨やサービスの販売価格に多大な影響を及ぼす通貨である。
② 財貨やサービスの販売価格を主に決定する規制や競争力が存在する国の通貨である。
③ 価格表示や決済に用いられ，労務費，材料費，そして財貨やサービスを提供するためのその他の原価に影響を及ぼす通貨である。

また，次の要因が，企業の機能通貨の証拠を提供しうる。

④ 負債証券や持分証券を発行するなど財務活動資金を得る際の通貨である。
⑤ 営業活動から得られる受取金額が留保される通貨である。

たとえば，ある日本企業が米ドル建で取引を行ったとしよう。ただし，当該企業の取引の大半は日本円で行われており，製品の販売価格の表示や資金の回収，財務諸表の報告も日本円で行われるならば，この場合，日本円が機能通貨であり，米ドルが外貨であると判断される。

次に，在外営業活動体の機能通貨を決定し，機能通貨が報告企業と同じであるか否かを判断する際には，以下の追加的な要因が検討される。

⑥ 在外営業活動体の活動が報告企業の延長であるか，高度の自主性をもって遂行されているか否か。たとえば，報告企業からのみ商品を輸入販売し，その受取金を報告企業に送金する場合，在外営業活動体の活動は，報告企業の延長であるため，機能通貨は報告通貨と同じであると判断される。一方，在外営業活動体が現地通貨で現金を積み立て，費用や収益の発生，借入契約などを現地通貨で行う場合には，在外営業活動体が高度の独立性をもって活動しているため，機能通貨は現地通貨であると判断される。
⑦ 在外営業活動体にとって，報告企業との取引が高い割合を占めているか否か。
⑧ 在外営業活動体の活動から生じるキャッシュ・フローが，報告企業のキャッシュ・フローに直接影響を及ぼし，送金に使用可能か否か。
⑨ 報告企業の資金提供がなくとも，債務返済や存続に十分なキャッシュ・フローが在外営業活動体の活動から得られるか否か。

上記の①～⑨の要因に基づいて，経営者は機能通貨を決定しなければならないが，特に①～③を重視して機能通貨は決定される。また，財務諸表を作成するにあたって，独立した個別企業か，在外営業活動体（在外子会社や支店など）を抱える企業（報告企業）か，在外営業活動体であるかによらず，どの企業も上記の基準に基づいて機能通貨を決定し，外貨項目を機能通貨に換算する必要がある。

2 機能通貨による外貨建取引の報告

(1) 当初認識

外貨建取引（foreign currency transaction）とは，外貨で表示し，外貨で決済しなければならない取引をいう。企業が行う外貨建取引には，次の３つのケースが含まれる。

(a) 財貨やサービスの販売価格や購入価格が外貨で表示されている。

(b) 未収金や未払金の金額が外貨で表示されている資金の借入や貸付を行う。

(c) その他，資産の取得や処分，あるいは負債の引き受けや決済が外貨で表示されている。

これらの外貨建取引は，取引日の機能通貨と外貨の直物為替レートを適用することによって，機能通貨で当初認識し，記録される。すなわち，原則として，外貨建取引の換算には，**取得日レート**（historical rate；以下ではHRと表記）が用いられるが，実務上，その近似レートとして，１週間，あるいは１カ月間の**平均レート**（average rate；以下ではARと表記）の使用が認められる。たとえばT社が①第１年度に外国から100ドルの商品をドル建で輸入し，そのHRが＄１＝￥100である場合の仕訳は次のとおりである。

（借）商　　品　10,000　　（貸）買 掛 金　10,000

(2) 当初認識後の決算日における報告

当初認識後の決算日において，外貨建項目は，次のとおりに報告しなければならない。

(a) 外貨建の**貨幣性項目**（monetary items）は，決算日レート（closing rate；以下ではCRと表記）で換算・報告される。

(b) 外貨建の**非貨幣性項目**（non–monetary items）の帳簿価額が取得原価であるならば，それらはHRで換算・報告される。

(c) 外貨建の非貨幣性項目の帳簿価額が公正価値ならば，それらはCRで換算・報告される。

なお，当初認識後，決算日にIAS２号「棚卸資産」やIAS36号「資産の減損」によって，資産を正味実現可能価額や回収可能価額で測定する場合，HRで換算後の取得原価とCRで換算後の正味実現可能価額あるいは回収可能価額を比較し，外貨ではなく，換算後の機能通貨ベースで評価損や減損損失を認識する。

(3) 為替差額の認識

外貨建取引から生じる貨幣性項目について，取引日と決済日の間で為替レートが変動した結果として，**為替差額**（exchange differences）が生じる。取引が生じた会計期間に当該取引が決済された場合の「決済差損益」と，期末に未決済の貨幣性項目をCRで換算したことから生じる「換算差損益」は，ともにその期の損益（為替差益または為替差損）として認識される。たとえばT社が，②前述の第１年度の外貨建取引につき，代金未決済のまま決算日を迎えたときは，次の仕訳を行う（CRは＄１＝￥90）。

（借）買 掛 金　1,000　　（貸）為替差益　1,000

買掛金は貨幣性資産であるため，CRで換算される（＄100×￥90/＄＝￥9,000）。

③　第２年度中に買掛金を決済した（決済日の為替レートは，＄１＝¥110）ときの仕訳は次のとおりである。

（借）買 掛 金	9,000	（貸）現　　金	11,000
為替差損	2,000		

公正価値で測定される非貨幣性項目の評価差額がその他の包括利益に計上される場合には，当該為替差額も同じくその他の包括利益に計上される。当該評価差額が損益として認識される場合には，為替差額にも同様の処理が適用される。

在外営業活動体への正味投資（net investment in a foreign entity）に基づく貨幣性項目を換算する際に生じる為替差額は，報告企業や在外営業活動体の個別財務諸表では損益として認識される。しかし，在外営業活動体が含まれる連結財務諸表などにおいては，当該為替差額をその他の包括利益に計上する。そして，正味投資額の処分時点で，当該差額を損益として認識する。なお，為替差額にはIAS12号「法人所得税」により，税効果を伴うことがある。

3　報告企業と機能通貨が同じである在外営業活動体の財務諸表の換算：外貨から機能通貨へ換算

報告企業と機能通貨は同じであるが，機能通貨以外の通貨（外貨）で記録を行っている在外営業活動体の財務諸表を換算する際には，外貨建取引の当初認識後の報告と同様の方法を適用する。この換算方法は，一般に「**テンポラル法**（temporal method)」と呼ばれている。損益項目の換算には，原則として，HRを適用すべきであるが，それに近似する１会計期間のARを用いることも認められる。

いま，ある米国子会社Ａ社の機能通貨が，報告通貨と同じである場合，Ａ社の財務諸表をテンポラル法によって換算した結果は，図表１のとおりである。なお，期首の為替レート（HR）は＄１＝¥110，配当支払時の為替レート（HR）は＄１＝¥105,期末の為替レート（CR）は＄１＝¥90，ARは＄１ドル＝¥100であったとする。また，各項目のHRは以下の図表１のとおりである。

図表1 報告企業と機能通貨が同じである在外事業体の財務諸表の換算

科目	現地通貨表示額($)		換算レート	報告通貨表示額(¥)	
	借方	貸方	(¥/$)	借方	貸方
財政状態計算書					
貨幣性資産	100		90(CR)	9,000	
売却目的有価証券	50		90(CR)	4,500	
棚卸資産	100		100(AR)	10,000	
有形固定資産	200		110(HR)	22,000	
関係会社株式	150		110(HR)	16,500	
短期貨幣性負債		180	90(CR)		16,200
長期貨幣性負債		200	90(CR)		18,000
資本金		200	110(HR)		22,000
利益剰余金		20			①5,800
(合計)	600	600		62,000	62,000
損益計算書					
売上高		600	100(AR)		60,000
期首棚卸高	80		110(HR)	8,800	
当期仕入高	520		100(AR)	52,000	
期末棚卸高		100	100(AR)		10,000
減価償却費	30		110(HR)	3,300	
その他の費用	20		100(AR)	2,000	
為替差損益					③4,950
当期純利益	50			②8,850	
(合計)	700	700		74,950	74,950
所有者持分変動計算書					
利益剰余金期首残高		20	110(HR)		2,200
増加(当期純利益)		50			②8,850
減少(配当金)	50		105(HR)	5,250	
利益剰余金期末残高	20			①5,800	
(合計)	70	70		11,050	11,050

① 財政状態計算書（貸借対照表のこと）における利益剰余金以外の資産と負債・資本を換算した結果から逆算する。なお，棚卸資産は，総平均法が適用されているという仮定に基づき，ARで換算している。
② 財政状態計算書から利益剰余金の期末残高を振替えて，当期純利益を逆算する。
③ ②で逆算した換算後当期純利益を引き継いで，損益計算書（二計算書方式の場合）で為替差損益を逆算する。なお，損益項目は，実務上浸透しているARで換算されるが，費用性資産の費用化額（期首棚卸資産と減価償却費）はHRで換算される。

4 報告企業と機能通貨が異なる在外営業活動体の財務諸表の換算：表示通貨への換算

在外営業活動体の機能通貨が外貨であると判断され，表示通貨とは異なる場合，以下のとおり，財務諸表の測定結果に影響を与えることなく，表示通貨のみを変更することが求められる。IAS21号はこの手続きを「表示通貨への換算」というが，一般には決算日レート法（closing rate method)」と呼ばれている。

図表 2　報告企業と機能通貨が異なる在外営業活動体の財務諸表の換算

科目	現地通貨表示額($)		換算レート(¥／$)	報告通貨表示額(¥)	
	借方	貸方		借　方	貸　方
財政状態計算書					
貨幣性資産	100		90 (CR)	9,000	
売却目的有価証券	50		90 (CR)	4,500	
棚卸資産	100		90 (CR)	9,000	
有形固定資産	200		90 (CR)	18,000	
関係会社株式	150		90 (CR)	13,500	
短期貨幣性負債		180	90 (CR)		16,200
長期貨幣性負債		200	90 (CR)		18,000
資本金		200	110 (HR)		22,000
利益剰余金		20			②1,950
為替換算調整勘定				③4,150	
(合　計)	600	600		58,150	58,150
損益計算書					
売上高		600	100(AR)		60,000
期首棚卸高	80		100(AR)	8,000	
当期仕入高	520		100(AR)	52,000	
期末棚卸高		100	100(AR)		10,000
減価償却費	30		100(AR)	3,000	
その他の費用	20		100(AR)	2,000	
当期純利益	50		100(AR)	①5,000	
(合　計)	700	700		70,000	70,000
所有者持分変動計算書					
利益剰余金期首残高		20	110(HR)		2,200
増加(当期純利益)		50	100(AR)		①5,000
減少(配当金)	50		105(HR)	5,250	
利益剰余金期末残高	20			②1,950	
(合　計)	70	70		7,200	7,200

① 費用・収益を実務上浸透しているARで換算した結果として当期純利益を計算し，持分変動計算書へ振替える。

② 所有者持分変動計算書において，利益剰余金の期末残高を導出する。

③ 財政状態計算書における資産・負債項目をCRで換算し，資本項目をHRで換算し，それに利益剰余金期末残高を加えて計算した貸借差額が為替換算調整勘定である。なお為替換算調整勘定の期中変化額は，その他の包括利益の算定に含まれる。

(a) 資産と負債は，すべてCRで換算されなければならない。

(b) 収益と費用項目は，HRで換算されなければならない。実務上，損益項目の換算にはHRを近似するARがよく用いられるが，為替レートが激しく変動する場合には，ARの使用は適切ではない。

(c) 在外営業活動体の財務諸表の換算から生じた為替差額は，その累計額を「その他の包括利益累計額」として財政状態計算書の資本の部に表示し，またその期中変化額は「その他の包括利益」として包括利益の算定に含める。なお，財政状態計算書に計上される為替差額を日本では，為替換算調整勘定と呼んでいる。

いま，ある米国子会社B社の機能通貨が現地通貨であり，報告企業の表示通貨と異なっている場合，B社の財務諸表を決算日レート法によって換算した結果は，図表2のとおりである。なお，現地通貨表示による財務諸表および為替レートの動きは，図表1のA社と同じものを用いている。

5 財務諸表の換算の個別問題

(1) 在外営業活動体の取得に伴う換算

在外営業活動体の取得から生じるのれん，および在外営業活動体の資産と負債の帳簿価額を公正価値へ修正したことから生じる差額は，在外営業活動体の資産・負債として処理しなければならない。つまり，在外営業活動体の機能通貨で表示され，決算日レートで換算されなければならない。

(2) グループ間の為替差額の取扱い

在外営業活動体の財務諸表を報告企業の連結財務諸表に組み込む際には，グループ企業間の残高やグループ内取引高を消去するような，通常の連結手続が採用される（IAS27号およびIAS31号を参照）。しかし，グループ内の貨幣性項目は連結財務諸表の為替の変動の結果を示さずに相殺消去してはならない。なぜなら，貨幣性項目は，ある通貨を別の通貨に転換するという約定を意味するため，報告企業にとっては，為替の変動を通じて損益に影響が及ぶからである。したがって，報告企業の連結財務諸表上，このような貨幣性項目に起因する為替差額は損益として認識され続ける。ただし，実質的に在外営業活動体への正味投資額の一部を構成する貨幣性項目について生じた為替差額は，当該営業活動体への正味投資額が処分されるまで累計額が財政状態計算書において，またその期中変化額がその他の包括利益において計上される。

(3) 在外営業活動体と報告企業の決算日の違いから生じる換算の問題

在外営業活動体の財務諸表が報告企業のそれとは異なる日に作成される場合，連結の目的上，在外営業活動体は，報告企業と同じ日付で財務諸表を作成しなければならない。これが実施不可能な場合，IFRS10号は決算日の差異が3カ月以内であれば，作成日の異なる財務諸表の連結を認めており，在外営業活動体の資産と負債は，在外営業活動体の決算日のCRで換算される。報告企業の決算日までに為替レートが著しく変化した場合には，IFRS10号に従って修正が行われる。関連会社とジョイント・ベンチャーに持分法を適用する際や比例連結を行う際にも，IAS28号（関連会社）に従って，同様の手続きが行われる。

(4) 在外営業活動体の処分

報告企業が在外営業活動体の持分を処分する際に，その他の包括利益として認識され，財政状態計算書に個別項目として計上された為替差額の累計額に関しては，その他の包括利益から当該期間の損益に再分類されなければならない（組替調整，リサイクリング）。

⑸ 機能通貨の変更

原則として，一度決定した機能通貨を変更してはならないが，取引関係，経済事象などの変更があるときに限り，機能通貨の変更が認められ，変更日の為替レートですべての項目を換算し直すことが求められる。

6 開 示

企業は為替差額について，①IFRS 9 号の適用を受ける金融商品を除き，期間損益に含まれる為替差額の金額，②その他の包括利益に計上される為替差額の期中変化額と，財政状態計算書に区分計上される為替差額の累計額，および③期首および期末時点の為替差額の調整表を，それぞれ開示しなければならない。

また，④財務諸表の作成に用いる表示通貨が機能通貨と異なる場合，機能通貨の名称および機能通貨と異なる表示通貨を使用する理由を開示しなければならない。⑤機能通貨を変更する場合には，変更の事実，理由をそれぞれ開示する必要がある。

企業が機能通貨と異なる通貨で財務諸表を表示する場合には，IAS21号の規定により，決算日レート法に従って換算手続きを行っている場合にのみ，財務諸表はIFRSに従っていると記載しなければならない。

日本基準との比較

比較対象となる日本基準は，企業会計基準審議会「外貨建取引等会計処理基準」であり，次のような相違点がみられる。日本基準では，機能通貨に依拠せず，外貨建取引，在外支店の財務諸表，在外子会社の財務諸表に区分し，それぞれに異なる換算方法を適用する。外貨建取引には貨幣・非貨幣法，在外支店の財務諸表の換算には本店と同じく貨幣・非貨幣法が用いられるが，本店に関して規定がない項目には，テンポラル法が適用される。また，在外子会社の財務諸表の換算には決算日レート法が用いられる。IAS21号と異なり，日本では，決算日レート法において，損益項目の換算には，原則としてARが用いられ，簡便法としてCRも認められている。

なお，在外子会社への決算日レート法の適用により生じる為替差額は，これまで日本では純資産への直入項目として取り扱われてきた。しかし2011年 3 月31日以後終了する連結会計年度の年度末に係る連結財務諸表から適用の企業会計基準第25号「包括利益の表示に関する会計基準」により，IAS21号と同様に，期中発生額を「その他の包括利益」に含めたうえで，期末の累計額を貸借対照表に「その他の包括利益累計額」の内訳項目として表示されるようになり，従来からの差異は解消した。

キーワード

在外営業活動体＝営業活動の基盤が報告企業の所在国以外にある子会社，関連会社，ジョイント・ベンチャー，支店のこと。
機能通貨＝企業が営業活動を行う主要な経済環境で用いる通貨。本質的に測定通貨と同義。
表示通貨＝財務諸表が表示される通貨。
外貨＝企業の機能通貨以外の通貨。
為替差額＝ある通貨単位から異なる通貨単位に異なる為替レートで換算した結果，換算後の財務諸表に生じる差額。
取得日レート＝外貨建取引が生じた日の直物為替レート。
決算日レート＝会計期間の末日の直物為替レート。
貨幣性項目＝手持ち現金，および現金で決済される金額が確定している資産と負債。

演習問題

［1］ A社は，日本国内にある会社で，円建で財務諸表を作成しているが，海外にあるB社とドル建で取引を行った。20x8年10月1日，A社は，商品＄2,000を掛けでB社に販売，20x9年2月10日中に代金を全額現金で回収した。A社の決算日は12月31日である。為替レートの変動に関するデータは以下のとおりである。

20x8年10月1日	1ドル 100円
20x8年12月31日	1ドル 90円
20x9年2月10日	1ドル 95円

この取引における為替レートの変動による損益は，20x8年および20x9年の損益計算において，それぞれいくら計上されるか。

（正解）20x8年は為替差損20,000円，20x9年は為替差益10,000円
（解説）20x8年　売掛金＄2,000×100円＝200,000円→＄2,000×90円＝180,000円
　　　　20x9年　売掛金＄2,000× 90円＝180,000円→＄2,000×95円＝190,000円

［2］ A社の海外子会社であるB社の機能通貨はA社の機能通貨と異なっている。B社の財務諸表をA社の報告通貨に換算する場合，①資産・負債および②損益に対して，それぞれどのような為替レートを適用すべきか答えなさい。

（正解）①決算日レート②取得日レート（これに近似する場合は平均レートも可）
（解説）親会社（A社）の機能通貨と在外営業活動体（B社）の機能通貨が異なる場合，資産・負債はCRで換算され，損益項目は原則としてHRで換算されなければならない。

［3］ 前述の［2］のケースにおいてB社の財務諸表をA社の報告通貨に換算する場合の為替差額の会計処理について，正しいものはどれか。

a．損益として当期純利益の計算に含める。

b．財政状態計算書に資産または負債として計上し，毎期評価替えする。

c．財政状態計算書に資産または負債として計上し，将来にわたって規則的に償却する。

d．財政状態計算書の株主持分に，またその期中変化額をその他の包括利益に計上する。ただし，海外子会社への投資が処分される際には，その他の包括利益から再分類し，損益に計上する。

e．借方差額は損失として計上するが，貸方差額は財政状態計算書に株主持分として計上し，その子会社への投資が処分されるまで繰り延べられる。

（正解）d

（解説）在外営業活動体の機能通貨が親会社の機能通貨と異なる場合，為替差額を株主持分において，またその期中変化額をその他の包括利益において計上する。そして親会社による投資が処分される際に，再分類調整によって，損益に振替えられる。

［若林　公美］

IAS 23 : Borrowing Costs

14 借入コスト

目的と適用範囲

1 目的

本基準書は，企業が外部から資金を調達する際に発生する支払利息などの借入コストに関する会計処理を規定している。

2 適用範囲

本基準書は，借入コストの会計処理に適用しなければならない。ただし，(a)生物資産などの公正価値で測定される資産や，(b)反復して大量生産される棚卸資産の取得・建設・製造を直接の発生原因とする借入コストには適用されない。また，普通株式，負債に分類されない優先株式に対して支払われる配当金など，株主持分のコストに関する会計処理は，本基準書の適用範囲外である。

会計基準の内容

1 借入コストの費用処理と資産計上

借入コスト（borrowing costs）とは，企業が外部から資金を借り入れる際に発生する利息その他の費用のことである。当座借越，短期借入金や長期借入金の利息のほか，(a)IFRS 9号の実効金利法を用いて計算される利息費用，(b)IFRS16号により認識されたリース負債の利息部分，および(c)外貨建借入金から生じる為替差額のうち利息費用への修正部分などが，これに該当する。

そのうち，適格資産の取得，建設または製造を直接の発生原因とするような借入コストは，当該資産の取得原価の一部として資産計上しなければならない。その他の借入コストは，発生した期間の費用として認識しなければならない。

ここに**適格資産**（qualifying asset）とは，意図した使用や販売が可能となるまでに相当の期間を必要とする資産のことである。たとえば，棚卸資産，製造プラント，発電設備，無形資産，投資不動産および果実生成型植物などがその候補となりうる。しかし，金融資産，短期間のうちに反復して大量生産される棚卸資産，意図した使用や販売がすでに取得時点において可能な資産は適格資産ではない。

もちろん，適格資産の取得原価の一部として資産計上される借入コストは，企業に対して将来の経済的便益を生じさせる可能性が高く，かつその金額を信頼性をもって測定できるという資産認識規準を満たす必要があることはいうまでもない。

2　資産計上すべき借入コストの測定

(1)　特定目的借入資金を利用する場合

その発生原因が適格資産の取得，建設または製造に直接起因する借入コストとは，もし適格資産に対する支出がなければ回避されたであろう借入コストのことである。企業が特定の適格資産を取得する目的で特別に資金を借り入れた場合，資産計上の対象となる適格資産に直接関連する借入コストは比較的容易に測定することができる。

ただし，適格資産に対する支出がなされる以前にその借入資金を一時的に投資することから利益を稼得した場合，発生した借入コストから投資利益を控除しなければならない。たとえば，ある適格資産を取得する目的で前もって借り入れた1,000万円の資金を他企業へ短期間貸し付け，10万円の利息を受取った後，適格資産を獲得するために支出したとしよう。その資金に対する支払利息が70万円であれば，資産計上すべき借入コストは，60（＝70－10）万円となる。

(2)　一般目的借入資金を利用する場合

一般目的で借り入れられた資金を用いて適格資産を獲得した場合，適格資産と借入金の因果関係は必ずしも明白でなく，資産計上の対象となる借入コストは容易に識別できない。そのような場合，借入コストの資産計上額は，適格資産に関連する支出額に対して**資産化率**（capitalization rate）を適用することによって決定される。ここに資産化率とは，期中の借入金残高に対する借入コストの加重平均率のことである。

資産化率を適用して借入コストの資産計上額を測定する場合に注意すべき点がいくつかある。第1に，適格資産を獲得するための特定借入金が存在する場合，一般目的借入金の資産化率や適格資産への支出額は，特定借入金を除外したうえで算定しなければならない。第2に，資産計上できる上限額は，当該期間中に発生した借入コストの金額である。第3に，資産化率の算定に含めるべき借入金の範囲については，当該企業の財務戦略などを勘案して決定する必要がある。たとえば，各子会社が独立して資金調達を行っているのであれば，その子会社の借入金に基づいて資産化率を算定することになる。しかし，グループ企業が親会社の調整のもとで資金調達を行っているならば，親会社を含む企業グループ全体の借入金に基づく方が適切な場合がある。

(3) 適格資産の帳簿価額が回収可能価額を上回る場合

適格資産の帳簿価額または予想最終原価が回収可能価額または純実現可能価額を超過する場合，当該資産の帳簿価額は，他の国際会計基準の要求に準拠して評価減される。また，特定の状況下で，以前に評価減された金額が戻し入れられることもある。

3 資産計上の開始

資産計上の対象となる適格資産にかかる借入コストは，次の３要件をすべて満たした時点から，当該資産の取得原価の一部として資産計上しなければならない。

① 適格資産に対する支出が発生していること。現金の支払，その他資産の譲渡，利付債務の引受がこれに該当する。なお，当該資産に関連して受取った前払金や補助金があれば，その分だけ支出額を減額する（IAS20号）。また，当該資産の期中平均帳簿価額（以前に資産計上した借入コストを含む）は，資産化率を適用する場合の，適格資産に対する支出の概算額とみなすことができる。

② 借入コストが発生していること。

③ 適格資産について意図した使用や販売を可能ならしめるために必要な活動が進行中であること。そのような活動には，当該資産の物理的建設のほか，建設許可獲得活動など建設開始前の技術的および管理的業務も含まれる。しかし，資産状態を変化させる生産または開発が生じない単なる資産の保有は，この要件には該当しない。

4 資産計上の一時停止と中止

適格資産について意図した使用や販売を可能にするために必要な活動が中断された場合，その期間中に発生した借入コストは，部分的に完成した資産を保有するためのコストであるから，資産計上を一時停止（suspension）しなければならない。しかし，活動の中断が解消すれば，借入コストの資産計上が再開される。

ただし，実質的な技術的および管理的業務が実施されている期間や，開発活動の一時的中断が意図した使用や販売を可能にするために必要不可欠なプロセスであるような場合，借入コストの資産計上が一時停止されることはない。たとえば，雨期による水位上昇のために架橋建設の中断が予見されるような地域で，雨による工事の延期が発生しても，借入コストの資産計上は継続される。

一方，適格資産について意図した使用や販売を可能とするために必要な活動が実質的にすべて完了した場合，借入コストの資産計上は中止（cessation）されなければならない。通常，意図した使用や販売は資産の物理的建設が完了した時点で可能になるから，そのための活動も実質的に終了したと考えられる。

もっとも，そのような物理的建設の完了時点は，適格資産の性質を考慮して決定されることもある。たとえば，複数の建物から構成される商業用施設では，建設が部分的に完了し，残りの部分の建設が継続している間も，完成部分を使用して営業を開始することができるケースがある。そのような場合，借入コストの資産計上は，独立した利用が可能な一部施設について物理的建設が実質的に完了した時点をもって中止される。しかし，複数の工程が連続して行われる製鉄所のような複合的工業用プラントでは，一部施設の物理的建設が完了しても操業は事実上不可能なことがある。そのような場合，プラント施設全体の工事が完成した時点をもって，意図した使用や販売を可能とするための活動が実質的に完了したものとみなされる。

5 開 示

(a)当期中に資産計上された借入コストの金額，および(b)借入コストの資産計上額を決定するために使用した資産化率を開示しなければならない。

日本基準との比較

日本基準では，借入金と取得資産が１対１で明確に対応している場合，建設工事が完成するまでの期間に限って，借入金の利息を当該資産の取得原価に算入することが例外的に許容されているにすぎない。

キーワード

借入コスト＝資金の外部借入に関連して発生する利息その他の費用。
適格資産＝意図した使用や販売が可能になるまでに相当の期間が必要な資産。

演習問題

［1］ A社は，現在工事中の本社ビルの建設資金１億円を，次のような一般目的の借入金の中から充当している。この適格資産の建設にあたって，いずれの銀行の資金を利用したかを明確に区別できないとき，資産計上すべき借入コストはいくらか。

	期中平均借入金残高	当期発生支払利息
X銀行	3億円	2,400万円
Y銀行	1億円	600万円

（正解）750万円

（解説）資産化率は，X銀行およびY銀行からの借入金に対する実質利子率8.0％と6.0％の加重平均である7.5％と算定されるから，資産計上すべき借入コストは750万円である。

資産化率＝(2,400万円＋600万円)÷(３億円＋１億円) ＝7.5％

資産計上すべき借入コスト＝10,000万円×7.5％＝750万円

［音川　和久］

IAS 24 : Related Party Disclosures

15 関連当事者についての開示

目的と適用範囲

◎1◎目的

本基準書の目的は，企業の財政状態や経営成績が関連当事者の存在ならびに関連当事者との取引および未決済残高により影響を受けているかもしれない可能性について注意が払われるよう，必要な情報の開示を財務諸表で行うことを規定することである。本基準書は，IFRS10号「連結財務諸表」に従って作成される親会社，共同支配企業または投資企業の連結財務諸表と，IAS27号「個別財務諸表」に従って作成される個別財務諸表において，関連当事者との関係，取引および未決済残高の開示を要求している。

◎2◎適用範囲

本基準書は，(a)関連当事者との関係および取引の識別，(b)企業とその関連当事者との間の未決済残高の識別，(c)前記(a)(b)の項目の開示が要求される状況の識別，および(d)これらの項目について行われる開示の決定に適用される。

IAS24号は，1984年の制定後，数度の改訂を経て2013年に最終改訂され，2014年7月1日以後開始する事業年度から，現行基準が適用されている。

会計基準の内容

1　関連当事者の範囲

IAS24号では，財務諸表を作成する企業（以下，報告企業）と関係を有する個人または企業を**関連当事者**（related party）といい，具体的には以下に該当する場合がそうである。

(a)　報告企業と次のような関係にある個人またはその近親者は，報告企業の関連当事者である。①報告企業に対し支配または共同支配を有している。②報告企業に対し重要な影響力を有している。③報告企業またはその親会社の経営幹部の一員である。

(b)　報告企業と次のような関係にある企業は，報告企業の関連当事者である。①報告企業と同一グループに属している。②一方が他方の関連会社または共同支配企業である。③両企業とも同一の第三者の共同支配企業である。④一方が第三者の共同支配企業であり，他方が第三者の関連会社である。⑤報告企業または報告企業の関連当事者である企業の従業員の退職後給付制度である。⑥上記(a)に該当する個人またはその近親者によって支配または共同支配されている。⑦上記(a)①に該当する個人またはその近親者がその企業に対し重要な影響力を有しているか，またはその企業の経営幹部の一員である。⑧報告企業またはその親会社に経営幹部サービスを提供している。

2 開示事項

(1) 親会社と子会社の関係に関する開示

IAS24号は，関連当事者間で取引があったかどうかにかかわらず，親会社とその子会社の関係を開示することを要求している。企業は，親会社の名称を開示し，親会社が最終的な支配当事者と異なる場合には，最終的な支配当事者の名称を開示しなければならない。企業の親会社も最終的な支配当事者も公表連結財務諸表を作成しない場合には，公表財務諸表を作成する次順位の親会社の名称を開示しなければならない。

(2) 経営幹部の報酬に関する開示

企業は，経営幹部の報酬総額とその内訳（(a)短期従業員給付，(b)退職後給付，(c)その他の長期給付，(d)解雇給付，(e)株式報酬）を開示しなければならない。企業が他の経営管理企業から経営幹部サービスを得ている場合に，経営管理企業がその従業員または取締役に支払った報酬または支払うべき報酬についての開示は要求されない。

(3) 関連当事者間取引に関する開示

関連当事者との間で取引が存在する場合には，関連当事者関係が財務諸表に与える潜在的な影響を把握するのに必要となる取引および未決済残高に関する情報と，関連当事者関係の内容を追加的に開示することが求められる。このとき企業は少なくとも，①取引の金額，②未決済残高ならびに担保の有無や決済の方法および保証の詳細な内容，③未決済残高に対する貸倒引当金，および④関連当事者から支払われるべき不良債権に関する当期費用計上額を開示しなければならない。さらに企業は，経営管理企業によって提供される経営幹部サービスの負担額についても開示しなければならない。

これらの開示は，(a)親会社，(b)共同支配企業または企業に対し重要な影響力を有する企業，(c)子会社，(d)関連会社，(e)企業が投資企業となっている共同支配企業，(f)企業またはその親会社の経営幹部，(g)その他の関連当事者ごとに区分して行う。ただし，企業の財務諸表に与える関連当事者間取引の影響を理解するために個々の開示が必要とされる場合を除いて，類似の性質を有する項目については総額で開示してもよい。

なお，政府関連企業（政府による支配，共同支配，または重要な影響を受けている企業）については，政府や同一政府と関係を有する他の政府関連企業との取引と未決済残高に関する開示の免除が認められている。この規定に基づき，政府関連企業が開示を省略する場合は，政府の名称，政府との関係，重要な取引の内容や金額などを開示する必要がある。

日本基準との比較

わが国では，企業会計基準第11号「関連当事者の開示に関する会計基準」(2016年最終改訂）において，関連当事者の開示が規定されている。IAS24号と日本基準では次の３点を除いて，両基準間に大きな相違はみられない。

(1) IAS24号では個別財務諸表においても関連当事者の開示が強制されるのに対し，日本基準では連結財務諸表で開示すれば，個別財務諸表での開示は不要とされる。

(2) IAS24号では，財務諸表における関連当事者の開示事項として，経営幹部に対する報酬の開示が求められるが，日本基準では役員報酬は，有価証券報告書等の「コーポレート・ガバナンスの状況」の箇所で，財務諸表外の情報として開示される。

(3) 日本基準では，開示対象についての重要性の判断基準が明示されているが，IAS24号では示されていない。

キーワード

関連当事者間取引＝関連当事者間における資源，役務または債務の移転をいい，対価の有無を問わない。

演習問題

［１］ 次の文章のうち，IAS24号のもとで正しいものを選びなさい。

ａ．関連当事者についての開示は連結財務諸表で行えばよく，個別財務諸表での開示は要求されていない。

ｂ．当社の関連会社も，当社を関連会社として影響力を行使している会社も，ともに関連当事者に該当する。

ｃ．当社の経営幹部は関連当事者に該当するが，当社の親会社の経営幹部は関連当事者には該当しない。

ｄ．関連当事者間取引が存在する場合には，取引額，未決済残高，担保，決済方法などを開示しなければならない。

ｅ．関連当事者間取引はその内訳が明示されなければならず，類似の性質を有する項目でも合計額だけにより開示することは認められない。

（正解） ｂとｄ

［金光　明雄］

IAS 26 : Accounting and Reporting by Retirement Benefit Plans

16 退職給付制度の会計と報告

目的と適用範囲

1 目的

本基準書の目的は，退職給付制度それ自体が財務報告を行うための測定と開示の原則を規定することである。本基準書は，一般企業の財政状態計算書（貸借対照表のこと）に相当する「給付のために利用可能な純資産計算書」と，損益計算書（二計算書方式の場合）または包括利益計算書（一計算書方式の場合）に相当する「給付のために利用可能な純資産変動計算書」を作成し，退職給付制度の概要，主要な会計方針，基金の積立方針などの情報を注記するよう規定している。

2 適用範囲

多くの企業は，退職給付の支払のために，生命保険会社や信託銀行と契約して基金を設立し，定期的に掛金を払い込んで支払財源を蓄積するとともに，退職した従業員にはその基金から退職給付を支払う仕組みを採用している。IAS26号「退職給付制度の会計と報告」は，母体企業とは別の会計主体として認識される，そのような基金自体の会計処理と開示を定めたものである。なお母体企業の退職給付会計については，IAS19号「従業員給付」が適用される。

会計基準の内容

1 会計報告の概要

母体企業から掛金を受け入れて退職給付の支払財源を形成し，退職した従業員に退職給付の支払業務を行う基金のような会計主体のことを，IAS26号は「退職給付制度（retirement benefit plans）」と呼んでいる。一般企業の会計報告に財政状態計算書と損益計算書または包括利益計算書が不可欠であるのと同様に，退職給付制度の会計報告についても，期末のストック項目を記載した書面と，期中のフロー項目を収容する書面が必要とされる。

財政状態計算書に相当する書面は，「給付のために利用可能な**純資産計算書**（statement

of net assets available for benefits)」である。この書面は，期末時点で基金が保有する現金や有価証券などの資産から，未払金や未払費用を控除して，期末の純資産の公正価値を表示する。損益計算書または包括利益計算書に相当する書面は，「給付のために利用可能な**純資産変動計算書**（statement of changes in net assets available for benefits)」である。この書面は，基金が期中に母体企業から払い込まれた掛金と運用収益から，退職給付の支給額や管理費を控除して，純資産の期中増減の状況を表示する。このほか，これら２つの書面に関する補足的な注記事項として，退職給付制度の概要，重要な会計方針，基金の積立方針などを説明する情報の提供が求められている。

2　純資産計算書と純資産変動計算書

財政状態計算書に相当する「給付のために利用可能な純資産計算書」には，次の例示のように，期末に基金が保有する資産を分類表示し，負債を控除して純資産額を表示する。

資産：現　　金			180
有価証券			
株　　式			
X社普通株式	170		
その他の株式	830	1,000	
債　　券		500	1,500
貸 付 金			600
未 収 金			
未収掛金		100	
未収利息		120	220
資産合計			2,500
負債：未 払 金			60
未払費用			90
負債合計			150
給付のために利用可能な純資産			2,350

資産の科目分類に関しては，純資産額の５％を超える項目は別科目で区分表記し，また各種類別の有価証券の５％を超える銘柄は個別に名称を示すことが求められる。資産の評価基準は公正価値であり，市場性ある有価証券の場合は市場価格が公正価値となる。

退職給付制度には，確定拠出制度と確定給付制度がある。このうち確定給付制度では，将来に退職者が受け取るべき給付額が，資金運用の良否とは無関係に，あらかじめ一定の算式等で定められており，財源の不足分は母体企業によって負担される。したがって，退職給付債務を十分にカバーするだけの資産が基金において確保できているか否かの情報が重要になる。

このため確定給付制度の場合に限り，退職給付債務の金額と資産の過不足額の情報を，

(a)純資産計算書の本体で明示する方法，(b)純資産計算書に注記する方法，または(c)注記に代えて保険数理計算書を別途に添付する方法のいずれかによって，追加提供することが求められている。確定拠出制度については，その必要はない。

損益計算書または包括利益計算書に相当する「給付のために利用可能な純資産変動計算書」には，次の例示のように，基金の純資産の増加をもたらす主要項目（受取掛金，受取利息・配当金，投資の公正価値純増加額など）と，純資産の減少をもたらす主要項目（退職給付支払額，基金管理費，投資の公正価値純減少額など）を対比して，純資産の期中変化の状況を表示する。

増加額：	受取掛金	320	
	受取利息・配当金	70	
	投資の公正価値純増加額	450	
	増加合計		840
減少額：	退職給付支払額	700	
	基金管理費	10	
	減少合計		710
給付のために利用可能な純資産			
	純増加額		130
	前期繰越額		2,220
	次期繰越額		2,350

3 その他の補足情報

退職給付制度の会計報告に関しては，主たる財務諸表としての純資産計算書と純資産変動計算書の本体に加えて，退職給付制度の概要，重要な会計方針，基金の積立方針などの注記情報が求められる。

退職給付制度の概要としては，確定拠出制度と確定給付制度の別，加入者数，加入者に約束された給付の内容などを記載する。重要な会計方針については，資産が公正価値で評価されている旨とその詳細，および確定給付制度の場合の退職給付債務（約束された退職給付の現在価値）の算定方法などを説明する。基金の積立方針については，掛金の内容を説明する。

日本基準との比較

IAS26号に相当する会計基準は，企業会計基準委員会などの一般的な会計基準設定機関によっては設定されておらず，省令および行政機関の通知として公表されている。たとえば企業年金基金については，厚生労働省が「確定給付企業年金法施行規則」および「確定給付企業年金制度について」と題する文書で資産の評価方法を規定し，「確定給付企業年金の規約の承認及び認可の基準等について」において財務諸表の作成手続を規定している。

キーワード

給付のために利用可能な純資産計算書＝期末に基金が保有する資産を公正価値で評価して科目別に分類して示すとともに，負債を控除して純資産額を表示する書面で，財政状態計算書に相当する。

給付のために利用可能な純資産変動計算書＝会計期間中に基金の純資産の増加をもたらす主要項目（受取掛金，受取利息・配当金，投資の公正価値純増加額など）と，純資産の減少をもたらす主要項目（退職給付支払額，基金管理費，投資の公正価値純減少額など）を対比して，純資産の期中変化の状況を表示する書面で，損益計算書または包括利益計算書に相当する。

演習問題

［1］ 退職給付制度に対して要求される会計報告に関して，正しいものは以下のどれか。

ａ．退職給付制度は，一般企業のキャッシュ・フロー計算書に相当するものとして，「給付のために利用可能な純資産変動計算書」を作成しなければならない。

ｂ．退職給付制度が作成する「給付のために利用可能な純資産計算書」には，母体企業の退職給付債務額から年金制度資産の公正価値を控除する形式で，制度の純資産額を表示しなければならない。

ｃ．確定拠出制度の場合は，注記や添付資料などにより，制度の資産が退職給付債務をカバーするのに十分か否かを示す情報を提供しなければならないが，確定拠出制度はその必要がない。

ｄ．退職給付制度が保有する資産は公正価値で評価する。

（正解） ｃ，ｄ

（解説）純資産変動計算書は損益計算書または包括利益計算書に相当するから，ａは誤り。純資産計算書には，母体企業の退職給付債務を示す必要はないから，ｂも誤り。

［桜井　久勝］

IAS 27 : Separate Financial Statements

17 個別財務諸表

目的と適用範囲

1 目的

本基準書の目的は，企業が個別財務諸表を作成する際の，子会社，共同支配企業および関連会社への投資の会計処理と開示の要求事項を規定することである。

2 適用範囲

本基準書は，どの企業が個別財務諸表を作成すべきかを強制するものではない。本基準書は，企業がIFRSに準拠した個別財務諸表を作成する場合に適用されなければならない。

会計基準の内容

1 個別財務諸表の位置付け

IFRS10号「連結財務諸表」第4項(a)により連結財務諸表の作成が免除されている企業や，IAS28号「関連会社および共同支配企業に対する投資」第17項に従って持分法の適用が免除されている企業は，個別財務諸表を唯一の財務諸表として表示することができる。これらの状況を除いて，個別財務諸表は，連結財務諸表に追加して，または子会社に対する投資を有していないが関連会社もしくは共同支配企業に対する投資を有している投資者の，関連会社もしくは共同支配企業に対する投資を持分法で会計処理することがIAS28号によって要求されている財務諸表に追加して，表示される財務諸表である。

なお，子会社，関連会社または共同支配企業に対する共同支配投資者の持分をどれも有していない企業の財務諸表は，個別財務諸表ではないことに注意する必要がある。

2 個別財務諸表の作成

企業が個別財務諸表を作成する場合，子会社，共同支配企業および関連会社に対する投資を，取得原価，IFRS 9 号「金融商品」に記述されている公正価値あるいはIAS28号「関連会社および共同支配企業に対する投資」に記述されている持分法のいずれかにより会計処理しなければならない。子会社，共同支配企業または関連会社からの配当は，企業が配当を受け取る権利が確定した時に，個別財務諸表において純損益に認識される。ただし，持分法の使用を選択する場合は例外とし，配当は投資の帳簿価額からの減額として認識される。

3　個別財務諸表の開示

親会社が，IFRS10号第 4 項(a)により，連結財務諸表を作成せず，代わりに個別財務諸表の作成を選択した場合には，その個別財務諸表で次の事項を開示しなければならない。

(a)　個別財務諸表である旨，連結の免除を利用した旨，連結財務諸表を作成する企業名等

(b)　子会社，共同支配企業および関連会社への重要な投資の一覧（名称や持分割合など）

(c)　上記(b)に記載された投資の会計処理で用いた方法の説明

親会社である投資企業が，個別財務諸表を唯一の財務諸表として作成する場合には，その旨を開示しなければならない。投資企業は，IFRS12号「他の企業への関与の開示」で要求している投資企業に関する開示も表示しなければならない。

親会社または投資先に対する共同支配もしくは重要な影響力を有する投資者が，個別財務諸表を作成する場合は，それがIFRS10号や11号またはIAS28号に従って作成されている旨を明示したうえで，個別財務諸表である旨，および個別財務諸表が法律で要求されていない場合には作成理由とともに，上記と同じ(b)と(c)の開示を要する。

企業は，個別財務諸表において開示を行う際，上記の連結財務諸表作成免除企業等に関する要求事項を含めて，適用可能なすべてのIFRS を適用しなければならない。

日本基準との比較

(1)　日本基準では，子会社，共同支配企業および関連会社を有しない企業が作成する財務諸表は個別財務諸表と呼ばれるが，IFRS では個別財務諸表として取り扱われない。

(2)　日本基準では，個別財務諸表において，子会社株式等は取得原価で評価されるが，IFRS では公正価値での評価や持分法での会計処理も認められている。

キーワード

連結財務諸表＝企業集団の財務諸表であり，親会社およびその子会社の資産，負債，収益，費用，およびキャッシュ・フローを単一の経済的実体のものとして表示するもの。

個別財務諸表＝企業が表示する財務諸表のうち，子会社，共同支配企業および関連会社に対する投資の会計処理を，取得原価で行うか，IFRS 9 号「金融商品」に従って行うか，または IAS28 号「関連会社および共同支配企業に対する投資」に記述されている持分法を用いて行うかのいずれかを，本基準の要求事項を条件として企業が選択できるもの。

演習問題

［1］ 次の文章のうち，適切なものに○，不適切なものに×をつけなさい。

a．持分法を適用している財務諸表は個別財務諸表ではない。

b．子会社，共同支配企業または関連会社を有しない企業の財務諸表は個別財務諸表ではない。

c．個別財務諸表を作成する場合，売却保有目的に分類されない子会社，共同支配企業および関連会社への投資は，取得原価により会計処理しなければならない。

（正解） a．× b．○ c．×

（解説）IFRS では，子会社等を有していない企業の財務諸表は個別財務諸表ではない。個別財務諸表を作成する場合，子会社等への投資は，公正価値や持分法で会計処理されることがある。

［石川　博行］

IAS 28 : Investments in Associates and Joint Ventures

18 関連会社と共同支配企業に対する投資

目的と適用範囲

1 目的

本基準書の目的は，関連会社および共同支配企業（ジョイント・ベンチャー）への投資に対する持分法の適用に関する要求事項を規定することである。

2 適用範囲

本基準書は，投資先に対して共同支配または重要な影響力を有する投資者であるすべての企業が適用しなければならない。

会計基準の内容

1 関連会社とは

関連会社（associate）とは，投資者が重要な影響力を有している企業をいう。ここで「**重要な影響力**（significant influence）」とは，投資先の財務方針および営業方針の決定に参加するパワーを意味しており，当該方針に対する支配や共同支配に該当しないものをいう。

企業が，直接的に，あるいは(たとえば子会社を通じて)間接的に投資先の議決権の20%以上を保有している場合には，重要な影響力がないことが明確に証明できない限り，重要な影響力を有していると推定される。逆に，その議決権割合が20%未満の場合には，重要な影響力が明確に証明できる場合を除き，重要な影響力を有していないと推定される。

企業による重要な影響力の存在は，通常，次の事実によって証明される。(a)投資先の取締役会や同等の経営機関への参加，(b)方針決定プロセスへの参加（配当その他の分配の意思決定への参加を含む），(c)企業と投資先との間の重要な取引，(d)経営陣の人事交流，(e)重要な技術情報の提供がそれである。

重要な影響力を有しているかどうかを判定する際，現在行使可能または転換可能なワラント等の潜在的議決権の存在とその影響を考慮しなければならない。

2 持分法の適用

(1) 持分法とは

持分法（equity method）とは，投資を最初に取得原価で認識し，それ以後は，投資先の純資産に対する投資者の持分の取得後の変動に応じて修正を行う会計処理方法をいう。投資者の純損益には，投資先の純損益に対する投資者の持分が含まれ，投資者のその他の包括利益には，投資先のその他の包括利益に対する投資者の持分が含まれる。

(2) 持分法の適用と免除

投資先に対して共同支配または重要な影響力を有する企業は，関連会社や共同支配企業に対する投資を持分法で会計処理しなければならない。ただし，その投資が次の免除要件の1つを満たす場合を除く。

(a) IFRS10号「連結財務諸表」第4項(a)の範囲除外により，連結財務諸表の作成が免除されている場合や，次の4条件のすべてを満たす場合は，持分法の適用を要しない。

① みずからが100％子会社または他企業が一部を所有する子会社であり，議決権を有しない者を含む他の所有者が，持分法の不適用を周知し反対していないこと。

② 企業の負債性金融商品または資本性金融商品が公開市場（国内外の株式市場など）で取引されていないこと。

③ 企業が，公開市場で何らかの金融商品を発行する目的で証券委員会その他の規制当局に対して財務諸表を提出しておらず，提出の過程にもないこと。

④ 最上位または中間の親会社が，IFRSに準拠した連結財務諸表を公表しており，その中で，IFRS10号に従って，子会社を連結するか，または純損益を通じて公正価値で測定していること。

(b) 関連会社や共同支配企業への投資が，ベンチャー・キャピタル，ミューチュアル・ファンド，ユニット・トラスト，および類似の企業（投資連動保険ファンドを含む）である企業に保有されているか，またはそのような企業を通じて間接的に保有されている場合には，企業は，それらの投資を，IFRS 9号「金融商品」に従って純損益を通じて公正価値で測定することを選択できる。企業が関連会社に対する投資を有しており，その一部だけが，上記のベンチャー・キャピタル等を通じて間接的に保有されている場合には，企業は，関連会社に対する投資のその部分を，IFRS 9号「金融商品」に従って純損益を通じて公正価値で測定することを選択できる。企業がこの選択を行う場合，関連会社に対する投資のうち残りの部分には持分法を適用しなければならない。

(3) 売却目的保有への分類

関連会社や共同支配企業への投資（またはその一部）のうち，売却目的保有への分類の要件を満たすものには，IFRS 5号「売却目的で保有する非流動資産および非継続事業」を適用しなければならない。これらの投資のうち，売却目的保有に分類されていない残りの部分があれば，売却目的保有に分類された部分の処分が発生するまで，残りの部分は持分法で会計処理し，処分が発生した後はIFRS 9号に従って会計処理することになる。ただし，その残りの部分が引き続き関連会社や共同支配企業である場合には，持分法を適用しなければならない。

⑷ 持分法の使用中止

企業は，投資が関連会社や共同支配企業ではなくなった日から，持分法の使用を以下のように中止しなければならない。

(a) 投資が子会社となった場合には，その投資をIFRS 3号「企業結合」およびIFRS10号に従って会計処理しなければならない。

(b) 以前は関連会社や共同支配企業であり，現在はその持分が金融資産である場合は，残存する持分を公正価値で測定し，簿価との差額は純損益として認識する。その後，この投資はIFRS 9号に準拠して会計処理される。

(c) 企業が持分法の使用を中止する場合には，過去にその投資に関連してその他の包括利益に認識していた金額のすべてを，かりに投資先が関連する資産または負債を直接処分した場合に要求されるのと同じ方法で会計処理しなければならない。

関連会社が共同支配企業となった場合，または逆のパターンの場合，持分法の適用が継続され，残存する持分の再測定は行われない。

3 持分法の会計処理

⑴ 持分法の手続

① たとえば関連会社への投資は，その開始時点で取得原価に基づいて資産計上する。

（借）関連会社株式　xxx　　（貸）現金預金　xxx

② 関連会社の利益（損失）のうち，企業（ここでは，投資会社と称す）に属する部分を，その投資に対する利益（損失）として計上するとともに，投資株式の価値が増加（減少）したものとして，同額だけ関連会社株式の評価額を増加（減少）させる。関連会社が利益を獲得した場合の，投資会社の仕訳は次のとおりである。

（借）関連会社株式　xxx　　（貸）持分法投資損益　xxx

③ 関連会社から配当金を受け取った場合，関連会社の純資産に対する持分が減少したものとして，その配当金受取額だけ関連会社株式の評価額を減額させる。

（借）持分法投資損益　xxx　　（貸）関連会社株式　xxx

したがって投資会社の個別財務諸表で，すでに受取配当金が認識されている場合，連結上の修正仕訳は次のように行われる。

（借）受取配当金　xxx　（貸）関連会社株式　xxx

④ 投資会社と関連会社の間の取引から生じた未実現損益は，持分に応じて消去する。たとえば投資会社が30%の株式を保有する関連会社から，投資会社に利益100を加算した商品販売が行われ，その商品が投資会社の期末在庫中に残存している場合は，関連会社が計上した未実現利益を次の仕訳によって修正する。

（借）持分法投資損益　30　（貸）関連会社株式　30

(2) 持分法適用時の注意事項

① 持分法を適用する際には，関連会社や共同支配企業の直近の利用可能な財務諸表を使用する。決算日が異なる関連会社等は，実務上不可能な場合を除いて，投資会社と同じ日付で財務諸表を作成するが，その間に生じた重要な取引や事象の影響は調整を要する。いかなる場合も，投資会社と関連会社等との間の決算日の差異は3カ月以内でなければならず，またその差異は毎期同じでなければならない。

② 企業の財務諸表は，類似の状況における同様の取引や事象に関して，統一的な会計方針を用いて作成しなければならない。異なる会計方針が用いられている場合には，関連会社等の会計方針を投資会社に合わせるための修正が必要になる。ただし，投資企業ではない投資者が，持分法を適用する際に，その投資企業である関連会社および共同支配企業がそれらの子会社に適用した純損益を通じて公正価値での測定を維持することを選択できる。

③ 関連会社等に，投資会社以外が保有していて資本に分類されている累積的優先株の発行残高がある場合には，配当宣言の有無にかかわらず，その株式に関する配当を調整したうえで，純損益に対する持分を計算する。

④ 関連会社や共同支配企業の損失に対する投資会社の持分が，その関連会社等に対する持分と等しいかまたは超過する場合には，投資会社はそれ以上の損失について持分相当額を認識しない。持分がゼロにまで減少した後の追加的な損失は，投資会社が負う法的債務，推定的債務または代理で支払う金額の範囲まで計上され，負債が認識される。関連会社等がその後に利益を計上した場合，その利益に対する持分が，認識されていない損失の持分と等しくなった以後から，利益に対する持分の認識を再開する。

⑤ 持分法の適用後に，企業は，関連会社や共同支配企業への純投資に関して追加の減損損失を認識する必要があるかどうかを決定するために，次の事項等を適用する。関連会社または共同支配企業に対する純投資が減損して減損損失が発生するのは，当該純投資の当初認識後に発生した1つまたは複数の事象（損失事象）の結果として減損の客観的な証拠があり，かつ，当該損失が当該純投資からの見積キャッシュ・フローに対して信

頼性をもって測定できる影響を有している場合だけである。純投資が減損しているという客観的な証拠には，関連会社等の著しい財政上の困難，関連会社等の契約違反（債務不履行または支払遅延など），関連会社等の財政上の困難に関連した経済的理由または法的理由により，企業が，そうしなければ考慮しないであろう譲歩を関連会社等に与えたこと，関連会社等が破産または他の財務的再編を行う可能性が高くなったこと，関連会社等の財政上の困難による当該純投資についての活発な市場の消滅といった損失事象に関して企業が気づいた観察可能なデータが含まれる。上記の事項等の適用により，投資が減損している可能性が示唆されている場合には，純投資全体の帳簿価額について，回収可能価額（使用価値と売却コスト控除後の公正価値のいずれか高い方）を帳簿価額と比較することにより，単一の資産としてIAS36号「資産の減損」に従って減損テストを行う。投資の使用価値を決定する際には，次のいずれかを見積る。(i)関連会社や共同支配企業が生み出すと期待される見積将来キャッシュ・フローの現在価値に対する持分，または(ii)その投資からの配当と投資の最終的な処分により発生すると予測される見積将来キャッシュ・フローの現在価値がそれである。

日本基準との比較

(1) 持分法適用範囲の例外規定。日本では，影響が一時的である関連会社，および利害関係者の判断を著しく誤らせるおそれがある非連結子会社と関連会社は，持分法の適用対象から除外される。しかしIAS28号では，投資がIFRS 5号に従って売却目的保有に分類される場合を除き，そのような例外規定はない。また，日本では，非連結子会社にも持分法が適用されるが，IAS28号には非連結子会社への適用規定はない。

(2) 子会社を有さず関連会社のみを有する場合の会計処理。日本では，連結財務諸表の作成が求められず個別財務諸表のみを作成することになる。その場合，この関連会社に対して原価法を適用のうえ，持分法を適用した場合の投資額と投資損益の注記が求められる。しかしIAS28号では，持分法を適用した財務諸表を作成する必要がある。

キーワード

関連会社＝投資者が重要な影響力を有している企業。

共同支配企業（ジョイント・ベンチャー）＝他企業に対して共同支配（契約上合意された支配の共有）を有する当事者が，その企業の純資産に対する権利を有している場合の当該企業。

持分法＝投資を最初に取得原価で認識し，それ以降は，投資先の純資産に対する投資者の持分の取得後の変動に応じて，投資の評価額を修正する会計処理方法。

重要な影響力＝投資先の財務方針および営業方針の決定に参加するパワーであり，それらの方針に対する支配や共同支配に該当しないもの。

演習問題

［1］ P社は，20X1年期末にA社の発行済株式の20%を100,000千円で取得した。20X2年に，A社が計上した利益が20,000千円，P社がA社から受け取った現金配当が5,000千円である。P社はA社への投資について持分法を適用した場合，①P社が認識する持分法投資利益と②関連会社株式（A社株式）の期末残高はいくらか。なお，P社には，A社以外に関連会社が存在しない。

（正解）持分法投資利益4,000千円，関連会社株式99,000千円

（解説）①持分法による投資利益＝A社の利益20,000×20%＝4,000

②A社株式の評価額＝100,000＋4,000（A社利益20,000×20%）−5,000（A社からの現金配当）＝99,000

［石川　博行］

IAS 29 : Financial Reporting in Hyperinflationary Economies

19 超インフレ経済下における財務報告

目的と適用範囲

1 目的

本基準書は，超インフレーション経済国の通貨を機能通貨としている企業のための会計基準である。この基準に準拠して作成される財務諸表は，利用者にとって有用なものとなるように意図されている。

2 適用範囲

本基準書は，超インフレーション経済国の通貨を機能通貨としている企業に適用される。適用開始は1990年1月1日以後開始する事業年度に係る財務諸表からである。

会計基準の内容

1 超インフレーションの判定

IAS29号は国の経済環境が超インフレーション（hyperinflation）であることを示す特徴を以下のように示している。しかしこれらに限定されるものではないし，超インフレーションであるとみなされる絶対的なインフレ率を定めるものでもない。本基準書に準拠した財務諸表の表示がどのような場合に必要かは判断の問題である。

(a) 一般市民が好んで財産を非貨幣性資産または比較的安定した外貨で保有する。保持した自国通貨は，購買力を維持するために直ちに投資に向けられる。

(b) 一般市民が貨幣額を自国通貨ではなく比較的安定した外貨で考える。価格が当該外貨で示される場合もある。

(c) 信用売買はたとえ短期間であっても，与信期間中に予想される購買力の損失を補塡する価格で行われる。

(d) 利率，賃金および価格が物価指数に連動する。

(e) 3年間の累積インフレ率が100％に近いかまたは100％を超える。

2 超インフレーション経済国の通貨を機能通貨とする企業の財務諸表の表示

超インフレーション経済下では，同一の会計期間内であっても，異なる時点で発生した取引およびその他の事象の金額を比較すると，誤解を招くほどに貨幣購買力が低下している。そのため超インフレーション経済国の通貨を機能通貨としている企業の財務諸表は，期末日現在の測定単位で表示しなければならない。

すでに期末日現在の測定単位で表示されている貨幣性項目などは修正再表示されない。その他の項目は一般物価指数を適用して修正再表示する。このとき生じた正味貨幣持高に係る損益は，利益または損失に算入しなければならない。対応する過年度に関する比較情報も，期末日現在の測定単位で表示しなければならない。

経済が超インフレーションではなくなり，企業がIAS29号に準拠した財務諸表の表示を中止する場合には，前期末現在の測定単位で表示された金額を，その後の財務諸表の帳簿価額の基礎とする。

3 開 示

超インフレーション経済国の通貨を機能通貨としている企業は，超インフレーション経済であることから生じる影響について，以下の情報を開示しなければならない。

(a) 正味貨幣持高に関する損益

(b) 過年度の財務諸表および対応する数値が，機能通貨の一般購買力の変動について修正再表示され，期末日現在の測定単位で表示されている旨

(c) 財務諸表が取得原価会計または現在原価会計のいずれに基づいているか

(d) 使用した物価指数および期末日現在での物価指数水準，ならびに当期と前期との間の当該指数の変動

日本基準との比較

日本では企業会計審議会が1980年５月に，「企業内容開示制度における物価変動財務情報の開示に関する意見書」を公表している。物価変動に関する情報の開示を任意とする一方，開示をルール化するには未解決の検討課題が多いとの見解を表明している。

キーワード

超インフレーション（hyperinflation）＝同一の会計期間内であっても，異なる時点で発生した取引およびその他の事象の金額を比較すると，誤解を招くほどに貨幣購買力が低下すること。その判定はIAS29号が示す特徴によるが，それに限定されるものではない。

演習問題

［1］ 超インフレーション経済下における財務報告について，以下の説明のうち正しいものはどれか。

ａ．経済が超インフレーションであるか否かは，３年間の累積インフレ率が100%に近いかまたは100%を超えるかによって判断される。

ｂ．超インフレーション経済国の通貨を機能通貨としている企業の財務諸表では，すべての項目が修正再表示される。

ｃ．超インフレーション経済国の通貨を機能通貨としている企業の財務諸表の修正再表示により生じた正味貨幣持高に係る損益は，利益または損失に算入される。

ｄ．経済が超インフレーションではなくなり，企業がIAS29号に準拠した財務諸表の表示を中止する場合には，前期末現在の測定単位で表示された金額を，その後の財務諸表の帳簿価額の基礎とする。

（正解）ｃとｄ：ａは，経済がインフレーションであるとみなされるための特徴はほかにも複数あり，これらの特徴すべてについて検討を加えたうえで判断しなければならないから誤り。ｂも，すでに報告期間の末日現在の測定単位で表示されている貨幣性項目のような項目は，修正再表示される必要はないから誤り。

［増村　紀子］

IAS 32 : Financial Instruments : Presentation

20 金融商品の表示

目的と適用範囲

1 目的

本基準書の目的は，①金融商品に関連する金融資産・金融負債・資本性金融商品の分類，②これらに関連する利息，配当，損失および利得の分類，ならびに③金融資産と金融負債の相殺を中心として，財務諸表における金融商品の表示に関する原則を確立することである。本基準書の規定は，IAS39号「金融商品：認識と測定」（および，この一部を改訂したIFRS 9 号「金融商品」），ならびにIFRS 7 号「金融商品：開示」と一体となり，金融商品の会計を標準化するのに役立っている。

2 適用範囲

IAS32号は，原則的にすべての金融商品に適用される。ただし，子会社に対する持分（IFRS 10号），関連会社と共同支配企業に対する持分（IAS28号），従業員給付制度における事業主の権利と義務（IAS19号），株式報酬契約による金融商品等（IFRS 2 号），保険契約（IFRS 4 号）などについては適用外とされている。なお，以前は適用外とされていた企業結合における偶発的対価に関する契約（IFRS 3 号）が2008年の改訂により範囲に含まれるようになった。

また，外形的には金融商品ではなくとも，現金または他の金融商品での純額決済ができる非金融商品の売買契約や，金融商品との交換で決済できる非金融商品の売買契約には，本基準書を適用しなければならない。

会計基準の内容

1 金融商品

金融商品（financial instrument）とは，一方の当事者に金融資産を生じさせ，もう一方の当事者に金融負債または資本性金融商品を生じさせる契約をいう。この契約を行った企業は，契約の実質と次の定義に従い，財務諸表に金融資産，金融負債，資本性金融商品を分類・表示しなければならない。

金融資産（financial asset）には次の項目が含まれる。①現金そのもの，②他の企業の資本性金融商品（他社の株式など，定義は後述），③他の企業から現金その他の金融資産を受け取る契約上の権利（売掛金，貸付金など），および潜在的に有利な条件で他企業と金融資産や金融負債を交換する契約上の権利（自社に有利な状況にあるデリバティブなど），ならびに④自社の資本性金融商品を受け取ることにより決済される（その可能性がある）契約で，11項に規定された所定条件を満たすものがそれである。

金融負債（financial liability）には次の項目が含まれる。①他の企業に対して現金その他の金融資産を引き渡さなければならない契約上の義務（買掛金，借入金など），および潜在的に不利な条件で金融資産や金融負債の交換をしなければならない契約上の義務（自社に不利な状況にあるデリバティブ等），ならびに②自社の資本性金融商品を引き渡すことにより決済される（その可能性がある）契約で，11項に規定された所定条件を満たすものがそれである。

資本性金融商品（equity instrument）は，持分金融商品とも呼ばれ，企業の総資産から総負債を差し引いた残余持分に対する所有権を証拠づける契約をいう。自社が発行した株式はその典型例である。また，企業の一定の株式を，固定価格または一定の元本金額の債券で購入する権利を与える株式オプションは資本性金融商品になる。しかし自社が発行後に現金等で買い戻す義務のある償還株式は，契約上の義務を有しているから，金融負債として取り扱われる。

企業は負債としての特徴と資本性金融商品としての特徴の両方を含んでいる金融商品（たとえば，株式へ転換する権利の付いた社債など）を発行することがある。そのような複合金融商品を発行した場合には，その金額を構成要素ごとに区分しなければならない。複合金融商品の金額を負債部分と資本性金融商品部分に区分するにあたっては，両者をそれぞれ独立に計算するのではなく，まず負債部分の金額を計算し，その金額を複合金融商品の総額から差し引いた残額をもって資本性金融商品の金額を決定する。

また，企業が自社発行の資本性金融商品（自己株式など）を取得した時には，金融資産として認識するのではなく，純資産から控除しなければならず，財政状態計算書（貸借対照表のこと）において純資産から控除する形で表示するか，注記しなければならない。また，自己株式を売却するなどして生じる差額は損益計算に含めてはならない。

2　利息，配当，損失および利得

金融負債として分類された金融商品またはその一部分から生じる利息，配当，損失および利得は，当期純利益の計算において収益または費用として認識しなければならない。したがって，借入金や社債等から生じる利息だけでなく，金融負債として分類された償還株式等から生じる配当等も費用として認識される。

また自社の資本性金融商品の保有者に対する配当は純資産から控除される。なお，自社の資本性金融商品の公正価値の変動は財務諸表上において認識されない。

3 金融資産と金融負債の相殺表示

金融資産と金融負債を財政状態計算書に表示するにあたり，それらを相殺消去して純額で表示することは原則として認められていない。ただし，次の2つの要件をともに満たす場合には，金融資産と金融負債を相殺して，その純額のみを表示しなければならない。

(a) 認識済の金額を相殺する法的に強制力ある権利がある。

(b) 金融資産と金融負債を純額で決済する（差金決済する）意図をもっている，あるいはその金融資産を回収すると同時に金融負債を決済する意図をもっている。

日本基準との比較

本基準書と対比される日本基準は企業会計基準第10号「金融商品に関する会計基準」である。日本基準は多くの点でIAS32号と共通しているが，いくつか相違点もある。たとえば，転換社債型新株予約権付社債（いわゆる転換社債）を発行した場合，日本基準では，社債の対価部分と新株予約権の対価部分を一括して処理する一括法と，両者を区分する区分法の両方が認められているが，IAS32号では区分法しか認められていない。また区分法を採用する場合でも，IAS32号では，負債部分を見積ってから残額として資本性金融商品の金額を算定するが，日本基準では，①負債部分と持分金融商品部分を合理的な見積額の比率で按分する方法や，②算定が容易な一方の金額を決定してから他方を残額として算定する方法が認められている。

なお企業会計基準委員会は，2009年5月に「金融商品会計の見直しに関する論点の整理」，2010年8月に「金融商品会計基準（金融資産の分類及び測定）の見直しに関する検討状況の整理」，2011年2月に「金融商品会計基準（金融負債の分類及び測定）の見直しに関する検討状況の整理」を公表し，金融商品会計の見直しを検討している。

キーワード

金融商品＝一方の企業に金融資産を，他方の企業に金融負債または資本性金融商品を，同時に生じさせる契約をいう。

金融資産＝①現金，②他企業の資本性金融商品，③他企業から現金その他の金融資産を受け取る契約上の権利や，金融商品を潜在的に有利な条件で他企業と交換できる契約上の権利，および④自社の資本性金融商品の受取により決済される契約で所定条件を満たすものが金融資産に含まれる。

金融負債＝①他企業に現金その他の金融資産を引き渡す契約上の義務や，金融商品を潜在的に不利な条件で他企業と交換しなければならない契約上の義務，および②自社の資本性金融商品の引渡により決済される契約で所定条件を満たすものが金融負債に含まれる。

資本性金融商品（持分金融商品）＝企業の資産から負債を控除した後の残余財産権を証拠づける契約。

演習問題

［1］ 以下の文章のうち，間違っているのはどれか。

a．IAS32号は例外なくすべての金融商品に適用されなければならない。

b．自社が発行した償還株式に関して支払った配当は費用として処理される。

c．複合金融商品は負債部分と資本性金融商品部分に区分しなければならない。

d．金融資産と金融負債は原則的には相殺表示してはならない。

（正解）a：原則はすべての金融商品について適用されるが，いくつかの例外がある。

［2］ 複合金融商品の金額を負債部分と資本性金融商品部分に区分する方法としてIAS32号が採用しているのはどれか。

a．それぞれ両方を独自に計算する。

b．負債部分を計算し，複合金融商品の総額から負債部分の評価額を差し引いた金額を資本性金融商品の評価額とする。

c．資本性金融商品部分を計算し，複合金融商品の総額から資本性金融商品部分の評価額を差し引いた金額を負債部分の評価額とする。

（正解）b：負債部分をまず評価し，残額を資本性金融商品の評価額とする。

［3］ 自己株式を取得した場合，貸借対照表における表示として正しいのはどれか。

a．流動資産において有価証券として表示する。

b．固定資産において投資有価証券として表示する。

c．純資産から控除する形で表示する。

d．一切表示する必要はない。

（正解）c：自己株式は純資産から控除する形で表示するか，注記を要する。

［桜井　貴憲］

IAS 33 : Earnings Per Share

21 1株当たり利益

目的と適用範囲

◎1◎目的

本基準書の目的は，企業の業績の企業間比較および期間相互比較のための利便性を向上させるために，1株当たり利益（earnings per share）の算定と表示の原則を規定することである。本基準書は，1株当たり利益の測定方法として，①基本的1株当たり利益，および②希薄化後1株当たり利益という2種類の1株当たり利益の情報を，財務諸表に表示すべきことを要求している。

◎2◎適用範囲

本基準書は，普通株式や潜在的普通株式が公開市場で取引されている企業，またはその公開過程にある企業に適用される。1株当たり利益を開示する場合には，本基準書に従わなければならない。

なおIASBは，1株当たり利益の計算の単純化，およびFASB基準書第128号とのコンバージェンスを達成するために，2008年8月にIAS33号の改正を提案して検討を進めている。

会計基準の内容

1　基本的1株当たり利益

基本的1株当たり利益（basic earnings per share）は，親会社の普通株主に帰属する当期利益または損失（以後，特別の事情がない限り当期利益と表記する）を，当期中の発行済普通株式の加重平均株式数で除して計算する。

ここに**普通株式**（ordinary share）とは，持分金融商品で，優先的権利をもった他のすべての持分金融商品に劣後するものをいう。普通株式は，優先株のような他の種類の株式の後にのみ，当期利益の分配に参加することができる。企業が2種類以上の普通株式を有する場合，同じ種類の普通株式は，配当の受取についても同じ権利を有する。

⑴ 基本的利益

計算式の分子となる親会社の普通株主に帰属する利益（**基本的利益**）は，親会社に帰属する利益，および親会社に帰属する継続事業からの利益が開示されている場合には当該利益を基礎として，①優先配当，②優先株式の消却により生じる処分差額，および③株主資本として分類される優先株式と類似の効果を有するものについて，それぞれの税引後金額を加減して算出される。

優先株には，**累積的優先株**（cumulative preference shares）と**非累積的優先株**（non-cumulative preference shares）がある。前者は，事前に配当額が設定されており，その配当額が当期に支払われない場合は次期以降の利益から補填できる優先株である。後者は，そのような事前の配当額の設定や補填がなく，配当宣言によってはじめて配当を受け取ることができる優先株である。当期利益から減算される①「優先配当の税引後金額」は，⒜非累積的優先株について当期に関して宣言された優先配当の税引後金額，および⒝配当宣言の有無にかかわらず，当該期間について要求される累積的優先株に対する優先配当の税引後金額である。この計算例が，章末の演習問題［２］で示されている。

②「優先株式の消却により生じる処分差額」は，たとえば株式公開買付により買い戻す際の公正価値とその帳簿価格の差額である。前者が後者を上回っている場合には，その差額は，当期利益から減算される。③「株主資本として分類される優先株式と類似の効果を有するもの」としては，たとえば当初の転換条件より優利な条件または追加の対価の支払いによって，転換可能優先株式の早期転換がなされた場合が該当する。早期転換された普通株式の公正価値が，当初の転換条件に基づく公正価値を超過する額または支払額は，優先株式の所有者への還元であり，当期利益から減算される。

⑵ 加重平均株式数

基本的１株当たり利益の算定において分母となる普通株式の株式数は，当期中の発行済普通株式数の加重平均である。自己株式は除く。その**加重平均株式数**は，期首における発行済普通株式数を基礎として，期中に買戻しや新規発行した普通株式数に**期間按分係数**（time-weighting factor）を乗じて得た株式数をもって調整されなければならない。期間按分係数は，期間中の全日数に対して当該株式が発行済となっていた日数の割合であり，合理的な概算による加重平均も認められている。この計算例が，章末の演習問題［３］で示されている。

発行された新株が加重平均株式数に算入される日は，発行の対価が受取可能になった日（通常それらの発効日）である。たとえば，現金払込みによる普通株式発行の場合は，その現金が受取可能になった日がこれである。このほか各種の新株発行の事例に関する取扱が21－24項で規定されているが，ここでは省略する。

⑶ 株式数の調整

発行済普通株式数は変化するが，それに対応して資産が変化しない事象（潜在的普通株式の転換を除く）が生じた場合には，調整を行わなければならない。たとえば1株に対して2株の無償交付（bonus issue）が行われた場合，純資産が増加することなく株式数だけが3倍になるから，他の条件に変化がなければ，株式の価値は3分の1に低下する。そのような価値低下後の株式を1株式としてカウントするのであれば，無償交付前の1株式は3株式に相当することになる。

たとえば当社の純利益は，20x0年が180，20x1年が600であり，また発行済普通株式は20x1年9月30日まで200株であったが，20x1年10月1日において，20x1年9月30日現在の発行済普通株式1株に対して2株の普通株式の無償交付が行われたとしよう。

このケースでは，純資産が増加することなく株式数が3倍になったのであるから，無償交付前の1株は3株に相当するため，20x1年9月30日以前の200株は600株へと調整される。この結果，20x1年の1株当たり利益は［600÷(200＋400)＝1.00］であり，20x0年の調整後1株当たり利益は［180÷(200＋400)＝0.30］である。

このような調整が必要な事例には，①資本組入または無償交付（株式配当），②株式発行における無償部分（たとえば既存株主に対する割当の無償部分），③株式分割（share split），④逆株式分割（株式併合）などが含まれる。

これらの事象が生じた場合には，事象以前の株式数を調整することになるが，その調整計算の手順は次のとおりである。具体的な計算例は演習問題［4］で示されている。

手順1：1株当たり理論的権利落ち価値の計算（事象後の1株当たり価値の計算）
（全発行済株式の公正価値＋権利行使による受取総金額）
÷（権利行使前発行済株式数＋権利行使による発行済株式数）

手順2：調整係数の計算（事象前の1株の価値は事象後の1株の価値の何倍か）
1株当たり権利行使前公正価値÷1株当たり理論的権利落ち価値

手順3：調整後株数の計算（1株当たり計算に用いる株数の確定）
事象前の発行済株式数×調整係数

2 希薄化後1株当たり利益

(1) 希薄化の考慮

親会社の普通株主に帰属する利益，および当該株主に帰属する継続事業からの利益が開示されている場合には，それらの利益（分子）と加重平均発行済株式数（分母）の両者について，希薄化性潜在的普通株式（diluted potential ordinary share）による影響を調整することによって，**希薄化後1株当たり利益**（diluted earnings per share）も計算・表示しなければならない。ここに**潜在的普通株式**（potential ordinary share）とは，金融商品またはその他の契約で，その所有者に普通株式を取得する権利を付与するものをいう。その権利が行使されると株式数が増加するので，多くの場合，1株当たり利益数字が小さくなって希薄化が生じる。

そのような希薄化をもたらす潜在的普通株式には，(a)負債金融商品または優先株を含む持分金融商品であって，普通株式に転換可能なもの，(b)**株式購入権**（share options）および**新株引受権**（share warrants），(c)事業の買収や資産の購入のような契約上の取決めに基づき，ある条件の達成時に発行される株式などが含まれる。

希薄化後1株当たり利益の計算は，基本的1株当たり利益の計算と首尾一貫していなければならない。すなわち分子となる当期利益には，潜在的普通株式の転換によってもたらされるであろう収益・費用へのすべての影響を調整し，また分母となる加重平均株式数には，すべての希薄化性潜在的普通株式の転換が行われると仮定した場合の株式数に関して調整が行われる。

(2) 希薄化後利益

この計算で分子となる親会社の普通株主に帰属する利益は，基本的1株当たり利益の算定に使用した基本的利益（当期利益－優先配当額等）に，次の項目の税引後影響額を調整して算定する。潜在的株式が普通株式に転換された後は，潜在的株式に関する配当や利息その他の収益・費用はもはや発生しないから，基本的利益はそれにより節約される金額だけ増加する。この計算例が，章末の演習問題［5］で示されている。

(a) 基本的利益の計算過程で，利益から差引かれた希薄化性潜在的普通株式への配当

(b) 希薄化性潜在的普通株式に関して当期に認識された利息（利息の調整額として会計処理された手数料およびディスカウントまたはプレミアムを含む。IAS39号）

(c) 希薄化性潜在的普通株式の転換により発生するであろうその他の収益・費用の変化額

(3) 希薄化後の株式数

希薄化後の計算の分母となる普通株式数は，基本的1株当たり利益の算定に使用した普通株式の加重平均株式数に，すべての希薄化性潜在的普通株式が期首に普通株式に転換されたと仮定した普通株式の加重平均株式数を加算したものでなければならない。潜在的普通株式の発行日が期首以降である場合には，その発行日に転換されたものとする。希薄化性潜在的普通株式の転換により発行されることになる普通株式数は，潜在的普通株式の発行条件によって決定される。その計算を行う場合，潜在的普通株式の保有者からみて最も有利な（分母が最も大きくなるような）転換率または行使価格を想定する。

希薄化性の株式購入権（オプション）および新株引受権（ワラント）が権利行使され，普通株式が発行される場合に想定される入金額は，公正価値に基づいて算定する。実際に発行された株式数と，公正価値によった場合に発行されたであろう株式数の差は，無償で発行された普通株式として取り扱われなければならない。この場合の公正価値は，普通株式の当期間中の平均価格を基準として計算されたものである。この計算例が，章末の演習問題［6］で示されている。

⑷ 希薄化性と反希薄化性

潜在的普通株式は，普通株式に転換されることにより，継続事業からの1株当たり利益を減少させる，または1株当たり損失が増加する場合にのみ，**希薄化性**（dilutive）を有するものとして取り扱われる。したがって1株当たり利益を増加（または1株当たり損失を減少）させる場合は，**反希薄化性**（anti-dilutive）であり，そのような反希薄化性の潜在的普通株式の影響は，希薄化後1株当たり利益の計算では無視される。

希薄化性の判断を行う場合は，IAS 8号で規定される継続的な事業活動から発生した純利益から優先配当等を控除し，廃止事業に関連する項目を除外した後の純利益を「判定用数値（control number)」として使用する。したがってこれには，異常損益項目や会計方針の変更，重大な誤謬の訂正による影響額は含まれない。

希薄化性か反希薄化性かを検討する際には，潜在的普通株式をその全体としてではなく，種類や区分ごとに検討する。その際，基本的1株当たり利益の希薄化が最大となる状況を検出できるように，希薄化性が最大のものから最小のものへという順序で検討を行う。

本基準書は，次の仮設例によりこの手順を説明している。

いま当社の当期について，普通株主に帰属する純利益は10,000,000，発行済普通株式数は2,000,000株，普通株式1株の年間平均公正価値は75.00であり，当社には，次の3種類の潜在的普通株式があるものとする。

① 株式購入権　100,000株，行使価格は60

② 転換優先株式　800,000株，1株当たり8の累積配当権を有する。
優先株式1株は，普通株式2株に転換できる。

③ 5％転換社債　額面額100,000,000。社債1,000は，普通株式20株に転換できる。
支払利息の計算に影響を及ぼすプレミアムまたはディスカウントの償却はない。税率は40％とする。

このように複数の潜在的株式が存在するケースでは，そのそれぞれについて，普通株式への転換によって生じる純利益への影響と増加株式数を計算し，増加株式1株当たりの利益を比較する。

①の株式購入権は，権利行使時に利益の増加をもたらすことなく，株式数を［100,000株－60×100,000株÷75＝20,000株］だけ増加させるから，増加1株当たりの利益は0である。②の転換優先株式が普通株式に転換されると，かつての優先配当額［8×800,000株＝6,400,000］だけ普通株式に帰属する利益が増える一方で，株式数が［800,000株×2＝1,600,000株］増加するから，増加株式1株当たりの利益は4.00である。③の社債が普通株式に転換されると，社債利息（税引後）が［100,000,000×利率5％×(1－税率40％)＝3,000,000］だけ不要になって同額の純利益が増加する一方で，普通株式数も［100,000,000×(20株÷1,000)＝2,000,000株］増えるから，増加株式1株当たりの利益

は1.50である。

増加株式1株当たりの利益が小さい順に配列すると，その順序は［①0.00<③1.50<②4.00］となる。そこでこの順に，希薄化の推移を検討する。

	帰属する純利益	普通株式数	1株当たり利益	
報告された数値	10,000,000	2,000,000	5.00	
①株式購入権	0	20,000		
	10,000,000	2,020,000	4.95	希薄化
③5％転換社債	3,000,000	2,000,000		
	13,000,000	4,020,000	3.23	希薄化
②転換優先株式	6,400,000	1,600,000		
	19,400,000	5,620,000	3.45	反希薄化

1株当たり利益の変化に着目すると，①株式購入権と③転換社債は1株当たり利益を減少させるが，②転換優先株式を考慮したときの希薄化後1株当たり利益は増加するので（3.23から3.45へ），転換優先株式は反希薄化性であり，希薄化後1株当たり利益の計算では無視される。したがって希薄化後1株当たり利益は3.23となる。

3　表示と開示

(1)　表　示

親会社の普通株主に帰属する当期利益，および継続事業からの利益を開示している場合には当該利益について，異なる分配権を有する普通株式の種類ごとに，基本的および希薄化後1株当たり利益を包括利益算書（一計算書方式の場合）上に表示しなければならない。ある期間に希薄化後1株当たり利益を開示する場合は，他の期間に関してもこれを表示しなければならない。また1株当たり利益の金額は，たとえそれがマイナス（1株当たり損失）でも表示しなければならない。企業が廃止事業を報告する場合には，包括利益計算書の本体または注記に，当該廃止事業に関する基本的および希薄化後1株当たり利益を開示しなければならない。二計算書方式により損益計算書と（当期利益から出発する）包括利益計算書を別個に表示する場合には，損益計算書の方に基本的および希薄化後1株当たり利益を開示しなければならない。

IAS27号に従って個別財務諸表と連結財務諸表の両方を作成する企業は，連結ベースでのみ1株当たり利益を公表すればよい。個別ベースで1株当たり利益を表示する場合には個別財務諸表の本体のみ表示し，当該情報を連結財務諸表に表示してはならない。

(2)　遡及的調整

株式分割や株式併合の性質を有する取引・事象によって株式数が変化した場合，基本的および希薄化後1株当たり利益は，開示されているすべての期間に関して遡及的に調整されなければならない。また，これらの変更が，報告期間後，財務諸表公表前までに発生した場合，上記と同様の調整を行うとともに，その事実を開示しなければならない。さらに，基本的および希薄化後1株当たり利益は，開示される全期間に関して，(a)IAS 8 号の規定に準拠して修正再表示された重要な誤謬，および会計方針の変更の結果生じる修正の影響，(b)持分の結合による企業結合の影響について，調整を行わなければならない。

(3) 開　示

本基準書では，次の事項の開示を要求している。

(a) 基本的および希薄化後1株当たり利益の計算において，分子として用いられた金額と，それら分子の金額から親会社に帰属する当期利益への調整額。調整には，1株当たり利益に影響を及ぼす各種類の金融商品の個々の効果が含まれる。

(b) 基本的および希薄化後1株当たり利益の計算において，分母として用いられた普通株式の加重平均株式数と，それら分母として用いられた株式数相互間の調整。調整には，1株当たり利益に影響を及ぼす各種類の金融商品の個々の効果が含まれる。

(c) 将来，基本的1株当たり利益を潜在的に希薄化しうるが，当期は反希薄化性を有するので希薄化後1株当たり利益の計算には含められなかった金融商品（条件付発行可能株式を含む)。

(d) 報告期間後，財務諸表公表前までに，発行済普通株式または潜在的普通株式を大きく変化させる普通株式取引または潜在的普通株式取引（普通株式の発行および買い戻し，株式購入権，新株引受権，株式転換，権利行使を含む）の説明

潜在的普通株式を生み出す金融商品または他の契約は，基本的および希薄化後1株当たり利益の算定に影響を及ぼす契約条件を含んでいることがある。他の基準において要求されていなくても，当該金融商品およびその他の契約条件の開示は奨励される（IFRS 7 号「金融商品：開示」参照)。

日本基準との比較

企業会計基準第2号「1株当たり当期純利益に関する会計基準」は，IAS33号とおおむね同じであるが，次の点について若干の相違がある。

(1) IAS33号では，継続事業からの利益，廃止事業の利益，および企業全体の利益に分けて開示が行われるが，日本基準では，継続事業と廃止事業を区分していない。

(2) 当期純損失の場合，日本基準では潜在株式調整後1株当たり当期純損失の金額開示は行わず，その旨だけを開示するが，IAS33号では損失の場合も金額開示が求められる。

なお，国際的な会計基準とのコンバージェンスの一環として，2011年4月1日以後開始する事業年度から，企業会計基準第2号の最終改正（2010年6月）に基づいて，当期（あ

るいは当期の貸借対照表日後）に株式併合または株式分割が行われた場合，表示する財務諸表のうち，最も古い期間の期首に当該株式併合または株式分割が行われたと仮定して，過去の１株当たり利益の遡及的修正再表示を行わなければならない。また，2009年12月に公表された企業会計基準第24号「会計上の変更及び誤謬の訂正に関する基準」に基づいて，会計上の変更及び誤謬の訂正が行われた場合，表示期間における遡及適用後または修正再表示後の１株当たり情報を開示しなければならない。これにより従来からの差異は解消した。

キーワード

基本的１株当たり利益＝優先配当等控除後の親会社の普通株主に帰属する当期損益（基本的利益）÷当期中に実際に発行されている発行済普通株式（自己株式は除く）の加重平均株式数。

希薄化後１株当たり利益＝基本的利益に潜在的普通株式の種類に応じて調整された希薄化後利益÷発行済普通株式に潜在的普通株式による影響を調整した加重平均株式数。

普通株式＝持分金融商品で，他のすべての持分金融商品に劣後するもの。

潜在的普通株式＝金融商品またはその他の契約で，その所有者に普通株式を取得する権利を付与するもの。

累積的優先株＝事前に配当額が設定されており，その配当額が当期に支払われない場合は次期以降の利益から補填できる優先株。

非累積的優先株＝事前の配当額の設定や補填がなく，配当宣言によって初めて配当を受け取ることができる優先株。

演習問題

［1］ 次の記述のうち，正しいものはどれか。

a．基本的1株当たり利益がマイナスの場合，希薄化後1株当たり利益を開示する必要はない。

b．連結財務諸表と個別財務諸表の両方を開示する場合は，連結ベースでのみ1株当たり利益を公表すればよい。

c．累積的優先株式と非累積的優先株式について，配当宣言が行われなかった場合，いずれの優先株式の配当も，基本的1株当たり利益の計算上，無視してもよい。

d．報告期間後，株式併合または株式分割が行われた場合，それらの影響を反映した基本的および希薄化後1株当たり当期利益を当期の包括利益計算書に注記しなければならない。

（正解）b：IASでは1株当たり損失でも希薄化後1株当たり利益を開示しなければならない。基本的1株当たり利益の算定にあたり，累積的優先株式は，配当宣言の有無にかかわらず，当該優先配当額は当期利益から減算しなければならない。報告期間後，株式分割等が行われた場合，IASでは，過去の1株当たり利益の遡及的修正再表示が求められる。

［2］ 当社は前期以前に，10%累積的優先株式60株（額面50）と非累積的優先株式80株（額面50）を発行しているが，当期に非累積的優先株式に対してのみ８％の配当宣言をした。当期利益は1,500である。基本的１株当たり利益の計算で分子となる基本的利益はいくらか。

（正解）880

（解説）基本的利益＝1,500－［(50×10%×60株)＋(50×８％×80株)］＝880

［3］ 当社の株式数は期中に次のように変化した。基本的１株当たり利益の計算で分母となる株式数はいくらか。

		既発行株	自己株	発行済株式
20x1年１月１日	期首残高	2,000	300	1,700
20x1年５月31日	現金による新株発行	800	－	2,500
20x1年12月１日	現金による自己株購入	－	250	2,250
20x1年12月31日	期末残高	2,800	550	2,250

（正解）2,146株

（解説）次の加重平均計算を行う。ここでは月割り計算とした。

(1,700×５/12)＋(2,500×６/12)＋(2,250×１/12)＝2,146株，または

(1,700×12/12)＋(800×７/12)－(250×１/12)＝2,146株

［4］ 当社の純利益は20x0年が1,100，20x1年が1,500，20x2年が1,800であり，次に述べる株主割当が行われる前の発行済株式は500株であった。当社は20x1年３月１日を権利行使の最終日として，発行済株式５株に対して新株１株（新株合計は100株）の比率で株主割当の新株発行を行った。株主割当の新株を引き受けるに際しての払込額（行使価格）は5.00であり，権利行使直前20x1年３月１日現在の普通株式１株の公正価値は11.00であった。

20x0年から20x2年までについて期間相互の比較が可能な修正後の１株当たり利益は，３年間のそれぞれについていくらか。

（正解）20x0年：2.00　20x1年：2.54　20x2年：3.00

（解説）調整計算の手順は次のとおりである。①１株当たり理論的権利落ち価値＝［全発行済株式の更正価値(11.00×500株)＋権利行使による受取送金額(5.00×100株)］÷(権利行使前発行済株式数500株＋権利行使による発行株式数100株)＝10.00　②調整係数＝１株当たり権利行使前公正価値11.00÷１株当たり理論的権利落ち価値10.00＝1.1　③調整後株式数＝事象前の発行済株式数500株×調整係数1.1＝550株

したがって修正後の１株当たり利益は次のように計算される。

20x0年　純利益1,100÷(500株×1.1)＝2.00

20x1年　純利益1,500÷[(500株×調整係数1.1×２/12カ月)+(600株×10/12カ月)]
=2.54

20x2年　純利益1,800÷600株=3.00

［５］　当社の純利益は1,004,発行済普通株式は1,000株であるが，当社は転換社債100単位を発行しており，社債10単位は，普通株式３株に転換できる。この転換社債の負債部分に関連する当期の支払利息は10であり，この支払利息（負債部分を当初認識したときに生じたディスカウントの償却額を含む）に係る当期の税金および繰延税金は４である。希薄化後１株当たり利益はいくらか。

（正解）0.98

（解説）まず，希薄化後利益は［1,004+10－４=1,010］である。社債の転換により普通株式が30株だけ増加して，希薄化後１株当たり利益を計算するための普通株式数は［1,000+30=1,030］になる。したがって希薄化後１株当たり利益は［1,010÷1,030=0.98］である。なお希薄化を考慮しない基本的１株当たり利益は［1,004÷1,000株≒1.00］である。

［６］　20x1年の当社の純利益は1,200,000,発行済普通株式は500,000株，その１株の平均公正価値は20.00である。また権利行使価格を15.00とする株式購入権が存在しており，権利行使が行われると100,000株が増加する。希薄化後１株当たり利益はいくらか。

（正解）2.29

（解説）基本的１株当たり利益：1,200,000÷500,000株=2.40

株式購入権の行使時に払込まれる純資産：15.00×100,000株=1,500,000

公正価値での株式発行を仮定した場合，この金額を入手するのに必要な株式数は［1,500,000÷20.00=75,000株］である。しかし，実際には100,000株が発行されたのであるから，その差の25,000株は無償交付されたと解釈することができ，この無償交付が希薄化をもたらす。

希薄化後１株当たり利益：1,200,000÷(500,000株+25,000株)=2.29

［石川　博行］

IAS 34 : Interim Financial Reporting

22 期中財務報告

目的と適用範囲

1 目的

期中財務報告（interim financial reporting）とは，一会計年度より短い期間（必ずしも6カ月には限定されず，四半期も含む）についての，完全な，または要約された一組の財務諸表を含む，財務報告のことをいう。本基準書の目的は，期中財務報告において含められるべき最小限の内容を定義するとともに，期中財務報告において適用すべき会計上の認識および測定の原則を規定することである。

2 適用範囲

国際会計基準に準拠して期中財務報告を行おうとする企業は，本基準書の要求をすべて満たさなければならない。特に上場会社には，本基準書において規定される認識，測定および開示の原則に準拠して，次のように期中財務報告書を提供するよう奨励している。

(a) 少なくとも，会計年度の上半期末時点における期中財務報告書を提供すること

(b) 期中報告期末後60日以内に期中財務報告書を利用可能にすること

会計基準の内容

1 期中財務報告の内容

(1) 期中財務報告の最小限の構成要素

期中財務報告には，最小限，以下の構成要素を含めなければならない。

(a) 要約財政状態計算書（a condensed statement of financial position）

(b) 一計算書方式または二計算書方式による，純損益およびその他の包括利益に関する要約計算書（a condensed statement or condensed statements of profit or loss and other comprehensive income）

(c) 要約持分変動計算書（a condensed statement of changes in equity）

(d) 要約キャッシュ・フロー計算書（a condensed statement of cash flows）

(e) 精選された説明的注記（selected explanatory notes）

適時性およびコストの観点から，期中財務報告において提供される情報は，年次財務諸表と比べて量的に少なくてもよい。ただし本基準書は，期中財務報告において，完全な一組の財務諸表を公表することを，禁止したり妨げたりはしていない。

(2) 期中財務諸表の様式と内容

期中財務報告において，完全な一組の財務諸表を公表する場合は，それらの内容はIAS 1号「財務諸表の表示」における基準に準拠しなければならない。

他方，要約された一組の財務諸表を公表する場合は，直近の年次財務諸表に含められた表示項目や小計，および本基準書が要求する精選された説明的注記を含むものでなければならない。省略が誤解をまねくおそれがあれば，追加的な表示項目や注記が求められる。期中財務報告書の注記事項は基準書の15B 項および16A 項で規定されているが，ここでは省略する。

さらに，期中報告期間（interim period）についての基本的１株当たり利益および稀薄化後１株当たり利益は，純損益の構成要素を示す計算書上で表示されなければならない。

作成された期中財務報告書が本基準書に準拠しているならば，その事実を開示しなければならない。

(3) 財務諸表の開示が要求される期間

期中財務報告書には，以下の期間の財務諸表が含まれなければならない。

(a) 当期中報告期間末，および直前の会計年度末の財政状態計算書

(b) 当期中報告期間，期首からの累積期間，および直前の会計年度内の比較対象となる期中報告期間についての，純損益およびその他の包括利益に関する計算書

(c) 期首からの累積期間の持分変動計算書，および直前の会計年度内の比較対象となる期首からの累積期間についての持分変動計算書

(d) 期首からの累積期間のキャッシュ・フロー計算書，および直前の会計年度内の比較対象となる期首からの累積期間についてのキャッシュ・フロー計算書

2 認識と測定

(1) 年次と同一の会計方針

企業は，期中財務諸表の作成にあたり，直近の年次財務諸表作成日以降に会計方針が変更された（変更された会計方針は次の年次財務諸表に反映される）場合を除き，年次財務諸表の作成に適用されるのと同一の会計方針を適用しなければならない。企業の報告の頻度（年次，半期または四半期）が，年次の業績の測定に影響を与えてはならない。そのために，期中財務報告における測定は，期首からの**累積基準**（year-to-date basis）で行われなければならない。

年次財務諸表と同一の会計方針の適用，および期首からの累積基準に関して，たとえば次のような場合に注意が必要である。

① 棚卸資産の評価減，リストラクチャリングまたは減損から生ずる損失の認識・測定のための原則は，企業が年次財務諸表を作成する際に適用する原則と同一である。このような項目がある期中報告期間において認識・測定され，同じ会計年度内の後の期中報告期間においてその見積金額が変更されたならば，後の期中報告期間において，追加的な損失を計上するか，または先に認識した金額を戻入れることによって，見積金額を修正することになる。

② 期中報告期末時点で資産の定義を満たさない費用は，財政状態計算書で（前払費用等の項目で）繰り延べられることはない。

③ 法人所得税費用は，各期中報告期間において，会計年度全体についての予想加重平均税率（weighted average annual income tax rate expected for the full financial year）の最適な見積りに基づき，認識される。もし見積税率が変更されたならば，ある期中報告期間において計上された法人所得税費用の額は，同じ会計年度内の後の期中報告期間において修正されることになる。

(2) 税金費用の計算の例示

① 四半期ごとに財務報告を行っている企業がある。この企業は，四半期ごとに10,000の税引前利益を稼得する予定である。また，企業の年次利益に対し，最初の20,000には20%，それを超える額には30%の税率で課税される。このとき，四半期ごとに報告される法人所得税費用の額は，次のとおりである。

	第1四半期	第2四半期	第3四半期	第4四半期	年次
税金費用	2,500	2,500	2,500	2,500	10,000

すなわち，会計年度全体の利益40,000（10,000×4）に対し，支払われる税金が10,000（20,000×0.2＋20,000×0.3）であることから，予想加重平均税率25%（10,000÷40,000）に基づいて計算される。

② 四半期ごとに財務報告を行っている企業がある。この企業は，第1四半期において15,000の税引前利益を稼得しているが，残りの3つの四半期においてはそれぞれ5,000の損失を計上する（すなわち年次利益はゼロ）見込みである。また，予想平均税率は20%である。このとき，四半期ごとに報告される法人所得税費用の額は，次のとおりである。

	第1四半期	第2四半期	第3四半期	第4四半期	年次
税金費用	3,000	▲1,000	▲1,000	▲1,000	0

⑶ 季節的，循環的，または臨時に受け取られる収益

会計年度内に季節的，循環的または臨時に（occasionally）受け取られる収益について，会計年度末における見越計上または繰延処理が適当でないときは，期中報告期末においても，見越計上または繰延処理をすべきではない。その例としては，受取配当金，ロイヤリティおよび政府補助金があげられる。また，企業によっては，特定の期中報告期間において，同じ会計年度内の他の期中報告期間よりも多くの収益を，継続的に稼得することがあるが（たとえば小売業の季節的収益），そのような収益であっても見越計上や繰延処理は認められない。

⑷ 会計年度中に不均等に発生するコスト

会計年度中に不均等に（unevenly）発生するコストは，会計年度末においてその種のコストを見越計上または繰延処理することが適当である場合にのみ，期中報告においても見越計上または繰延処理しなければならない。

年次財務報告における測定も，期中財務報告における測定も，しばしば合理的な見積りに基づいて行われるが，一般に期中財務報告の方が，年次財務報告よりも多くの見積りの使用を必要とする。ただし，期中財務報告において適用される測定の手続は，たとえ多くの見積りが使用されたとしても，信頼できる情報をもたらし，かつ企業の財政状態や経営成績を理解するのに目的適合的な，すべての重要な財務情報が適切に開示されることを保証するよう，設計されなければならない。

日本基準との比較

日本ではこれまで，上場企業に対し，四半期報告書の開示が義務づけられ，３カ月ごとに四半期財務諸表が作成されてきた。その際，IAS34号と比較される日本基準は，企業会計基準第12号「四半期財務諸表に関する会計基準」であった。

しかし，金融商品取引法の改正により，2024年４月以降に開始する年度から四半期報告書は廃止され，半期報告書の開示が義務づけられることになった。そして，期首から６カ月を１つの会計期間とする中間財務諸表が作成されることになった。これを受けて，企業会計基準委員会からは，企業会計基準第33号「中間財務諸表に関する会計基準」（以下「中間財務諸表基準」という）が公表された。

「中間財務諸表基準」を含む金融商品取引法改正後の日本の制度と，IAS34号を比較すると，次のような点が相違する。

⑴ IAS34号は，上場企業に対し，期中報告期末後60日以内に期中財務報告書を利用可能にすることを奨励しているが，日本の制度では中間会計期間終了後45日以内に半期報告書を提出しなければならない。

(2) IAS34号は，期中財務報告の最小限の構成要素に持分変動計算書（純資産の部の期中変動を示す計算書）を含めているが，「中間財務諸表基準」では中間財務諸表の構成要素に株主資本等変動計算書を含めていない。

(3) 「中間財務諸表基準」は，中間財務諸表作成のための特有の処理として，原価差異の繰延処理と税金費用の計算をあげている。このうち原価差異については，当該差異が操業度等の季節的な変動に起因して発生したもので，かつ原価計算期間末までにほぼ解消が見込まれるときは，繰り延べることができるとされているが，IAS34号は原価差異の繰延処理を認めていない。また税金費用の計算について，「中間財務諸表基準」は原則として年度決算と同様の方法によることとし，見積実効税率を用いることは容認規定とされているが，IAS34号は年度全体についての予想加重平均税率の見積値を用いて計算することを要求している。

キーワード

期中報告期間＝一会計年度よりも短い財務報告期間。

期中財務報告＝期中期間についての，完全な一組の財務諸表（IAS 1号「財務諸表の表示」において述べられているもの）または要約された一組の財務諸表（本基準書において述べられているもの）を含む財務報告。

演習問題

［1］ 四半期ごとに財務報告を行っている企業（会計期間は1月1日～12月31日）がある。この企業が第2四半期（4月1日～6月30日）を対象として作成する期中財務報告書に含めなければならないのは，次のうちどれか。

a．1月1日から6月30日の期間にかかる純損益およびその他の包括利益計算書

b．4月1日から6月30日の期間にかかる純損益およびその他の包括利益計算書

c．1月1日から6月30日の期間にかかるキャッシュ・フロー計算書

d．4月1日から6月30日の期間にかかるキャッシュ・フロー計算書

（正解）a，b，c

（解説）期中財務報告においては，期首からの累積期間に加え，当期中報告期間の純損益およびその他の包括利益計算書の作成が要求されている。また，期首からの累積期間のキャッシュ・フロー計算書の作成は要求されているが，当期中報告期間のキャッシュ・フロー計算書の作成は要求されていない。

［2］ 期中財務報告に関する次の記述のうち，正しいものには○，必ずしも正しくないものには×をつけなさい。

a．半期報告を行っている企業は，当期中報告期末時点の財政状態計算書を作成するとともに，これとの比較を可能にするため，前事業年度における期中報告期末時点の財

政状態計算書を開示しなければならない。

b．半期報告を行っている企業において，上半期終了時点では資産の定義を満たさないが下半期中に資産の定義を満たすと見込まれるコストは，期中報告期末の財政状態計算書に資産として計上しなければならない。

c．期中報告期間にかかる純損益およびその他の包括利益計算書においては，基本的1株当たり利益と稀薄化後1株当たり利益の両方を表示しなければならない。

d．半期報告を行っている企業において，上半期より下半期の方が多くの収益を稼得することが見込まれていても，上半期において収益を見越計上することは認められない。

（正解）a．×　b．×　c．○　d．○

（解説）期中財務諸表に含めなければならないのは，当期中報告期末と直前の会計年度末の財政状態計算書であるから，aは誤りである。また期中報告期末時点で資産の定義を満たさない費用は，財政状態計算書上で繰り延べられることはないと明記されているから，bも誤りである。

［土田　俊也］

IAS 36 : Impairment of Assets

23 資産の減損

目的と適用範囲

1 目的

本基準書の目的は，資産が回収可能価額以上の帳簿価額によって計上されないことを保証するための手続を規定することである。帳簿価額が回収可能価額を上回る資産は減損しているものとされ，減損損失の認識が要求される。本基準書はまた，減損損失の戻入れが必要な場合を特定するとともに，減損した資産の開示をも規定する。

2 適用範囲

IAS36号「資産の減損」は，次に列挙する資産を除く，すべての資産に適用されるが，有形固定資産と無形固定資産がその中心となる。適用が除外される資産は，棚卸資産(IAS 2号)，収益認識に伴う契約資産（IFRS15号)，繰延税金資産（IAS12号)，従業員給付に関連する資産（IAS19号)，金融商品に含まれる資産（IFRS 9号)，投資不動産（IAS40号)，生物資産（IAS41号)，保険契約に関連する無形資産（IFRS17号)，および売却目的で保有する非流動資産（IFRS 5号）である。子会社，関連会社，ジョイント・ベンチャーへの投資や持分は，外見的には金融資産であるが，その実質は事業用資産であるから，本基準書が適用される。

IAS36号は，1998年の制定後，何度かの改訂を経て2013年5月に最終改訂された新基準が，2014年1月1日以後に開始する年度から適用されている。

会計基準の内容

1　減損している可能性のある資産の識別

減損（impairment）の有無を厳密に判定するには，毎決算日に資産の回収可能価額を見積って，これが帳簿価額を下回っていないか調査する必要があるが，回収可能価額の見積りに要するコストは少なくない。そこで，のれんや所定の無形資産を除く多くの固定資産については，そのような回収可能価額の定期的な見積りは要求されておらず，それに代えて，減損の兆候の有無を毎決算期に調査することが求められる。兆候がなければ，それ以上の手続は行う必要がない。減損の発生の兆候としてIAS36号が例示列挙する事実は次のとおりである。

外部の情報源から判明する事実

(a) 資産の市場価値の低下による売却費用控除後公正価値の減少

(b) 技術環境や製品市場などでの不利な変化による将来キャッシュ・フローの減少

(c) 長期の市場利子率や投資収益率の上昇による割引利子率の上昇

(これら(b)と(c)は，資産の使用価値の低下をもたらす)

(d) 発行済株式の時価総額が純資産の帳簿価額を割り込んで低下

内部の情報源から判明する事実

(e) 物理的な損耗または機能的な陳腐化の証拠の存在

(f) 事業の撤退やリストラ，または早期の資産処分の計画の存在

(g) 資産からのキャッシュ・フローや損益の予算値ないし実績値などの悪化

なお，のれんおよび所定の無形資産（耐用年数を確定できないものや未使用のもの）については，毎決算期に回収可能額を見積って帳簿価額と比較しなければならない。

2　回収可能価額の測定

第1段階の調査で，減損の兆候が存在すると判定されたときは，**回収可能価額**（recoverable amount）の正式な見積りという第2段階の手続に移行する。現有資産の用途には，即時売却と継続使用の2つがあり，即時売却からは「売却費用控除後公正価値」が得られ，継続使用からは「使用価値」（将来キャッシュ・フローの割引現在価値）が得られる。企業は両者を比較して有利な方を選択するはずだから，売却費用控除後公正価値と使用価値のいずれか大きい方が回収可能価額である。

(1) **売却費用控除後公正価値**（fair value less cost to sell）

売却費用控除後公正価値と使用価値を比較した場合，その測定コストは通常，売却費用控除後公正価値の方が小さい。したがって企業は，可能な限り売却費用控除後公正価値を先に見積り，これが帳簿価額を超えることを確認する方法を採用するのが合理的である。

回収可能価額として用いる売却費用控除後公正価値は，その客観性を確保するために，次の条件を満たすのが最善である。すなわちその資産の取引について知識を有する者が，相互に独立した第三者間での取引（arm's length transaction）として自発的な意思で売却を行う場合に，拘束力のある売却契約（binding sale agreement）のもとで成立する価格を基礎とし，処分費用（cost of disposal）を控除した金額である。

拘束力ある売却契約はないが，活発な市場で取引されている資産については，その市場価格から処分費用を控除したものが売却費用控除後公正価値である。そのような価格を容

易に観察できる活発な市場がないときでも，最良の代替情報からこれを推定することが可能である。しかしそのような情報さえも存在しなければ，売却費用控除後公正価値はゼロと評価せざるをえない。

⑵ **使用価値**（value in use）

資産の回収可能価額として資産の使用価値は，①当該資産から生じる将来キャッシュ・インフローおよびアウトフローを見積って正味キャッシュ・フローを算定し，②これに適切な割引率を適用して見積る。

3 使用価値の測定

⑴ 将来キャッシュ・フローの見積り

資産の使用価値を測定するには，その資産が生み出す将来キャッシュ・フロー（future cash flow）を見積らなければならない。この見積りは，次の点に注意して行う。

① 予測に際しては，合理的仮定を基礎とし，外部証拠を重視する。

② 将来の長くても5年間については，経営者が承認した直近の財務予算や財務予測を基礎としなければならない。

③ その後の期間の予測は，所定の成長率を用いて，上記②の予測を延長する方法で行わなければならないが，適用する成長率は，正当な理由がない限り，毎期一定または逓減する数値でなければならず，また関連する国や市場の長期平均成長率を上回ってはならない。

⑵ 適用する割引率

現在価値の計算のために適用する**割引率**（discount ratio）は，次の3つの要件を満たしていなければならない。

① 貨幣の時間価値（time value of money）と，その資産に特有のリスクの評価の両方を反映していること。

② 税金を考慮する前のものであること。資産の帳簿価額は税引前の評価額であるから，これと対比する使用価値も税引前で評価するために，見積りキャッシュ・フローと割引率の両方とも，税引前の数値を用いる必要がある。

③ 客観性が要請されるので，市場で決定された利子率であること。

これらの点に留意して，割引率を見積る場合の出発点として利用できるデータには次のものがある。⒜資本資産評価モデルは，資金の投下対象となる資本資産の価格が，貨幣の時間価値とリスク負担への報酬を反映するように決定されていることを示す経済モデル式であり，これを利用して当該企業の加重平均資本コストを計算することができる。⒝当該企業が借入資金を追加調達する場合のコストや，⒞当該企業に限らず市場で資金調達する場合のコストも参考になる。

ただしこれらは出発点にすぎず，そのまま割引率として用いられるわけではなく，カントリーリスク，通貨リスク，価格リスク，キャッシュ・フロー・リスクなどで該当するものがあれば，それについて調整が必要になる。

特に，適用する割引率が，企業の資本構成や当該資産の購入資金の調達方法とは独立であることに注意を要する。企業が資金調達する場合の利子率等のコストは，資金調達方法や企業の資本構成によって異なり，負債の割合が非常に高い企業は借入利子率も高いことがよく知られている。しかし資本構成の差や資金調達方法の相違に起因して異なった割引利子率を適用すれば，同一資産の現在価値が異なって評価されるという不都合が生じるから，資本構成の影響は原則として考慮に入れないのである。したがって上記(b)の追加借入利率を出発点とした場合には，注意が必要である。

(3) 割引計算の例示

T社は，第4年度末の時点で，A国に保有する資産の減損の会計処理の基礎とするため，当該資産から生じる将来キャッシュ・フローを次のように予測するとともに，貨幣の時間価値およびA国での事業に特有のリスクを反映した税引前の現在の市場決定率を表現する15%の割引率を選択した。次のキャッシュ・フロー予測に対し，この割引率を適用して算定される現在価値は1,360である。

年度	予測キャッシュ・フロー	15%の現価係数	現在価値	
5	230	$0.86957 = 1 \div (1+0.15)$	200	
6	253	$0.75614 = 1 \div (1+0.15)^2$	191	
7	273	$0.65752 = 1 \div (1+0.15)^3$	180	
8	290	$0.57175 = 1 \div (1+0.15)^4$	166	
9	304	$0.49718 = 1 \div (1+0.15)^5$	151	
10	313	$0.43233 = 1 \div (1+0.15)^6$	135	
11	307	$0.37594 = 1 \div (1+0.15)^7$	115	
12	289	$0.32690 = 1 \div (1+0.15)^8$	94	
13	245	$0.28426 = 1 \div (1+0.15)^9$	70	
14	184	$0.24719 = 1 \div (1+0.15)^{10}$	45	
15	61	$0.21494 = 1 \div (1+0.15)^{11}$	13	計　1,360

4　減損の認識と測定

資産の減損は，その回収可能価額が帳簿価額より低くなった時点において，帳簿価額を回収可能価額まで切り下げることにより認識する。いま，そのような評価減を要する額が840であったとしよう。減損を認識するための会計処理は，当該資産が歴史的原価で評価されている（IAS16号「有形固定資産」の取得原価モデル）か，再評価によって評価増されたものである（IAS16号の再評価モデル）かによって，次のように相違する。

①　歴史的原価で評価されている資産について認識された減損額は，次の仕訳により，**減**

損損失（impairment loss）として費用計上する。

（借）減 損 損 失 840　（貸）有形固定資産 840

② 再評価により評価増されている資産について認識された減損は，過去の評価増の時点で計上された**再評価剰余金**（revaluation surplus）と相殺する。

（借）再評価剰余金 840　（貸）有形固定資産 840

再評価剰余金の残高（たとえば500とする）が減損額に満たない場合は，不足分を減損損失として費用計上する。

（借）再評価剰余金 500　（貸）有形固定資産 840
　　　減 損 損 失 340

なお減価償却を要する資産について，減損が認識された後には，切り下げ後の帳簿価額を基礎として減価償却を継続することになる。

5 資産グループについての減損の認識

(1) 資金生成単位の識別

企業が保有する資産の中には，個々の資産ごとに評価が不可能なものがある。他の資産と密接不可分に結びついて利用されているため，個々の資産ごとに回収可能価額を別個に見積ることができない場合は，一群の資産をまとめて１つの「**資金生成単位**（cash-generating unit）」として把握し，一体としての回収可能価額を決定しなければならない。ある資産群が１つの資金生成単位として識別されるためには，その資産群からのキャッシュ・インフローが他の資産や資産群からのキャッシュ・インフローと独立していなければならず，この要件を満たす限りで最小単位の資産群が１つの資金生成単位として識別されることになる。

いったん，ある資産群が１つの資金生成単位として識別されたならば，その区分は正当な理由がない限り，変更してはならない。

(2) 資金生成単位の減損の認識

個別資産の場合と同様に，資金生成単位についても，その単位に属する資産群を一体として評価した場合の売却費用控除後公正価値と使用価値のいずれか高い方が，その資金生成単位の回収可能価額となる。この回収可能価額と対比されるべき帳簿価額の計算には，その資金生成単位を構成するすべての資産の帳簿価額を含めなければならない。

このような整合性を維持するには，すべての資産が最終的にいずれかの資金生成単位に関連づけて，計算に含められなければならないことになる。しかし特定の資金生成単位に配分しきれない資産が残る場合もある。たとえば複数の資金生成単位にまたがってキャッシュ・フローの獲得に貢献するようなタイプののれんや，全社資産がそれである。これらの取扱いは後述する。

⑶ 個別資産への配分

資金生成単位について認識された減損額は，そこに含まれる個別資産へと，次の順序で配分する。すなわち減損額は，のれんへ優先的に配分し，それでも配分しきれない額は，残された資産の帳簿価額に基づいて比例的に配分しなければならない。そのような配分の計算例が演習問題［2］として章末に提示されている。

のれんは超過収益力を根拠として資産計上されたものであるが，減損が生じたこと自体，超過収益力が失われた証拠であるから，減損額はまず最初にのれんに配分されるべきである。のれんに配分しきれなかった残額があれば，それは残りの資産へ配分されることになるが，残りの資産は一体となってキャッシュ・フローの生成に貢献している点で優劣はなく，したがって帳簿価額に基づいて平等に比例配分するのが最も妥当である。

減損を認識するために帳簿価額を切り下げる場合，どの個別資産もマイナスの評価額になってはならず，またその資金生成単位に含まれる個別資産について売却費用控除後公正価値や使用価値が決定可能な時は，それより低く帳簿価額が切り下げられてはならない。この制約条件のゆえに，配分しきれなかった減損額が生じた場合は，当該金額をその資金生成単位中の他の資産へ比例配分することになる。

6 のれんと全社資産の取扱い

⑴ のれんの取扱い

のれんはその本質のゆえに，個別資産として回収可能価額を見積ることができないため，資金生成単位と関連づけた調査が必要となる。このため，のれんは，それが便益をもたらすと期待される資金生成単位に配分しなければならない。

のれんが配分される資金生成単位またはそのグループには，次の2つの必要条件が課せられている。①内部管理目的でのれんを監視している企業内の最小単位であること，および② IFRS 8号「事業セグメント」に従って決定された事業セグメントより大きくないことである。

のれんが配分された資金生成単位については，毎年，のれんを含む帳簿価額と回収可能価額を比較することにより，減損の認識の要否を判定しなければならない。減損の認識が必要な場合は，減損額をのれんに優先配分したうえで，配分しきれない残額があれば，それをのれん以外の資産の帳簿価額に基づいて比例配分すべきことは前述のとおりである。

なお，のれんはそのすべてを常に，資金生成単位へと合理的に配分することができるとは限らない。のれんが資金生成単位に関連してはいるが，合理的かつ首尾一貫した基準で配分できない場合で，その資金生成単位について減損の兆候があるときは，のれんを除いた帳簿価額と回収可能価額を先に比較して，減損損失の認識の要否を判定しなければならない。次いで，のれんを含めた比較を行うことになる。そのような計算例が，章末に演習問題［3］として提示されている。

(2) 全社資産の取扱い

全社資産（corporate asset）とは，のれん以外の個別的に識別が可能な有形資産ではあるが，個々の資金生成単位に帰属させることができない項目をいう。本社ビル，全社で共同利用する情報処理設備，研究センターの資産などがその一例である。これらの全社資産について減損を判定する手順は，のれんの場合と同じである。

7 減損の戻入れ

(1) 減損の戻入れとは

過去に減損の認識を行った資産について，価値の回復がみられる場合は，過去に計上した減損のうちの所定部分に関して，帳簿価額を引き上げなければならない。これを「**減損の戻入れ**（reversal of impairment loss）」という。より厳密にいえば，減損の戻入れが必要になるのは，過去に減損を認識して帳簿価額を切り下げた資産について，当時の見積りがその後に変動したことにより，回収可能価額が増加した場合だけである。

その手続は，減損の認識の場合と同様に，次の２段階から成る。第１は，回復の兆候の有無の評価であり，これは毎決算期ごとに行わなければならない。第２は，そのような兆候が存在する資産についての回収可能価額の正式な見積りである。

(2) 兆候の調査

過去に認識した減損額が回復した資産を識別するための第１段階として，企業は少なくとも次のような兆候の存否を検討しなければならない。企業外部の情報源からの兆候となるのは，(a)市場価値の上昇，(b)営業環境や資産を利用する市場での有利な変化，および(c)利率の低下である。(a)の市場価値の上昇は，売却費用控除後公正価値を増加させる。他方，(b)の営業環境等の有利な変化は，将来キャッシュ・フローの増加を通じて，また(c)の利率の低下は割引利子率の低下を通じて，それぞれ使用価値を上昇させる。したがって回収可能価額が増加して，減損の回復が期待できることになる。

他方，企業の内部の情報源から，減損の回復を期待するに足る兆候としては，(d)資本的支出やリストラクチャリングに代表されるような，資産の利用の範囲や方法についての有利な変化や，(e)経済的成果の好転を示す内部報告の証拠の存在をあげることができる。

(3) 減損の戻入れの上限

資産を歴史的原価で評価（取得原価モデル）している場合に，減損の戻入れとして会計処理できるのは，回収可能価額の増加額のすべてではない。過去に減損を認識することなく当初の予定どおりに減価償却が行われていたと仮定した場合に，その時点で到達していたであろう帳簿価額に達するまでの額だけである。

この規定の趣旨は，固定資産の会計をあくまで取得原価主義の枠内にとどめることにある。戻入れによる資産の増額は，過去の切り下げ額の修正であって，評価益の計上ではない。当初の減価償却を継続していた場合の帳簿価額を上回ることになるような戻入れは，評価益の計上になり，取得原価主義に反する。この規定に基づく減損の戻入れ額の計算例が，章末に演習問題［4］として提示されている。

⑷　戻入れの会計処理

減損の戻入れの会計処理は，当該資産が歴史的原価で評価されているか，再評価によって評価増されたものであるかによって相違する。いま有形固定資産について当期に認識される減損の戻入れ額が840である場合の会計処理は次のとおりである。

① 歴史的原価で評価されている資産について認識された減損の戻入れは，その期の損益計算書に利益として計上する。

（借）有形固定資産　840　　（貸）減損の戻入れ額　840

② 再評価により評価増されている資産について認識された減損の戻入れは，再評価剰余金の増加として会計処理する。

（借）有形固定資産　840　　（貸）再評価剰余金　840

なお同一資産に関し，過去に計上された減損額（500と仮定する）を超えて再評価による増額（840と仮定する）が行われる場合は，次のような仕訳により，減損額をすべて戻入れたうえでの超過額が再評価剰余金として計上される。

（借）有形固定資産　840　　（貸）減損の戻入れ額　500
　　　　　　　　　　　　　　　　　再評価剰余金　340

⑸　資金生成単位に関する減損の戻入れ

ある資金生成単位について過去に認識された減損の戻入れを行う場合に，その戻入れ額を資金生成単位中の個別資産へと配分するためのルールは次のとおりである。

① 戻入れ額はのれん以外の資産へ各帳簿価額を基礎として比例配分する。しかし減損の戻入れを行った結果として，どの個別資産も，決定可能な場合の回収可能価額，および減損を認識することなく当初の予定どおりに減価償却した場合の帳簿価額のいずれをも超えてはならない。この制約条件のゆえに配分しきれなかった減損戻入れ額は，その資金生成単位中ののれん以外の資産へ比例配分される。

② のれんについていったん認識された減損損失を，その後の年度で戻入れることは禁止されている。

8 開 示

減損の認識や戻入れを行った場合は，それが表示されている財務諸表上の表示項目名とその金額を，資産の種類別に開示しなければならない。セグメント報告を行うべき企業は，これをセグメント別に開示しなければならない。

当期中に認識や戻入れを行った減損損失のそれぞれについて，原因・金額・資産種類や所属セグメントのほか，回収可能価額そのものと，それが使用価値と売却費用控除後公正価値のいずれであるかも併せて開示する。この回収可能価額が，売却費用控除後公正価値である場合は，その測定値が分類される公正価値ヒエラルキーのレベルを開示し，それがレベル2か3であれば，評価技法と主要仮定（割引率など）も追加開示する。使用価値である場合は，適用した割引率を開示する。

のれんや耐用年数を確定できない無形資産であって，資金生成単位に配分された金額に重要性がある場合は，減損損失の認識や戻入れを行ったか否かにかかわらず，資金生成単位の回収可能額の算定基礎に関する開示が要求される。

日本基準との比較

本基準書に対応する日本基準は，企業会計審議会が2002年に制定し2005年4月以降に開始する年度から適用されている「固定資産の減損に係る会計基準」である。日本基準は，その制定過程においてIAS36の規定内容にも十分な配慮が行われたため，細部で若干の差異がみられるものの，次の2点を除いて，基本的には両基準間に大きな相違はない。

第1の差異は，減損損失の計上の検討が必要となる状況である。IAS36では，減損の兆候がみられれば，帳簿価額と回収可能価額を比較して，減損損失の計上の要否を検討しなければならない。しかし日本基準では，減損の兆候がみられても，割引前キャッシュ・フローが帳簿価額を下回らない限り，回収可能価額の算定へと手続を進める必要はない。

第2に，IAS36が所定の場合に，のれん以外の資産について減損の戻入れを要求するのに対し，日本基準では減損の戻入れは禁止されている。その主たる理由は，①減損損失の認識と測定は，減損の存在が相当程度確実な場合に限って行われたものであること，②戻入れには，将来キャッシュ・フローの再度の測定など，事務的な負担を増大させるおそれがあることである。

キーワード

減損＝資産の帳簿価額が回収可能価額を上回る状態。
回収可能価額＝資産の売却費用控除後公正価値と使用価値のいずれか高い金額。
使用価値＝資産の継続的使用と，その耐用年数の最後における処分によって，流入すると予測される見積将来キャッシュ・フローの現在価値。
売却費用控除後公正価値＝取引の知識がある自発的な当事者の間での独立第三者間取引条件による資産の売却から得られる金額から，処分費用を控除したもの。
資金生成単位＝継続的使用からのキャッシュ・インフローを生成するものとして識別することができる最小単位の資産グループで，他の資産または資産グループから大部分は独立しているようなキャッシュ・インフローを生成するもの。
全社資産＝特定の資金生成単位に属することなく，企業全体の将来キャッシュ・フローの生成に貢献する資産であって，のれん以外のもの。

演習問題

［1］ 次に示すのは，当社が保有する土地Xと土地Yに関するデータである。当社は公正価値による土地の再評価は行っていない。

	取得原価	20x1年期末		20x2年期末		(単位：百万円)
		正味売却価額	使用価値	正味売却価額	使用価値	
土地X	1,000	1,200	1,100	800	900	
土地Y	1,400	1,000	1,300	1,600	1,500	

これらの土地について，20x1年および20x2年ともに減損の発生の兆候があり，A社は減損テストを行った。土地Xと土地Yのそれぞれについて，20x1年および20x2年に計上すべき減損損失または減損の戻入れはいくらか。

（正解）

20x1年　土地X：減損損失　ゼロ，土地Y：減損損失　100

20x2年　土地X：減損損失　100，土地Y：減損戻入れ　100

（解説）

20x1年

土地X：帳簿価額　1,000　回収可能価額　1,200　→　減損損失　ゼロ

土地Y：帳簿価額　1,400　回収可能価額　1,300　→　減損損失　100

20x2年

土地X：帳簿価額　1,000　回収可能価額　900　→　減損損失　100

土地Y：取得原価　1,400　帳簿価額　1,300　回収可能価額　1,600

→　減損戻入れ　100（過去に計上した減損損失額が戻入れの上限）

［2］ 当社は，第1年度期首に取得した有形固定資産2,000およびのれん1,000を取得し，有形固定資産について耐用年数を15年，残存価値をゼロとして定額法で減価償

却してきた。のれんの償却は行っていない。第４年度末で減損の兆候が生じているので，両者が一体となって構成される資金生成単位の回収可能価額を見積ったところ，1,360と評価された。有形固定資産およびのれんのそれぞれについて，認識すべき減損損失の金額はいくらか。

（正解）有形固定資産　107　　のれん　1,000

（解説）

有形固定資産の帳簿価額：取得原価2,000－2,000×（４/15）＝1,467

資金生成単位の帳簿価額：有形固定資産1,467＋のれん1,000＝2,467

資金生成単位の減損損失：帳簿価額2,467－回収可能額1,360＝1,107

減損損失ののれんへの優先配分額：1,000　残額107は有形固定資産へ配分

［３］　20x0年末に当社はＺ社の全体を3,000で買収した。Ｚ社はＡ・Ｂ・Ｃという３つの資金生成単位を有しており，それぞれの公正価値は1,200と800と400である。したがって当社はＺ社に関して600（すなわち3,000－2,400）ののれんを計上した。しかし20x5年末に至り，資金生成単位Ａに重要な損失が生じ，その回収可能価額は1,400と見積られている。またＺ社全体を資金生成単位とした場合の回収可能価額の見積額は3,500である。他方，20x5年末の帳簿価額はＡが1,300，Ｂが1,200，Ｃが800,のれんが450で，合計額は3,750である。

①Ｚ社の取得時の公正価値の割合に応じて，のれんを合理的に配分することができる場合，および②のれんの全体を合理的な方法で完全には配分できない場合のそれぞれにおいて，20x５年末に計上すべき減損損失はいくらか。

（正解）①の場合：125　　②の場合：250

（解説）

①20x5年末ののれんの残高（450）を，取得時の公正価値の割合に応じて配分した場合の３つの資金生成単位の帳簿価額は次のとおりである。

		A	B	C	計
20x0年末	公正価値	1,200	800	400	2,400
	構成割合	50%	33%	17%	100%
20x5年末	帳簿価額	1,300	1,200	800	3,300
	のれん配分額＊	225	150	75	450
のれん配分後の帳簿価額		1,525	1,350	875	3,750

＊のれんの総額450を公正価値の構成割合で按分。

このケースではのれんの全部が合理的な基準でそれぞれの資金生成単位に配分されているから，資金生成単位別の判定だけが行われる。Ａの帳簿価額（1,525）は回収可能価額（1,400）を上回るので，超過額（125）を減損として認識する。減額される資産

は，のれんである。

②の場合に，のれんを帰属させることができるのは，Z社全体を資金生成単位とした場合だけであるが，最初に，のれんを含めない資金生成単位Aの回収可能価額（1,400）と，同じくのれんを含まない帳簿価額（1,300）を比較する。したがってこの段階では減損は認識されない。次に，のれんを含めたZ社全体の回収可能価額（3,500）と，のれんを含む帳簿価額（3,750）を比較し，250の減損を認識する。

［4］ 当社は第1年度の期首にA国で資産を買収し，2,000を有形固定資産として，また1,000をのれんとして財政状態計算書に計上したうえで，有形固定資産については耐用年数を15年，残存価額をゼロとして定額法で減価償却してきた。のれんは償却しない。第4年度末に至り，有形固定資産について107の減損を認識して帳簿価額を1,360に減額し，のれんについては1,000の減損を認識して帳簿価額をゼロとした。しかし第6年度末に至り，A国の資産から構成される資金生成単位の回収可能価額が1,710と評価されるようになったので，減損の戻入れの会計処理を行う。その金額はいくらか。

（正解）減損の戻入れ額　87

（解説）

2年分の償却費：減損後の帳簿価額1,360÷残りの耐用年数11年×減価償却年数2年
＝247

第6年度末の帳簿価額：第4年度末簿価1,360－2年分の減価償却247＝1,113

回収可能価額1,710が帳簿価額1,113を上回る597のうち，減損の戻入れとして会計処理できるのは，過去に減損を認識することなく当初の予定どおりに減価償却を継続したと仮定した場合に，現時点で記録されていたであろう帳簿価額に達するまでの額だけである。その金額は次の計算により87と算定される。

当初の減価償却を継続した場合の第6年度末現在における歴史的原価

第6年度末	有形固定資産
歴史的原価	2,000
減価償却累計額（2,000×6年/15年）	(800)
減価償却後の歴史的原価	1,200
減損の戻入れ前の帳簿価額	1,113
差引	87

［桜井　久勝］

IAS 37 : Provisions, Contingent Liabilities and Contingent Assets

24 引当金，偶発負債および偶発資産

目的と適用範囲

1 目的

本基準書の目的は，引当金，偶発負債および偶発資産に関して，適切な認識と測定の方法が適用されることにより，財務諸表利用者がそれらの内容を的確に理解できるように，財務諸表の本体と注記において十分な情報が提供されるようにすることである。

2 適用範囲

本基準書は，引当金，偶発負債および偶発資産の会計処理と開示について適用されなければならないが，次の項目には適用されない。第1は，未履行の契約（当事者のいずれもが債務をまったく履行していない契約，もしくは当事者双方が債務を同程度に部分的にのみ履行している契約）に起因するものである。第2に，次のような他の会計基準で規定される引当金にも適用されない。すなわち，法人所得税（IAS12），リース（IFRS16），従業員給付（IAS19），保険契約（IFRS17），企業結合（IFRS 3），収益認識（IFRS15）が規定する引当金には適用されない。

会計基準の内容

1 引当金の認識

(1) 引当金を認識する要件

引当金（provision）とは，時期または金額が不確実な負債のことであり，次の3条件がすべて満たされた場合に認識する。これらの条件が満たされない場合は，引当金を認識してはならない。

① 過去の事象（義務発生事象という）の結果として，現在の法的義務（legal obligation）または推定的義務（constructive obligation）が存在する。

② その義務を決済するために，経済的便益を有する資源の流出が必要となる可能性が高い。

③　その義務の金額について，信頼性がある見積りを行うことができる。

要件①の**法的義務**とは，契約，法律の制定，または法律のその他の運用に起因して生じた義務である。また，**推定的義務**とは，企業みずからの行動によって発生した義務であり，(a)企業が特定の責任を負うことを他の当事者に表明しており（その表明方法としては，確立された過去の実務慣行，公表されている政策，極めて明確な最近の文書などがある），(b)その結果として，企業がその責任を果たすであろうという正当な期待を他の当事者に抱かせることになっているような義務をいう。

現在の債務が存在するかどうか明らかでない場合は，すべての利用可能な証拠を考慮したうえで，現在の義務が報告期間の末日に存在する可能性の方が，存在しない可能性よりも高いならば，過去の事象が現在の義務を生じさせているものとみなされる。たとえば，訴訟において，ある事象が生じたかどうか，またはその事象が現在の義務を生じさせているかどうかが問題になる可能性がある。そのような場合，すべての利用可能な証拠を考慮して，報告期間の末日に現在の義務が存在するかどうかを判断することになる。ここで考慮される証拠には，報告期間後の事象によって提供される追加的な証拠も含まれる。

それらの証拠に基づいて，報告期間の末日に現在の義務が存在する可能性の方が高い場合には，引当金を計上する。しかし，報告期間の末日に現在の義務が存在しない可能性の方が高い場合には，経済的便益を有する資源の流出の可能性がほとんどない場合を除いて，引当金の計上ではなく，偶発負債に関する開示を行うことになる。

(2)　過去の事象

現在の義務を引き起こす過去の事象のことを**義務発生事象**（obligating event）という。ある事象が義務発生事象であるためには，その事象によって生じた義務を決済すること以外に現実的な選択肢がないことが必要である。これに該当するのは，①義務の決済を法律によって強制できる場合，または②推定的義務の場合において，その事象が，企業は義務を履行するであろうという妥当な期待を他の当事者に生じさせている場合だけである。

引当金が計上されるのは，企業の将来活動とは独立して存在する過去の事象から生じた義務に関してだけである。たとえば環境破壊への罰金や浄化の義務がその例である。他方，企業は商業的圧力や法律の要請によって，将来において特定の方法で営業活動をするための支出を求められる場合がある。排煙濾過装置の取付けがその例である。しかし，企業は将来の行動によってそのような将来の支出を回避することが可能であるため，その将来の支出に関して現在の義務を有してはおらず，したがって引当金は計上されない。

なお，直ちには義務を生じさせないような事象であっても，法律の変更や企業の行動によって推定的義務が生じることにより，後日に義務が生じる可能性がある。また，提案中の新しい法律の詳細がまだ確定していない場合には，その法律が制定されることが実質的に確実である場合にのみ義務が生じることになる。法律の制定をめぐる状況は個々に異なるから，制定を実質的に確実にさせる単一の事象を特定することは不可能であり，多くの場合，法律が実際に制定されるまでは，法律の制定が実質的に確実であるとはいえない。

(3) 経済的便益を有する資源の流出の可能性

負債が認識の要件を満たすためには，現在の義務の存在だけでなく，義務を決済するために経済的便益を有する資源が流出する可能性が高いことも必要である。なお，本基準書では，ある事象が生じる可能性の方が生じない可能性よりも高ければ，ある事象が生じる「可能性が高い（probable）」とみなされる。つまり，ここで，「経済的便益を有する資源の流出の生じる可能性が高い」とは，経済的便益を有する資源の流出の生じる確率の方が，生じない確率よりも高い場合のことを意味する。

製品保証や類似の契約のように同種の義務が多数ある場合，経済的便益を有する資源の流出が決済において必要とされる可能性は，同種の義務全体を考慮して決定される。つまり，ある１つの項目について流出の可能性が低い場合であっても，同種の義務全体としてみた場合に，その決済のために資源の流出が生じる可能性が高いのであれば，引当金が認識されることになる。

(4) 義務についての信頼可能な見積り

見積りの使用は，財務諸表の作成には不可欠なものである。そのため，見積りを使用することによって財務諸表の信頼性が損なわれるようなことはない。これは財政状態計算書の他の項目よりも不確実な性質を有する引当金の場合に，特によく当てはまる。極めて稀な例外を除いて，企業は起こりうる結果の範囲を見極めることができるため，引当金の認識に使用するのに十分に信頼可能な見積りを行うことは可能である。信頼可能な見積りができないという極めてまれな場合には，認識できない負債が存在することになる。そのような場合，その負債は偶発負債として開示されることになる。

2 偶発負債

偶発負債（contingent liability）とは，次のいずれかに該当する義務をいう。すなわち，①過去の事象から発生する可能性のある義務のうち，企業が完全には統制できない将来の１つ以上の不確実な事象の発生もしくは不発生によってのみ，その存在が確認されるもの，または②過去の事象により生じた現在の義務ではあるが，その義務の決済のために，経済的便益をもつ資源の流出が必要となる可能性が高くないか，または義務の金額が十分な信頼性をもって測定できないという理由で，引当金には計上されないものである。

偶発負債は引当金の計上の要件を満たさないため，企業はこれを認識してはならない。ただし，経済的便益を有する資源の流出の可能性がほとんどない場合を除いて，その内容は開示される。

偶発負債は当初想定されていなかった方向に展開する可能性がある。そのため，経済的便益を有する資源の流出の生じる可能性が高くなっていないかどうかを判断するために，継続的な評価が必要とされる。偶発負債として扱われている項目について，経済的便益を有する資源の流出の生じる可能性が高くなった場合には，信頼性のある見積りを行うことができないという極めてまれな場合を除いて，経済的便益を有する資源の流出の生じる可能性の変化が生じた会計期間の財務諸表において引当金が計上されることになる。

3　偶発資産

偶発資産（contingent asset）とは，過去の事象から発生する可能性のある資産のうち，企業が完全には統制できない将来の１つ以上の不確実な事象の発生もしくは不発生によってのみ，その存在が確認されるもののことである。

偶発資産を認識すると，実現しない可能性がある収益を認識する結果になるため，偶発資産を認識してはならない。ただし，経済的便益が流入する可能性が高い場合には，その内容を偶発資産として開示することになる。また，経済的便益の流入が生じることが実質的に確実となった場合には，その変化が生じた会計期間の財務諸表において，関連する資産および収益が認識される。

4　引当金の測定

⑴　現在の義務を決済するために必要な支出額の最善の見積り

引当金として認識される金額は，報告期間の末日における現在の義務を決済するために必要な支出額の最善の見積り（best estimate）でなければならない。ここでの最善の見積りとは，報告期間の末日にその債務を決済するか第三者に移転するために，企業が合理的に支払うであろう金額である。

引当金として認識される金額をめぐる不確実性については，その状況によってさまざまな方法で処理される。測定される引当金が母集団の大きな項目と関係している場合，すべての起こりうる結果をそれぞれの関連する確率で加重平均することによって，期待値を見積る。一方，単一の義務について測定する場合には，最も起こりうる可能性が高い結果が，負債の最善の見積りになる。ただし，このような場合であっても，企業は起こりうる他の結果を検討する必要があり，他の起こりうる結果の大部分が最も起こりうる結果よりも高い（低い）場合には，最善の見積りはより高い（低い）金額となる。

⑵　リスクと不確実性の考慮

多くの事象や状況に必然的に関連するリスクおよび不確実性は，引当金の最善の見積りに到達する過程で考慮に入れなければならない。ここでリスクとは，結果の変動性のことをいう。リスクの調整は，測定される負債の金額を増加させる可能性があるため，収益や資産を過大評価したり，費用や負債を過小評価したりしないように，不確実性のある状況下で判断を下す際には注意が必要である。ただし，不確実性は，過大な引当金の設定や負債の意図的な過大計上を正当化するものではないから，リスクと不確実性を重複して調整することによって引当金を過大評価することにならないよう留意する必要がある。

⑶ 貨幣の時間的価値の影響

貨幣の時間的価値の影響に重要性がある場合には，引当金の金額は義務を決済するために必要になると見込まれる支出の現在価値としなければならない。現在価値を求める際に用いられる割引率は，貨幣の時間的価値および負債に固有のリスクに関する現在の市場評価を反映した税引前の割引率でなければならない。この割引率には，将来キャッシュ・フローの見積りの中で修正されているリスクを反映してはならない。

⑷ 将来事象の反映

義務を決済するために必要となる金額に影響を与える可能性のある将来の事象は，それが発生するであろうという十分に客観的な証拠が存在する場合には，引当金の金額に反映しなければならない。たとえば，既存の技術を採用する際，経験の増加によって予想されるコストの削減については，引当金の金額に反映することが適切である。一方，全く新しい技術の開発については，十分に客観的な証拠によって裏づけられる場合を除いて，引当金の金額には反映させない。なお，予想される資産の処分からの利益については，引当金の測定において考慮してはならない。

⑸ 他社からの補塡

引当金を決済するために必要な支出額の一部または全部が保険契約などによって他社から補塡されると見込まれる場合には，企業が義務を決済すれば補塡が受け取られるということが実質的に確実である場合のみ，その補塡を認識しなければならない。その補塡は別個の資産として処理する必要があり，認識される金額は引当金の金額を超えてはならない。なお，包括利益計算書において，引当金に関連する費用は，補塡について認識された金額を控除した正味の金額で表示することができる。

⑹ 引当金の変動と使用

引当金は各報告期間の末日に再検討され，新たな最善の見積りを反映するように修正しなければならない。もし義務を決済するために経済的便益を有する資源の流出が必要となる可能性が高くなくなった場合には，引当金を戻し入れなければならない。割引計算が使用されている場合には，引当金の帳簿価額は，時間の経過を反映して毎期増加することになるが，この増加分は借入コストとして認識する。

引当金の使用は，その引当金を当初に認識した対象である支出に対してだけに限定されなければならない。これは，別の目的のために認識した引当金に対して支出を割り当てると，誤った相殺により２つの異なる事象の影響が隠されてしまうからである。

5　引当金の認識および測定に関する個別論点

⑴　将来の営業損失

将来の営業損失は，負債の定義および引当金についての前述の計上要件を満たしていないため，これに関して引当金を認識してはならない。なお，将来の営業損失が予想されるということは，営業用資産に減損が生じている可能性を示すものである。したがって企業は，IAS36号「資産の減損」に基づいて，営業用資産の減損テストを行うことになる。

⑵　不利な契約

不利な契約（onerous contract）とは，契約による義務を履行するための避けられないコストが，その契約のもとで得られると予想される経済的便益を上回る契約のことである。なお，ここで契約上の避けられないコストとは，契約から解放されるための最小の正味コストを反映するものであり，それは契約を履行するためのコストと，契約を履行できなかったために負担する補償または違約金のいずれか低い方である。企業がこのような不利な契約を結んでいる場合，その契約のもとでの現在の義務を引当金として認識し，測定しなければならない。

⑶　リストラクチャリング

リストラクチャリング（restructuring）とは，経営者が立案し統制している計画であって，企業が従事する事業の範囲または事業を運営する方法について，重要性がある変更を行うものである。具体的には，事業部門の売却や撤退，ある地域の事業処理閉鎖，経営組織構造の変更などがその例である。

リストラクチャリング費用に関する引当金は，引当金に関する前述の計上要件が満たされたときにのみ認識される。このとき，リストラクチャリングに関する推定的義務は，次の両方に該当する場合にのみ生じると判断される。

① リストラクチャリングについて，少なくとも次の事項を明確にした詳細な公式の計画を，企業が有していること。⒜関係する事業または事業の一部，⒝影響を受ける主たる事業所，⒞雇用契約の終了に対して補償される従業員の勤務地，職種，および従業員数，⒟負担する支出，および⒠計画が実施される時期，がそれである。

② 企業がリストラクチャリングを実行するであろうという妥当な期待を，影響を受ける人々に対してもたらしていること。これは，計画を実施し始めるか，または計画の実施により影響を受ける人々に対してその計画の主要な特徴を発表することから生じる。

事業の売却については，企業がその事業の売却を確約するまで（拘束力のある売却契約を結ぶまで），事業の売却に関する義務は生じない。たとえ事業を売却する決定を下し，その決定を公表したとしても，購入者が特定され，拘束力のある売却契約が結ばれるまでは，事業の売却が確約されたとはいえない。ただし，事業の売却がリストラクチャリングの一部にすぎない場合には，拘束力のある売却契約が結ばれる前にリストラクチャリングの他の部分に関して推定的義務が生じている可能性がある。

リストラクチャリング引当金については，リストラクチャリングから生じる直接的な支出額のみが含まれる。それはリストラクチャリングに必然的に伴うものであり，かつ，企業の継続的な活動とは関連がないものでなければならない。

6 開 示

(1) 引当金に関する開示

引当金の種類ごとに，企業は以下の事項を開示しなければならない。すなわち，①期首と期末の引当金の帳簿価額，②当期中の引当金の増加額（既存の引当金の増加を含む），③当期中の使用額（当期中に発生し，引当金と相殺された金額），④当期中に未使用で取崩した金額，⑤割引後の金額について，時の経過から生じた当期中の割引額の増加額および割引率の変更による影響がそれである。ただし比較情報を開示する必要はない。

また，企業は引当金の種類ごとに，次の事項についても開示しなければならない。①義務の内容に関する簡単な説明および経済的便益の流出が生じると予想される時期，②それらの流出の金額または時期についての不確実性の指標，および③予想される補塡額がそれである。

(2) 偶発負債に関する開示

決済における流出の可能性がほとんどない場合を除いて，企業は報告期間の末日時点における偶発負債の種類ごとに，その内容についての簡単な説明と，可能な場合には，①偶発負債の財務的な影響の見積り，②流出の金額または時期についての不確実性の指標，および③補塡の可能性を開示しなければならない。

(3) 偶発資産に関する開示

経済的便益の流入が生じる可能性が高い場合，企業は報告期間の末日時点における偶発資産の内容についての簡単な説明と，可能な場合には，財務的影響の見積り額を開示しなければならない。

なお，偶発負債および偶発資産について開示が要求されている情報について，開示することが不可能であるために開示していない場合には，その旨を記載しなければならない。

また，極めて稀にではあるが，引当金，偶発負債および偶発資産に関して開示が要求されている情報の一部または全部を開示することが，引当金，偶発負債または偶発資産の対象事項に関する他の当事者との係争において，企業の立場を著しく害すると予想されることがある。このような場合，企業はその情報について開示する必要はない。ただし，情報が開示されていないという事実および理由とともに，係争についての全般的な内容を開示する必要がある。

日本基準との比較

日本では，IAS37号に対応する個別の会計基準は定められておらず，引当金については，企業会計原則の注解18において，その定義が示されている。そこでは引当金について，①将来の特定の費用または損失であること，②その発生が当期以前の事象に起因していること，③発生の可能性が高いこと，④その金額を合理的に見積ることができること，という4つの設定要件が定められており，これらの4要件がすべて満たされる場合にのみ，引当金が計上されることになる。

IAS37号との間の相違点については，まず，引当金の認識について，IAS37号では現在の義務を有していることを要件としているのに対し，日本基準では将来の特定の費用または損失であることのみを要件としており，現在の義務の有無については要求していない。たとえば，日本基準のもとでは，次期以降に行う予定の修繕に係る支出に備えるために修繕引当金が認識されることになる。一方，IAS37号のもとでは，修繕が必要な資産を取り替えること等により企業は将来の修繕に係る支出を回避することができるため，修繕費用に関する現在の義務を有してはおらず，修繕引当金を認識することができない。

引当金の測定については，IAS37号が現在の義務を決済するために必要な支出額の最善の見積りによるものとし，その際にリスクと不確実性を考慮することや貨幣の時間的価値の影響が重大である場合にその影響を反映させることなどの詳細な規定を設けている。一方，日本基準では，引当金の金額を合理的に見積ることができる場合に当期の負担に属する金額を当期の費用または損失として引当金に繰り入れる旨が規定されているが，具体的な測定方法については明示されていない。

また，IAS37号では不利な契約やリストラクチャリングについて個別に詳細な規定を設けているが，日本基準ではこれらについての個別の規定は存在しない。

偶発負債および偶発資産については，IAS37号ではそれぞれについて詳細な規定を設けている一方，日本基準では，偶発負債に関して，企業会計原則および財務諸表規則において受取手形の割引高または裏書譲渡高，保証債務等の偶発債務について貸借対照表での注記を求めているものの詳細な規定はなく，偶発資産に関しては規定が存在しない。

なお，企業会計基準委員会では，2009年9月に国際基準とのコンバージェンスに向けて「引当金に関する論点の整理」を公表している。この論点整理では，引当金の認識要件や測定方法を中心に，定義と基準の適用範囲，開示などの論点が示されている。

キーワード

引当金＝時期または金額が不確実な負債。
法的義務＝契約，法律の制定または法律のその他の運用から生じる義務。
推定的義務＝確立された過去の実務慣行，公表された指針または十分に具体的な最新の声明によって企業が特定の責任を負うことを他の当事者に示しており，その結果，企業はそれらの責任を果たすという妥当な期待を他の当事者に対して生じさせているような企業の行動から生じる義務。

義務発生事象＝現在の義務を引き起こす過去の事象。

偶発負債＝過去の事象から発生する可能性のある義務のうち，企業が完全には統制できない将来の1つ以上の不確実な事象の発生もしくは不発生によってのみ，その存在が確認されるもの，または過去の事象により生じた現在の義務ではあるが，その義務の決済のために，経済的便益をもつ資源の流出が必要となる可能が高くないか，または義務の金額が十分な信頼性をもって測定できないために認識されないもの。

偶発資産＝過去の事象から発生する可能性のある資産のうち，企業が完全には統制できない将来の1つ以上の不確実な事象の発生もしくは不発生によってのみ，その存在が確認されるもの。

演習問題

［1］ 次の文章のうち，引当金を認識する必要があるものをすべて選びなさい。

a．当社は環境保護に関する法律のない国で行われている資源の採掘事業において汚染を発生させているが，自社の環境保護行動に関する指針の中で，発生した汚染を取り除く責任を負う旨を広く公表している。なお，当社はこれまでこの指針を守っている実績がある。

b．3月末決算の当社は，1月の取締役会において販売不振が続く食品関連の事業部門からの撤退を決議し，この事業部門からの撤退に関する詳細な公式の計画についても認められた。当社は直ちに関係する顧客や供給業者，当該事業部門の従業員にその内容を伝達し，今後の取引の中止に関する通知および従業員への解雇通知を送付した。

c．当社が撤退を始めた事業部門について，次期以降に営業損失が発生することが判明した。なお，当該営業損失の発生について不利な契約との関連性はない。

d．製造業を営む当社は，自社工場の安全を確保するために，工場建物の外壁および内装について3年ごとに修繕を行っている。

e．当社に対する損害賠償を求めて提起された訴訟について，当社側に責任はないとして訴訟内容に異議を唱えている。しかし，その後の過程において，専門家の意見等のすべての利用可能な証拠を考慮した結果，当社に責任ありとの判断が下される可能性が高いことが判明した。

（正解） a，b，e

（解説） a，b：土地の汚染や取引先および従業員への通知が義務発生事象であって推定的義務を有しており，義務を決済するために経済的便益を有する資源の流出が必要となる可能性が高いため。c：将来の営業損失に対しては引当金を認識しない。d：修繕に係る支出は企業の将来の行動によって避けることができるため，現在の義務を有していない。e：すべての利用可能な証拠を考慮すると現在の義務を有しており，義務を決済するために経済的便益を有する資源の流出が必要となる可能性が高いため。

［2］ 製造業を営むA社は，自社製品の販売に際し，顧客に対して購入後6カ月以内に製造上の欠陥が明らかになったものについての修理費用を負担することを保証している。もし販売したすべての製品から軽微な欠陥が発見された場合には，修理費用は500万円発生し，販売したすべての製品から重大な欠陥が発見された場合には，修理費用は3,000万円発生する。企業Aの過去の経験と将来の予測によると，販売された製品の85%には欠陥がなく，12%には軽微な欠陥があり，3%には重大な欠陥があると見込まれる。このとき，企業Aが計上する必要のある製品保証引当金の金額はいくらか。

（正解）150万円

（解説）引当金の金額は，すべての起こりうる結果を関連する確率で加重平均した期待値により見積られるため，以下のように算定される。

引当金の金額：（0×85%）＋（500万円×12%）＋（3,000万円×3%）＝150万円

［3］ 次の記述のうち，正しいものを選びなさい。

a．法律の変更が推定的義務を生じさせる場合，新しい法律が提案された時点で初めて義務が生じることになる。

b．偶発負債は，経済的便益を有する資源の流出が生じる可能性が高くなっていないかどうかを判断するために継続的に評価する必要がある。

c．貨幣の時間的価値の影響を引当金の金額に反映させる際の割引計算では，将来キャッシュ・フローの見積りにおいて調整されたリスクを反映しなければならない。

d．引当金，偶発負債および偶発資産に関して開示が要求されている事項について，その事項を開示することが他者との係争において自社の立場を著しく害すると予想される場合であっても，企業はその事項について開示しなければならない。

（正解） b

（解説） a：多くの場合，法律が制定されることによって義務が生じる。c：将来キャッシュ・フローの見積りにおいて調整されたリスクを反映してはならない。d：そのような場合，企業はその事項について開示する必要はない。ただし，開示されていないという事実および理由とともに，係争についての全体的な内容を開示する必要がある。

［石井　孝和］

IAS 38 : Intangible Assets

25 無形資産

目的と適用範囲

1 目的

本基準書の目的は，他の基準で具体的に取り扱っていない無形資産に関する会計処理を定めることである。すなわち，特定の要件を満たす場合にのみ，企業に無形資産の認識を求め，また，無形資産の帳簿価額の測定方法を明確にするとともに，無形資産に関する特定の開示も要求している。

2 適用範囲

本基準書は，無形資産の会計処理に適用される。本基準書が適用されないのは，(a)他の基準書の範囲に含まれる無形資産，たとえば販売目的や売却目的で保有する無形資産（IAS 2号，IFRS 5号），繰延税金資産（IAS12号），リース（IFRS16号），従業員給付から生じる資産（IAS19号），のれん（IFRS 3号），保険契約の範囲に含まれる契約および保険獲得キャッシュ・フローに係る資産（IFRS17号），売却目的で保有する非流動の無形資産（IFRS 5号），顧客との契約から生じた資産（IFRS15号）である。

なお，採掘産業における石油，ガスおよび鉱石の埋蔵資源の探査または開発および採掘に伴う支出の会計処理（IFRS 6号）や保険契約の場合に本基準書の適用範囲からの除外が行われる場合がある。

会計基準の内容

1 無形資産の定義と認識基準

無形資産（intangible assets）とは，物理的実体のない識別可能な非貨幣性資産をいう。たとえば，コンピューターのソフトウェア，特許権，著作権，映画フィルム，顧客リスト，モーゲージ・サービス権，漁業免許，輸入割当，フランチャイズ，顧客または仕入先との関係，顧客の忠誠心，市場占有率および販売権などがあげられる。

また，資産は一般に，過去の事象の結果として企業が支配し，そこから将来の経済的便益が企業に流入すると期待される資源をいう。したがって無形資産にも，識別可能性，資源に対する支配，将来の経済的便益の存在の３つが必要とされる。

⑴　識別可能性

無形資産の定義は，それをのれんと区別するため，識別可能性を要求している。これに対しのれんは，企業結合で取得した，個別に識別されず独立して認識されない資産から生じる将来の経済的便益を表す資産である。

IAS38号は，資産が次のいずれかの場合には識別可能であるとする。

(a)　分離可能である場合，すなわち，企業から分離または分割でき，かつ，企業にそうする意図があるかどうかに関係なく，個別にまたは関連する契約や識別可能な資産または負債とともに売却，譲渡，ライセンス，賃貸または交換ができる場合。

(b)　契約またはその他の法的権利から生じている場合（それらの権利が譲渡可能かどうかや，企業または他の権利および義務から分割可能なのかどうかは問わない)。

⑵　資源に対する支配

企業は，対象となる資源から生ずる将来の経済的便益を獲得するパワーを有し，かつ当該便益への他者のアクセスを制限できる場合に，その資産を支配しているといえる。企業が無形資産から生じる将来の経済的便益を支配できる能力は，法律上の権利によるところが大きいが，法律上の権利は必要条件ではない。法律上の権利がなくても将来の経済的便益を支配できる場合が，まれではあるが存在する。

⑶　将来の経済的便益の存在

無形資産から生じる将来の経済的便益には，製品またはサービスの販売による収益，コスト節減または企業による資産の使用によってもたらされるその他の利益が含まれる。たとえば，製造工程における知的財産の使用が，将来の収益の増加ではなく将来の製造原価の減少となる場合がある。

したがってある項目を無形資産として認識するためには，それが前述の無形資産の定義に合致すると同時に，本基準書が規定する認識基準を満たしていなければならない。

IAS38号は，無形資産の認識に関し，企業は無形資産を次の２条件を満たす場合に限って認識しなければならないと規定している。

(a)　資産に起因する，期待される将来の経済的便益が企業に流入する可能性が高く，かつ，

(b)　資産の取得原価を信頼性をもって測定することができる。

なお，企業は，期待される将来の経済的便益の可能性の高さの評価を，資産の耐用年数にわたって存在するであろう経済状況の組合せに関する経営者の最善の見積りを表す合理的で裏付け可能な仮定を用いて行わなければならない。

IAS38号では，無形資産は取得原価で当初測定しなければならないと規定している。

2 当初認識と費用処理

(1) 取得の方法別の取得原価

①個別に取得した無形資産は，その取得原価で測定する。無形資産の原価は，購入価格，輸入関税，還付されない消費税，および意図する利用のために資産を準備するための直接付随費用から構成される。

②企業結合の一部として取得した無形資産の場合は，取得原価は取得日現在の公正価値である。その資産が企業結合前に被取得企業の財務諸表に認識されていたかどうかは問わず，取得企業は，取得日時点で被取得企業のすべての無形資産をのれんと区別して認識する。

③取得した仕掛中の研究開発投資に関する事後の支出については，研究支出である場合や無形資産の認識基準を満たさない開発支出である場合は発生時に費用とするが，無形資産の認識基準を満たす開発支出である場合は，取得した仕掛中の研究または開発プロジェクトの帳簿価額に加算する。

④政府補助金による無形資産の取得については，企業は，取得時に無形資産および補助金の両方を公正価値により認識することを選択できる。もし，公正価値で当初認識しないことを選択する場合には，名目金額に資産をその目的に使用するための準備に直接必要とした支出を加算して当初認識する。このようなケースとして，たとえば，空港の発着権，ラジオやテレビ局の事業免許，輸入免許または割当枠その他の制約された資源へのアクセスに必要な権利のような無形資産を，政府が企業に移転または配分する場合が考えられる。

⑤交換により取得した無形資産の取得原価は，公正価値で測定される。取得した資産が公正価値で測定されない場合には，取得原価は引き渡した資産の帳簿価額で測定する。

(2) 自己創設無形資産の取得原価

自己創設無形資産の取得原価は，その資産の生成，製造およびその資産を経営者が意図する方法により稼働可能にするための準備に必要な，直接起因する原価のすべてで構成される。

たとえば，(a)無形資産の創出に使用または消費した材料やサービスの原価，(b)無形資産の創出から生じる従業員給付のコスト，(c)法的権利の登録手数料，(d)無形資産の創出に用いられる特許やライセンスの償却がそれである。

ただし次の金額は自己創設無形資産の取得原価の構成要素ではない。(a)無形資産を利用可能な状況とするために直接関係しないような販売・管理およびその他の全般的な間接的支出や，(b)識別された非能率ロスおよび資産が計画した稼働に至るまでに発生した当初の操業損失。(c)資産の操業に必要な職員の訓練に関する支出。

⑶　費用処理

無形項目に関する支出は，⒜無形資産の認識基準を満たして取得原価の一部を構成する支出，⒝企業結合で取得され，無形資産として認識することができないもの（のれんとして認識される金額の一部を構成する）を除き発生時に費用として処理しなければならない。

たとえば，開業準備活動に関する支出（開業準備費用）でIAS16号により有形固定資産の取得原価に含まれないもの，訓練活動に関する支出，広告宣伝および販売促進活動に関する支出，企業の一部または全体の移転または組織変更に関する支出などがそれである。

また，企業が過去にいったん費用として処理した支出を，後日になって，無形資産の取得原価の一部として認識してはならない。

3　内部創出の無形資産

⑴　自己創設のれん

企業がある種の支出を行った場合には，将来の経済的便益が生み出されることがある。そのような支出を**自己創設のれん**（internally generated goodwill）という。自己創設のれんは，信頼性をもって原価で測定できるような，企業が支配する識別可能な資源ではない（たとえば，分離可能でも契約その他の法的権利から生じたものでもない）ことから，資産として認識してはならない。また，いずれかの時点でも，企業の公正価値と企業の識別可能な純資産の帳簿価額との間の差異が，企業の支配している無形資産の原価を表すということはない。

⑵　自己創設無形資産

企業が無形資産の創出を目標として行った研究開発活動への支出は，次のような問題により資産認識の要件を満たすかどうかの評価が困難な場合がある。

⒜　期待される将来の経済的便益を生成する識別可能資産が存在するかどうか，またそれがどのような場合に存在するかを識別することに関する問題。

⒝　資産の取得原価を自己創設のれんと区別しつつ，信頼性をもって決定することに関する問題。

このような困難性をふまえ，IAS38号ではある支出が無形資産の認識基準を満たすかどうかを判定するため，研究開発活動を研究局面（research phase）と開発局面（development phase）の２段階に区別している。なお，企業が研究局面と開発局面とを区別することができない場合は，企業はそのプロジェクトの支出のすべてを研究局面において発生したものとして処理する。

⑶　研究局面

研究局面で生じた支出はすべて費用として処理する。**研究**とは，新規の科学的または技術的な知識や理解を得る目的で実施される基礎的で計画的調査をいい，たとえば次のようなものがある。(a)新知識の獲得を目的とする活動，(b)研究成果または他の知識の応用の調査，評価および最終的選択，(c)材料，装置，製品，工程，システムまたはサービスに関する代替的手法の調査，(d)新規のまたは改良された材料，装置，製品，工程，システムまたはサービスに関する有望な代替的手法についての定式化・設計・評価および最終的選択などの活動がそれである。

(4) 開発局面

開発局面で生じる支出のうち，後述する6つの要件のすべてを企業が立証できる場合に限り，無形資産として認識しなければならず，それ以外の支出は発生時の費用とする。

ここでいう**開発**とは，商業ベースの生産または使用の開始前における，新規のまたは大幅に改良された材料，装置，製品，工程，システムまたはサービスによる生産のための計画または設計への，研究成果または他の知識の応用をいう。たとえば，(a)生産や使用の以前の，試作品やモデルに関する設計，建設およびテスト，(b)新規の技術を含んだ工具，治具，鋳型および金型の設計，(c)商業生産を行うには十分な採算性のない規模での，実験工場の設計，建設および操業，(d)新規のまたは改良された材料，装置，製品，工程，システムまたはサービスに関して選択した，代替的手法等についての設計，建設およびテストなどの活動がそれである。

このような開発局面で生じる支出については，企業が次の6つの要件のすべてを立証することができる場合に限り，無形資産として認識しなければならない。

(a) 使用または売却に利用できるように無形資産を完成させることの技術上の実行可能性。

(b) 無形資産を完成させて，さらにそれを使用するかまたは売却するという企業の意図。

(c) 無形資産を使用または売却できる能力。

(d) 無形資産が可能性の高い将来の経済的便益をどのように創出するのか。とりわけ企業は，無形資産による産出物または無形資産それ自体の市場の存在や，無形資産を内部で使用する予定である場合には，無形資産が企業の事業に役立つことを立証しなければならない。

(e) 無形資産の開発を完成させ，さらにそれを使用または売却するために必要となる，適切な技術上，財務上およびその他の資源の利用可能性。

(f) 開発期間中の無形資産に起因する支出を，信頼性をもって測定できる能力。

なお，内部で創出されるブランド・題字・出版表題・顧客リストおよび実質的にこれらに類似する項目を，無形資産として認識してはならない。これらに関する支出は，事業全体を発展させるコストと区別ができない。したがって，これらの項目を無形資産として認識することはできない。

ここで，自己創設無形資産の取得原価を次のような例に基づいて考えよう。
新しい製造工程を開発中のある企業が，20X 5 年中に発生した支出はCU1,000であり，そのうちCU900は20X 5 年12月 1 日よりも前に発生し，CU100は20X 5 年12月 1 日から20X 5 年12月31日までの間に発生した。企業は，20X 5 年12月 1 日の時点で，この製造工程が無形資産としての認識規準を満たしたことを立証することができるものとする。

この場合，20X 5 年の期末時点で，その製造工程は，無形資産として，取得原価CU100で認識される。それは，認識規準を満たした日，すなわち，20X 5 年12月 1 日以降に発生した支出だからである。なお，20X 5 年12月 1 日以前に発生した支出CU900は，費用として認識される。

4　当初認識後の測定

IAS38号では，無形資産の認識後の測定方法として，取得原価モデル（cost model）と再評価モデル（revaluation model）のいずれかを選択することとしている。

(1)　取得原価モデル

取得原価モデルを採用した場合，無形資産はその取得原価から償却累計額および減損損失累計額を控除した金額で財政状態計算書（貸借対照表）に計上しなければならない。

(2)　再評価モデル

再評価モデルを採用した場合，無形資産は再評価日の公正価値から再評価日以降の償却累計額および減損損失累計額を控除した金額で財政状態計算書（貸借対照表）に計上しなければならない。再評価による公正価値は，**活発な市場**（active market）での価格を参照して測定しなければならない。

再評価モデルを用いて会計処理する場合は，同じ種類の他のすべての資産もまた，それらの資産に活発な市場がない場合を除き，再評価の対象としなければならない。再評価された無形資産と同じ種類の無形資産が，活発な市場が存在しないため再評価できない場合には，原価モデルを適用する。

いったん再評価モデルで再評価を行った場合は，その後の公正価値の変動に対応できるように十分な計画性をもって再評価を実施しなければならない。このため再評価の頻度は，再評価される無形資産の公正価値の変動の程度により異なる。公正価値が大幅かつ不安定に変動する可能性のある無形資産は，各年度で再評価する必要があるが，変動があまり大きくなければ，それほど高い頻度で再評価する必要はない。

再評価された無形資産の公正価値を活発な市場を参照して測定することがもはや不可能になった場合には，当該資産の帳簿価額は，活発な市場を参照した最後の再評価日における無形資産の再評価額から，その後の償却累計額および減損損失累計額を控除したものとする。なお，活発な市場の消滅は，その無形資産に減損の可能性があることを示唆している可能性がある。

(3) 再評価の会計処理

再評価の結果として無形資産の帳簿価額が増加する場合，その増加額を「その他の包括利益」に認識し，再評価剰余金として資本の部に表示する。ただし，その無形資産の再評価による減少額が過去に純損益に認識されていた場合には，この増加額は，その金額の範囲内で純損益に認識しなければならない。他方，再評価の結果として無形資産の帳簿価額が減少する場合には，その減少額は費用として認識しなければならない。ただし，過去の再評価により再評価剰余金が貸方に計上されている場合には，その金額の範囲内で再評価剰余金を減少させる。

5 無形資産の償却

(1) 耐用年数

企業は，無形資産の耐用年数を確定できるか否か，また確定できる場合には，その耐用年数の期間（または製品もしくは類似の構成単位の数）を判定しなければならない。関連するすべての要因の分析に基づいて，無形資産が企業に正味のキャッシュ・インフローをもたらすと期待される期間について予見できる上限がない場合には，企業は，その無形資産の耐用年数を確定できないものとみなさなければならない。

無形資産の耐用年数の決定には，次のような多くの要因の検討を要する。

(a) 企業が予定する使用方法，および他の管理者チームによる資産の有効な運営の可能性。

(b) その資産の典型的な製品ライフサイクル，および同様の用途に供される同様の資産の耐用年数の見積りに関して公表されている情報。

(c) 技術上，技術工学上，商業上またはその他の要因による陳腐化。

(d) 資産が稼働している産業の安定性，および資産から算出される製品またはサービスに対する市場の需要の変化。

(e) 競争相手または潜在的な競争相手の予想される行動。

(f) 資産からの期待される将来の経済的便益を獲得するために維持が必要となる支出の水準，およびその水準を達成するために必要な企業の能力と意図。

(g) 資産を支配する期間，および関係するリース契約の終了期限のような，資産の使用に関する法的または同様の制限。

(h) その資産の耐用年数が，企業の他の資産の耐用年数に依存するか否か。

契約その他法的権利から生じる無形資産の耐用年数は，契約その他の法的権利に基づく期間を超えてはならないが，企業がその資産の使用を予定する期間によっては，より短くなることがあり得る。契約その他の法的権利が，更新可能な限定された期間にわたって移転される場合には，多額のコストなしに企業がそれを更新できるという証拠がある場合に限り，無形資産の耐用年数に更新期間を含めなければならない。

(2) 耐用年数を確定できる無形資産

① 償却期間および償却方法

耐用年数を確定できる無形資産の償却可能額は，その資産の耐用年数にわたり規則的に配分しなければならない。償却は，その資産が使用可能となった時点，すなわち，その資産が経営者の意図した方法により稼働可能となるのに必要な場所および状態に置かれた時に開始しなければならない。

② 残存価額

無形資産の残存価格は，ゼロと推定しなければならない。ただし，(a)第三者がその資産を耐用年数の終了時に購入する約定があるか，または(b)資産に活発な市場が存在し，かつ，その市場を参照して残存価額の算定が可能であり，資産の耐用年数の終了時にもそのような市場が存在する可能性が高い場合は，この限りではない。

③ 償却の変更

償却期間と償却方法は，少なくとも各事業年度末に再検討しなければならない。見積耐用年数が従来の見積りと大きく相違する場合には償却期間を，資産に具現化された経済的便益の予測される消費のパターンに変化が生じた場合には償却方法を変更しなければならない。

これらの変更はIAS 8 号に従って，会計上の見積りの変更として会計処理する。

(3) 耐用年数を確定できない無形資産

耐用年数を確定できない無形資産は，償却してはならない。償却していない無形資産は，各期間に，事象および状況が，その無形資産の耐用年数を確定できないという判定を引き続き裏付けられているかどうかを再検討しなければならない。

(4) 帳簿価額の回収可能性と減損

企業は，無形資産が減損しているかどうかを判定するためにIAS36号を適用する。

(5) 除却および処分

無形資産はその処分時，または使用や処分から予定していた将来の経済的便益が期待できなくなった時点で，認識の中止をしなければならない。

6 開 示

(1) 全 般

企業は，無形資産の種類ごとに，自己創設無形資産とその他の無形資産とを区別して，次の事項を開示しなければならない。

(a) 耐用年数が確定できるか否か，確定できる場合には，採用している耐用年数や償却率。

(b) 耐用年数を確定できる無形資産について採用した償却方法。

(c) 期首と期末の，償却累計額控除前帳簿価額と償却累計額（減損損失累計額との合計）。

(d) 無形資産の償却額が含まれている包括利益計算書の表示科目。

(e) 期首から期末への帳簿価額の変動の調整表（取得・除却・処分・再評価・減損・償却など）。

無形資産の種類の例として，ブランド，題字と出版表題，コンピューター・ソフトウェア，ライセンスおよびフランチャイズなどがあげられる。

(2) 認識後に再評価モデルを用いて測定される無形資産

無形資産を再評価額で会計処理する場合，(a)無形資産の種類ごとの再評価実施日，再評価後の帳簿価額，原価モデルでの測定を仮定した場合の帳簿価額，および(b)期首と期末の再評価剰余金の金額の開示を行う。

(3) 研究開発費支出・その他の情報

企業は，期中に費用に認識した研究開発支出の合計額を開示しなければならない。現在使用中の償却済みの無形資産についての説明の情報を開示することを推奨するが要求はしない。

日本基準との比較

IAS38号と対比される日本基準は，企業会計審議会が1998年に制定した「研究開発費等に係る会計基準」，および企業会計基準委員会（ASBJ）による企業会計基準第23号『「研究開発費等に係る会計基準」の一部改正』である。

繰延資産については，企業会計基準委員会の実務対応報告第19号「繰延資産の会計処理に関する当面の取扱い」で規定されている。その他の一般的な無形固定資産については，企業会計原則の貸借対照表原則四（一）Bや五Eに規定がある。

企業会計基準委員会は，2009年12月に「無形資産に関する論点の整理」を公表し，IAS38号とのコンバージェンスを視野に入れて無形資産に関する包括的な会計基準の整備に向けて取り組みを続けてきた。そして，包括的な無形資産の会計基準の完成に伴って繰延資産を廃止する見通しも示されていた。しかし，市場関係者の間で意見が大きく分かれている状況にあるため，2013年5月時点で無形資産の会計基準化は当面見送り，これまでに示された意見や考え方を検討経緯として取りまとめることになった。

このため，日本基準では，当面の間，社内開発費を費用処理し，個別取得の仕掛研究開発についても費用処理が継続されるため，IAS38号との差異が残ることとなった。また，日本基準では，無形資産の当初認識後の評価として取得原価モデルのみ認められているのに対し，IAS38号では，原価モデルと再評価モデルの選択適用が認められていること，さらに，日本基準では地上権や借地権など一部を除いて無形資産を減価償却するのに対して，IAS38号は耐用年数を確定できない無形資産を非償却とする点についても差異が残されている。

キーワード

活発な市場＝そこで取引されるものが同質的であり，進んで売買を行おうとする当事者が通常はいつでも存在し，価格が一般に利用可能であるという３条件を満たす市場。

残存価額＝無形資産の耐用年数が到来し，耐用年数の終了時点で予想される当該資産の状態であったとした場合に，企業が当該資産を処分することにより現時点で得るであろう見積金額（処分費用の見積額を控除後）。

演習問題

［１］ 次のうち無形資産を認識するために必要な要件をすべて選びなさい。

ａ．物理的実体はないが識別可能である。

ｂ．その企業が資産を支配している。

ｃ．その企業が資産の法的権利を有している。

ｄ．将来の経済的便益がその企業に流入することが期待できる。

（正解） a　b　d

（解説）無形資産とは，物理的実体のない識別可能な非貨幣性資産をいう。無形資産の定義には，識別可能性，資源に対する支配，将来の経済的便益の存在の３つが含まれる。

無形資産の認識には，この定義に加えて認識基準（将来の経済的便益が企業に流入する可能性が高く，取得原価を信頼性をもって測定できる）を満たさなければならない。

［２］ IAS38号「無形資産」に関する次の文章の正誤を判断しなさい。

A．プロジェクトの研究局面で生じた支出を無形資産として資産計上する場合がある。

B．プロジェクトの開発局面で生じた支出は，無形資産として資産計上する。

ａ．A：正しい　B：正しい

ｂ．A：正しい　B：誤り

ｃ．A：誤り　B：正しい

ｄ．A：誤り　B：誤り

（正解） d

（解説）研究局面で生じた支出はすべて費用として処理する。開発局面で生じる支出のうち，6つの要件のすべてを企業が立証できる場合に限り，無形資産として認識しなければならず，それ以外の支出は発生時の費用とする。

［3］ P社は製品Eの製造に関する特許権を取得した。特許権の有効期間は5年である。

次のうち，特許権の償却期間として認められないものを選びなさい。

a．特許権の償却期間を5年とする。

b．特許権の償却期間を2年とする。

c．製品Eと競合する製品Fを製造・販売するQ社が採用すると予想される販売戦略を考慮して，特許権の償却年数を決定する。

d．当該特許権は多額の費用を支払えばさらに5年間更新でき，P社は更新する意図を明らかに有しているため，償却期間を10年とする。

（正解） d

（解説）契約その他法的権利から生じる無形資産の耐用年数は，契約その他の法的権利に基づく期間を超えてはならないが，企業がその資産の使用を予定する期間によっては，より短くなることがあり得る。契約その他の法的権利が，更新可能な限定された期間にわたって移転される場合には，多額のコストなしに企業が更新できるという証拠がある場合に限り，無形資産の耐用年数に更新期間を含めなければならない。

［池田 健一］

IAS 40 : Investment Property

26 投資不動産

目的と適用範囲

1 目的

本基準書の目的は，投資不動産の会計処理と開示を規定することである。

2 適用範囲

本基準書は，投資不動産の定義を満たす不動産に適用される。農業活動に関連する生物資産（IAS41号）や天然資源については，本基準書では取り扱われない。

会計基準の内容

1 投資不動産の識別

投資不動産とは，所有者（または，使用権資産としてリースの借手）が保有する不動産（土地，建物）で，賃貸収益（インカム・ゲイン）もしくは資本増価（キャピタル・ゲイン），またはその両方の獲得を目的として保有される不動産をいう。投資不動産は，企業が保有する他の資産とは，ほとんど無関係にキャッシュ・フローを生み出す。それゆえに，通常の有形固定資産に属する**自己使用不動産**（owner–occupied property）と投資不動産は区別されるのである。

本基準書が適用される投資不動産には，たとえば次のものが含まれる。

(a) 営業循環における販売ではなく，長期的な資本増価目的で保有されている土地

(b) 現時点で将来使用することは決まっていないが，保有されている土地

(c) 企業みずからが所有している建物であって，オペレーティング・リースによりリースするために保有されている建物（または企業が保有している建物の使用権資産）

(d) オペレーティング・リースのために保有されているが，現在は借手がいない建物

(e) 投資不動産としての将来の利用のために，建設中あるいは開発中の不動産

なお，不動産の中には，賃貸収益あるいは資本増価のために保有されている部分（投資不動産の部分）と，自己使用不動産に該当する部分の両方から構成されるものがある。2

つの部分は区別して会計処理する。しかし，区分が不可能，かつ自己使用不動産に該当する部分が重要でなければ，その不動産の全体を投資不動産とみなされる。

また，ある企業がみずから保有する不動産を，親会社あるいは別の子会社にリースする場合，連結財務諸表において，その不動産は自己使用不動産である。しかしながら，それを所有する個々の企業の立場からみると，投資不動産の定義を満たす限り，その不動産は個別財務諸表では，投資不動産として分類される。

2 投資不動産の当初認識と測定

投資不動産は，(a)投資不動産に帰属する将来の経済的便益が企業に流入する可能性が非常に高く，かつ(b)投資不動産の取得原価が信頼性をもって測定できる場合にのみ，資産として認識される。

これらの要件を満たす投資不動産は，当初の認識時点において，取得原価で測定されなければならない。購入した投資不動産の取得原価は，購入価額と付随費用から構成されるが，付随費用には，法的サービスに対する専門家報酬，不動産取得税，その他の取引費用などが含まれる。投資不動産の対価の支払いが延期された場合には，支払総額に金利が含まれるから，金利分は，与信期間の支払利息として別個に認識される。[演習問題［1］(1)参照]

非貨幣性資産，あるいは貨幣性資産と非貨幣性資産の混合したものと交換に投資不動産を取得した場合，原則として公正価値で測定する。ただし，交換取引が経済的実質を有しない場合や信頼性をもって測定できないなど，取得した資産が公正価値で測定されない場合には，引き渡した資産の帳簿価額で測定する。

3 当初認識後の測定

(1) 会計方針の選択：公正価値と取得原価

いったん投資不動産が取得原価によって当初認識されると，企業は，その後の会計方針として「公正価値モデル」と「取得原価モデル」のいずれかを選択し，すべての投資不動産に対して，その選択したモデルを継続適用しなければならない。

公正価値モデル（fair value model）では，投資不動産を公正価値で測定し，その評価差額を損益計算に含める。ただし継続的に信頼性をもって，投資不動産の公正価値を決定することができない場合がある。たとえば，比較可能な市場取引がめったに成立せず，公正価値の代替的な測定値（たとえば割引キャッシュ・フロー）が利用できない場合に，これが起きる。このような例外的なケースにおいて，投資不動産の評価にはIAS16号が適用される。その際，投資不動産の残存価額は，ゼロと仮定しなければならない。

他方，**取得原価モデル**（cost model）では，投資不動産を，有形固定資産と同様に，取得原価から減価償却累計額と減損損失累計額を差し引いた残額で測定しなければならない（IAS16号適用）。ただし，売却目的保有の分類基準に合致した投資不動産は，IFRS 5 号に基づいて処理される。また，借手が使用権資産として保有している投資不動産については，IFRS16号を適用する。

取得原価モデルを選択した企業に対しては，投資不動産の公正価値を開示することが求められる。つまり，評価モデルの選択によらず，企業は投資不動産の公正価値情報を測定および開示する必要がある。公正価値の決定は，専門家の評価に基づいて行われるように強制されるわけではないが，それが奨励されている。ここでいう専門家とは，承認された資格を有し，鑑定対象となる投資不動産の所在地について最近の鑑定経験がある独立した鑑定人を指す。

企業の財務諸表において，経済事象や取引が業績やキャッシュ・フローに与える影響について信頼性があり，より目的適合性の高い情報を提供する場合には，会計方針の変更が認められる。公正価値は売手と買手の両方が合理的に入手可能な最良の価額であると考えられるため，取得原価モデルから公正価値モデルへの変更は望ましいが，その逆は望ましくないとみなされる。

⑵ 投資不動産の処分

投資不動産の処分（売却またはファイナンス・リースの開始）や恒久的な使用の停止により，投資不動産は財政状態計算書から除去される。投資不動産の処分に伴う評価差額は，処分される投資不動産の簿価と処分時の対価との差額として算定され，損益計算に算入される。ただし，セール・アンド・リースバックについては，IFRS16号が適用される。

4 他勘定との振替

⑴ 振替が必要な場合

不動産の用途について変更がある場合は，経営者の意図のみならず，以下に示すような用途変更の証拠を提供しなければならない。

(a) 自己使用の開始，あるいは自己使用を意図した開発の開始による投資不動産から自己使用不動産へ振替。

(b) 販売目的で開発を開始することによる投資不動産から棚卸資産への振替。

(c) 自己使用の停止に伴う自己使用不動産から投資不動産へ振替。

(d) 外部へのオペレーティング・リース契約の開始による棚卸資産から投資不動産への振替。

これらの事実が生じたときに，投資不動産と自己使用不動産または棚卸資産との間で振替を行う場合の会計処理は，次のとおりである。

⑵ 取得原価モデルの振替処理

取得原価モデルのもとで，投資不動産から自己使用不動産または棚卸資産に振替える場合，あるいはその逆の振替を行う場合のいずれについても，当該不動産の簿価が変わることはない。

⑶ 公正価値モデルの振替処理

投資不動産について公正価値モデルを採用する企業が，投資不動産から自己使用不動産や棚卸資産に振替える際には，振替前まで当該不動産に付されてきた振替日の公正価値をもって，自己使用不動産や棚卸資産の取得原価とする。

他方，自己使用不動産から投資不動産へ振替える場合には，以下のように会計処理しなければならない。

① 公正価値が簿価を下回る場合，簿価を公正価値まで切り下げて，その差額を評価損として計上する。ただし，その不動産について過去に再評価剰余金が積み立てられている場合，その差額をその他の包括利益に計上し，株主持分に計上されている再評価剰余金積立金額を減額する。[演習問題［2］⑴参照]

② 公正価値が簿価よりも大きい場合，簿価を公正価値まで増額して，その増加分を再評価剰余金としてその他の包括利益に計上する。ただし過年度に減損が計上されていた場合，その減損の戻入れに相当する金額まで，評価差額を収益として計上する。つまり，減損処理が行われなかったと仮定した場合の簿価を回復する範囲までは，評価差額を収益として計上するのである。なお，再評価剰余金は，投資不動産が処分された時点で取崩され，損益計算を経由することなく，利益剰余金に直接的に振替えられる。[演習問題［2］⑵参照]

また，棚卸資産から投資不動産へ振替える場合は，振替日における当該不動産の公正価値と簿価の評価差額を，損益として計上しなければならない。この振替処理は，棚卸資産の売却処理と同じである。同様に，自己建設投資不動産の建設や開発が完了したときは，その時点の不動産の公正価値と簿価の評価差額を損益として計上する。[演習問題［2］⑶参照]

5 開 示

⑴ 共通の開示事項

公正価値モデルと取得原価モデルにより，投資不動産の認識と測定は異なっているが，いずれも公正価値情報の開示が義務づけられているため，開示事項には共通点がある。両モデルに共通の開示事項のうち主要なものは，以下のとおりである。

(a) 公正価値モデルと取得原価モデルのいずれを採用したか。

(b) 分類が困難な場合に，投資不動産を自己使用不動産や棚卸資産と区分するために，用いた基準。

(c) 専門家の鑑定により公正価値を決定した範囲，または鑑定を受けていない場合はその旨。

(d) 投資不動産から生じた賃貸収益，営業費，売却損益で，損益として認識された金額。

(2) 公正価値モデルの開示事項

公正価値モデルを採用する企業については，期首から期末への投資不動産の金額の変化を説明する次の情報を開示しなければならない。通常の取得と取得後の資本的支出，企業結合による取得，売却目的に分類される資産額とその他の処分，公正価値の変動による正味損益，他勘定への振替などがそれである。

他方，信頼性をもって公正価値を測定できない例外的な場合には，以下の開示を行わなければならない。すなわち(a)投資不動産の説明，(b)公正価値が信頼性をもって測定できない理由の説明，(c)可能な場合には公正価値の見積り額の上下の範囲，(d)公正価値で計上されていない投資不動産の処分を行った場合は，その事実，販売時の帳簿価額，および認識された損益額の情報がそれである。

(3) 取得原価モデルの開示事項

取得原価モデルを採用する企業には，(a)投資不動産の説明，(b)公正価値が信頼性をもって測定できない理由の説明，(c)可能な場合には公正価値の見積り値の範囲についての情報開示が求められる。

このほか公正価値モデルを採用する企業と同様に，投資不動産の金額が期首から期末へと変化した内訳に関する情報（ただし公正価値の変動を除く）の開示が求められる。具体的には，減価償却の方法，耐用年数，期首と期末の取得原価の総額と減価償却累計額，および減損損失とその戻入れ額などの開示が求められている。

日本基準との比較

日本では，投資不動産については，2008年に企業会計基準委員会より，企業会計基準第20号「賃貸等不動産の時価等の開示に関する会計基準」と企業会計基準適用指針第23号「賃貸等不動産の時価等の開示に関する会計基準の適用指針」が公表されたことにより，2010年度から公正価値情報の開示が義務づけられた。国際会計基準との大きな違いは，投資不動産には，公正価値モデルの選択を認めず，取得原価モデルのみの採用を義務づける点である。ただし，日本基準は国際会計基準で認めている取得原価モデルを採用し，公正価値情報の開示を義務づけることによって，コンバージェンス問題に対応している。

キーワード

投資不動産＝所有者，あるいは使用権資産を計上するリースの借手によって保有される不動産で，賃貸収益もしくは資本増価，またはその両方を目的として保有される不動産。ただし財貨やサービスの生産と販売または経営管理の目的で使用するものや，通常の営業過程で販売されるものは含められない。

自己使用不動産＝財貨やサービスの生産と販売または経営管理の目的で使用するために，所有者，あるいは使用権資産を計上するリースの借手が保有する不動産。

公正価値＝測定日において市場参加者間で秩序ある取引が行われた場合に，資産の売却によって受け取るであろう価格（または負債の移転のために支払うであろう価格）。

取得原価＝取得あるいは建設時に，当該資産に支出した現金あるいは現金同等物の金額，あるいはその他の引き渡した対価の公正価値。

演習問題

［1］ A社による次の一連の取引の仕訳を示しなさい。

(1) A社は投資目的で賃貸ビルを対価120で購入し，不動産取得税等の付随費用として現金20を支払った。なお，購入対価は半年後に支払うこととしたため，利息相当分10が含まれている。

(2) 期末に至り，A社が上記の賃貸ビルの公正価値の鑑定を，専門家に依頼したところ，140であった。A社は投資不動産を公正価値で評価する方針を採用している。

(3) 翌年度にA社は上記の賃貸ビルを公正価値60で処分し，代価は期末に受け取ることとした。

（正解）	(1)	（借）	投資不動産	130	（貸）	未払金	120
			支払利息	10		現金預金	20
	(2)	（借）	投資不動産	10	（貸）	投資不動産評価益	10
	(3)	（借）	未収金	60	（貸）	投資不動産	140
			投資不動産売却損	80			

［2］ 次の各社は投資不動産の評価基準として公正価値を採用している。各社の取引の仕訳を示しなさい。

(1) X社は，前期まで賃貸目的で保有していた駐車場を，当期から自社で使用することにした。この駐車場の簿価は100で，投資不動産から自己使用不動産への振替日の公正価値は80であった。

(2) Y社は，自社で使用していた倉庫（簿価30）を，賃貸することに決めた。過年度に減損が認識されていなかったら，この倉庫の簿価は40であった。振替日の公正価値は60であった。

(3) Z社は販売目的で保有してきた簿価70の不動産を，投資不動産へ振替えた。振替日の公正価値は100であった。

（正解）(1)（借）有形固定資産 80　（貸）投資不動産 100
投資不動産評価損 20
(2)（借）投資不動産 60　（貸）有形固定資産 30
有形固定資産評価益 10
再評価剰余金 20
(3)（借）投資不動産 100　（貸）売上 100
売上原価 70　販売用不動産 70

［3］ A社は20x9年度の期首に投資目的のために賃貸ビルを80億円で取得した。耐用年数は20年，残存価額はゼロと予想されている。A社が20x9年度末にこのビルの公正価値の鑑定を専門家に依頼したところ，100億円であることが判明した。IAS40号のもとで，A社に許容される20x9年度の会計処理は次のうちどれか。

a．期末の公正価値100億円で建物を財政状態計算書に計上し，取得原価80億円との差額20億円は，財政状態計算書の株主持分に直接計上する。

b．期末の公正価値100億円で建物を財政状態計算書に計上し，取得原価80億円との差額20億円は，二計算書方式の損益計算書に計上して利益計算に含める。

c．取得原価に基づいて定額法で減価償却を行い［80億円÷20年＝4億円］，未償却残高76億円で建物を財政状態計算書に計上する。

d．公正価値に基づいて定額法で減価償却を行い［100億円÷20年＝5億円］，未償却残高95億円で建物を財政状態計算書に計上する。

（正解） bとc

（解説） bが公正価値モデルであり，cが取得原価モデルである。

［若林　公美］

IAS 41 : Agriculture

27 農　業

目的と適用範囲

1 目的

本基準書の目的は，農業活動に関連する会計処理と開示の原則を規定することである。また，本基準書は，農業活動への政府補助金の取扱も規定している。

農業活動に対して原価主義と実現原則をベースとした伝統的会計モデルを適用すれば，その活動の性質に起因して不確実性や矛盾が生じる。伝統的会計モデルでは，生物資産の成長・退化・生産・生殖といった生物学的変化（biological transformation）について，その経済的実態を財務諸表に反映させることが難しい。そこで，農業活動の異質性を考慮した本基準書が公表されたのである。

この基準書の特徴は，生物資産ならびに収穫時点の農作物を，原則的に売却コスト控除後の公正価値（fair value less costs to sell）で評価すること，および生物資産の公正価値の変動によって生じた利得または損失を発生した期の純損益に含めることを要求している点にある。

2 適用範囲

本基準書は，(a)果実生成型植物を除く生物資産（biological assets, except for bearer plants），(b)収穫時点の農作物（agricultural produce），そして(c)農業活動に対する政府補助金（government grants）に対して適用される。生物資産とは生きている動物・植物を，他方，農作物とは生物資産からの収穫物を指す。本基準書では，果実生成型植物（たとえば，ぶどうの木）とその植物からの生産物たる農作物（たとえば，収穫されたぶどう）とを明確に区別しており，前者にはIAS16号「有形固定資産」を適用し，後者には本基準書を適用すべきことを求めている。

会計基準の内容

1　生物資産と農作物

(1)　認識と測定

企業は，次の3要件をすべて満たすとき，生物資産や収穫された農作物を認識しなければならない。

(a)　過去の事象の結果，企業の支配下にある資産であること。

(b)　その資産から生み出される将来の経済的便益が企業に流入する可能性が高いこと。

(c)　その資産の公正価値，または原価が信頼性をもって測定できること。

こうして認識された生物資産は，当初認識時点，ならびに財政状態計算書の作成時点において，信頼性のある公正価値が測定できない場合を除き，売却コスト控除後の公正価値で測定される。ここに売却コストとは，金融コストや税コストを除く，資産の売却に直接的に起因する増分コストを意味する。他方，収穫された農作物は，収穫時点での売却コスト控除後の公正価値で測定しなければならない。

生物資産や農作物は，その発育・育成期間や品質などの属性によって，グルーピングして公正価値測定を行うこともできる。すなわち，市場での価格決定の基礎となるこうした属性に基づいて資産をグルーピングして，その区分ごとに公正価値を測定しても良い。

(2)　公正価値が信頼性をもって測定できない場合

ほとんどのケースにおいて，生物資産の公正価値は信頼性をもって測定できるが，当初認識時においては，市場相場価格（quoted market prices）が利用可能ではなく，かつ，代替的な方法による公正価値測定が明らかに信頼できないと判断されるケースがある。その場合に限り，減価償却累計額と減損損失累計額の2つを控除した後の取得原価による測定が認められている。そして，後に当該生物資産について，公正価値が信頼性をもって測定できるようになれば，すぐさま売却コスト控除後の公正価値への測定に切り替えなければならない。取得原価をベースにした生物資産の測定が認められるのは，あくまで当初認識時のみである。したがって，以前に売却コスト控除後の公正価値によりある生物資産を測定したのならば，企業は，その生物資産を処分するまで売却コスト控除後の公正価値で測定し続けなければならない。

他方，収穫された農作物の公正価値は，常に信頼性をもって測定できることが想定されている。したがって，企業は，いかなる農作物も収穫時点において売却コスト控除後の公正価値によって測定しなければならないのである。

(3)　利得および損失

農業活動に関連する次のような利得および損失は，発生した期の純損益に含めなければならない。

・生物資産を売却コスト控除後の公正価値で当初認識することによって生じる利得・損失
・生物資産について，売却コスト控除後の公正価値の変動によって生じる利得・損失
・収穫した農作物を売却コスト控除後の公正価値で当初認識することによって生じる利得・損失

2 政府補助金

政府は，企業の農業活動に対して補助金を交付することがある。たとえば，企業に対して特定の場所で一定期間耕作することを要求し，その対価として補助金を交付する場合などがそれである。本基準書は，農業活動に関連して交付されるこうした政府補助金についても適用される。

農業活動に対する政府補助金には，次の２種類がある。１つは無条件の政府補助金であり，もう１つは付帯条件付の政府補助金である。付帯条件とは，政府が提示する補助金交付の条件（たとえば，一定期間耕作する，あるいは，特定の農業活動に従事しないといった条件）を指す。売却コスト控除後の公正価値で測定される生物資産に関連する無条件の政府補助金については，その補助金を受け取った時点で収益を計上しなければならない。他方，条件付の政府補助金については，当該付帯条件が満たされたときに，それを収益として計上するのである。

ただし，この基準書は，取得原価をベースに測定される生物資産に関連する政府補助金には適用されず，それについてはIAS20号「政府補助金の会計処理及び政府援助の開示」が適用される。

3 開 示

(1) 生物資産と農作物に関する開示

企業は，生物資産と農作物について，次のような情報を開示しなければならない。

(a) 当期において，生物資産と農作物の当初認識によって発生した利得および損失の合計額，ならびに生物資産の売却コスト控除後の公正価値の変動により発生した利得および損失の合計額

(b) たとえば，成熟した生物資産と未成熟の生物資産のように，属性ごとにグループ分けを行った場合，その区分を行う際に用いた基礎情報，ならびにグループごとの帳簿価額

(c) 所有権が制限されている生物資産について，その存在と帳簿価額，および負債の担保として差し入れている生物資産の帳簿価額

(d) 生物資産の開発，または取得に対してコミットメントしている金額

(e) 農業活動に関する金融リスクの管理方針

また，生物資産について公正価値が信頼性をもって測定できない場合は，次の項目について追加的な開示が必要となる。すなわち，①該当する生物資産の説明，②信頼性をもって公正価値が測定できない理由，③提示可能な場合のみ，公正価値を表す可能性が非常に高い見積額の範囲，④使用した減価償却方法，⑤使用した耐用年数，または償却率，⑥期首および期末の減価償却・減損損失累計額控除前の帳簿価額，ならびに減価償却・減損損失累計額の6項目である。

以上に加えて，企業は，生物資産の帳簿価額について，期首から期末への変動に関する調整表を作成しなければならない。そこでは，売却コスト控除後の公正価値の変動により発生した利得または損失のほか，購入や収穫による増減，企業結合による増加など，事由ごとの変動を明記する必要がある。なお，この調整表の作成にあたっては，成熟した生物資産と未成熟の生物資産のようなグループごとに，(a)成長，変性，生殖といった物理的変化による公正価値の変動額と(b)価格変化による公正価値の変動額とを分けて開示することが奨励されている（具体例は，演習問題参照）。

(2) 政府補助金に関する開示

政府補助金については，次の情報の開示が必要である。①財務諸表上に計上されている政府補助金の内容と範囲，②付帯条件がある場合は，その時点で未履行の付帯条件，③政府補助金の水準について，予想される著しい減額金額の3つの情報である。

日本基準との比較

日本では農業活動に関わる単独の会計基準がいまだ存在していない。企業会計基準委員会は，将来的にコンバージェンス対象項目の1つであるという認識を示しながらも，公開会社で農業を営む会社は希有であることを理由に，コンバージェンスに向けた対応には至っていない。こうした背景から現在でも日本では農業活動に対して原価主義と実現原則をベースとした伝統的会計モデルが適用されている。したがって，本基準書と日本基準との間には，下記のような相違がみられる。

まず，生物資産について，本基準書は，売却コスト控除後の公正価値で測定することを求め，また，期中に公正価値の変動があれば，その変動分を発生した期の純損益に含めることも要求している。他方，日本では生物資産を原価で測定し，たとえ期中に増価があったとしても，未実現利益を計上することは認められていない。

また，農作物について，本基準書は，収穫時に売却コスト控除後の公正価値で測定し，その時点で測定された額を収益として認識する収穫基準を採用している。他方，日本では

契約栽培の農作物には収穫基準を採用する余地があるものの，その他の農作物については実際の取引価格に基づいて販売時に収益を認識するという販売基準を適用するのが一般的である。

キーワード

生物資産＝生きている動物，または植物。

演習問題

［1］ 畜産業を営むA社は，期首20x 1年1月1日時点において，1頭当たり帳簿価額100の2歳の家畜を10頭所有していた。期末20x 1年12月31日時点において，2歳の家畜の売却コスト控除後の公正価値は105, 3歳の家畜のそれは120と測定された。このとき，①物理的変化による公正価値の変動と②価格変化による公正価値の変動に関わる仕訳を示しなさい。

（正解）①（借）家畜　150　　（貸）物理的変化による利得　150

②（借）家畜　50　　（貸）価格変化による利得　50

（解説）期首から期末にかけての1頭当たりの公正価値の変動は計20である。これは，①家畜の物理的変化，すなわち，この例では家畜の成長に起因する部分と②価格変化に起因する部分とに分解することができる。前者は，期末時点における3歳の家畜の公正価値（120）から同じく期末時点における2歳の家畜の公正価値（105）を差し引くことによって計算し，後者は，期末時点における2歳の家畜の公正価値（105）から期首時点における2歳の家畜の公正価値（100）を差し引くことによって計算することができる。この計算方法を式でまとめると，次のとおりである。

$$\underbrace{(120-100)}_{\text{1頭当たりの総公正価値変動}} = \underbrace{(120-105)}_{\text{物理的変化による公正価値変動}} + \underbrace{(105-100)}_{\text{価格変化による公正価値変動}}$$

したがって，①物理的変化による公正価値の変動は1頭当たり15であるから，10頭で計150, ②価格変化による公正価値の変動は1頭当たり5であるから，10頭で計50である。双方とも公正価値の変動はプラスであるため，それぞれの金額を公正価値変動による利得として貸方に記帳するとともに，借方には家畜の帳簿価額を引き上げるために家畜資産の増加を記帳するのである。

期中に家畜の購入や売却がなかったとすると，企業が作成すべき家畜の帳簿価額の調整表は，次のとおりとなる。

家畜の帳簿価額に関する調整表（20x1年）

20x1年1月1日現在帳簿価額	1,000
購入による増加	0
売却コスト控除後の公正価値の物理的変化による利得	150
売却コスト控除後の公正価値の価格変化による利得	50
売却による減少	(0)
20x1年12月31日現在帳簿価額	1,200

［村宮　克彦］

IFRS 1 : First-time Adoption of International Financial Reporting Standards

28 国際財務報告基準の初度適用

目的と適用範囲

1 目的

本基準書の目的は，企業がIFRSを適用した財務諸表を初めて作成する場合に，その財務諸表が，次のような高品質の情報を含むようにすることである。(a)利用者にとって透明で，表示された全期間にわたって比較可能である，(b)IFRSを適用した会計処理のための適切な出発点を提供する，(c)利用者のベネフィットを超えないコストで作成できる。

2 適用範囲

本基準書は，IFRSを適用した財務諸表を初めて作成しようとする企業に適用される。この企業のことをIFRSの初度適用企業と呼ぶ。初度適用企業はIFRSを適用して財務諸表を作成するだけでなく，その財務諸表にIFRSを適用している旨の明示的かつ無限定の表明を行っていなければならない。

会計基準の内容

1 IFRSの初度適用

企業が初めてIFRSを適用して作成する財務諸表には，適用初年度とそれに先行する少なくとも1期間分の比較情報を表示しなければならない。この少なくとも2期間分の財務諸表を「最初のIFRS財務諸表」という。適用初年度は「最初のIFRS報告期間」であり，それに先行する期間が「比較対象期間」である。

企業が，IFRSを適用して比較情報を表示する初年度の期首を「IFRS移行日」という。企業はIFRS移行日現在において，IFRSを適用した会計処理の出発点となる財政状態計算書を作成する。この書面を「IFRS開始財政状態計算書」と呼び，最初のIFRS財務諸表の一部として利用される。

2　会計方針の遡及適用

初度適用企業は，IFRS 開始財政状態計算書および最初の IFRS 財務諸表で表示されるすべての期間にわたって，同一の会計方針を適用しなければならない。したがって企業は，最初の IFRS 報告期間の期末時点で有効になっている IFRS を，IFRS 開始財政状態計算書にまで遡って遡及適用するのが一般原則である。

特に IFRS 開始財政状態計算書の作成に際しては，IFRS を適用した会計の基礎を適切に樹立するために，次の要件を満たす必要がある。(a)IFRS が規定するすべての資産と負債を認識すること，(b)IFRS が規定しない資産と負債は認識しないこと，(c)資産と負債および資本の区分は IFRS が規定する方法に従うこと，(d)資産と負債の測定は IFRS が規定する方法に従うこと。

IFRS を適用する直前に利用していた会計基準から，IFRS への移行の結果として，IFRS 開始財政状態計算書上に調整額が発生する。この差額は，IFRS 移行日の利益剰余金を修正することによって認識される。

IFRS の初度適用時には，会計方針を遡及適用するのが原則である。しかし遡及適用が禁止されている項目や，遡及適用が免除されている項目がある。

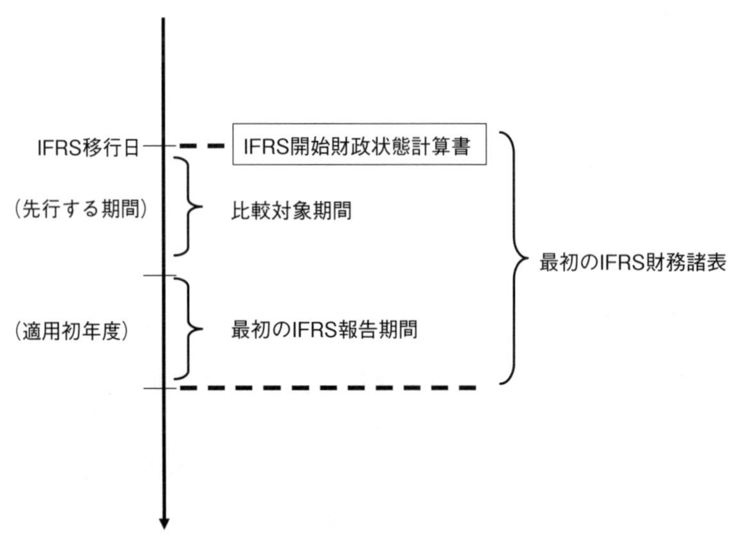

3　遡及適用の禁止項目と免除項目

IFRS 1 号の第13～17項および付録 B に，IFRS の遡及適用の禁止項目が明示されている。

①　会計上の見積り……IFRS 移行日現在で行われていた会計上の見積りは，その時点で

適切に行われていたものである限り，遡及修正をしない。

② 金融資産・金融負債の認識の中止……IFRS 移行日よりも前に実施された認識の中止が，IFRS 適用後に中止すべきではなかったことが判明しても，再度認識のしなおしをしてはならない。

③ ヘッジ会計……企業は IFRS 移行日現在において，すべてのデリバティブを公正価値で測定し，デリバティブに関してそれまで資産・負債として計上されていた繰延損益をすべて消去しなければならない。

④ 非支配株主持分の会計……IFRS10号「連結財務諸表」の次の規定は，IFRS 移行日よりも前の年度に遡及適用しない。(a)非支配株主持分の残高が負になる場合でも包括利益を非支配株主持分にも配分する，(b)親会社株主持分の変動は，その子会社への支配が継続するケースでは資本取引とし，支配を喪失するケースでは喪失後も引き続き保有する持分を支配喪失時の公正価値で評価する。

⑤ 金融資産の分類と測定……金融資産が償却原価による測定対象要件に該当するか否かの判定は，IFRS 移行日現在の事実や状況に基づいて行う。

⑥ 金融資産の減損……当該資産が当初認識された日現在の信用リスクを決定し，それを IFRS 移行日現在の信用リスクと比較する。当該判定に多大なコストや労力が必要となる場合は判定を行う必要はない。しかし当該資産の認識の中止が実行されるまでは，全期間の予想損失に等しい金額で損失評価引当金を認識する。

⑦ 組込デリバティブ……組込デリバティブを主契約から区分してデリバティブとして会計処理をする必要があるか否かの判定は，次のいずれか遅い方の日現在の状況に基づいて行う。(a)最初に当該契約の当事者になった日，(b)キャッシュ・フローを大幅に修正する契約条件の変更がある場合にその時点での再判定を行う日。

⑧ 政府からの借入金……IFRS 移行日よりも前に，政府から市場金利よりも低金利で調達したことによる便益は，政府補助金として会計処理してはならない。

⑨ 保険契約……IFRS17号「保険契約」は付録 C の経過措置を適用し，移行日は IFRS 移行日と読み替える。

⑩ リースや廃棄・原状回復その他のための負債……IFRS 移行日において関連する繰延資産負債を認識する。

IFRS 1 号の付録 C～E に，企業が任意選択すれば，IFRS の遡及適用が免除される項目が明示されている。この項目は限定列挙であり，免除規定を類似項目に類推適用してはならないとしている。この背景には，一般論として，会計方針の遡及適用は財務諸表利用者のベネフィットを超える多大なコストを企業にもたらすことがあるとされていることがある。

(a)企業結合，(b)株式報酬取引，(c)有形固定資産等のみなし原価としての公正価値の使用，

(d)リース，(e)在外営業活動体の財務諸表の換算から生じる為替換算調整勘定，(f)子会社・関連会社・共同支配企業への投資，(g)子会社・関連会社・共同支配企業の資産・負債，(h)複合金融商品，(i)すでに認識されている金融商品の指定，(j)当初認識時における金融資産・金融負債の公正価値測定，(k)有形固定資産の原価に算入されている資産除去債務，(l)IFRIC12号「サービス譲与契約」に基づく金融資産や無形資産，(m)借入費用，(n)資本性金融商品による金融負債の消滅，(o)激しい超インフレーション，(p)共同支配の取決め，(q)露天掘り鉱山の生産段階で生じる剥土費用，(r)非金融商品項目の売買契約の指定，(s)収益，(t)外貨建取引と前払・前受対価。

4　開　示

企業の最初のIFRS財務諸表には，次を含めなければならない。(a)IFRSに基づく財政状態計算書を少なくとも3年分（IFRS開始財政状態計算書を含む），(b)IFRSに基づく包括利益計算書・持分変動計算書・キャッシュ・フロー計算書を少なくとも2年分，(c)注記。

IFRSを適用していない追加的な比較情報を開示する場合には，IFRSを適用していないことがわかるように明示する。そしてそれらの情報をIFRSに適用させるための主要な修正に関する開示をしなければならない。

IFRS適用の直前に利用していた会計基準からIFRSに移行したことによって，企業の財政状態，経営成績，キャッシュ・フローに与えた影響について説明するために，以下の開示を行わなければならない。

・資本の調整表（IFRS移行日現在，IFRS適用の直前に利用していた会計基準による最終年度の期末日現在）
・包括利益の調整表（IFRS適用の直前に利用していた会計基準による最終年度）
・キャッシュ・フロー計算書に関する重要な調整（IFRS適用の直前に利用していた会計基準による最終年度）
・IFRS開始財政状態計算書上に減損の認識または戻入れを行った場合のIAS36号「資産の減損」の規定に準ずる開示
・IFRSの遡及適用を行わない場合の関連情報の開示

日本基準との比較

日本基準にはIFRS 1号に該当するような規定はない。

キーワード

国際財務報告基準（IFRS）＝国際会計基準審議会（IASB）が採択した基準および解釈指針。これは，国際財務報告基準（IFRS），国際会計基準（IAS），国際財務報告解釈指針委員会やその前身の解釈指針委員会が公表した解釈指針（IFRIC および SIC）から構成されている。

IFRS 開始財政状態計算書＝IFRS 移行日現在で IFRS を適用して作成された財政状態計算書。

IFRS 移行日＝IFRS を適用して比較情報を表示する初年度の期首。比較情報は次に定義する「最初の IFRS 財務諸表」に含まれる。

最初の IFRS 財務諸表＝IFRS を適用していることを明示的かつ無限定に表明して，初めて IFRS を適用して作成された財務諸表。

最初の IFRS 報告期間＝最初の IFRS 財務諸表に含まれる直近の会計期間。

初度適用企業＝IFRS を適用した財務諸表を初めて作成する企業。

みなし原価＝一定の日に，「原価」あるいは「未償却原価」の代わりとされる金額。後の期間に，この金額は償却の基礎として利用される。

演習問題

［1］ 企業が IFRS を適用した財務諸表を初めて作成するときに要求される会計報告について，以下の説明のうち正しいものはどれか。

a．IFRS を適用した財務諸表を初めて作成する企業は，適用初年度の期首現在で IFRS 開始財政状態計算書を作成する必要がある。

b．IFRS を適用した財務諸表を初めて作成する企業は，IFRS 開始財政状態計算書の作成日現在で有効な IFRS を，その日以後に行われた取引に対して適用しなければならない。

c．IFRS 1 号は，IFRS の会計方針の遡及適用を一部禁止したり免除する規定を設けている。

d．IFRS を適用する直前に利用していた会計基準から IFRS に移行したことによって，企業の財政状態，経営成績，キャッシュ・フローに与えた影響は開示しなければならない。

（正解）ｃとｄ：IFRS を初度適用する企業は，比較情報を表示する初年度の期首現在で IFRS 開始財政状態計算書を作成する必要があるから，ａは誤り。IFRS 開始財政状態計算書は，最初の IFRS 財務諸表の期末現在で有効になっている IFRS を遡及適用しなければならないから，ｂも誤り。

［増村　紀子］

IFRS 2 : Share Based Payment

29 株式に基づく報酬

目的と適用範囲

1 目的

本基準書の目的は，企業が財貨やサービスを受取る対価として，株式やストック・オプション等の資本性金融商品を発行したり，資本性金融商品の価格を基礎とする金額の負債を負うような，株式報酬取引の会計処理を規定することである。本基準書は，(1)当期中の株式報酬契約の性質と範囲，(2)受取った財貨・サービスの公正価値の算定方法，および(3)株式報酬取引により発生した費用が企業の当期純利益に与えた影響について，財務諸表の利用者が理解できるように情報開示することを規定している。

なお，ストック・オプションに代表されるような株式報酬の会計の習得には，章末のキーワードで解説している固有の専門用語の知識をふまえて，制度の仕組みを理解することが前提となる。

2 適用範囲

本基準書は，現金その他の資産や企業の資本性金融商品（equity instruments）で決済されるような，従業員やその他の関係者との**株式報酬取引**（share–based payment transaction）の会計処理に適用される。このような株式報酬取引には，次の３種類がある。

(a) 持分決済型の取引：企業が，財貨やサービスを受取る対価として，株式やストック・オプション等の持分金融商品を発行する取引。

(b) 現金決済型の取引：企業が，財貨やサービスを受取る対価として，株式やストック・オプション等の資本性金融商品の価格を基礎とする金額，財貨やサービスの供給者に負債を負う取引。

(c) 現金決済選択権付き取引：企業が財貨やサービスを受取り，財貨・サービスの供給者と企業のいずれかが，現金（または他の資産）により決済するか，資本性金融商品の発行により決済するかを選択できる取引。

本基準書は，(a)IFRS 3 号の適用対象となる企業結合で純資産の一部として財貨を取得した場合と，(b)IAS32号と IFRS 9 号の適用対象となる，現金やその他の金融商品での純額決済または金融商品との交換により決済されるコモディティデリバティブについては，適用対象外となる。

会計基準の内容

1 株式報酬取引の認識

株式報酬取引を実施した企業は，次の会計記録を行うことにより，受取った財貨やサービスと，資本または負債の増加を認識しなければならない。

（借）資産　×××　　（貸）資本または負債　×××

持分決済型の取引では資本が認識され，現金決済型の取引では負債が認識される。現金決済条件付き取引の会計処理は後述する。

他方，株式報酬取引で受取った財貨やサービスが，資産の認識要件を満たさない場合は，これを費用として認識しなければならない。

（借）費用　×××　　（貸）資本または負債　×××

通常，費用は財貨やサービスの消費により発生する。従業員の労働サービスは受取るのと同時に消費されるから，相手方がサービスを提供した時に費用を認識する。

2 持分決済型の取引の会計処理

持分決済型の取引について認識する金額は次のように決定される。この取引で企業が受取った財貨やサービスの**公正価値**を，信頼性をもって見積ることができる場合は，その公正価値で直接的に測定する。しかし財貨やサービスの公正価値を信頼性をもって見積ることができなければ，付与された資本性金融商品の公正価値に基づき間接的な測定を行う。

受取った財貨やサービスと付与した資本性金融商品のいずれが，より高い信頼性をもって見積ることができるかは，取引の相手方が従業員（および他の類似のサービスを提供する者）であるか，従業員以外であるかにより，次のように異なるであろう。

(1) 従業員との取引

従業員（および他の類似のサービスを提供する者）との取引については，通常，受取ったサービスの公正価値を，信頼性をもって見積ることはできない。このとき企業は，付与した資本性金融商品の公正価値を参照して，サービスの公正価値を測定しなければならない。その公正価値は，**権利付与日**において測定する必要がある。

しかし測定された公正価値のうち，いくらの金額をどの時点で計上するかは，付与した資本性金融商品の権利がすでに確定したものであるか，所定条件が満たされる将来時点で確定するものであるかにより異なる。

(a) 付与した権利が，付与によって直ちに確定する場合，企業は，受取ったサービスの全額を，対応する資本の増加とともに，権利付与日において認識しなければならない。

(b) 付与した権利が，従業員が特定の期間のサービスを完了するまでは確定しない場合には，企業は，**権利確定期間**にわたって，サービスを受取るものと想定される。このとき企業は，サービスの受取とこれに対応する資本の増加を，権利確定期間にわたって認識しなければならない。

たとえば，従業員が将来3年間の勤続を条件とするストック・オプションを付与された場合，ストック・オプションを対価とするサービスが，将来3年間の権利確定期間にわたって提供されると想定することになる。

従業員が，業績条件の達成と達成までの勤続を条件としたストック・オプションを付与される場合もある。この場合の権利確定期間は，業績条件がいつ達成されるかによって変化する。したがって企業は，権利付与日において，業績条件の達成の可能性が最も高いと予想されるケースを念頭において，権利確定期間を見積ったうえで，その**予想される権利確定期間**（expected vesting period）にわたって，ストック・オプションを対価としたサービスが提供されると想定することになる。

もし，付された条件がその企業の株価水準のような**市場条件**（market condition）ならば，権利確定期間の見積りは，ストック・オプションの公正価値の見積りで使用された仮定と首尾一貫していなければならず，その後に再測定してはならない。もし，付された条件が市場条件でないならば，権利確定期間の見積りは，その後の情報によって，再測定される必要がある（演習問題［2］を参照)。

(2) 従業員以外との取引

従業員以外との取引については，付与した資本性金融商品よりも，受取った財貨やサービスの公正価値の方が，より高い信頼性をもって見積ることができるという，反証可能な推定が置かれる。受取った財貨やサービスの公正価値は，企業が財貨を取得したりサービスの提供を受けたりした日に測定される。非常に稀であるが，企業が前述の推定を反証した場合には，受取った財貨やサービスの公正価値は，付与した資本性金融商品の公正価値に基づいて間接的に測定される。

3 資本性金融商品の公正価値の測定方法

企業は，付与した資本性金融商品の公正価値を，市場価格が利用可能であればそれに基づいて，測定しなければならない。市場価格が利用可能でなければ，付与した資本性金融商品の公正価値が，権利付与日においていかなる価格となるかを，評価技術を用いて推定することになる。その評価技法は，一般的に受け入れられている金融商品の評価方法と首尾一貫している必要がある。

⑴ 権利確定条件の取扱い

⒜ 市場条件以外の権利確定条件

資本性金融商品が，特定の**権利確定条件**（vesting conditions）の達成を条件とする場合には，市場条件以外の条件を，権利付与日における公正価値を測定する際に考慮に入れてはならない。その代わり，権利確定条件は，資本性金融商品の数量を調整することによって考慮する。この結果，付与された資本性金融商品を対価として受取った財貨やサービスは，最終的に権利確定した資本性金融商品の数量によって決定される。したがって業績条件が達成されずに，付与された権利が確定しなかった場合には，財貨やサービスの受取は結果的に認識されないこととなる。

権利確定期間において，企業は，財貨やサービスの受取を，権利確定すると予想される資本性金融商品の最善の見積数量に基づいて，認識しなければならない。権利確定数量の見積値は，その後の情報によって，再測定される必要がある（演習問題［1］，［3］を参照）。

⒝ 市場条件

ストック・オプションの場合の市場条件とは，特定の本源的価値が達成されたときに初めて権利が確定するというような条件のことである。このような市場条件は，権利付与日の資本性金融商品の公正価値を測定する際に考慮に入れなければならない。

⑵ 権利確定日以降

権利確定日（vesting date）以降は，企業は，認識した財貨やサービスの評価額と，これに対応する資本の増加を修正してはならない。たとえば，ストック・オプションが権利行使されずに失効した場合でも，認識した報酬費用を戻入れてはならない。ただしこの規定は，資本の部の中での振替を禁止するものではない。

⑶ 資本性金融商品の公正価値が信頼性をもって測定できない場合

稀にではあるが，資本性金融商品の公正価値を信頼性をもって測定できない場合がある。このとき企業は，受取った財貨やサービスを，資本性金融商品の**本源的価値**（intrinsic value）で測定しなければならない。この場合，企業はその本源的価値を，当初は，財貨やサービスを受取った時点で測定し，その後は最終的に決済されるまで，各決算日に再測定する。本源的価値の変化は，その期の純損益として認識される。

4 付与条件の変更および取消・決済の取扱い

⑴ 付与条件の変更

企業は，資本性金融商品の付与条件を変更することがある。たとえば従業員に付与したストック・オプションの行使価格を減額（リプライシング）する場合がそれである。この減額によりオプションの公正価値は増加するから，企業はそれを認識しなければならない

（演習問題［4］を参照）。

また企業は，資本性金融商品が（市場条件以外の）権利確定条件を満たさずに権利確定しない場合を除いて，受取ったサービスについて，少なくとも権利付与日の公正価値に相当する額を認識しなければならない。これは，付与条件の変更や付与した資本性金融商品の取消や決済が行われた場合でも同様である。

(2) 資本性金融商品の取消・決済

企業が権利確定期間中に資本性金融商品の付与を取消したり，決済を行った場合（権利確定条件が満たされず，失効により取り消された付与を除く）には，次のように処理するよう規定されている。

(a) 企業は，この取消や決済を権利確定の加速として会計処理し，残りの権利確定期間中に相手方から提供されるサービスを直ちに認識しなければならない。

(b) 付与の取消や決済の際の相手方への支払は，持分の買戻し，すなわち資本からの控除として会計処理しなければならない。ただし，その支払が，付与した資本性金融商品の買戻日現在で測定した公正価値を超える部分は，費用として会計処理する。

(c) 新たな資本性金融商品が相手方に付与され，かつ，その付与日において，企業が新たな資本性金融商品を，取消したものとの交換とみなしている場合には，企業はその交換した資本性金融商品の付与を，前述の4(1)に従ってリプライシングとして会計処理しなければならない。増分する価値は，新たに付与したものと，その権利付与日における取消したものの正味の公正価値（取消時に支払があれば控除）との差額である。

(3) 資本性金融商品の買戻し

企業が権利確定した資本性金融商品を買戻した場合には，資本からの控除として会計処理しなければならない。ただし，その買戻しが，付与した資本性金融商品の買戻日現在で測定した公正価値を超える部分は，費用として会計処理する。

極めて稀であるが，従業員以外との取引において，受取った財貨やサービスの公正価値を，付与した資本性金融商品の公正価値を参照して，間接的に測定する場合がある（2(2)を参照）。この場合，4での規定は，権利付与日を財貨・サービスの受取日と読替えて適用される。

5 現金決済型の取引の会計処理

現金決済型の株式報酬取引（cash–settled share–based payment transactions）を行った企業は，受取った財貨やサービスと発生した負債を，その負債の公正価値で測定しなければならない。このとき，負債が決済されるまでの間，企業はその負債の公正価値を決算日ごとに再測定し，公正価値の変動額をその期の純損益として認識する。

たとえば，企業は，給与パッケージの一部として，従業員に対して**株式増価受益権**(share appreciation rights) を付与し，それにより，従業員は，特定の期間にわたる特定の水準からの企業の株価の上昇に基づいて，将来の現金を受取る権利を得ることがある。また企業は，従業員に対して強制または選択可能な償還条項の付いた株式を付与し，これにより従業員が，将来の現金を受取る権利を得ることがある。

このとき企業は，受取ったサービスと，そのサービスに対する支払義務としての負債を，従業員がサービスを提供した時点で認識しなければならない。たとえば，株式増価受益権が，従業員による資格の獲得までに一定期間の勤務を完了することを要求していなければ，企業は，株式増価受益権と交換に従業員が提供するサービスをすでに受取っているものと解釈し，これを直ちに認識しなければならない。他方，従業員が一定期間の勤務を完了するまで，株式増加受益権が確定しない場合は，従業員がその期間にわたりサービスを提供するのに対応して，報酬費用額を認識する（演習問題［5］を参照)。

6　現金決済選択権付きの取引の会計処理

現金決済選択権付き株式報酬取引を行った企業は，現金その他の資産で決済すべき負債が企業に発生していると判断される範囲について，現金決済型の株式報酬取引として会計処理を行う。他方，そのような負債が発生していないと判断される範囲については，持分決済型の株式報酬取引として会計処理する。

(1)　相手方に決済方法の選択権がある株式報酬取引

企業が相手方に，現金での決済か資本性金融商品の発行での決済かを選択する権利を与えている場合，企業は，複合金融商品（compound financial instrument）を付与したことになる。複合金融商品は，相手方が現金での支払を要求できる権利を有する負債部分と，資本性金融商品での決済を要求できる権利を有する資本部分とを含んでいる。

(a)　財貨やサービスの公正価値を直接的に測定する場合

従業員以外との取引で，財貨やサービスの公正価値を直接的に測定できる場合には，企業は，この複合金融商品の資本部分を，財貨やサービスを受取日における，財貨やサービスの公正価値と負債部分の公正価値との差額として測定しなければならない。

(b)　財貨やサービスの公正価値を間接的に測定する場合

企業が，財貨やサービスの公正価値を，資本性金融商品の公正価値を参照して間接的に測定する場合には，企業はまず，負債部分の公正価値を測定する。その後に，資本部分の公正価値を，相手方が資本性金融商品の受取のために現金を受取る権利を放棄しなければならないことを考慮して測定することになる。

相手方が決済方法の選択権を有する株式報酬取引は，一方の決済方法の選択肢の公正価値が他方と同じになるように構築されている場合が多い。たとえば，相手方がストック・オプションを受取るか現金決済型の株式増価受益権を取得するかの選択権を有している場合がそれである。このような場合，資本部分の公正価値はゼロと評価される。しかし決済方法の選択肢の公正価値が異なる場合には，資本部分の公正価値はゼロよりも大きくなる。

(c) 決済時の会計処理

決済時において，企業は負債を決済日時点の公正価値で再測定しなければならない。企業が決済時に現金を支払わずに資本性金融商品を発行する場合には，その負債は，発行した資本性金融商品の対価として，資本の部へ直接的に振替えられる。

企業が決済時に資本性金融商品を発行せずに現金を支払った場合には，現金支払は負債の決済に充てられる。認識されている資本部分は，資本の部に残しておくこととなる。これは，相手方による決済時の現金の受取の選択が，資本性金融商品を受取る権利の放棄を意味するからである。

(2) 企業に決済方法の選択権がある株式報酬取引

現金での決済か資本性金融商品の発行での決済かを，企業が選択できる株式報酬取引の場合，企業は，現金で決済する義務があるかどうかを決定し，これに従って会計処理を行う。たとえば，企業が株式の発行を法律で禁じられているときには，資本性金融商品で決済するという選択肢は採用できない。また，過去に慣行的に現金決済をしていたり，現金決済を明示的な方針としている場合には，企業は現金での決済が義務になっている。

(a)現金決済の義務が存在する場合には，企業はその取引を，現金決済型の株式報酬取引に適用される規定に従って会計処理しなければならない。他方，(b)現金決済の義務が存在しない場合には，企業はその取引を，持分決済型の取引に適用される規定に従って会計処理することになる。このとき，企業が決済時に現金決済を選択すれば，その現金支払は，持分の買戻し（資本の部からの控除）として会計処理されるが，企業が資本性金融商品の発行を選択した場合には，それ以上の会計処理は必要ない。ただし，決済方法の選択肢のうち，決済日現在の公正価値が高い方を企業が選択した場合には，企業は，与えた超過価値について，追加的な費用を認識しなければならない。ここで「与えた超過価値」とは，現金決済を行った場合には，その支払った現金と，さもなければ発行されていたであろう資本性金融商品の公正価値との差額である。資本性金融商品の発行による決済を行った場合には，発行した資本性金融商品の公正価値と，さもなければ支払われていたであろう現金の額との差額である。

日本基準との比較

IFRS 第2号と比較される日本基準は，企業会計基準委員会が2005年に基準第8号として公表した「ストック・オプション等に関する会計基準」である。日本基準は多くの点でIFRS 第2号と共通するが，次の相違点もある。

(1) IFRS 第2号では，持分決済型のほか，現金決済型と，現金または持分の複合決済型の3種類が規定されているが，日本基準では持分決済型だけが規定されている。

(2) IFRS 第2号では，ストック・オプションは資本に計上される。一方，日本基準では，失効した場合には株主との取引ではなかったことになるとして，純資産の部に株主資本とは区分して計上される。

(3) IFRS 第2号では，ストック・オプションが失効した場合でも利益への戻入れは行われない。一方，日本基準では，失効した場合には結果として会社は株式を時価未満で引渡す義務を免れ，この結果が確定した時点で過去を振返れば，会社は無償で提供されたサービスを消費したと考えられるとして，利益への戻入れを行う。

キーワード

資本性金融商品＝企業の全負債を控除後の純資産に対する残余持分を証する契約であり，株式やストック・オプション等がある。

権利付与日＝企業と従業員等の他の当事者が株式報酬契約に合意した日。その合意が株主総会などの承認手続を必要とする場合には，その承認が得られた日である。

本源的価値＝株式の公正価値と，その株式を引受けるために支払わなければならないあらかじめ決められた価格（＝行使価格）との差額。

市場条件＝資本性金融商品の行使価格，権利確定，または権利行使可能性等の条件が，企業の資本性金融商品の市場価格に依存して決定する場合。たとえば，特定の株価やストック・オプションの本源的価値の達成など。

測定日＝付与された持分金融商品が測定される日。従業員および他の類似のサービスを提供する者との取引については，測定日は権利付与日である。従業員以外との取引については，企業が財貨を取得しまたは相手側からサービスの提供を受けた日である。

権利付与日＝企業と他方の当事者（従業員を含む）が株式報酬契約に合意した日。その合意が株主総会等の承認手続を必要とする場合には，その承認が得られた日である。

ストック・オプション＝所有者に，特定の期間内に特定の価格（＝行使価格）で企業の株式を引受ける権利（義務ではない）を与える契約。

株式増価受益権＝所有者に，特定の期間内に特定の水準からの企業の株価の上昇に基づいて，その価値分の現金の受取や株式の引受の権利（義務ではない）を与える契約。

権利確定日＝有資格者となる日。株式報酬契約のもとでは，契約の相手方の，現金その他の資産，または企業の持分金融商品を受取る権利は，特定の権利確定条件の達成によって確定する。

権利確定条件＝株式報酬契約のもとで，契約の相手方が，現金その他の資産，または企業の資本性金融商品を受取る権利を得るために満たさなければならない条件。権利確定条件には，他の当事者が特定期間のサービスを完了することを要求するサービス条件と，特定の業績目標（たとえば，特定の期間における利益の特定以上の増加など）の達成を要求する業績条件がある。

権利確定期間＝株式報酬契約で特定の権利確定条件のすべてが満たされるまでの期間。

演習問題

［1］ A社は，100単位のストック・オプションを，500人の従業員に，3年間の勤務を条件として付与した。このときA社は，ストック・オプションの公正価値を18と見積るとともに，加重平均した確率を基礎として，従業員が3年間で20％退職すると見積った。

1年目に15人が退職し，A社は3年間の退職の見積りを20％から15％に変更した。さらに2年目に10人が退職し，3年間の退職の見積りを15％から10％に変更した。3年目には15人が退職し，3年間で40人の従業員のストック・オプションが失効し，第3年度末に460人のストック・オプションが権利確定した。

このとき，A社が2年目に認識する報酬費用額はいくらか（単位：千円）。

（正解）285,000

（解説）各年度の報酬費用額と，累積報酬費用額は，次のとおりである。

年度	計　算	報酬費用額	累積報酬費用額
1	50,000単位×85％×18×1／3	255,000	255,000
2	50,000単位×90％×18×2／3－255,000	285,000	540,000
3	46,000単位×18－540,000	288,000	828,000

［2］ B社は，100株を受取る権利を，500人の従業員に，権利確定期間の勤務を条件として付与した。権利確定期間は，業績条件によって次のとおり変更する。

第1年度末の権利確定：企業の利益が20％以上増加したとき，

第2年度末の権利確定：企業の利益が2年間平均で15％以上増加したとき，

第3年度末の権利確定：企業の利益が3年間平均で10％以上増加したとき。

株価は，第1年度期首において50である。3年間は配当の見込みはないとする。

第1年度末までに，企業の利益は15％増加し，15人が退職した。企業は，第2年度の利益の増加率と退職も同様であると予想し，第2年度末に47,000株が権利確定すると見込んでいた。

第2年度末までに，企業の利益は10％しか増加せず，10人が退職した。よって，第2年度末までに権利確定しなかった。このとき企業は，第2年度の利益の増加率と退職も同様であると予想し，第3年度末に46,500株が権利確定すると見込んでいた。

第3年度末までに，企業の利益は10％増加し，3年間平均で11.7％を達成した。また15人が退職した。よって，第3年度末に46,000株が権利確定した。

このとき，B社が2年目に認識する報酬費用額はいくらか（単位：千円）。

（正解）375,000

（解説）各年度の報酬費用額と，累積報酬費用額は，次のとおりである。

年度	計　算	報酬費用額	累積報酬費用額
1	47,000（株）×50×1／2	1,175,000	1,175,000
2	46,500（株）×50×2／3－1,175,000	375,000	1,550,000
3	46,000（株）×50×3／3－1,550,000	750,000	2,300,000

［3］ C社は，500人の従業員に，3年間の権利確定期間の勤務と少なくとも3年間平均で10%の売上の増加を条件としてストック・オプションを付与した。業績条件によって権利確定数量は次のとおり変更する。

各従業員100株の権利確定数量：売上の増加が3年間平均で10-15%のとき，

各従業員200株の権利確定数量：売上の増加が3年間平均で15-20%のとき，

各従業員300株の権利確定数量：売上の増加が3年間平均で20%以上のとき。

C社は，当初，各ストック・オプションの公正価値を18と見積るとともに，売上の増加を3年間平均で10－15%と予想していた。また，加重平均した確率を基礎として，従業員は3年間で20%退職すると見積っていた。

第1年度末までに，売上は12%増加し，15人が退職した。企業は，この売上の増加率はあと2年間は続くと予想するとともに，退職の見積りを20%から15%に変更した。

第2年度末までに，売上は20%増加し，10人が退職した。企業は，3年目には16%の売上の増加を予想するとともに，3年間の退職の見積りを15%から10%に変更した。

第3年度末までに，15人が退職し，売上は20%増加した。よって，第3年度末に460人の従業員が200株を受取る権利が確定した。

このとき，C社が2年目に認識する報酬費用額はいくらか（単位：千円）。

（正解）825,000

（解説）各年度の報酬費用額と，累積報酬費用額は，次のとおりである。

年度	計　算	報酬費用額	累積報酬費用額
1	500（人）×100（単位）×85%×18×1／3	255,000	255,000
2	500(人)×200(単位)×90%×18×2／3－255,000	825,000	1,080,000
3	460（人）×200（単位）×18×3／3－1,080,000	576,000	1,656,000

［4］ D社は，100単位のストック・オプションを，500人の従業員に，3年間の勤務を条件として付与した。D社は，各ストック・オプションの公正価値を18と見積るとともに，加重平均した確率を基礎として，従業員は3年間で20%退職すると見積っていた。

1年目に，15人が退職した。また，第1年度末までに株価が下落したために，企業は，権利行使価格を引き下げるリプライシングを行った。リプライシング後のオプションの公正価値は28と見積られた。また企業は，3年間の退職の見積りを20%

から15%に変更した。

2年目に，10人が退職し，3年間の退職の見積りを15%から10%に変更した。

3年目には15人が退職し，3年間で40人の従業員のストック・オプションが失効し，第3年度末に460人のストック・オプションが権利確定した。

このとき，D社が2年目に認識する報酬費用額はいくらか（単位：千円)。

（正解）510,000

（解説）各年度の報酬費用額と，累積報酬費用額は，次のとおりである。

年度	計　算	報酬費用額	累積報酬費用額
1	500（人）×100単位×85%×18×1／3	255,000	255,000
2	500（人）×100単位×90%×（18×2／3＋10×1／2）−255,000	510,000	765,000
3	460（人）×100単位×（18+10）−765,000	523,000	1,288,000

［5］ E社は，100単位の現金決済の株式増価受益権を，500人の従業員に，3年間の勤務を条件として付与した。E社は，加重平均した確率を基礎として，従業員は3年間で20%退職すると見積っていた。

1年目に，15人が退職した。このとき企業は，3年間の退職の見積りを20%から15%に変更した。さらに2年目に10人が退職し，3年間の退職の見積りを15%から10%に変更した。3年目には15人が退職し，3年間で40人の従業員の株式増加受益権が失効し，第3年度末に460人の株式増加受益権が権利確定した。そして第3年度末に，150人の従業員が，株式増価受益権を権利行使した。他の140人の従業員は，第4年度末に権利行使し，残りの170人は，第5年度末に権利行使した。

E社が第1年度末から第3年度末に予想した株式増価受益権の公正価値と，第3年度末から第5年度末までの株式増価受益権の本源的価値は次のとおりである。

このとき，E社が3年目に認識する報酬費用額はいくらか（単位：千円)。

年　度	公正価値	本源的価値
1	18	
2	20	
3	22	17
4	23	21
5		24

（正解）337,000

（解説）各年度の報酬費用額と，累積報酬費用額は，次のとおりである。

年度	計　算	報酬費用額	負債
1	500（人）×100単位×85%×18×１／３	255,000	255,000
2	500（人）×100単位×90%×20×２／３－255,000	345,000	600,000
3	(460-150)（人）×100単位×22－600,000＋150（人）×100単位×17	337,000	682,000
4	(310-140)（人）×100単位×23－682,000＋140（人）×100単位×21	3,000	391,000
5	－391,000＋170（人）×100単位×24	17,000	0

［與三野　禎倫］

IFRS 3 : Business Combination

30 企業結合

目的と適用範囲

1 目的

本基準書の目的は，報告企業が企業結合とその影響について財務諸表で提供する情報の目的適合性，信頼性および比較可能性を改善することにある。そのため本基準書は，取得企業に以下を要求する。

(a) 識別可能な取得した資産，引き受けた負債，非取得企業の非支配持分（non－controlling interest）を財務諸表に認識・測定する。

(b) 企業結合で取得したのれん，または割安購入益を認識・測定する。

(c) 財務諸表の利用者が企業結合の性質および財務上の影響を評価できるようにするために開示すべき情報を決定する。

2 適用範囲

本基準書は，企業結合の定義を満たす取引またはその他の事象に適用される。本基準書が適用されないのは，(a)共同支配の取決めの形成の会計処理，(b)事業を構成しない資産または資産グループの取得，(c)共通支配下の企業または事業の結合である。

会計基準の内容

1 企業結合の識別と取得法の適用

本基準書の適用対象となる**企業結合**（business combination）とは，取得企業が，1つまたは複数の事業に対する支配を獲得する取引またはその他の事象と定義される。

取得した資産と引き受けた負債が事業（被取得企業）を構成する場合に限って，取引またはその他の事象は，企業結合として会計処理される。取得した資産と引き受けた負債が事業に該当しない場合には，取得企業はこの取引を資産の取得（an asset acquisition）として会計処理しなければならない。

すべての企業結合は，**取得法**（acquisition method）を適用して会計処理しなければならない。取得法は，①取得企業の識別，②取得日の決定，③取得した資産，引き受けた負債および被取得企業の非支配持分の認識と測定，④のれんまたは割安購入益の認識と測定という4つのステップからなる。このうち②取得日の決定については，取得企業が被取得企業に対する支配を獲得した日が**取得日**とされている。

2　取得企業の識別

すべての企業結合について，1つの結合企業が**取得企業**として識別されなければならない。それが会計処理の出発点となる。被取得企業の支配（control）を獲得した取得企業を識別するためにIFRS10号「連結財務諸表」の指針を使用する。しかし，この指針だけで取得企業が判定できない場合には，次の事項を考慮する。

まずはじめに，譲渡した対価の形式が，どちらの企業が取得企業であるかに関する証拠となる。たとえば，主に現金またはその他の資産の移転，または負債の引き受けによる企業結合の場合には，現金またはその他の資産の移転，または負債の引き受けをした企業が通常は取得企業になる。

持分証券の交換による企業結合の場合には，持分証券を発行する企業が通常は取得企業になる。しかし一般に，**逆取得**（reverse acquisitions）と呼ばれる企業結合では，発行企業が被取得企業となる。持分証券の交換による企業結合において，取得企業を識別するうえで考慮すべき事項は次のとおりである。

(a)　企業結合後の結合企業における相対的議決権を比較した場合，議決権の最大部分を受領または保有する企業が通常は取得企業となる。

(b)　重要な議決権を有する企業が他になく，大きな少数議決権を有する企業が1社存在する場合，結合後企業で最大の少数議決権持分を有する企業が通常は取得企業となる。

(c)　結合後企業の統治機関の構成を観察した場合，統治機関のメンバーの過半数を選任，指名，解任する能力を持つ企業が通常は取得企業となる。

(d)　結合後企業の上級管理者の構成を観察した場合，管理者を支配する企業が通常は取得企業となる。

(e)　持分証券の交換条件を比較した場合，他の結合企業の持分証券の結合前の公正価値にプレミアムを支払う企業が通常は取得企業となる。

次に，相対的な規模（たとえば総資産，売上高，利益などで測定される）が他の結合企業より著しく大きい企業が通常は取得企業となる。

3社以上の企業結合で取得企業の決定は，その他の事実も考慮したうえで，いずれの結合企業が企業結合を主導したのか，1つの結合企業の相対的な規模が他の結合企業を著しく超過しているかを考慮して行わなければならない。

企業結合を実行するために，持分証券を発行する新たな企業が設立される場合，上記の事項に基づいて，企業結合以前に存在した結合企業のうちの１つを取得企業として識別しなければならない。

3　取得した資産と引き受けた負債および被取得企業の非支配持分の認識と測定

⑴　認識の原則

取得日に，取得企業は識別可能な取得した資産，引き受けた負債，および被取得企業の非支配持分をのれんとは区別して認識しなければならない。

⑵　認識の条件

取得法の適用にあたり，識別可能な取得した資産と引き受けた負債は取得日時点で「概念フレームワーク」の資産と負債の定義を満たしていなければならない。たとえば，取得企業が被取得企業の活動の撤退計画，または被取得企業の従業員の解雇や配置転換のため将来に予想されるが義務を負っていない費用は，取得日の負債ではない。したがって，取得企業は，取得法の適用の一部として，それらの費用を認識しない。

それに加え，取得法の適用にあたり，識別可能な取得した資産と引き受けた負債は，別個の取引の結果ではなく，企業結合における取得企業と被取得企業の交換の一部でなければならない。

⑶　企業結合で取得した識別可能な資産と引き受けた負債の分類と指定

取得日に取得企業は，他のIFRSを後に適用するために必要な，識別可能な取得した資産と引き受けた負債の分類または指定をしなければならない。取得企業は，取得日に存在する契約条件，経済状況，営業方針または会計方針およびその他の適切な条件を基礎に分類または指定をしなければならない。

企業がある特定の資産または負債をどのように分類または指定するかによって異なる会計処理となることがある。その例は次のとおりである。

⒜　IFRS９号「金融商品」にしたがって，特定の金融資産および金融負債を，純損益を通じて公正価値（または償却原価）で測定するもの，あるいはその他の包括利益を通じて公正価値で測定する金融資産に分類する。

⒝　IFRS９号にしたがって，デリバティブ金融商品をヘッジ手段として指定する。

⒞　IFRS９号にしたがって，組込デリバティブを主契約から区別すべきかどうかの判定。

上記の分類と指定の原則に対する例外は次のとおりである。

⒜　被取得企業が貸手であるリース契約を，IFRS16号「リース」にしたがって，オペレーティング・リースかファイナンス・リースのどちらかに分類する。

取得企業は，これらの契約を契約時の契約条件とその他の要素を基礎に分類しなければならない。

(4) 認識の原則の例外

IAS37号「引当金，偶発負債および偶発資産」は，偶発負債を次のように定義する。

(a) 過去の事象から発生する可能性がある債務で，その存在が企業の支配が完全には及ばない1つまたは複数の不確実な事象の発生または不発生によってのみ確認されるもの。

(b) 過去の事象から発生する現在の債務であるが，当該債務の決済に要する経済的便益を含む資源の流出の可能性が高くない，または，当該債務の金額が十分な信頼性をもって測定できないという理由で認識されていないもの。

IAS37号の要求は，取得日の偶発負債の認識の決定には適用されない。その代わり，取得企業は，過去の事象から発生する現在の債務であり，その公正価値を信頼性をもって測定できる場合は，企業結合における偶発負債を取得日に認識しなければならない。そのため，IAS37号と違い，取得企業は，債務を決済するために要求される経済的便益を示す資源の流出の可能性が高くない場合でも，取得日に企業結合で引き受けた偶発負債を認識する。

(5) 測定の原則

取得企業は，識別可能な取得した資産と引き受けた負債を取得日の公正価値で測定しなければならない。個々の企業結合で，取得企業は被取得企業の非支配持分を公正価値か，被取得企業の識別可能純資産の非支配持分の所有割合のいずれかで測定しなければならない。

(6) 認識および測定の原則の両方への例外

① 法人税

取得企業は，IAS12号「法人所得税」にしたがって，企業結合で取得した資産と引き受けた負債から生じた繰延税金資産または繰延税金負債を認識・測定しなければならない。取得企業は，IAS12号にしたがって，取得日に存在するまたは取得の結果として生じる被取得企業の一時差異および繰越欠損金の潜在的な税効果を会計処理しなければならない。

なお，資産の取得の場合，取得日時点の繰延税金資産または繰延税金負債を認識しない。

② 従業員給付

取得企業は，IAS19号「従業員給付」にしたがって，被取得企業の従業員給付契約に関する負債（または資産）を認識・測定しなければならない。

③ 補償資産

企業結合の売り手は，ある特定の資産または負債の全てまたは一部に関する偶発事象または不確実性の結果について，取得企業に契約上の補償をすることがある。たとえば売り手がある特定の偶発債務から生じる負債について，一定額を超える損失を補償するかもしれない。言い換えれば，取得企業の負債が一定額を超えないことを売り手が保証する場合である。結果として，取得企業は補償資産を取得する。

取得企業は，回収できない金額について評価性引当金を計上することを条件に，補償資産を補償された項目と同時に認識し，同一の基礎に基づいて測定しなければならない。したがって，取得日に認識され，取得日の公正価値で測定された資産または負債に関連する補償の場合は，取得企業は，補償資産を取得日に公正価値で認識しなければならない。

⑺ 測定の原則の例外

① 再取得した権利

取得企業は，以前に被取得企業に貸与していた商標などの権利を企業結合によって再取得した場合，市場参加者が公正価値の決定において考慮するであろう潜在的な契約の更新の可能性を無視し，関連する契約の残りの契約期間を基礎に，無形資産としての価値を測定しなければならない。

② 株式を基礎とする報酬

取得企業は，被取得企業の株式を基礎とする報酬を取得企業の株式を基礎とする報酬に置き換える場合には，IFRS 2号「株式報酬」にしたがい，負債または持分証券を測定しなければならない。

③ 売却目的で保有する非流動資産

取得企業は，IFRS 5号「売却目的で保有する非流動資産および非継続事業」にしたがって，取得日に売却目的で保有すると分類された非流動資産（または処分グループ）を売却費用を控除した後の公正価値で測定しなければならない。

4 のれんまたは割安購入益の認識と測定

取得企業は，取得日にのれんを下記の(a)が(b)を超過する額として測定し，認識しなければならない。

⑴ のれんの認識と測定

(a) 下記の①から③の合計

① 本基準にしたがい測定した引き渡された対価。通常は取得日の公正価値で測定される。

② 本基準にしたがい測定した被取得企業の非支配持分の金額。この測定方法には後述する2通りの選択肢がある。

③ 段階的に達成される企業結合において，取得企業が以前に保有する被取得企業の持分投資の取得日の公正価値。この点は以下の5⑴で後述する。

(b) 本基準にしたがい測定した識別可能な取得した資産と引き受けた負債の取得日の純額。

取得企業と被取得企業が持分投資のみを交換する企業結合においては，被取得企業の持分投資の取得日の公正価値の方が，取得企業の持分投資の取得日の公正価値より信頼できる測定値であることがある。このとき，取得企業は引き渡された持分投資の取得日の公正価値の代わりに，被取得企業の持分投資の取得日の公正価値を用いのれんの額を計算する。

⑵ 購入のれんと全部のれん

のれんの測定時に不可欠な被取得企業の非支配持分の測定について，IFRS 3号は次の

2通りの方法を認めており，いずれを採用するかにより，のれんの測定額が異なる。これら2方法を次の設例で説明する。

いま，公正価値で測定した被取得企業の識別可能な資産が100,負債が30とすれば，純資産の公正価値は70である。取得企業はこの60％を54の現金を支払って取得したとしよう。なお取得日における被取得企業の株式の市場価格を参照して算定した被支配持分40％の公正価値は36である。

(a) 購入のれんアプローチ　これは，被取得企業について識別可能な資産・負債を公正価値で測定した純額（100－30＝70）に，非支配持分割合40％を乗じて，被支配持分28を測定する方法である。このとき次の仕訳が行われる。

（借）	諸資産	100	（貸）	諸負債	30
	のれん	12		現金預金	54
				非支配持分	28

この方法は，取得企業が純資産の持分42（＝70×60％）に対して，のれんの購入額12を含めて54の対価を支払ったことを表すことから，購入のれんアプローチと呼ばれる。

(b) 全部のれんアプローチ　これは，非支配持分の公正価値を，被取得企業の純資産の公正価値とは別に，直接的に測定する方法であり，次の仕訳が行われる。

（借）	諸資産	100	（貸）	諸負債	30
	のれん	20		現金預金	54
				非支配持分	36

この方法では，被支配持分の純資産価値28（＝70×40％）がその公正価値36で評価され，差額8が被支配持分に帰属するのれんとして認識される。取得企業の購入のれん12と被支配持分ののれん8の両方が認識されることから，全部のれんアプローチと呼ばれる。

(3) 割安購入（Bargain purchases）

時に，取得企業が割安購入，すなわち，上記(1)の(b)の額が(1)の(a)の額を超える企業結合をすることがある。もし下記の手続を適用した後で，差額が残るときは，取得企業は取得日に利得を認識しなければならない。当該利得は負ののれんとも呼ばれ，取得企業に帰属する。このような割安購入は，たとえば，売り手が強制されて行った競売処分などの企業結合において生じる。

割安購入益を認識する前に，取得企業は取得した資産と引き受けた負債のすべてが正しく認識され測定されたかどうかを再調査しなければならない。

(4) 引き渡した対価

企業結合で引き渡した対価は，取得企業により移転された資産，被取得企業の以前の所有者に対して発生した取得企業の負債，および取得企業により発行された持分投資の取得日における公正価値の合計として計算される公正価値で測定されなければならない。

対価として可能な項目の例には，現金，その他の資産，取得企業の事業または子会社，条件付対価，普通または優先株式，オプション，ワラント，相互会社の社員持分がある。

引き渡した対価には，取得日の公正価値とは異なる帳簿価額による取得企業の資産または負債を含む場合がある。その場合，取得企業は移転する資産または負債を取得日の公正価値で再評価し，もし差額が生じれば利得または損失として認識しなければならない。

企業結合の契約の中で，将来に所定の事象（たとえば高い利益水準の維持）が生じた場合に，取得企業が追加的な対価を支払う条項が含まれる場合がある。これを条件付対価という。取得企業は条件付対価を取得日現在の公正価値で測定して会計処理に含めなければならない。なお，資産の取得の場合は，のれんや割安購入益を認識しない。

5　取得法の適用のための追加的指針

⑴　段階的に達成される企業結合

取得企業が取得日以前に，直接，持分投資を保有していた被取得企業の支配を獲得することがある。たとえば20X 1 年12月31日に，A 社はＢ社の非支配持分投資の35％を保有していたとする。当該取得日（20X 1 年12月31日）にＡ社はＢ社の持分を40％追加取得し，Ｂ社の支配を獲得した。本基準はそのような取引を段階的に達成される企業結合と呼ぶが，**段階取得**と呼ばれることもある。

段階的に取得される企業結合では，取得企業は以前に保有していた被取得企業の持分投資を取得日の公正価値で再評価し，差額を利得または損失として認識する必要がある。

⑵　測定期間

企業結合に関する当初の会計処理が，企業結合が発生した報告年度末までに完了しない場合は，取得企業は会計処理が完了していない項目について暫定的な金額で財務諸表に報告しなければならない。この暫定的な金額の事後的な修正が許容される期間を測定期間というが，測定期間は取得日から１年を超えてはならない。

測定期間の間に，取得企業は取得日に存在した事実と状況に関する新たに入手した情報を反映して，取得日に認識した暫定的な金額を遡及的に修正しなければならない。測定期間の間に，取得企業は取得日に存在した事実と状況に関する新たな情報が入手されれば，追加の資産または負債を認識しなければならない。

⑶　取得関連費用

取得関連費用は，企業結合の結果，取得企業に発生する費用である。それらの費用には，仲介料，助言，法律，会計評価，その他の専門家またはコンサルティング料，内部の買収部門の維持費用を含む一般管理費，登録費，および負債証券，持分証券の発行費用が含まれる。取得企業は，取得関連費用を，その費用が発生するかサービスが提供された期間に費用として会計処理しなければならない。ただし，負債または持分証券の発行費はIAS 32号とIFRS 9号にしたがって認識しなければならない。

なお，資産の取得の場合は，取得関連費用を資産計上する。

6 開 示

取得企業は，財務諸表の利用者が(a)報告期間の間，または(b)報告期間の末日以降，財務諸表の発行が承認される前までに生じた企業結合の内容と財務的な影響を評価することを可能にする情報を開示しなければならない。開示の具体的な内容は，IFRS 3号に付録Bとして付加されている適用指針のB64項からB66項で詳細に規定されている。

企業結合に関連するディスクロージャーの品質向上は，投資者やアナリストにとって不確実性の削減や資本コストの低下につながる重要課題とされている。

日本基準との比較

IFRS 3号と対比される日本基準は，企業会計基準第21号「企業結合に関する会計基準」である。この日本基準は2008年12月に公表され，2010年4月1日以降に生じた企業結合から適用されている。この基準により，IFRS 3号との間でかつて存在していた次の相違点が解消した。

(1) 通常の企業結合に関しては，IFRS 3号が指定する「取得法」に相当する「パーチェス法」で会計処理することとされ，持分プーリング法が廃止された。持分プーリング法に相当する会計処理は，共同支配企業の形成，および共通支配下の取引に限定されている。

(2) 負ののれんが生じた場合は，IFRS 3号と同様に，発生時に利益として計上することとし，従来のように負債に計上して規則的に償却する会計処理は否定された。

さらに，2013年9月に公表された企業会計基準第21号の改訂により，会社と非支配株主の取引を資本取引とする会計処理と，取得関連費用を発生年度の費用とする会計処理が2015年4月1日以降に開始する事業年度の期首から適用され，これらの点についてIFRS 3号との差異が解消された。

しかし，IFRS 3号と日本基準の間には，まだ次の相違が残されている。

(1) 資産計上したのれんについて，日本基準では20年以内のその効果が及ぶ期間にわたり定額法その他の合理的な方法による規則的償却が求められるが，IFRS 3号ではのれんの償却を行わず，減損会計の適用によって対処することとされている。2023年11月のIASB会議でのれんの償却の再導入が棄却された。

(2) のれんの測定方法として，日本基準では購入のれんアプローチだけが認められるが，

IFRS 3 号は全部のれんアプローチも是認し，2つのアプローチの間での選択を許容する。

(3) 非支配株主持分（IFRS 3 号では非支配持分）について，日本基準はこれを株主資本以外の純資産の項目として位置づけ，会社と非支配株主の間の取引を損益取引として取り扱うが，IFRS 3 号は非支配持分も株主資本に含めるとともに，会社との間の取引を資本取引として処理する方法を規定している。

IASB は2015年 6 月に，IFRS 3 号の適用後レビュー（Post–implementation Review）を完了させ，フィードバック・ステートメントを公表している。ステートメントでは，同基準書にしたがった企業結合の会計処理に関しておおむね支持が得られたとされている。

なお，IFRS 3 号には，共通支配下のもとでの企業結合に関する規定がない。

キーワード

企業結合＝取得企業が，1つまたは複数の事業の支配を獲得する取引またはその他の事象。
被取得企業＝企業結合で取得企業が支配を獲得する事業。
取得企業＝被取得企業の支配を獲得する企業。
取得日＝取得企業が被取得企業の支配を獲得する日。
事業＝顧客への財またはサービスの提供，投資収益（配当または利息など）の生成あるいは通常の活動からの他の収益の生成の目的で実施し管理することができる，活動と資産の統合された組合せ。
のれん＝企業結合で取得した，個別に識別されず独立して認識されない他の資産から生じる将来の経済的便益を表す資産。

演習問題

［1］ A 社は，2024年 5 月 1 日，B 社の議決権付株式の全てを現金1,000で取得した。

B 社の2024年 5 月 1 日現在の識別可能純資産の公正価値は，900であった。A 社，B 社ともに会計年度の期首は 1 月 1 日である（単位：百万円）。

会計処理として適切なものはどれか。

a．パーチェス法で処理し，のれんを認識する。

b．取得法で処理し，のれんは認識しない。

c．取得法で処理し，のれんを認識する。

d．持分プーリング法で処理し，のれんは認識しない。

（正解）c　企業結合は，全て取得法によって会計処理するとともに，のれんを財政状態計算書（貸借対照表）に認識する。

［池田　健一］

IFRS 5 : Non-current Assets Held for Sale and Discontinued Operations

 売却目的で保有する非流動資産および非継続事業

目的と適用範囲

1 目的

本基準書の目的は，売却目的で保有する非流動資産の会計処理，および非継続事業の表示と開示について規定することにある。特に本基準書は，①売却目的で保有する非流動資産は減価償却を中止し，帳簿価額と売却費用控除後公正価値のいずれか低い方で評価すること，および②そのような資産を財政状態計算書（貸借対照表のこと）の本体で区分表示し，廃止事業の経営成績を損益計算書（二計算書方式の場合）または包括利益計算書（一計算書方式の場合）で区分表示することを要求する。

2 適用範囲

本基準書は，企業が認識したすべての非流動資産および処分グループに適用する。ただし，他の基準書で会計処理が規定されている以下の資産には適用されない。繰延税金資産（IAS12号），従業員給付により生じる資産（IAS19号），所定の金融資産（IFRS 9 号），公正価値モデルに従って会計処理された投資不動産（IAS40号），売却費用控除後公正価値で測定された農業活動に関する生物資産（IAS41号），および保険契約における契約上の権利（IFRS17号）がそれである。

会計基準の内容

1 売却目的で保有する非流動資産の分類

企業が保有する非流動資産の帳簿価額が，継続的使用ではなく主として販売取引によって回収される場合には，この資産を「**売却目的で保有する非流動資産**」に分類しなければならない。このとき，当該資産は現況で直ちに売却が可能であり，その売却の可能性が非常に高くなければならない。

売却の可能性が非常に高いと判断されるためには，①適切な地位の経営者が売却計画の実行を確約していること，また②買い手を探し売却を完了させる活発な計画が開始されていることが必要である。そして，③当該資産が積極的に売り込まれており，その販売価格

が現在の公正価値と比較して合理的なものでなければならない。

さらに，④分類日以降1年以内に売却が完了する予定であり，⑤計画に重要な変更が行われたり，計画が撤回されたりする可能性が低いことが示唆されていなければならない。ただし，売却が完了するまでの期間が1年を超える場合であっても，企業の影響が及ばない事象や状況により遅延が生じており，企業がこの資産の売却計画の実行を依然として確約しているとの十分な証拠があれば，その資産は売却目的保有に分類される。

企業が処分目的だけで取得した非流動資産は，前述の1年以内の要件を満たしており，取得日時点で満たされていない他の要件が取得後短期間（通常は3カ月以内）に満たされる可能性が非常に高い場合にのみ，売却目的保有に分類される。

売却目的保有に分類される資産は，個々の非流動資産としてだけでなく，その集合として処分される場合もある。このように，単一の取引として処分される資産の集合は，**処分グループ**（disposal group）と呼ばれる。処分グループには，構成要素である資産の他に，このような資産に直接関連してその取引で移転される負債も含まれる。処分グループについても，前述の規定に従って分類がなされる。

なお，売却目的ではなく廃棄予定で保有する非流動資産（または処分グループ）については，売却目的保有に分類してはならない。このような資産の帳簿価額は，主として継続的使用によって回収されるからである。ただし，このような資産が非継続事業の要件を満たす場合は，後述のように非継続事業に区分して表示する必要がある。

2　売却目的保有の非流動資産の測定

売却目的保有に分類された非流動資産（または処分グループ）は，帳簿価額と売却費用控除後公正価値とを比較して，低い方の金額で測定しなければならない。ここで，**売却費用**（costs to sell）とは，財務費用および税金費用を除く，資産（または処分グループ）の処分に直接帰属する追加的な費用をいう。売却が1年以上先に行われることが見込まれる場合には，売却費用は割引現在価値で測定される。

売却目的保有に分類された資産の売却費用控除後公正価値が帳簿価額を下回る場合，その調整額は減損損失として処理される。また，当初認識以降に，売却費用控除後公正価値が帳簿価額を下回った場合も減損損失を認識し，売却費用控除後公正価値まで評価減を行わなければならない。減損の後に売却費用控除後公正価値が回復した場合は，減損の戻入れを行うことになる。ただし，本基準書やIAS36号に従って過去に認識した累積減損損失額を超えることはできない。

処分グループについて認識した減損損失（またはその後の戻入益）は，IAS36号が規定する配分の順序に従って，グループに含まれる非流動資産の帳簿価額から減額（または帳簿価額を増額）することになる。

売却目的保有に分類されている間，もしくは売却目的保有に分類された処分グループの一部である間，該当する非流動資産の減価償却は行ってはならない。ただし，売却目的保有に分類された処分グループの負債に起因する利息その他の費用については，引続き認識を行う。

なお，売却目的保有に分類されていた資産（または処分グループ）が，分類の要件を満たさなくなった場合には，売却目的保有に分類することを中止する必要がある。その際，当該資産（または処分グループ）は，以下のいずれか低い金額で測定される。

(a) 資産（または処分グループ）が売却目的保有に分類される前の帳簿価額に，売却予定に分類されていなければその資産（または処分グループ）について認識されていたであろう減価償却費，償却費または再評価額について調整を行った金額。

(b) 売却しないという意思決定時点での回収可能価額。

このような評価替えから生じた調整額は，継続事業からの損益として，売却目的保有の要件を満たさなくなった年度の利益計算に含められる。なお，売却目的保有から所有者分配目的保有への分類変更については，当初の処分計画の継続とみなされ，分類の中止は行われない。

3 売却目的保有の非流動資産の表示

売却目的保有に分類された非流動資産，および処分グループに含まれる資産については，他の資産と区分して財政状態計算書上に表示しなければならない。処分グループに含まれる負債についても，他の負債と区分して表示する必要がある。これらの資産と負債を相殺表示することはできない。また，売却目的保有に分類された主要な資産と負債の種類についても，財政状態計算書の本体または注記で区分して開示しなければならない。ただし，売却目的保有に分類されるための要件を満たす新規取得の子会社が処分グループである場合は，主要な種類別の資産と負債の開示は必要ない。

非流動資産（または処分グループ）が売却されたか，または売却目的保有に分類された期間では，財務諸表の注記に以下の情報を開示しなければならない。

(a) 非流動資産（または処分グループ）の詳細。

(b) 売却または処分予定に至った事実や状況の詳細，および処分の方法と時期。

(c) 減損と戻入れに関する損益。損益計算書または包括利益計算書に区分表示されていない場合には，この損益が含まれている表示科目。

(d) 該当があれば，非流動資産（または処分グループ）が表示される報告セグメント。

なお，売却目的保有に分類されていた資産（または処分グループ）が，分類のための要件を満たさなくなった場合は，その事実や状況の詳細，およびそのことが経営成績に及ぼす影響について開示しなければならない。

4　非継続事業の表示

非継続事業（discontinued operation）とは，すでに処分されたか売却目的保有に分類された企業の構成要素（component of an entity）であり，以下のいずれかの要件を満たすものをいう。すなわち，①独立の主要な事業分野または営業地域を表すこと，②独立の主要な事業分野または営業地域を処分する統一された計画の一部であること，ならびに③転売のためだけに取得した子会社であることが，その要件である。なお，「企業の構成要素」とは，営業活動上および財務報告上，企業の他の部分から明らかに区別できる事業やキャッシュ・フローのことをいう。

非継続事業については，以下の事項を開示する必要がある。

(a)　以下の総額から成る単一の金額。すなわち，①非継続事業の税引後損益，および②売却費用控除後公正価値で測定したことにより認識した税引後損益，または非継続事業を構成する資産（または処分グループ）を処分したことにより認識した税引後損益がそれである。これらの金額は損益計算書または包括利益計算書に区分表示する。

(b)　(a)の単一の金額の内訳。①非継続事業の収益，費用，および税引前損益，②売却費用控除後公正価値で測定したことにより認識した損益，もしくは非継続事業を構成する資産（または処分グループ）を処分したことにより認識した損益，および③これらの項目に関連する税金費用（IAS12号81項(h)を参照）がそれである。これらは，損益計算書または包括利益計算書の本体か注記のいずれかに表示する。

(c)　非継続事業の営業，投資，および財務活動に帰属する正味のキャッシュ・フロー。これらは，注記と財務諸表本体のいずれかに表示する。

(d)　親会社の所有者に帰属する継続事業と非継続事業から生じた利益。これらは損益計算書または包括利益計算書か注記に表示する。

財務諸表に表示された過年度にかかる開示は，修正再表示しなければならない。また，過去に非継続事業として表示された金額を修正する場合で，過年度の非継続事業の処分に直接関連したものである場合，その修正額は非継続事業として別に分類する。

非継続事業に分類することを中止した場合，それまで非継続事業に表示していた当該構成要素の経営成績は，継続事業からの収益に再分類して含められる。このような再分類は，表示するすべての期間について行わなければならない。

日本基準との比較

わが国では，売却目的で保有される非流動資産に関する明示規定は存在しない。また，非継続事業と継続事業との区分表示を要請する会計基準も存在しない。したがって，売却目的で保有される非流動資産は，他の非流動資産と同様に会計処理される。非継続事業についても，継続事業と区別することなく表示されることになる。

ただし，企業会計基準委員会は2009年７月に「財務諸表の表示に関する論点の整理」を公表し，その中で売却目的保有の非流動資産，処分グループおよび非継続事業に関して，区分表示の導入を検討する必要があることを明記している。

キーワード

売却目的で保有する非流動資産＝企業が保有する非流動資産のうち，帳簿価額が継続的使用ではなく主として販売取引によって回収される資産，および処分グループ。

処分グループ＝売却またはその他の方法により，単一の取引として処分される資産グループおよびそれらの資産に直接関連し当該取引で移転される負債。

売却費用＝財務費用および税金費用を除く，資産（または処分グループ）の処分に直接帰属する追加的な費用。

非継続事業＝処分されたか売却目的保有に分類された企業の構成要素であり，①独立の主要な事業分野または営業地域を表すこと，②独立の主要な事業分野または営業地域を処分する統一された計画の一部であること，または③転売のためだけに取得した子会社であること，という要件のいずれかを満たすもの。

企業の構成要素＝営業活動上および財務報告上，企業の他の部分から明らかに区別できる営業活動およびキャッシュ・フロー。

演習問題

［1］　売却目的で保有する非流動資産の会計処理および表示として正しいのはどれか。

a．売却目的保有に分類された非流動資産は，帳簿価額と売却費用控除後公正価値とを比較して，高い方の金額で測定する。

b．売却目的保有に分類された非流動資産は，売却費用控除後公正価値まで減損を認識する必要がある。そして，後の期間で売却費用控除後公正価値が回復しても，減損の戻入れを行ってはならない。

c．売却目的保有に分類されている間，もしくは売却目的保有に分類された処分グループの一部である間，該当する非流動資産の減価償却は行ってはならない。

d．売却目的保有に分類された処分グループに含まれる資産と負債については，相殺して表示しなければならない。

（正解）ｃ：売却目的保有に分類された非流動資産は，帳簿価額と売却費用控除後公正価値とを比較して，低い方の金額で測定する。当該資産は，売却費用控除後公正価値まで減損により評価減が求められる。その後に売却費用控除後公正価値が回復した場合には，累積減損損失額の範囲内で減損の戻入れを行う。売却目的保有に分類されている間，該当する非流動資産の減価償却は行ってはならない。また，売却目的保有に分類された処分グループに含まれる資産と負債は相殺せず，他の資産および負債とは区分して表示する。

［北川　教央］

IFRS 6 : Exploration for and Evaluation of Mineral Resources

32 鉱物資源の探査と評価

目的と適用範囲

1 目的

本基準書の目的は，鉱物資源の探査と評価に関する財務報告を規定することである。既存の実務に対する改善は限定的であるが，本基準は探査と評価に関わる資産を認識し，IAS 36号「資産の減損」の規定に従った減損会計の適用を求めるものである。鉱物資源の探査と評価の情報を財務諸表上で開示することは，財務諸表利用者が将来キャッシュ・フローを予測するのに役立つ。

2 適用範囲

企業は，探査と評価が行われるつど，本基準書の規定を適用することが求められるが，本基準書は，鉱物資源の探査と評価を行う企業におけるその他の会計処理についての規定を示すものではない。たとえば，特定の地域において探査を行う法的権利を取得する以前の支出や，鉱物資源の採掘に関する技術的な実行可能性（technical feasibility）および商業的な実行可能性（commercial viability）が証明された後の会計処理については，本基準書の規定を適用してはならない。

会計基準の内容

1 IAS 8号11項・12項の一時的な適用除外

一般に，企業が会計方針を決定する際には，IAS 8号「会計方針，会計上の見積りの変更および誤謬」に準拠することが求められる。IAS 8号は，その10項から12項において，企業が会計方針を選択する場合に考慮すべき事項を規定している。10項は，IFRS に明確な規定がない取引について経営者が会計方針を決定する場合に，意思決定との関連性や信頼性など，会計情報が具備すべき特性を規定したものである。また11項と12項では，IFRS に明確な規定がない場合には，概念フレームワークや類似する問題に関するその他の規定に従うか，類似する概念フレームワークを有する国の会計基準に従うことが規定されている。

しかし本基準書の6項と7項は，IAS 8号の11項と12項の適用が一時的に除外される旨を明示している。この結果，企業が従来から採用してきた会計方針がたとえ本基準書の規定と合致していなくても，そうした会計実務を継続することが是認されることになる（17項）。本章の冒頭で，本基準書が既存の実務にもたらす改善が限定的であると記したのは，この意味である。

2　資産の認識と測定

探査と評価に関わる資産は取得原価で計上しなければならない。また，企業はどのような支出を探査と評価に関わる資産として認識するかについての会計方針を決定し，継続的に適用しなければならない。会計方針を決定する際，企業はその支出と鉱物資源がどの程度関係するかを考慮することが求められる。次にあげる項目は，探査と評価に関わる資産として計上できる支出の例である。すなわち，(a)探査を行う権利の取得，(b)地形学的，地理学的，地球科学的，および地球物理学的な検証，(c)試掘（exploratory drilling），(d)探鉱（trenching），(e)標本抽出，および(f)鉱物資源の採掘に関する技術的および商業的な実行可能性を評価するための活動がそれである。

鉱物資源の開発に関連する支出は探査と評価に関わる資産として認識してはならない。開発に関わる資産の認識については，概念フレームワークおよびIAS38号「無形資産」に従う。

鉱物資源の探査と評価を行った後に，撤去や修復をしなければならなくなった場合はIAS37号「引当金，偶発負債および偶発資産」に従って当該義務を認識する。また，探査と評価に関わる資産を計上した後は，IAS16号「有形固定資産」またはIAS38号に基づき，原価モデルまたは再評価モデルのいずれかによって会計処理を行う。

企業は次の場合に，探査と評価に関わる支出の会計方針を変更することができる。すなわち，それ以前の会計方針に比べて新しい会計方針が，意思決定との関連性と信頼性のうち，一方の水準を維持したままで，他方を改善することが明らかな場合である。

3　減　損

探査と評価に関わる資産の回収可能価額が帳簿価額を下回っていることを示す事実と状況が存在する場合には，その資産に関する減損を評価しなければならない。このとき，企業はIAS36号「資産の減損」に基づいて減損損失の測定と開示を行う。ただし，探査と評価に関わる資産について減損の有無を識別する場合には，減損の兆候に関するIAS36号の規定ではなく，本基準書が優先される。すなわち，次に示す事実または環境が1つ以上存在し，減損の兆候が確認される場合には，減損テストを行うのである。

⒜ 特定の地域において探査を行う権利は当期中もしくは近い将来に失効するが，その権利を更新する予定のない場合

⒝ 特定の地域において，鉱物資源の探査および評価を追加的に行うための予算が確保されておらず，その計画もない場合

⒞ 特定の地域における鉱物資源の探査と評価を行ったが，商業的に実行可能な鉱物資源の発見に至らず，企業がその活動の停止を決定した場合

⒟ 特定の地域における開発は継続するが，その活動が成功または売却されたとしても，探査と評価に関わる資産の帳簿価額の金額は回収不可能であることが判明した場合

企業は減損の金額を特定するにあたり，その資産を資金生成単位（グループ）にどのように割り当てるかについて，会計方針を決定しなければならない。ただし，探査と評価に関わる資産が配分される各資金生成単位（グループ）は，IFRS 8 号「事業セグメント」に従って決定された事業セグメントよりも大きいものであってはならない。

4 表示と開示

⑴ 表 示

企業はその属性に応じて，探査と評価に関わる資産を有形資産または無形資産のいずれかに区分し，この区分は継続して適用しなければならない。探鉱の権利（drilling right）は無形資産として計上され，探鉱車輌や探鉱装置は有形資産として計上される。無形資産を生成するために有形資産が消費される場合には，その消費された金額は，無形資産の原価の一部となる。しかし，無形資産を生成するために有形資産が利用されても，有形資産が無形資産に変わるわけではない。

鉱物資源の技術的・商業的な実行可能性が証明されれば，探査と評価に関わる資産は他の勘定科目へ振り替えられる。他の勘定科目へ振り替える前には，探査と評価に関わる資産について減損テストを行い，必要があれば減損損失を認識する。

⑵ 開 示

鉱物資源の探査と評価から生じる項目に関する財務諸表上の金額を識別し説明するため，企業は以下の情報を開示しなければならない。

⒜ 探査と評価に関わる資産の認識を含む，その支出に関する会計方針

⒝ 鉱物資源の探査と評価によって生じる資産，負債，収益，費用，営業活動によるキャッシュ・フロー，および投資活動によるキャッシュ・フローの金額

企業は，財政状態計算書（貸借対照表のこと）において探査と評価に関わる資産を区分表示するが，その開示方法はIAS16号またはIAS38号に従う。

日本基準との比較

日本の会計基準に，採掘産業の会計処理を定めた規定はない。関係する日本基準としては，実務対応報告第19号「繰延資産の会計処理に関する当面の取扱い」での規定がある。ここでは，繰延資産として計上することができる開発費の１つに「資源の開発」をあげており，日本基準のもとでも鉱物資源の探査と評価のための支出を資産計上する余地があると考えられる。

キーワード

鉱物資源の探査と評価＝企業が特定の地域において探査するための法的権利を取得した鉱物資源（鉱物，石油，天然ガス，および同様の再生不可能な資源）の調査活動，あるいは鉱物資源の採掘に関する技術的な実行可能性と商業的な実行可能性の裏付け。

演習問題

［１］ 鉱物資源の探査と評価に関わる資産に対する規定として，正しいものに○，誤っているものに×をつけなさい。

ａ．探査と評価に関わる資産は，将来の収益獲得に貢献する支出であるため，その資産から得られるであろう将来キャッシュ・フローの割引現在価値で常に評価する。

ｂ．鉱物資源の採掘に関する技術的・商業的な実行可能性が証明されれば，それを評価するための活動に支出した金額と併せて資産計上する。

ｃ．特定の地域において探査を行う法的権利を取得する以前の支出は，法的権利を取得した後の支出と併せて資産計上してはならない。

ｄ．いったん探査と評価に関わる資産を計上すれば，減損以外の理由で資産価値が変化することはない。

（正解）ａ．×　ｂ．×　ｃ．○　ｄ．×

（解説）探査と評価に関わる資産は取得原価で評価するため，ａは誤り。鉱物資源の採掘に関する技術的・商業的な実行可能性が証明されれば，他の勘定科目へ振り替えられるため，ｂも誤り。探査と評価に関わる資産を計上した後は，原価モデルまたは再評価モデルのいずれかで会計処理が行われるため，減損以外の理由でも資産価値は変動しうる。したがって，ｄも誤り。

［２］ 鉱物資源の探査と評価に関わる資産における減損の兆候として認められるものは以下のどれか。

ａ．特定の地域において探査を行う権利の失効する時期が定められている場合

ｂ．特定の地域における開発は継続するが，当該活動を成功または売却したとしても，探査と評価に関わる資産の帳簿価額の金額は回収不可能であることが判明した場合

c．特定の地域において，鉱物資源の探査および評価を追加的に行うための予算が確保されていない場合

d．特定の地域における鉱物資源の探査と評価を行ったが，商業的に実行可能な鉱物資源を発見できなかった場合

（正解） b と c

（解説）減損の兆候が認められるのは，特定の地域において探査を行う権利が当期中もしくは近い将来に失効するがその権利を延長する予定のない場合であるため，a は誤り。d については，この条件に加えて，企業が当該活動の停止を決定した場合に減損の兆候を認めるため，誤り。

［髙田　知実］

IFRS 7 : Financial Instruments : Disclosures

33 金融商品の開示

目的と適用範囲

◎1◎目的

本基準書の目的は，財務諸表利用者が，(a)企業の財政状態と経営成績に対する金融商品の重要性，(b)金融商品から生じるリスクの性質と範囲およびその管理方法，という2つの事項を評価できるような情報の開示を企業に求めることである。なお，財務諸表上での金融商品の表示に関する規定についてはIAS32号「金融商品：表示」，金融商品の認識と測定に関する規定についてはIFRS 9号「金融商品」を参照されたい。

◎2◎適用範囲

本基準書は，以下の項目を除いたすべての金融商品の開示に適用される（金融商品の定義については，IAS32号を参照)。適用が除外される項目は，IFRS10号，IAS27号またはIAS28号により会計処理される子会社，関連会社，および共同支配企業に対する持分，IAS17号が適用されるリースに基づく権利・義務，IAS19号が適用される従業員給付制度に基づく事業主の権利・義務，IFRS 2号が適用される報酬契約による金融商品，IFRS15の範囲に含まれる権利・義務のうち金融商品であるもの，IFRS17号で定義される所定の保険契約による権利・義務などである。

会計基準の内容

1　財政状態および業績に関する開示

企業は，財政状態および業績に対する金融商品の重要性を財務諸表利用者が評価できるような情報を開示しなければならない。そのためには，本基準書の規定に従い，開示する情報の特徴に合わせて金融商品を種類ごとに適切に分類しなければならない。また財政状態計算書（貸借対照表のこと）において表示される項目との照合ができるような十分な情報を開示しなければならない。

(1) 財政状態計算書における開示

① 金融資産および金融負債の分類

企業は，IFRS 9 号で定義されている金融資産と金融負債の区分ごとに，財政状態計算書の本体または注記において帳簿価額を開示しなければならない。すなわち，(a)純損益を通じて公正価値で測定する金融資産，(b)純損益を通じて公正価値で測定する金融負債，(c)償却原価で測定する金融資産，(d)償却原価で測定する金融負債，および(e)その他の包括利益を通じて公正価値で測定する金融資産という区分ごとに開示が求められる（金融商品の分類の詳細についてはIFRS 9 号を参照）。

公正価値オプションにより，その他の包括利益を通じた公正価値，または償却原価で測定する金融資産を，純損益を通じて公正価値で測定する金融資産として分類した場合には，純損益を通じて公正価値で測定する他の金融資産と区分したうえで，以下の事項を開示しなければならない（公正価値オプションの定義についてはIFRS 9 号を参照)。すなわち，(a)金融資産の報告期末における信用リスクに対する最大エクスポージャー，(b)関連する金融商品がこの信用リスクに対する最大エクスポージャーを軽減する金額，(c)信用リスクの変化に起因する金融資産の公正価値の変動額，(d)当期中および累積的に生じた関連する金融商品の公正価値の変動額を開示する必要がある。

また，企業が公正価値オプションにより，金融負債を公正価値で測定するものとして指定しており，この負債の公正価値の変動がすべて純損益の計算に含められる場合には，以下の事項を開示しなければならない。すなわち，(a)信用リスクの変動に起因する金融負債の公正価値の期中の変動額および累計額，(b)金融負債の帳簿価額と，満期時において企業が債務保有者へ支払わなければならない金額との差額がそれである。当該負債の信用リスクの変動の影響をその他の包括利益に表示することが求められる場合には，上記に加えて以下の事項を開示しなければならない。すなわち，(c)当期中の資本における利得または損失の累計額の振替，および(d)負債の認識を中止した場合には，その他の包括利益に表示されている金額のうち認識の中止に際して実現した金額を開示する必要がある。

さらに，OCI オプションにより，その他の包括利益を通じて公正価値で測定する金融資産に分類した資本性金融商品（普通株式など）に対する投資については，その他の包括利益を通じて公正価値で測定する他の金融資産と区分したうえで，以下の事項を開示しなければならない（OCI オプションの定義についてはIFRS 9 号を参照)。すなわち，(a)資本性金融商品に対するどの投資を，その他の包括利益を通じて公正価値で測定するものに分類したか，(b)この分類に指定する理由，(c)報告期末現在の公正価値，(d)当期中に認識した配当，および(e)当期中の資本の中での利得または損失の振替額がそれである。また，このような資本性金融商品に対する投資について認識の中止を行った場合には，その理由等についても開示しなければならない。

② 分類の変更

金融資産の分類変更を行った場合には，(a)分類の変更日，(b)事業モデルの変更に関する詳細な説明とそれが財務諸表に与える影響，および(c)分類変更された金額について，開示を行わなければならない。また，純損益を通じた公正価値の測定区分から，償却原価の測定区分またはその他の包括利益を通じた公正価値の測定区分に分類変更した場合には，(a)分類変更日の実効金利や(b)認識した金融収益について開示する必要がある。その他の包括利益を通じた公正価値の測定区分から償却原価の測定区分に分類変更した場合には，(a)期末の公正価値や(b)分類変更がなかったとしたら純損益やその他の包括利益に認識されていたであろう利得や損失について開示しなければならない。

③　担保

企業が負債や偶発負債の担保として金融資産を差し入れている場合には，(a)その金融資産の帳簿価額と，(b)担保にかかる契約条件を開示しなければならない。

④　貸倒引当金

その他の包括利益を通じて公正価値で測定する金融資産の帳簿価額からは，減損処理によって計上される損失評価引当金を減額しない。また損失評価引当金は，財政状態計算書に独立表示せず，財務諸表の注記において開示しなければならない。

⑤　複数の組込デリバティブを含む複合金融商品

企業が負債と持分の両方を含む複合金融商品（IAS32号を参照）を発行しており，かつその複合金融商品が，価値が相互に依存するような複数の組込デリバティブである場合には，企業はこの特性の存在を開示しなければならない。

⑥　債務不履行および契約違反

期末に認識されている借入金については，以下の事項を開示しなければならない。すなわち，(a)借入金の元本，利息，減債基金，償還条件について当期中の契約違反がある場合にはその詳細，(b)報告日現在で債務不履行となっている借入金の帳簿価額，(c)財務諸表の公表が承認される前に債務不履行が解消されたかどうか，またはこの借入金の条件が再交渉されたかどうかについて開示の必要がある。

(2)　損益計算書または包括利益計算書における開示

企業は，損益計算書（二計算書方式のとき）や包括利益計算書（一計算書方式のとき）または注記において，以下のような項目から生じた正味利得または正味損失を開示しなければならない。すなわち，(a)純損益を通じて公正価値で測定する金融資産または金融負債，(b)償却原価で測定する金融資産や金融負債，(c)その他の包括利益を通じて公正価値で測定するものとして指定した資本性金融商品に対する投資，および(d)その他の包括利益を通じて公正価値で評価する金融資産から生じた正味利得または正味損失がそれである。

企業はまた，償却原価で測定する金融資産や，その他の包括利益を通じて公正価値で測定する金融資産，または純損益を通じて公正価値で測定するもの以外の金融負債から生じる金融収益と金融費用の総額を開示しなければならない。

加えて，以下から生じる受取手数料と支払手数料を開示する必要がある。すなわち，(a)償却原価で測定する金融資産や，純損益を通じて公正価値で測定するもの以外の金融負債，および(b)個人等の代理として資産を保有し，投資する結果となる信託やその他の受託業務がそれである。

さらに企業は，償却原価で測定する金融資産の認識の中止によって生じた，損益計算書（二計算書方式のとき）や包括利益計算書（一計算書方式のとき）に認識された利得や損失について分析を行い，開示しなければならない。

(3) その他の開示

① 会計方針の開示

企業は，財務諸表の作成のために用いた測定基準や，財務諸表の適切な理解に役立つ会計方針を，IAS 1 号に従って開示しなければならない。

② ヘッジ会計に関する開示

ヘッジ会計の適用を選択している場合には，以下の情報を提供しなければならない（ヘッジ会計の詳細についてはIFRS 9 号を参照）。すなわち，(a)企業のリスク管理戦略と，ヘッジをどのようにリスク管理に役立てているか，(b)企業のヘッジ活動が，将来キャッシュ・フローの金額，時期および不確実性にどのような影響を与えるか，および(c)ヘッジ会計が企業の財政状態計算書，損益計算書（二計算書方式のとき）または包括利益計算書（一計算書方式のとき），および持分変動計算書に与えた影響に関する情報がそれである。

③ 公正価値の開示

企業は金融資産と金融負債の種類ごとに，その公正価値を帳簿価額とを比較できるような形で開示しなければならない。ただし，公正価値の開示は，(a)帳簿価額が公正価値の合理的な近似値となっている場合，または(b)公正価値が信頼性をもって測定できない金融商品である場合には求められていない。(a)の例としては，短期の売掛金や買掛金のような金融商品があげられる。また(b)については，裁量権のある有配当性を含んだ契約がこれに該当する（IFRS17を参照）。

2 金融商品から生じるリスクの性質および範囲に関する開示

(1) 定性的情報と定量的情報

企業は，報告期末に金融商品から生じるリスクの内容と程度を，財務諸表の利用者が評価できるよう情報開示を行わなければならない。このような情報には，定性的情報と定量的情報が含まれる。定性的情報には，(a)リスクに対するエクスポージャーと，そのリスクがどのように生じたのかについての説明，(b)リスク管理の目的，方針，手続きとリスクの測定に用いる方法，および(c)上記についての過年度からの変更などが含まれる。

一方，定量的情報には，報告期末に企業が直面するリスクの程度に関する定量的データなどがある。この情報は，取締役会やCEOなどの経営幹部（IAS24号を参照）に対して内部的に提供されるデータを基礎としたものでなければならない。

(2) 情報開示の対象となるリスク

上述のような開示が求められるリスクには，(a)信用リスク，(b)流動性リスク，および(c)市場リスクが含まれるが，それらに限定されているわけではない。ここで信用リスクとは，金融商品について一方の当事者が債務不履行になり，もう一方の当事者が財政的損失を被るリスクのことをいう。また，流動性リスクとは，金融負債にかかる債務を履行することが困難となるリスクのことをいう。市場リスクとは，市場価格の変動によって金融資産の公正価値や将来キャッシュ・フローが変動するリスクであり，為替リスク，金利リスク，およびその他の価格リスクがこれに含まれる。為替リスクとは，金融商品の公正価値や将来キャッシュ・フローが外国為替相場の変動によって変動するリスクのことをいう。金利リスクとは，金融商品の公正価値や将来キャッシュ・フローが市場金利の変動によって変動するリスクのことを意味する。その他の価格リスクは，為替リスクや金利リスク以外によって生じる市場価格の変動により，金融商品の公正価値や将来キャッシュ・フローが変動するリスクである。たとえば，コモディティ価格の変動や資本性金融商品（普通株式など）の価格変動により金融商品の公正価値や将来キャッシュ・フローが変動するリスクは，その他の価格リスクに該当するものと解される。

3　金融資産の譲渡

以下の要件のいずれかを満たすとき，金融資産の全部または一部は譲渡されているとみなされる。その要件とは，(a)金融資産のキャッシュ・フローを受け取る契約上の権利を譲渡することと，(b)金融資産のキャッシュ・フローを受け取る契約上の権利は保持しているが，そのキャッシュ・フローを支払う契約上の義務を負っていることの２つである。

金融資産の全部または一部が譲渡された場合，企業は財務諸表利用者が以下の２つのことを理解または評価できるような情報を開示しなければならない。すなわち，(a)一部が譲渡された金融資産と，それに関連する負債との関係の理解，および(b)譲渡した金融資産に対する企業の継続的関与の内容および関連するリスクの評価，という２つがそれである。なお，譲渡資産に対する企業の継続的関与がある状況とは，企業が譲渡資産の価値変動に晒される状況にあることをいう。IFRS 9 号では，企業が金融資産に対する支配を保持している場合，すなわち譲受人が当該資産を制約なしに第三者へ売却できない場合には，継続的関与の範囲において当該資産の認識を継続することが求められている。

日本基準との比較

日本においては，企業会計基準適用指針第19号「金融商品の時価等の開示に関する適用指針」により，金融商品の状況に関する事項と，金融商品の時価等に関する事項の注記が求められている。

金融商品の状況に関する事項としては，金融商品に対する取組方針や金融商品の内容，リスクの内容，リスクの管理体制などの定性的情報の開示が求められており，これらは本基準書においても求められている開示内容である。一方，金融商品の時価等に関する事項としては，主として定量的情報とその説明を開示しなければならない。たとえば，金融商品に関する貸借対照表の科目ごとに，貸借対照表計上額，時価および評価差額，その算定方法の説明などが求められる。有価証券については，保有区分ごとに時価情報などの定量的情報を開示しなければならない。デリバティブについては，ヘッジ会計が適用されているものと適用されていないものとに区分して，それぞれ定量的情報の開示が求められる。

このように，企業会計基準適用指針第19号と本基準書とでは，金融商品の分類方法や，ヘッジ関係の分類などにおいて，若干の相違がみられる。しかし，これらの相違は金融商品の認識と測定に関する会計基準の相違に起因するところが大きく，金融商品に関する開示方針に相違があるわけではない。金融商品に関する財務諸表利用者の理解を促進するという基準書の目的自体は共通している。

キーワード

信用リスク＝金融商品について一方の当事者が債務不履行になり，もう一方の当事者が財政的損失を被るリスク。
流動性リスク＝金融負債にかかる債務を履行することが困難となるリスク。
市場リスク＝市場価格の変動によって金融資産の公正価値や将来キャッシュ・フローが変動するリスク。
金融商品，金融資産，金融負債および資本性金融商品については，IAS32号のキーワードを参照のこと。金融商品の認識や測定に関するその他の用語については，IFRS 9 号のキーワードも参照されたい。

演習問題

［1］ 財政状態および経営成績に対する金融商品の影響についての開示に関する次の記述のうち，誤っているものはどれか。

a．企業は，IFRS 9 号で定義されている金融商品の区分ごとに，帳簿価額を財政状態計算書または注記において開示しなければならない。

b．企業が金融資産の分類変更を行った場合には，分類変更日や分類変更の根拠となる事業モデルの変更に関する詳細な説明，分類変更が財務諸表に与える影響などについて開示しなければならない。

c．企業は，損失評価引当金を金融資産の帳簿価額の控除項目として，財政状態計算書に独立表示しなければならない。

d．償却原価で測定する金融資産やその他の包括利益を通じて公正価値で測定する金融資産を保有している場合には，金利収入総額を損益計算書（包括利益計算書）または注記において開示しなければならない。

（正解）誤りはc

（解説）企業は，損失評価引当金を財政状態計算書に独立表示してはならず，注記において開示しなければならない。

［2］ 金融商品から生じるリスクに関する開示についての次の記述のうち，誤っているものはどれか。

a．企業は金融商品から生じるリスクの内容および程度を開示しなければならないが，ここにいうリスクとは信用リスクのことを意味する。

b．企業は，信用リスクが将来キャッシュ・フローの金額，時期および不確実性に与える影響を財務諸表利用者が理解できるように，情報開示をしなければならない。

c．企業は金融商品から生じるリスクに関する定性的データを開示しなければならない。たとえば，リスク管理の目的や方針および手続きなどがそれである。

d．企業は金融商品から生じるリスクに関する定性的データを開示しなければならないが，これは取締役会やCEOなどの経営幹部に対して内部的に提供されるデータを基礎としたものでなければならない。

（正解）誤りはa

（解説）本基準書が開示の対象とするリスクには，信用リスク，流動性リスク，市場リスク，およびその他のリスクが限定されずに含まれる。

［北川　教央］

IFRS 8 : Operating Segments

34 事業セグメント

目的と適用範囲

1 目的

本基準書は，「企業の事業活動，企業が事業を行う経済環境の性質および財務的な影響を，財務諸表利用者が評価できるよう情報を開示する（基本原則）」ことを目的として，マネジメント・アプローチに基づく事業セグメント情報の開示について規定している。

事業セグメント情報とは，事業内容や活動地域によって区分された企業の構成単位ごとの財務情報である。本基準書によって企業は，事業セグメントの損益や資産・負債などに関する情報，製品・サービスに関する情報，地域別の情報，主要顧客に関する情報の開示が求められる。

2 適用範囲

本基準書は，①債務や持分の証券が公開市場で取引されている企業や，公開市場で証券を発行する目的で証券取引委員会等に財務諸表を提出しようとする企業の個別財務諸表および，②そのような親会社を有するグループの連結財務諸表に適用される。ただし，連結財務諸表においてセグメント情報を開示していれば，個別財務諸表ではセグメント情報を開示しなくてよい。本基準書を適用する必要がない企業が，本基準書に準拠していないセグメントに関する情報を開示する場合，その情報を「セグメント情報」として記載してはならない。

会計基準の内容

1 事業セグメント

事業セグメント（operating segment）とは，企業の構成単位のうち，次の3要件をすべて満たすものをいう。

(a) 収益を稼得し，費用が発生する事業活動に従事している（当該企業の他の構成単位との取引による収益・費用を含む）。

(b) **最高経営意思決定者**が，資源配分の意思決定を行い，業績を評価するために，その経営成績を定期的に検討している。

(c) 分離された財務情報が入手できる。

「最高経営意思決定者（chief operating decision maker)」とは，企業の事業セグメントに資源を配分し，事業セグメントの業績を評価する機能を有する者をいう。すなわち，特定の肩書ではなく機能に基づいて最高経営意思決定者は決定される。多くの場合，最高経営責任者（CEO）や最高執行責任者（COO）であると考えられるが，業務執行取締役等で構成されるグループの場合もありうる。

本基準書では，「**マネジメント・アプローチ**」が採用されている。ここにマネジメント・アプローチとは，経営者が資源配分・業績評価を行う際に使用している，企業の構成単位の区分・情報・会計方針に基づいて，事業セグメント情報を開示する方法である。マネジメント・アプローチの採用により，財務諸表の利用者は，経営者と同じ視点から事業の分析を行って将来キャッシュ・フローなどの予測をすることが可能になった。また企業は，すでに利用している情報であるから情報作成コストを抑えることができる。その一方で，企業間の比較可能性が低下する，企業の機密情報が漏洩するといった問題が懸念される。

2　報告セグメント

企業は，上記の3要件をすべて満たして識別された事業セグメントの中から，下記の「**量的閾値**」により報告対象とすべきセグメント，すなわち「**報告セグメント**（reportable segment)」を決定しなければならない。ただし，次の「**集約基準**」により複数の事業セグメントを1つのセグメントに集約して報告することもできる。

(1) 集約基準（aggregation criteria）

経済的特徴が類似している事業セグメントは，長期平均売上総利益などの長期財務業績が類似していることが多い。よって，次の5つの経済的特徴のすべてが類似していれば，複数の事業セグメントを1つの事業セグメントに集約することができる。

(a) 製品・サービスの性質

(b) 製造過程の性質

(c) 製品・サービスの顧客の類型や種類

(d) 製品の流通・サービスの提供に使用する方法

(e) 規制環境の性質（銀行業，保険業，公益事業などに関するもの）

(2) 量的閾値（quantitative thresholds）

企業は，次の量的閾値のいずれかを満たす事業セグメントを，報告セグメントとして区分して開示しなければならない。

(a) 収益（外部顧客への売上高，セグメント間の売上高・振替高を含む）が，すべての事業セグメントの収益合計額の10%以上である。

(b) 利益または損失の絶対値が，次の２つの絶対値のうち大きい方の10%以上である。

① 利益を計上したすべての事業セグメントの利益合計額

② 損失を計上したすべての事業セグメントの損失合計額

(c) 資産が，すべての事業セグメントの資産合計額の10%以上である。

ある事業セグメントに関する情報が，財務諸表の利用者にとって有用であると経営者が考える場合，量的閾値を満たさない事業セグメントを別個に開示できる。類似した経済的特徴を有し，集約基準の過半を共有している場合に限り，量的閾値を満たさない事業セグメント同士を組み合わせて，１つの報告セグメントとすることができる。

事業セグメント別に報告された外部収益の合計額が，企業の収益合計額の75%未満である場合には，企業の収益合計額の少なくとも75%が報告セグメントに含まれるまで，量的閾値を満たさない事業セグメントだとしても報告セグメントとして追加識別しなければならない。報告セグメントに含まれない事業セグメントに関する情報は，その他のセグメントの区分に開示し，その収益源泉についても提示しなければならない。報告セグメントの数について上限は定められていないが，報告セグメントが10を超える場合には，情報が詳細になりすぎるという問題が生じていないかを検討する必要がある。

3 開 示

企業は，包括利益計算書を表示する期間ごとに以下の情報を開示しなければならない。

(1) 全般的情報

企業は，次の全般的情報を開示しなければならない。

(a) 報告セグメントを識別するために用いた要素

(b) 集約基準を適用する際に行った経営者の判断

(c) 各報告セグメントの収益源泉となる製品・サービスの類型

(2) 利益または損失，資産および負債に関する情報

企業は，報告セグメントごとに利益または損失を開示しなければならない。そして，各報告セグメントの資産・負債の金額が，最高経営意思決定者に定期的に提供されている場合は，その資産・負債の金額を開示しなければならない。

加えて，次の項目の金額が，最高経営意思決定者によって検討されたセグメントの利益または損失に含まれている場合，各報告セグメントについてその金額を開示しなければならない。また，セグメントの利益または損失に含まれていなくても，次の項目の金額が最高経営意思決定者に定期的に提供されている場合には，各報告セグメントについてその金額を開示しなければならない。

(a) 外部顧客からの収益

(b) 当該企業の他の事業セグメントとの取引による収益
(c) 受取利息
(d) 支払利息
(e) 減価償却費・償却費
(f) IAS 第1号「財務諸表の表示」の第97項に基づいて別個に開示する重要な収益・費用の項目
(g) 関連会社・共同支配企業に関する持分法損益
(h) 法人所得税費用
(i) 減価償却費・償却費以外の重要な非資金項目

各報告セグメントの受取利息と支払利息は別個に表示しなければならない。ただし，セグメント収益の過半が受取利息であり，最高経営意思決定者が主として受取利息の純額に依拠してそのセグメントの資源配分・業績評価を行っている場合を除く。

企業は，次の項目の金額が最高経営意思決定者によって検討されたセグメント資産に含まれている場合，各報告セグメントについてその金額を開示しなければならない。また，セグメント資産に含まれていなくても，次の項目の金額が最高経営意思決定者に定期的に提供されている場合には，各報告セグメントについてその金額を開示しなければならない。

(a) 持分法により処理されている関連会社・共同支配企業への投資額
(b) 非流動資産の増加額（この非流動資産には，金融商品，繰延税金資産，正味確定給付資産，保険契約から生ずる権利は含まれない。）

4 測 定

(1) セグメント項目の測定

企業が開示する各セグメント項目の金額は，資源配分・業績評価の目的で最高経営意思決定者に報告される測定値を使用しなければならない。財務諸表の作成にあたって行われる修正・相殺消去は，最高経営意思決定者が使用したセグメントの利益または損失の測定値にそれらが含まれる場合にのみ，報告セグメントの利益または損失の金額に含めて開示する。同様に，最高経営意思決定者が使用したセグメントの資産・負債の測定値に含まれる資産・負債のみを，報告セグメントに関して開示しなければならない。ある金額を報告セグメントの利益または損失，資産・負債に配分する場合には，合理的な基準で配分しなければならない。なお，最高経営意思決定者がセグメントの資源配分・業績評価にあたって，事業セグメントの利益または損失，資産・負債の尺度を複数使用している場合は，財務諸表の対応する金額の測定と最も一致するもので開示する。

企業は，各報告セグメントの利益または損失，資産・負債の測定についての説明を提示する必要があり，少なくとも以下の項目を開示しなければならない。ただし，(b)，(c)，(d)については，下記の調整で明らかにならない場合に限って開示が求められる。

(a) 報告セグメント間取引の会計処理の基礎となる事項

(b) 報告セグメントの利益または損失の合計額と，企業の法人所得税費用・非継続事業前の利益または損失との差異の性質

(c) 報告セグメントの資産合計額と，企業の資産との差異の性質

(d) 報告セグメントの負債合計額と，企業の負債との差異の性質

(e) 報告セグメントの利益または損失の測定方法を前期から変更した場合には，その性質，および変更が報告セグメントの利益または損失に与えている影響

(f) 報告セグメントへの非対称的配分の性質と影響（たとえば，関連する償却資産をあるセグメントに配分していないにもかかわらず，当該セグメントにその減価償却費を配分する場合が該当する）

(2) 調整表

最高経営意思決定者に報告される測定値に基づいて，各セグメント項目の金額が決定されるため，その合計額が財務諸表の金額と一致しないことがある。よって企業は，次のすべてについて調整表を提供しなければならない。すべての重要な調整項目は，別個に開示する必要がある。

(a) 報告セグメントの収益合計額から，企業の収益へ

(b) 報告セグメントの利益または損失の合計額から，企業の法人所得税費用・非継続事業前の利益または損失へ

(c) 報告セグメントの資産合計額から，企業の資産へ

(d) 報告セグメントの負債合計額から，企業の負債へ

(e) その他の開示された重要項目について，報告セグメントの金額の合計額から，企業の対応する金額へ

(3) 過年度に開示した情報の再表示

企業は，報告セグメントの構成が変化するような方法で内部組織の構造を変更した場合には，情報が入手できないか，情報作成コストが過大になる場合を除いて，過年度（期中報告期間を含む）の対応するセグメント情報を修正再表示しなければならない。

5 企業全体の開示

報告セグメントが1つだけの企業を含め，本基準書の適用対象となるすべての企業は，企業全体に関する以下の情報を開示しなければならない。ただし，報告セグメント情報としてこれらが提示されていない場合に限って開示が求められる。

(1) 製品とサービスに関する情報

企業は，情報が入手できないか，情報作成コストが過大になる場合を除き，製品・サービス別の外部顧客からの収益，または類似の製品・サービス別の外部顧客からの収益を開示しなければならない。この収益の金額は，企業が財務諸表の作成に使用した財務情報に基づくものとする。

⑵ 地域に関する情報

企業は，情報が入手できないか，情報作成コストが過大になる場合を除き，次の地域別情報を開示しなければならない。

(a) 国内と海外に区分した外部顧客からの収益。海外の特定の国に帰属する外部顧客収益が重要である場合には，これを区分して開示しなければならない。

(b) 国内と海外に区分した非流動資産（この非流動資産には，金融商品，繰延税金資産，正味確定給付資産，保険契約から生ずる権利は含まれない)。海外の特定の国に所在する非流動資産が重要である場合には，これを区分して開示しなければならない。

⑶ 主要顧客に関する情報

企業は，主要顧客への依存度に関する情報を開示しなければならない。単一の外部顧客からの収益が，企業の収益の10%以上になる場合には，その旨，その顧客からの収益総額，関係するセグメント名を開示しなければならない。

日本基準との比較

日本基準では，企業会計基準第17号「セグメント情報等の開示に関する会計基準」(2010年最終改正）により，セグメント情報の開示が規定されている。この会計基準ではIFRS 8と同様にマネジメント・アプローチが導入されており，従来存在していたIFRS 8との相違点は概ね解消されている。ただし，いまだ次のような相違点が存在している。①セグメント資産について，IFRSでは最高経営意思決定者に情報が定期的に提供されている場合には開示が求められるが，日本基準ではそのような要件なしで開示しなければならない。② IFRSではセグメント別の特別損益に関する特定の規定はないが，日本基準では特別損益の情報開示を規定している。③ IFRSではセグメント別の減損損失に関する特定の規定はないが，日本基準では減損損失の情報開示を規定している。④ IFRSではセグメント別の，のれんに関する特定の規定はないが，日本基準ではのれんの未償却残高・償却額の情報開示を規定している。

キーワード

事業セグメント＝企業の構成単位のうち，収益・費用が生じ，最高経営意思決定者が資源配分・業績評価のためその経営成績を定期的に検討している，分離された財務情報が入手できるセグメント区分である。

最高経営意思決定者＝企業の事業セグメントについて資源配分・業績評価を行う者をいい，特定の肩書ではなく機能に基づいて決定される。

マネジメント・アプローチ＝経営者が資源配分・業績評価を行う際に使用している，企業の構成単位の区分・情報・会計方針に基づいて，事業セグメント情報を開示する方法である。

演習問題

［1］ X社はA～Gの事業を営んでおり，これらはそれぞれが事業セグメントである。次に示した財務情報に基づいて，報告セグメントとなるのはどの事業か答えなさい。

	A	B	C	D	E	F	G	合計
外部顧客収益	364	240	73	85	62	56	40	920
セグメント間収益	36	0	2	25	13	4	0	80
セグメント収益	400	240	75	110	75	60	40	1,000
セグメント損益	52	6	8	44	−25	−5	10	90
セグメント資産	650	340	174	105	100	75	56	1,500

（正解）A，B，C，D，E

（解説）収益，損益，資産に関する3つの量的閾値のうち1つでも満たせば報告セグメントとなる。

① 収益に関する量的閾値：セグメント収益（セグメント間収益を含む）が，A～G事業のセグメント収益の合計額1,000の10％以上あれば報告セグメントとなる。

1,000×10％＝100 ➡A，B，D

② 損益に関する量的閾値：利益を計上した事業の利益合計額が120，損失を計上した事業の損失合計額の絶対値が30であり，利益合計額120の方が大きい。よって，セグメントの利益または損失の絶対値が120の10％以上あれば報告セグメントとなる。

120×10％＝12 ➡A，D，E

③ 資産に関する量的閾値：セグメント資産が，A～G事業のセグメント資産の合計額1,500の10％以上あれば報告セグメントとなる。

1,500×10％＝150 ➡A，B，C

そして，A，B，C，D，Eの外部顧客収益の合計額が824で，A～G事業の外部顧客収益の合計額の75％である690（920×75％）以上である。したがって，報告セグメントを追加識別する必要はない。

［奥原　貴士］

IFRS 9 : Financial Instruments

目的と適用範囲

◎1◎目的

本基準書の目的は，財務諸表利用者が将来キャッシュ・フローの金額，時期および不確実性を評価するにあたって，目的適合性がある情報を提供するための金融資産および金融負債に関する原則を規定することである（金融資産および金融負債の定義については，IAS32号を参照）。2014年7月に本基準書が公表され，従前のIAS39号「金融商品：認識および測定」はこれに置き換えられることとなった。なお，財務諸表本体や注記における金融商品の表示や開示については，IAS32号「金融商品：表示」およびIFRS7号「金融商品：開示」で規定されている。

◎2◎適用範囲

本基準書の適用範囲は，以下の項目を除いたすべての金融商品である（金融商品の定義については，IAS32号を参照）。適用が除外される項目は，IFRS10号，IAS27号またはIAS28号により会計処理される子会社，関連会社，および共同支配企業に対する持分，IAS17号が適用されるリースに基づく権利・義務，IAS19号が適用される従業員給付制度に基づく事業主の権利・義務，IFRS2号が適用される報酬契約による金融商品，IFRS15の範囲に含まれる権利・義務のうち金融商品であるもの，IFRS17号で定義される所定の保険契約による権利・義務などである。

会計基準の内容

1　金融資産および金融負債の認識と認識の中止

(1)　金融資産および金融負債の認識

企業は，金融商品の契約条項の当事者となったときに，金融資産や金融負債を財政状態計算書（貸借対照表のこと）に認識しなければならない。金融資産や金融負債の認識については，**取引日会計**（約定日基準とも呼ばれる）と**決済日会計**（受渡日基準とも呼ばれる）という２つの会計処理がある。ここに取引日会計とは，受け取るべき資産の認識を取引日（契約日）に行う方法である。一方，決済日会計とは，資産の認識を受取日に認識する方法である。金融資産を通常の方法で売買する場合には，取引日会計または決済日会計によって，認識を行わなければならない。

決済日会計を採用する場合，金融資産の契約から引渡しまでに生じた公正価値の変動額は，後述する取得した資産の会計処理と同じ方法で会計処理しなければならない。すなわち，(a)償却原価で測定する金融資産については，公正価値の変動額を認識しない。(b)純損益を通じて公正価値で測定する金融資産に分類された場合には，公正価値の変動額を純損益の計算に含める。(c)その他の包括利益を通じて公正価値で測定する金融資産に分類された場合には，公正価値の変動をその他の包括利益に含める。

(2) 金融資産および金融負債の認識の中止

企業は，金融資産からのキャッシュ・フローに対する契約上の権利が消滅した場合には，金融資産の認識を中止し，財政状態計算書から除外しなければならない。また企業は，金融資産を譲渡した場合にも，金融資産の認識を検討する必要がある。ここで，譲渡とは以下のいずれかの要件を満たす場合のことをいう。

(a) 金融資産のキャッシュ・フローを受け取る契約上の権利を移転する場合。

(b) 金融資産のキャッシュ・フローを受け取る契約上の権利を保持しているが，このキャッシュ・フローを支払う契約上の義務を引き受けている場合であり，かつ以下の３つの要件をすべて満たす場合。すなわち，（b−1）原資産から同等の金額を回収する場合を除き，最終受取人への支払義務がないこと，（b−2）原資産の売却や担保差入が契約で禁止されていること，および（b−3）最終受取人に代わって回収したキャッシュ・フローを，重要な遅滞なしに送金する義務を有していること，という３つの要件がそれである（これを「パス・スルー要件」という）。

金融資産が譲渡された場合には，この金融資産を所有することから生じるリスクと経済価値を企業がどの程度保持しているかに基づき，認識を中止するかどうかの判定を行う（このような取扱いは「リスク経済価値アプローチ」と呼ばれる）。すなわち，(a)金融資産を所有することから生じるリスクと経済価値のほとんどを移転している場合には，金融資産の認識を中止する。(b)金融資産を所有することから生じるリスクと経済価値のほとんどを保持している場合には，認識を継続する。(c)金融資産を所有することから生じるリスクと経済価値のほとんどを移転している場合でも保持している場合でもない場合には，金融資産に対する支配を保持しているかについて判定し，保持している場合には認識を継続，保持していない場合には認識を中止する。本基準書では，譲受人が金融資産を制約なしに第三者へ売却できないとき，譲渡人はこの金融資産に対する支配を保持していると判断する。

なお通常の方法により売却された金融資産の認識の中止についても，取引日会計（約定日基準）と決済日会計（受渡日基準）の2つの会計処理が考えられる。取引日会計によれば，資産の認識の中止や売却による利得または損失の認識を取引日に行う。一方，決済日会計では，資産の認識の中止や売却による利得または損失の認識は引渡日に行う。金融資産の認識に関する取扱いと同様，企業はいずれかの方法によって認識の中止について処理を行う。

一方，金融負債については，契約上の義務が免責，解除あるいは満了となった場合に，その認識を中止して財政状態計算書から除外しなければならない。なお，負債の契約条項を大幅に変更するような再契約等があった場合には，もとの負債の契約が解除されたものとしてこの契約にかかる金融負債の認識を中止し，新しい金融負債の認識を行わなければならない。現在の貸手と借手との間で，大幅に条件が異なる金融負債の交換があった場合にも，同様の会計処理が求められる。金融負債の認識を中止するにあたり，消滅または譲渡された金融負債の帳簿価額と，支払った対価との差額は，当期の利得または損失として純損益の計算に含められなければならない。

2　金融資産および金融負債の分類

(1)　金融資産の分類

前節の規定に基づき財政状態計算書に認識された金融資産は，(a)金融資産の管理に関する企業の事業モデル（事業モデル要件），および(b)金融資産の契約上のキャッシュ・フローの特性（キャッシュ・フロー要件）という2つの条件に照らし，(1)償却原価で測定する金融資産，(2)その他の包括利益を通じて公正価値で測定する金融資産（FVOCI：fair value through other comprehensive income），および(3)純損益を通じて公正価値で測定する金融資産（FVPL：fair value through profit or loss）という3種類に分類される。

具体的な分類規準は以下のとおりである。まず以下の2つの要件をすべて満たすとき，その金融資産は償却原価で測定する金融資産に分類しなければならない。

(a)　事業モデルから判断して，金融資産の保有目的が契約上のキャッシュ・フローを回収することにあること（事業モデル要件）。

(b)　金融資産の契約条件によって生じるキャッシュ・フローが，元本と元本残高に対する利息の支払いのみであること（キャッシュ・フロー要件）。

また以下の2つの要件をすべて満たすとき，金融資産はその他の包括利益を通じて公正価値で測定する金融資産に分類しなければならない。

(a)　事業モデルから判断して，金融資産の保有目的が契約上のキャッシュ・フローの回収と売却の両方にあること（事業モデル要件）。

(b)　金融資産の契約条件によって生じるキャッシュ・フローが，元本と元本残高に対する利息の支払いのみであること（キャッシュ・フロー要件）。

上記のいずれにも分類されない場合，金融資産は純損益を通じて包括利益で測定する金融資産に分類される。ただし，純損益を通じて公正価値で測定する資本性金融商品（普通株式など）に対する特定の投資（売買目的保有でない場合）については，当初認識後における公正価値の変動をその他の包括利益に表示する，という解消不能の選択を行うことができる（このような取扱いを「OCI オプション」という)。

また，償却原価で測定する金融資産や，その他の包括利益を通じて公正価値で測定する金融資産に分類される場合であっても，所定の場合には，当初認識時に，純損益を通じて公正価値で測定するものとして解消不能の指定をすることができる（このような取扱いを「公正価値オプション」という)。ここでいう所定の場合とは，金融資産と金融負債との間に生じる測定属性または損益の認識に関する不整合（これを「会計上のミスマッチ」という）を，指定によって解消あるいは大きく減少させる場合のことを意味する。

⑵ 金融負債の分類

すべての金融負債は，実効金利法による償却原価で事後測定するものに分類しなければならない。ただし，売却目的保有の金融負債（デリバティブを含む）については，純損益を通じて公正価値で測定する金融負債に分類される。

また金融資産の場合と同様，金融資産と金融負債との間に生じる測定属性または損益の認識に関する不整合（会計上のミスマッチ）を解消するか大きく減少させる場合には，当初認識時に金融負債を，純損益を通じて公正価値で測定するものとして分類することができる（公正価値オプション)。

3 金融資産および金融負債の測定

⑴ 当初認識時における金融資産と金融負債の測定

当初認識時において，企業は金融資産や金融負債を公正価値で測定しなければならない。ただし，純損益を通じて公正価値で測定する金融資産または金融負債の当初認識においては，金融資産の取得または金融負債の発行に直接的に帰属する取引コストを含めて測定しなければならない。

⑵ 当初認識後における金融資産と金融負債の測定

当初認識後の金融資産や金融負債については，前述の分類に従って測定しなければならない。すなわち，償却原価で測定する金融資産または金融負債については，実効金利法により算定した償却原価で測定し，併せて各期に利息を配分する。実効金利法のもとでは，利息は金融資産の総額での帳簿価額に実効金利を適用することで算定される。ここで実効金利とは，金融資産の総額での帳簿価額または金融負債の償却原価と，将来期間に金融資産または金融負債から生じるキャッシュ・フロー見積額の割引現在価値とが等しくなるような割引率のことをいう。

一方，その他の包括利益を通じて公正価値で測定する金融資産については，公正価値で測定し，併せて各期に利息を配分する。公正価値と償却原価との差額は，その他の包括利益に認識する。また，各期に配分される利息は実効金利法により算定し，純損益計算に含めることとなる。なお，その他の包括利益を通じて公正価値で測定する金融資産の認識を中止する場合，または分類変更を行う場合（後述）には，その他の包括利益に認識した利得や損失の累計額を，純資産から純損益に振り替える（このような取扱いを「**組替調整**」もしくは「**リサイクリング**」という）。ただし，OCI オプションによってその他の包括利益に表示された資本性金融商品への投資の公正価値変動が，売却等を通じて実現した場合には，これを純損益に振り替えることはできない。

純損益を通じて公正価値で測定する金融資産および金融負債については，公正価値で測定し，公正価値の変動により生じた評価差額を純損益計算に含める。ただし，純損益を通じて公正価値で測定する金融負債にかかる公正価値の変動のうち，信用リスクの変動に起因する金額は，その他の包括利益に表示しなければならない。

(3) 分類変更があった金融資産の測定

金融資産の分類変更は，事業モデルが変更された場合にのみ認められる。分類変更を行った場合，変更後の会計処理は分類変更が行われた日から将来期間にわたり適用し，遡及処理は行わない。金融資産の分類変更の際に必要となる測定に関する手続きは以下のとおりである。まず，(a)償却原価の測定区分から純損益を通じた公正価値の測定区分に分類変更した場合には，分類変更日の公正価値で金融資産を測定する。償却原価と公正価値の差額については，純損益の計算に含める。また，(b)純損益を通じた公正価値の測定区分から償却原価の測定区分に分類変更した場合には，分類変更日の公正価値を帳簿価額として金融資産を測定する。(c)償却原価の測定区分からその他の包括利益を通じた公正価値の測定区分に分類変更した場合には，分類変更日の公正価値で測定し，償却原価と公正価値の差額をその他の包括利益に認識する。(d)その他の包括利益を通じた公正価値の測定区分から償却原価の測定区分に分類変更した場合には，分類変更日の公正価値を帳簿価額として測定する。また，過去にその他の包括利益に認識した利得や損失の累計額については，前述のとおり組替調整を行わなければならない。

なお金融負債の分類変更は認められていない。

4　金融資産の減損

(1) 一般的なアプローチ

企業は，(a)償却原価で測定される金融資産，(b)その他の包括利益を通じて公正価値で測定する金融資産，(c)リース債権（IFRS16号を参照），(d)契約資産（IFRS15号を参照），(e)ローン・コミットメントおよび(f)金融保証契約を対象に，当初認識後における減損を評価し，**損失評価引当金**を計上しなければならない。その原則的な手続きは以下のとおりである。

はじめに，(a)当初認識後に**信用リスク**が著しく増大しているか，および(b)当初認識後に**信用減損**が生じているかにより，金融資産を３つのステージに区分する。

ステージ１：信用リスクが当初認識後に著しく増大していない金融資産。

ステージ２：信用リスクが当初認識後に著しく増大したものの，まだ信用減損は生じていない金融資産。

ステージ３：信用減損が生じている金融資産（これを「**信用減損金融資産**」という）。

ここで信用リスクとは，金融商品の一方の当事者が債務不履行となり，もう一方の当事者が財務的損失を被るリスクのことである。また信用減損とは，金融資産の見積将来キャッシュ・フローに不利な影響を与える事象が発生している状況のことを意味する。

信用リスクが当初認識後に著しく増大したかどうかについては，金融資産の予想存続期間にわたる債務不履行発生のリスクに変動があるかという観点から判断される。このような判断を行う際には，過大なコストや労力をかけずに利用可能な合理的で裏づけ可能な情報（信用スプレッドや借手にかかるクレジット・デフォルト・スワップ価格など）を考慮しなければならない。そのような情報が利用できない場合には，期日経過の情報により判断できるとされる。期日経過とは，契約上の支払期限が到来したときに相手方が支払いを行わなかった状況のことである。

また，金融資産に信用減損が生じているかどうかは，以下のような証拠に基づき判断することになる。すなわち，(a)発行者や債務者が重大な財政的困難な状態にあること，(b)債務不履行や期日経過事象などの契約違反が生じていること，(c)債務者の財政的困難性を考慮して，融資者が債務者に譲歩を与えたこと，(d)債務者が破産または他の財務上の再編を行う可能性が高くなったこと，(e)金融資産の活発な市場が，財政上の困難により消滅したこと，および(f)信用損失の発生により，金融資産を大きく割り引かれた価格で購入あるいは組成したこと，などがその例である。

本基準書では，金融資産が以上のステージのいずれに属するかによって，損失評価引当金の設定水準を変えることを求めている。すなわち，ステージ１に属する金融資産は，12カ月の**予想信用損失**と同等の損失評価引当金を計上しなければならない。ここで，12カ月の予想信用損失とは，金融資産の全存続期間のうち，報告日から12カ月以内に債務不履行事象によって生じ得る損失のことをいう。一方，ステージ２および３に属する金融資産については，この金融資産の全存続期間における予想信用損失を見積ったうえで，これと同額を損失評価引当金として計上しなければならない。

いずれのステージについても，予想信用損失は信用損失を個々の金融資産の債務不履行リスクで確率加重した見積りとして測定される。ここに信用損失とは，(a)契約に基づいて企業が受け取るべきキャッシュ・フローと，(b)企業が受け取ると見込んでいるキャッシュ・フローの差（キャッシュ不足額）の割引現在価値のことを意味する。

さらに，金融資産が属するステージによって，金融収益の算定方法にも相違が生じる。すなわち，ステージ1と2に属する金融資産については，損失評価引当金を控除する前の帳簿価額に実効金利を乗じることで測定しなければならない。一方，ステージ3に属する金融資産については，損失評価引当金を控除した後の帳簿価額である償却原価に実行金利を乗じることで算定されなければならない。

(2) 単純化したアプローチ

以上が，金融資産の減損についての原則的な手続きであるが，ある種の金融資産については単純化した手続きに基づいて減損を認識しなければならない。単純化したアプローチのもとでは，当初認識以降の信用リスクの変化にかかわらず，全期間の予想信用損失に等しい金額で損失評価引当金を測定する。たとえば，IFRS15号の範囲に含まれる取引から生じた営業債権や契約資産であり，かつ重大な金融要素を含んでいないものについては，この単純化した手続きを採用しなければならない。また，IFRS16号の範囲に含まれる取引から生じたリース債権についても同様である。

5 デリバティブとヘッジ会計

(1) ヘッジ会計の目的と範囲

企業は，金利やコモディティ価格，外国為替レートなどの変動リスクを管理する目的で，金融商品を保有することがある（このような取引を「**ヘッジ取引**」という）。しかし，こうした金融資産から生じる損益と，上述の金利やコモディティ価格等の変動によって生じる損益とが同一の会計期間に認識されるとは限らない。両者が異なる会計期間に認識された場合には，企業のリスク管理活動の成果は財務諸表に適切に反映されないことになる。ヘッジ会計とは，このような企業のリスク管理活動の成果を財務諸表上で適切に表現するために，両者の損益を同一の会計期間に認識させる特殊な会計処理のことをいう。

(2) ヘッジ手段とヘッジ対象

金利やコモディティ価格，外国為替レートなどの変動リスクを管理する目的で企業が保有する金融商品をヘッジ手段，上述の変動リスクにさらされている資産や負債等をヘッジ対象という。ヘッジ手段として指定することができるのは，純損益を通じて公正価値で測定するデリバティブである（ただし一部の売建オプションを除く）。ここに**デリバティブ**とは，金融商品や本基準書が対象とするその他の契約のうち，以下のような3つの特徴を有するもののことをいう。

(a) 金利，金融商品価格，コモディティ価格，外国為替レート，価格やレートの指数，信用格付けなどの変動に応じて価値が変動すること。

(b) 当初の純投資を全く必要としないか，市場要因の変動に対する反応が類似する他の種類の契約について必要な当初の純投資よりも小さいこと。

(c) 将来の所定の日に決済されること。

たとえば，先物契約（将来の所定の日に所定の価格で金融資産を売買する契約），スワップ（将来の所定の日に利子や元金を受け取る権利や支払う義務を，現時点で交換する契約），オプション契約（将来の所定の日に所定の価格で金融資産を売買する権利を，現時点で売買する契約）がその典型である。なお，為替リスクのヘッジについては，デリバティブ以外の金融資産または金融負債もヘッジ手段として指定することができる。

一方，ヘッジ対象は，認識されている資産や負債，未認識の確定約定，可能性の非常に高い予定取引，または在外営業活動体に対する純投資のいずれでもよい。ここで確定約定とは，決まった数量の資源を所定の日に所定の価格で交換する拘束力のある契約のことをいう。また予定取引とは，確定ではないが発生することが予想される将来の取引のことを意味する。なおヘッジ手段とヘッジ対象の組み合わせのことをヘッジ関係という。

(3) ヘッジ会計の適格要件

ヘッジ会計は，企業のリスク管理活動の成果を財務諸表上で適切に表現するという目的上，本来の会計基準に従った会計処理とは異なる資産・負債の評価および損益の認識を求める点で特殊であるといえる。このため，以下のような3つの適格要件をすべて満たすヘッジ関係についてのみ，ヘッジ会計の適用が認められる。

(a) ヘッジ関係が，適格なヘッジ手段とヘッジ対象のみで構成されていること。

(b) ヘッジ関係の開始時に，ヘッジ関係とヘッジの実行に関する企業のリスク管理目的や戦略に関する指定や文書があること。

(c) ヘッジ関係が，ヘッジの有効性に関する以下の3要件をすべて満たしていること。

（c－1）ヘッジ対象とヘッジ手段との間に経済的関係があること。

（c－2）信用リスクの影響が，上記の経済的関係から生じる価値変動と比較して，著しく大きくないこと。

（c－3）企業が実際に使用するヘッジ対象とヘッジ手段の量から生じるのと同じヘッジ比率を用いてヘッジ関係を指定すること。ここで**ヘッジ比率**とは，ヘッジ手段の量とヘッジ対象の量との間のそれぞれのウェイト付けにおける関係のことをいう。

(4) ヘッジ会計の処理方法

上記の要件をすべて満たすヘッジ関係について，企業はヘッジ会計を適用する。ヘッジ関係は，①公正価値ヘッジ，②キャッシュ・フロー・ヘッジ，および③在外営業活動体に対する純投資のヘッジ（IAS21号で定義）の3つに分類され，それぞれ異なる会計処理が求められる。それぞれの分類に対する会計処理方法は以下のとおりである。

① 公正価値ヘッジの会計処理方法

公正価値ヘッジとは，認識済みの資産や負債，未認識の確定約定等の公正価値の変動のうち，純損益に影響しうるものに対するヘッジのことをいう。公正価値ヘッジに分類された場合，ヘッジ手段とヘッジ対象はともに公正価値で測定され，評価差額は純損益の計算に含めなければならない。

② キャッシュ・フロー・ヘッジの会計処理方法

キャッシュ・フロー・ヘッジとは，認識済みの資産や負債，可能性の高い予定取引から生じるキャッシュ・フローの変動のうち，純損益に影響しうるものに対するヘッジのことをいう。キャッシュ・フロー・ヘッジが適格要件を満たしている場合には，ヘッジ手段の価値変動から生じる利得や損失を，ヘッジ対象の価値変動が純損益に影響を及ぼす期間まで繰り延べることになる。すなわち，ヘッジ手段を公正価値で評価したうえで，公正価値の変動額をヘッジに有効な部分とそうでない部分とに区別する。ヘッジ手段にかかる公正価値の変動額のうち，ヘッジに有効と判断される部分については，純損益の計算には含めず，その他の包括利益に含める。それ以外の公正価値の変動額については，ヘッジに有効でないと判断され，純損益の計算に含められなければならない。また，ヘッジ手段にかかる公正価値の変動額のうちヘッジに有効と判断される部分は，財政状態計算書上は，その他の包括利益累計額の内訳項目（キャッシュ・フロー・ヘッジ剰余金）として純資産に含められるが，その計上額は，以下の(a)と(b)のうち，絶対額で低い方の金額となる。

(a) ヘッジ開始時以降の，ヘッジ手段の利得または損失の累計額。

(b) ヘッジ開始時以降の，ヘッジ対象の公正価値の変動累計額。すなわち，ヘッジ対象に関する見積り将来キャッシュ・フローの変動累計額の現在価値。

このような会計処理を経て純資産に計上されたヘッジ手段の累積利得または累積損失は，ヘッジ対象の価値変動が純損益の計算に影響を与える期間に純資産から減算され，純損益の計算に含めなければならない（組替調整）。

③ 在外事業体への純投資のヘッジに関する会計処理方法

在外事業体への純投資のヘッジとは，外国に子会社等を有している場合に，その純投資額が為替レートの変動から受ける損失を，デリバティブからの利得で相殺するためのヘッジのことをいう。在外事業体への純投資のヘッジについては，キャッシュ・フロー・ヘッジと同様に会計処理しなければならない。ヘッジ手段を公正価値で評価することから生じる差額のうち，当期のヘッジに有効であると判断される部分については，その他の包括利益として認識するとともに，純資産のその他の包括利益累計額に含める。当期のヘッジに有効であると判断されなかった部分については，純損益として認識する。

在外事業体の売却等があった場合には，その他の包括利益累計額を減算して純損益計算に含める組替調整を行わなければならない。

(5) ヘッジ有効性の評価とヘッジ会計の中止

企業はヘッジ会計の適用後においても，ヘッジ関係がヘッジの有効性に関する要件を満たすかどうかについて継続的に評価を行わなければならない。そして，ヘッジ関係がヘッジ有効性の要件を満たさなくなったが，ヘッジ関係についてのリスク管理目的は依然として変わりない場合には，ヘッジ有効性の要件を再び満たすように，ヘッジ対象またはヘッジ手段の量を調整しなければならない（このような取扱いを「バランス再調整」という）。バランス再調整によってヘッジ有効性の要件が満たされる場合には，ヘッジ関係の継続として会計処理されることになる。

ヘッジ関係のバランス再調整を考慮してもなお，ヘッジ関係が適格要件を満たさなくなった場合には，将来に向かってヘッジ会計を中止しなければならない。たとえば，ヘッジ手段が消滅したり，ヘッジ手段を売却したり，終了または行使した場合は，ヘッジ会計を中止する必要がある。ヘッジ会計の中止は，ヘッジ関係を単位として行う必要はなく，ヘッジ関係の一部について中止，残りについては継続となる場合もある。

日本基準との比較

日本において，金融商品の取扱いを規定しているのは，企業会計基準委員会による企業会計基準第10号「金融商品に関する会計基準」，企業会計基準適用指針第12号「その他の複合金融商品（払込資本を増加させる可能性のある部分を含まない複合金融商品）に関する会計処理」，および企業会計基準適用指針第17号「払込資本を増加させる可能性のある部分を含む複合金融商品に関する会計処理」である。また，金融商品に適用される時価については，企業会計基準第30号「時価の算定に関する会計基準」，および企業会計基準適用指針第31号「時価の算定に関する会計基準の適用指針」で規定されている。日本基準と本基準書との間には，いくつかの相違点があるが，その代表的なものとしては以下のようなものがあげられる。

第１に，金融資産および金融負債の分類である。たとえば日本基準において，有価証券は保有目的に応じて，(a)売買目的有価証券，(b)満期保有目的の債券，(c)子会社・関連会社の株式，および(d)その他有価証券に分類される。これに対して本基準書では，事業モデル要件およびキャッシュ・フロー要件に基づき，(a)償却原価で測定する金融資産，(b)その他の包括利益を通じて公正価値で測定する金融資産，および(c)純損益を通じて公正価値で測定する金融資産の３つに分類している。また本基準書では，日本基準では認められていない公正価値オプションに関する規定がある。

第２に，金融資産の減損処理に関する規定について以下のような相違がみられる。日本基準では，期末時点における債務者の信用リスクに基づき，貸倒引当金の算定を行う。これに対して本基準書では，(a)当初認識後に信用リスクが著しく増大しているか，および(b)当初認識後に信用減損が生じているかに基づいて，金融資産を３つのステージに区分し，ステージごとに異なる損失評価引当金の算定方法を規定する。また損失評価引当金は，12

カ月または全期間における予想信用損失によって測定される。

第3に，ヘッジ会計の処理方法について以下のような相違点がある。日本基準のもとでは，ヘッジ手段であるデリバティブの時価評価差額を，ヘッジ対象の損益が認識されるまで純資産において繰り延べる方法（日本基準では「繰延ヘッジ会計」と表記される）を原則としている。これに対し，本基準書では，ヘッジ関係に応じて2つの会計処理が適用されることになる。すなわち，キャッシュ・フロー・ヘッジや在外事業体への純投資のヘッジについては繰延ヘッジ会計と整合的な会計処理が適用される。一方，公正価値ヘッジについては，ヘッジ手段とヘッジ対象の両方を公正価値評価し，評価差額を純損益計算に含める会計処理（日本基準では「時価ヘッジ会計」と表記される）が行われることとなる。

第4に，金融資産の認識の中止について相違がみられる。日本基準では，金融資産を財務的な構成要素（これを「財務構成要素」という）に分解し，個々の財務構成要素に対する支配が他に移転した場合に，その金融資産の認識を中止する（この取扱いを「財務構成要素アプローチ」という）。これに対し，本基準書では，金融資産を所有することから生じるリスクと経済価値のほとんどを移転している場合に，金融資産の認識を中止する（リスク経済価値アプローチ）。

キーワード

取引日会計＝金融商品の売買にあたり，その売買の契約日に認識を行う会計処理方法。

決済日会計＝金融商品の売買にあたり，その金融商品の受渡日に認識を行う会計処理方法。

公正価値＝取引の知識があり，かつ取引を行う意思のある関係者の間で，独立した第三者間の取引条件で，資産が交換されるか，または負債が決済される金額。

償却原価＝金融資産の当初認識額から元本返済額を控除し，当初認識額と額面金額との差額のうち実効金利法による累積償却額を控除し，金融資産の場合には損失評価引当金を調整した金額。

実効金利法＝金融資産や金融負債の償却原価を算定する際，あるいは金融収益や金融費用を配分し，純損益計算に含める際に用いられる方法であり，実効金利を用いた複利計算を前提とする。実効金利は，金融資産の総額での帳簿価額または金融負債の償却原価と，将来期間に金融資産または金融負債から生じるキャッシュ・フロー見積額の割引現在価値とが等しくなるような割引率のこと。

予想信用損失＝信用損失をそれぞれの債務不履行発生リスクでウェイト付けした加重平均。

信用損失＝企業が受け取るべき契約上のキャッシュ・フローと，企業が受け取ると見込むキャッシュ・フローの差（キャッシュ不足額）の割引現在価値。

損失評価引当金＝減損処理の対象となる金融資産等について，予測信用損失に基づき測定される引当金。

信用減損金融資産＝見積り将来キャッシュ・フローに不利な影響を与える事象が発生している金融資産。

デリバティブ＝金利，金融商品価格，コモディティ価格，外国為替レート，価格やレートの指数，信用格付け等の変動によって価値変動が生じ，契約当初に純投資がゼロまたは僅少であり，将来に決済される金融商品。

ヘッジ取引＝ヘッジ対象の公正価値やキャッシュ・フローの変動によって生じる損失の可能性を減殺することを目的として行われる取引。

ヘッジ比率＝ヘッジ手段の量とヘッジ対象の量との間のそれぞれのウェイト付けにおける関係。

公正価値ヘッジ＝認識済みの資産や負債，未認識の確定約定等の公正価値の変動のうち，純損益に影響しうるものに対するヘッジ。

キャッシュ・フロー・ヘッジ＝認識済みの資産や負債，可能性の高い予定取引から生じるキャッシュ・フローの変動のうち，純損益に影響しうるものに対するヘッジ。

在外事業体への純投資ヘッジ＝在外子会社等への純投資額が為替レートの変動から受ける損失を，デリバティブからの利得で相殺するためのヘッジ。

組替調整（リサイクリング）＝当期または過去の期間においてその他の包括利益として認識した利得や損失の累積額を，当期の純損益に組み替えること。

金融商品，金融資産，金融負債および資本性金融商品については，IAS32号のキーワードを参照のこと。

演習問題

［1］　金融資産の分類と測定に関する次の記述のうち，正しいものはどれか。

a．売買目的有価証券は，純損益を通じて公正価値で測定する金融資産に分類される。

b．満期保有目的の債券は，償却原価で測定する金融資産に分類される。

c．相互持合いを目的とする政策保有株式は，純損益を通じて公正価値で測定する金融資産に分類しなければならない。

d．売却保有目的のものを除くすべての金融負債は，当初認識後において償却原価で測定しなければならない。

（正解）正しいものはａとｂ

（解説）ｃについてはOCIオプションが容認されている。ｄについては会計上のミスマッチを解消または大きく低減する目的で公正価値オプションが容認されている。

［2］　金融資産がステージ２に属するとき，損失評価引当金および金融収益の金額として正しい組み合わせは次のうちどれか。

	損失評価引当金の金額	金融収益の金額
a．	12カ月の予想信用損失	引当金控除前の帳簿価額×実効金利
b．	12カ月の予想信用損失	引当金控除後の帳簿価額×実効金利
c．	全期間の予想信用損失	引当金控除前の帳簿価額×実効金利
d．	全期間の予想信用損失	引当金控除後の帳簿価額×実効金利

（正解）正しいものはｃ

（解説）金融資産がステージ２に属するとき，損失評価引当金は全期間の予想信用損失に等しい金額で算定され，金融収益は損失評価引当金控除前の帳簿価額に実効金利を乗じて算定される。

［3］　金利リスクをもつ債権をデリバティブでヘッジしており，公正価値ヘッジに指定

している。会計処理として正しい組み合わせは次のうちどれか。

	債権の評価（ヘッジ対象）	デリバティブの評価（ヘッジ手段）	両者の評価差額
a.	償却原価	公正価値	純資産に含める
b.	償却原価	公正価値	純損益計算に含める
c.	公正価値	公正価値	純資産に含める
d.	公正価値	公正価値	純損益計算に含める

（正解）正しいものはd

（解説）公正価値ヘッジでは，ヘッジ手段およびヘッジ対象を公正価値で評価し，両者から生じた評価差額を純損益計算に含める。

［北川　教央］

IFRS 10 : Consolidated Financial Statements

36 連結財務諸表

目的と適用範囲

1 目的

本基準書の目的は，企業が他の企業を支配している場合の連結財務諸表の作成と表示に関する原則を定めることである。

2 適用範囲

親会社である企業は，連結財務諸表を表示しなければならない。本基準書は，次の場合を除き，すべての企業に適用される。

次の４条件のすべてが満たされる場合には，連結財務諸表を公表する必要はない。

① みずからが100％子会社または他企業が一部を所有する子会社であり，議決権を有しない者を含む他の所有者が，連結財務諸表の不作成を周知し反対していないこと。

② 企業の負債性金融商品または資本性金融商品が公開市場（国内外の株式市場など）で取引されていないこと。

③ 企業が，公開市場で何らかの金融商品を発行する目的で証券委員会その他の規制当局に対して財務諸表を提出しておらず，提出の過程にもないこと。

④ 最上位または中間の親会社が，IFRSに準拠した連結財務諸表を公表しており，その中で本基準書に従って子会社を連結するか，または純損益を通じて公正価値で測定していること。

本基準書は，IAS19号「従業員給付」が適用される退職後給付制度やその他の長期従業員給付制度には適用されない。投資企業である親会社は，本基準書の31項に従って，子会社のすべてを，純損益を通じて公正価値で測定することが要求されている場合には，連結財務諸表を作成してはならない。

会計基準の内容

1 本基準書の概要

本基準書は，上記の目的を満たすために，次のことを行っている。

(a) 他の企業（子会社）を支配している企業（親会社）に連結財務諸表の作成を要求する。

(b) 支配についての原則を定義し，連結の基礎としての支配を定める（下記２）。

(c) 投資者が投資先を支配していて，投資先を連結しなければならないかどうかを識別するために，支配についての原則を適用する方法を示す（下記２）。

(d) 連結財務諸表の作成に関する会計処理上の要求事項を示す（下記３）。

(e) 投資企業を定義し，投資企業の特定の子会社の連結に対する例外を示す（下記４）。

本基準書は，企業結合の会計処理上の要求事項と，それらの連結への影響（企業結合で生じるのれん（IFRS３号「企業結合」参照）を含む）については取り扱っていない。

2 支 配

投資者は，企業（投資先）への関与の内容にかかわらず，投資先を支配しているかどうかを判定し，**親会社**（parent）かどうかをみずから決定しなければならない。投資者は，投資先への関与により生じる変動リターンに対するエクスポージャーまたは権利を有し，かつ，投資先に対するパワーによってリターンに影響を及ぼす能力を保持している場合には，**投資先に対する支配**（control of an investee）を有している。したがって，投資者が次の各要素をすべて有している場合のみ，その投資者は投資先を支配していると判断される。

(a) 投資先に対するパワー。投資者は，**関連性のある活動**（relevant activities）を指図する現在の能力を与える既存の権利を有している場合には，投資先に対する**パワー**（power）を有している。関連性のある活動を指図する現在の能力を有する投資者は，その指図する権利をまだ行使していなくてもパワーを有している。複数の関連のない投資者がそれぞれ，異なる関連性のある活動を指図する一方的な能力を与える既存の権利を有している場合には，投資先のリターンに最も重要な影響を及ぼす活動を指図する現在の能力を有する投資者が，投資先に対するパワーを有している。一方，**防御的な権利**（protective power）（本基準書の付録Ｂ 26項～28項参照）のみを有している投資者は，投資先に対するパワーを有しないので，投資先に対する支配を有していない。

(b) 投資先への関与によって生じる変動リターンに対するエクスポージャーまたは権利。投資者は，その関与により生じる投資者のリターンが，投資先の業績の結果によって変動する可能性がある場合，投資先への関与によって生じる変動リターンに対するエクスポージャーまたは権利を有している。投資先を支配できるのは１人の投資者のみであるが，複数の当事者が投資先のリターンを共有することはありうる。たとえば，非支配持分の保有者は，投資先の利益または分配に参加することができる。

(c) 投資者のリターンの額に影響を及ぼすように，投資先に対するパワーを用いる能力。投資者は，投資先に対するパワーおよび投資先への関与によって生じる変動リターンに対するエクスポージャーまたは権利を有するだけでなく，投資先への関与によって生じるリターンに影響を及ぼすように，投資先に対するパワーを用いる能力を有している場合に，投資先を支配している。したがって，意思決定権を有する投資者（**意思決定者**；decision maker）は，自分が本人であるか代理人であるかを決定しなければならない。本基準書の付録B　58項～72項に従って代理人となる投資者は，委任された意思決定権を行使する場合でも投資先を支配していない。

投資者は，投資先を支配しているかどうかの判定に際して，すべての関連性のある事実と状況を考慮しなければならない。投資者は，上記の支配の３要素(a)～(c)のうち１つ以上に変化があったことを示す事実や状況がある場合には，投資先を支配しているかどうかを再検討しなければならない。

複数の投資者が，関連性のある活動を指図するために一緒に行動しなければならない場合には，投資先を共同で支配している。そのような場合には，いずれの投資者も他の企業の協力なしには活動を指図できないので，いずれの投資者も投資先を支配していない。各投資者は，投資先に対する持分を，IFRS11号「共同支配の取決め」，IAS28号「関連会社および共同支配企業に対する投資」，またはIFRS 9 号「金融商品」などの関連するIFRSに従って会計処理しなければならない。

3　会計処理の要求事項

親会社は，類似の状況における同様の取引やその他の事象に関し，統一された会計方針を用いて**連結財務諸表**（consolidated financial statements）を作成しなければならない。投資先の連結は，投資者が投資先に対する支配を獲得した日から開始し，投資先に対する支配を喪失した日に終了しなければならない。

(1)　連結手続

連結財務諸表の作成に際しては，まず資産，負債，資本，収益，費用，およびキャッシュ・フローを，それぞれ対応する項目ごとに合算することによって，親会社と子会社の財務諸表を結合する。次に，連結財務諸表が，企業集団に関する財務情報を，単一の企業の財務情報として提供するために，次のような会計処理が行われる。

① 親会社の各子会社に対する投資の帳簿価格と，各子会社の資本勘定のうち親会社の持分割合を相殺消去し，親会社株主以外の持分割合を非支配持分として計上する（関連するのれんの会計処理方法については，IFRS 3 号「企業結合」を参照）。

（借）資 本 金	x,xxx	（貸）S 社 株 式	x,xxx
利益剰余金	x,xxx	非支配持分	x,xxx

② 企業集団内の債権債務残高，売上高，費用，配当，キャッシュ・フローをはじめとする企業集団内の取引を相殺消去し，そこから生じた未実現利益を全額消去する。次の仕訳はその一例である。

（借）売 上 高	x,xxx	（貸）売上原価	x,xxx
（借）買 掛 金	xxx	（貸）売 掛 金	xxx
（借）売上原価	xxx	（貸）商 品	xxx

③ 子会社に対する持分のうち，親会社に直接または間接に帰属しないものを**非支配持分**（non-controlling interest）という。このうち，まず株主資本に対する非支配持分については，連結財政状態計算書（連結貸借対照表のこと）において，株主資本の部の中に，親会社の所有者持分と区別して表示しなければならない。両持分は区別して表示されるが，非支配持分も企業集団の資本として位置づけられていることに注意しなければならない（**経済的単一体説**）。

次に，純損益に対する非支配持分については，親会社の所有者に帰属する純損益を算定するために，連結上の利益計算書において別個に開示する形で，企業集団の純損益から控除しなければならない。非支配持分に帰属する損益は，費用ではなく利益の配分として取り扱うのである。

（借）非支配持分に帰属する損益	xxx	（貸）非支配持分	xxx

包括利益も親会社持分と非支配持分に帰属させる。企業は，たとえ非支配持分がマイナスの残高になっても，包括利益の総額を親会社の所有者と非支配持分に帰属させなければならない。

子会社に，資本に分類され非支配持分が保有している累積的優先株の残高がある場合，（配当が宣言されているかどうかに関係なく）企業はその株式にかかる配当について調整した後に，純損益に対する持分相当額を計算しなければならない。

⑵ 企業集団内の決算日と会計方針の統一

連結財務諸表の作成に用いる親会社と子会社の財務諸表は，原則として，同じ日付で作成されなければならない。決算日が異なる場合も，子会社の財務諸表は，連結の目的上，企業集団と同一の日付で作成されなければならない。これが実務上不可能であれば，決算日の差異が 3 カ月を超えないことを条件として，異なる決算日で作成された財務諸表を用いることができる。この場合，報告期間の長さ，および決算日の差異は，毎期同じでなければならない。なお，決算日が異なる財務諸表を連結する場合，その異なる決算日と企業集団の決算日との間に生じた事象や，企業集団内の取引のうち重要な影響を及ぼすものについて，修正を行わなければならない。

連結財務諸表は，同様の状況における類似した取引およびその他の事象に関して，統一的な会計方針を用いて作成しなければならない。かりに企業集団の一員が，連結財務諸表のうえで採用された会計方針と異なる会計方針を用いている場合，連結財務諸表の作成にあたってそれらの財務諸表を用いる際には，適切な修正を行わなければならない。

⑶ 支配の喪失

親会社が子会社に対する支配を喪失した場合には，親会社は次のことを行う。

(a) 連結財政状態計算書から旧子会社の資産および負債の認識の中止を行う。

(b) 旧子会社に対して保持している持分を認識し，その後は，当該持分と旧子会社との債権債務を，関連するIFRSに従って会計処理する。その保持している持分は，本基準書の付録B98項(b)(iii)およびB99A項に記述しているとおり再測定する。支配喪失日現在の再測定価額は，IFRS 9号「金融商品」に従った金融資産の当初認識時の公正価値，または該当する場合には，関連会社や共同支配企業に対する投資の当初認識時の原価とみなさなければならない。

(c) 従前の支配持分に帰属する，支配の喪失に関連した利得または損失を認識する。

4 企業が投資企業であるかどうかの決定

親会社は，みずから投資企業であるかどうかを決定しなければならない。投資企業は，次のすべてに該当する企業である。

(a) 投資者から，当該投資者に投資管理サービスを提供する目的で資金を得ている。

(b) 投資者に対して，みずからの事業目的は資本増価，投資収益，またはその両方からのリターンのためだけに資金を投資することであると確約している。

(c) 投資のほとんどすべての測定および業績評価を，公正価値ベースを行っている。

企業は，上で記述した定義にみずから該当するかどうかを評価する際に，投資企業の典型的な特徴（たとえば，(i)複数の投資を有している，(ii)複数の投資者が存在する，(iii)企業の関連当事者ではない複数の投資者が存在する，(iv)資本持分または類似の持分の形式での所有持分を有している）を有しているかどうかを考慮しなければならない。

下記の例外を除いて，投資企業は，子会社を連結してはならず，また他の企業の支配を獲得したときにIFRS 3号「企業結合」を適用してはならない。それに代えて，投資企業は，子会社に対する投資を，IFRS 9号「金融商品」に従って純損益を通じて公正価値で測定しなければならない。ただし，自身が投資企業ではなく，主たる目的および活動が，投資企業の投資活動に関連するサービスを提供することである子会社が有している場合には，投資企業は，当該子会社を本基準の第19項～26項に従って連結し，当該子会社の取得にIFRS 3号の要求事項を適用しなければならない。投資企業の親会社は，投資企業である子会社を通じて支配している企業を含めて，支配しているすべての企業を連結しなければならない。ただし，親会社自身が投資企業である場合を除く。

日本基準との比較

(1) 連結範囲の例外規定。日本基準では，支配が一時的であると認められる企業と，利害関係者の判断を著しく誤らせるおそれがある企業が，連結範囲から除外される。しかしIFRS10号では，上記4で定義される「投資企業」に該当する場合を除き，すべての子会社を連結しなければならない。特別目的事業体（SPE）についても，日本基準では，一定の要件を満たす場合（適正な価額で譲り受けた資産から生ずる収益を発行する証券の所有者に享受させることを目的として設立されており，事業がその目的に従って適切に遂行されているとき），連結の範囲に含めないことが認められているが，IFRS10号では，投資企業が支配を有すると判断されるものはすべて連結対象となる。

(2) 非支配株主に帰属する損益の表示。IFRS10号では，当期純損益を非支配株主に帰属する損益を含めて表示し，その内訳として，非支配持分に帰属する金額と親会社株主に帰属する金額をそれぞれ財務諸表の本体に開示する。一方，日本基準では，連結損益計算書（二計算書方式）の場合，当期純損益に，非支配株主に帰属する当期純損益を加減したうえで，親会社株主に帰属する当期純損益を表示する。

その他，連結範囲，潜在的議決権の取扱い，子会社の欠損の非支配持分への配分，子会社に対する支配の喪失，子会社に対する支配の喪失を伴わない親会社持分の増減の損益取引処理などの点で，日本基準はIFRS10号と相違する。

キーワード

親会社＝1つまたは複数の企業を支配している企業。
子会社＝他の企業に支配されている企業。
投資先に対する支配＝投資者は，投資先への関与により生じる変動リターンに対するエクスポージャーまたは権利を有し，かつ，投資先に対するパワーによってリターンに影響を及ぼす能力を有している場合には，投資先を支配している。
関連性のある活動＝投資先の活動のうち，投資先のリターンに重要な影響を及ぼす活動。
パワー＝関連性のある活動を指図する現在の能力を与える現在の権利。
防御的な権利＝その権利が関係する企業に対するパワーを与えることなく，当該権利を有する当事者の利益を保護するように設計されている権利。
意思決定者＝意思決定権を有する企業であり，本人または他の当事者の代理人のいずれかであるもの。
連結財務諸表＝親会社およびその子会社の資産，負債，資本，収益，費用，およびキャッシュ・

フローを単一の経済的実体のものとして表示する企業集団（親会社およびその子会社）の財務諸表。

非支配持分＝子会社に対する持分のうち，親会社に直接的または間接的に帰属しないもの。

投資企業＝次のすべてに該当する企業。(a)1つまたは複数の投資者から，当該投資者に投資管理サービスを提供する目的で資金を得ている。(b)投資者に対して，みずからの事業目的は資本増価，投資収益，またはその両方からのリターンのためだけに資金を投資することであると確約している。(c)投資のほとんどすべての測定および業績評価を，公正価値ベースを行っている。

演習問題

［1］ 次の文章のうち，正しいものに○，間違いのものに×をつけなさい。

a．財務および営業または事業の方針を決定する機関に対する支配が一時的であると認められる子会社は，連結の範囲に含めなくてよい。

b．連結の範囲に含めることにより，連結財務諸表提出会社の利害関係者の判断を著しく誤らせるおそれがあると認められる子会社は，連結の範囲に含めなくてよい。

c．他の企業の議決権の40％未満しか所有しておらず，かつ緊密な者および同意している者と合わせて他の企業の議決権の過半数を占めていない企業は，連結の範囲に含めなくてよい。

（正解） a．× b．× c．×

（解説）日本基準では，aとbに該当する子会社は連結の範囲に含めないものとされているが，IFRS10号では，そのような連結除外規定は定められていない。また，日本基準では，少なくとも他の企業の議決権の40％以上50％未満を保有している，または緊密な者および同意している者と合わせて議決権の過半数を保有している企業が連結の範囲に含められるが，IFRS10号では，そのような数値による制限を課していない。支配が存在すると判定されれば，cも連結の範囲に含められる。

［2］ S社はP社の子会社であり，取扱商品をすべてP社から仕入れている。この企業集団の連結損益計算書の①売上高および②期末商品の金額はいくらか（単位：百万円）。

	P社		S社	
売上高		5,000		1,200
売上原価				
期首商品	600		300	
仕入高	3,800		700	
	4,400		1,000	
期末商品	400	4,000	200	800
売上総利益		1,000		400

（正解）売上高5,500 期末商品560

（解説）①売上高＝P社の売上高5,000－S社への売上高700＋S社の売上高1,200＝5,500,②期末商品＝P社の在庫400＋S社の在庫200－未実現利益［200×（1,000÷5,000)］＝560

［3］ 非支配持分に関する次の記述のうち，正しいものはどれか。

a．非支配持分は株主資本であり，非支配持分に帰属する利益は利益の内訳項目である。

b．非支配持分は株主資本であり，非支配持分に帰属する利益は費用の1項目である。

c．非支配持分は株主資本ではなく，非支配持分に帰属する利益は利益の内訳項目である。

d．非支配持分は株主資本ではなく，非支配持分に帰属する利益は費用の1項目である。

（正解） a

（解説）経済的単一体説に立脚するIFRS10号では，非支配株主を親会社株主と同じ，企業集団に対する返済不要資金の提供者とみる。したがって，非支配持分は株主資本に含めて内訳表示され，非支配持分に帰属する利益は費用ではなく利益の内訳項目として取り扱われる。

［石川 博行］

IFRS 11 : Joint Arrangements

37 共同支配の取決め

目的と適用範囲

1 目的

本基準書の目的は，共同支配の取決めに対する持分を有する企業について，その財務報告に関する原則を定めることである。そのため，本基準書は，まず共同支配の定義を明らかにする。そのうえで，共同支配の取決めの当事者である企業が，みずからの権利および義務を評価することによって当該取決めの種類を決定するとともに，当該権利および義務を，その共同支配の取決めの種類に応じて会計処理すべきことを要求している。なお，共同支配の取決めに関する開示については本基準書の対象ではなく，IFRS12号「他の企業への関与の開示」において規定されている。

2 適用範囲

本基準書は共同支配の取決めの当事者である，すべての企業に対して適用される。

会計基準の内容

1　共同支配の取決め

(1)　定　義

現実の企業活動では，他社と協力関係を構築したうえで，事業を共同で展開する場面がしばしばみられる。たとえば，技術の進展が著しい分野では，他社と研究開発に関する協定を結び，各社がノウハウおよび人的資源を出し合って，新素材や製品の共同開発を行うことがある。また，生産効率を向上させるため，他社と協力して工場を建設し，製品の共同生産に取り組むこともある。このように，共同事業はコストやリスクの共有，新市場や新技術へのアクセスの確保など，さまざまな目的から実施されている。

こうした共同事業では，当事者の権力の程度に優劣が存在しない場合が多い。言い換えると，いずれの当事者も，単独では重要な意思決定を行うことができないケースが多いのである。本基準書は，このような共同事業に関与する当事者に対して適用される。

本基準書において，**共同支配の取決め**（joint arrangement）とは，複数の当事者が共同支配を有する取決めとして定義されており，次の2つの特徴を有するとされる。第1に，当事者は契約上の取決めによって拘束されていることがあげられる。なお，契約上の取決めはその対象となる活動に各当事者が参加する条件を示しており，文書化されていることが多い。第2に，契約上の取決めにより，複数の当事者が当該取決めに対する**共同支配**（joint control）を有していることがあげられる。ここに，共同支配が存在するのは，関連性のある活動（すなわち，取決めのリターンに重要な影響を及ぼす活動）に関する意思決定が，集団で取決めを支配している当事者の全員一致の合意を必要とする場合のみであるとされる。すなわち，共同支配の取決めにおいては，どの当事者も単独では取決めを支配しておらず，共同支配を有する当事者は，他の当事者が取決めを支配するのを妨げることができるのである。したがって，共同支配の取決めには共同事業のすべてが該当するわけではなく，事業に対する支配が複数の当事者によって共有されているケースに限られるといえる。

(2) 具体的な判定

企業は共同事業に参加しているとき，それが共同支配の取決めに該当するのか否かを判定する必要がある。具体的な判定について，以下の3つのケースを用いて考えてみよう。

〈ケース1〉

当事者3社が取決めを交わしたとする。取決めに対する議決権の所有割合は，A社：50%，B社：30%，C社：20%である。なお，契約上の取決めでは，関連性のある活動に関する意思決定を行うには，少なくとも議決権の75%が必要となる。

〈ケース2〉

当事者3社が取決めを交わしたとする。取決めに対する議決権の所有割合は，A社：50%，B社：25%，C社：25%である。なお，契約上の取決めでは，関連性のある活動に関する意思決定を行うには，少なくとも議決権の75%が必要となる。

〈ケース3〉

A社とB社がそれぞれ取決めに対する議決権の35%を有していて，残りの30%が広く分散しているとする。契約上の取決めでは，関連性のある活動に関する意思決定を行うには，少なくとも議決権の過半数の承認が必要となる。

共同支配の取決めに該当するか否かを判定するためには，どの当事者が同意すれば，関連性のある活動に関する意思決定を下すことができるかという点に注目する必要がある。まず，ケース1では，A社の議決権所有割合が最大であるものの，関連性のある活動に関する意思決定を下すにはB社の同意がどうしても必要であるので，A社は当該取決めを支配しているとはいえない。こうした状況から，A社とB社が当該取決めに対する共同支配を有していると判定される。なお，A社，B社，C社とも共同支配の取決めの当事者ではあるが，A 社と B 社は共同支配者であるのに対して，C 社は共同支配者以外の当事者として位置づけられる。

次に，ケース 2 では，75%の同意を得る組み合わせが複数存在する（A 社と B 社の組み合わせ，A 社と C 社の組み合わせ）。こうした場合に共同支配となるためには，契約上の取決めで，当事者のどの組み合わせが全員一致で合意する必要があるのかを定めておかねばならない。たとえば，「関連性のある活動に関する意思決定には A 社と B 社の同意が必要である」旨が契約上で定められていれば，同事業に対する支配は A 社と B 社によって共有されており，同事業は共同支配の取決めであると判定される。なお，この場合，C 社は共同支配者以外の当事者として位置づけられる。

最後に，ケース 3 も75%の同意を得る組み合わせが複数存在する（A 社と B 社の組み合わせ，A 社と A・B 社以外の当事者の組み合わせ，B 社と A・B 社以外の当事者の組み合わせ）。したがって，ケース 2 と同様，「関連性のある活動に関する意思決定には A 社と B 社の同意が必要である」旨を契約上で定めている場合にのみ，A 社と B 社は当該取決めに対する共同支配を有することになる。なお，この場合，A・B 社以外の当事者は共同支配者以外の当事者として位置づけられる。

2　共同支配事業と共同支配企業

ある取決めが共同支配の取決めであると判定されたならば，次のステップでは，それが共同支配事業（joint operation），または共同支配企業（joint venture）のいずれに該当するかを判定する。共同支配の取決めの種類を共同支配事業とするのか共同支配企業とするのかは，当該取決めの当事者の権利および義務に応じて決まる。

共同支配事業とは，共同支配を有する当事者が，当該取決めに関する資産に対する権利や負債に対する義務を有する場合の共同支配の取決めをいう。共同支配の取決めが別個のビークル（separate vehicle）によって組成されたものでない場合は共同支配事業に分類される。ただし，別個のビークルによって組成された共同支配の取決めだからといって，共同支配事業から除外されるわけではない点には注意が必要である。なお，共同支配事業における共同支配者は，共同支配事業者と呼ばれる。

一方，**共同支配企業**とは，共同支配を有する当事者が，当該取決めに関する純資産に対して権利を有する場合の共同支配の取決めをいう。なお，別個のビークルによって組成された共同支配の取決めだからといって，必ず共同支配企業に分類されるわけではない。ただし，共同支配企業に分類されるためには，少なくとも共同支配の取決めが別個のビークルを通じて組成されていなければならない。なお，共同支配企業における共同支配者は，共同支配投資者と呼ばれる。

3 会計処理方法

当事者は，自社が関与している共同支配の取決めが共同支配事業または共同支配企業のいずれに該当するかを判定したならば，それぞれの形態に応じて会計処理を選択する。

(1) 共同支配事業

まず，共同支配事業の会計処理方法について説明しよう。共同支配事業の当事者のうち，共同支配事業者（すなわち，共同支配事業における共同支配を有する当事者）は，その財務諸表上，以下を認識しなければならない。すなわち，①みずからの資産，②みずからの負債，③共同支配事業から生じる産出物に対する持分の売却による収益，④共同支配事業による産出物の売却による収益に対する持分，および⑤みずからの費用，がそれである。共同支配事業者は，共同支配事業に対する持分に係る資産，負債，収益，および費用の会計処理を，特定の資産，負債，収益，および費用に適用されるIFRSに従って行わなければならない。共同支配事業者は，実質的に共同支配事業の資産に対する権利や負債に対する義務を有している。本基準書はこのような事情をふまえて，共同支配事業者に資産，負債，収益，および費用を直接認識するよう求めているのである。

一方，共同支配事業者以外の当事者については，資産に対する権利や負債に対する義務を有している場合には，共同支配事業者と同様の会計処理を行う。それに対して，資産に対する権利と負債に対する義務を有していない場合には，共同支配事業に対する持分は，しかるべきIFRSに従って会計処理される。

(2) 共同支配企業

次に，共同支配企業の会計処理方法について説明しよう。共同支配企業の当事者のうち，共同支配投資者（すなわち，共同支配企業における共同支配を有する当事者）は，共同支配企業に対する持分を投資として認識し，IAS28号「関連会社および共同支配企業に対する投資」に従って，持分法を適用しなければならない。共同支配企業に対して持分を有する当事者は，別個のビークルに対して持分を有するものの，当該ビークルの資産に対する権利や負債に対する義務は有していない。本基準書はこのような事情をふまえて，持分法の適用を求めているのである。

一方，共同支配投資者以外の当事者については，共同支配企業に対して重要な影響力を有している場合には，IAS28号に従って持分法を適用しなければならない。それに対し，重要な影響力を有しているとはいえない場合には，IFRS 9 号「金融商品」に従って会計処理を行う。

日本基準との比較

わが国には共同支配の取決めに関する包括的な会計基準は存在しない。特に，IFRS11号でいう「共同支配事業」にかかる会計処理はどの基準書にも規定されていない。ただし，「共同支配企業」に対する投資の会計処理は，企業会計基準第21号「企業結合に関する会計基準」第37～39項に規定された「共同支配企業の形成の会計処理」の中で規定されている。それによれば，連結財務諸表上，共同支配投資企業は共同支配企業に対する投資について持分法を適用するよう求められている。この点で，共同支配企業の会計処理については日本基準と整合しているといえる。

キーワード

共同支配＝契約上の取決めによって合意された支配の共有のこと。関連性のある活動に関する意思決定を行う際，当事者の全員一致の合意を必要とする場合にのみ存在する。

共同支配の取決め＝複数の当事者が共同支配を行っていることを示す取決めのこと。

共同支配事業＝共同支配を有する当事者が，当該取決めに関する資産に対する権利や負債に対する義務を有する場合の共同支配の取決めをいう。

共同支配企業＝共同支配を有する当事者が，当該取決めに関する純資産に対して権利を有する場合の共同支配の取決めをいう。

共同支配の取決めの当事者＝共同支配の取決めに参加する当事者のことである。同当事者には共同支配を有する者とそれ以外の参加者双方が含まれる。また，共同支配事業および共同支配企業における共同支配を有する者は，おのおの，共同支配事業者および共同支配投資者と呼ばれる。

別個のビークル＝別個の法的主体や法令により認知された主体を含む，別個に識別可能な財務上の構造。ただし当該主体が法人格を有しているかどうかは問わない。

演習問題

［1］ 以下の文章のうち，正しいものはどれか答えなさい。

a．IFRS11号は，共同支配の取決めに参加しているすべての企業に対して適用され，当該取決めに対して共同支配を有していない企業もその適用対象となる。

b．共同支配事業者（すなわち，共同支配事業における共同支配者）は，共同支配企業に対する持分を投資として認識し，持分法を適用しなければならない。

c．共同支配企業とは，共同支配を有する当事者が，当該取決めに関する資産に対する権利や負債に対する義務を有する場合の共同支配の取決めをいう。

d．関連性のある活動に関して，集団で取決めを支配している当事者のいずれかが単独で意思決定を行いうる場合には，IFRS11号は適用されない。

（正解） a と d

（解説） b は共同支配投資者（すなわち，共同支配企業における共同支配者）に関する記述である。また，c は共同支配事業に関する記述である。

［2］ 次の共同事業は，共同支配事業と共同支配企業のいずれに該当するか答えなさい。なお，いずれの事業も共同支配の取決めとして判定済みである。

a．2つの不動産会社が，ショッピング・センターを取得し運営するため，別個のビークルX社を設立する。X社の法的形態の特徴は，各当事者ではなく，X社が契約に関連する資産に対する権利と負債に対する義務を有していることである。当事者間の契約上の取決めは，X社が行う活動に対する共同支配について定めている。それによると，①ショッピング・センターの運営から生じる利益については，X社に対する持分に比例して両当事者が受領する権利を有すること，②X社の負債に対しては当事者が連帯責任を負わない（つまり，X社が債務を履行できない場合，債権者に対する両当事者の義務は，出資の未払額に限定される）ことが合意されている。

b．2つの建設会社が，政府発注の道路工事を共同で請け負うため，別個のビークルY社を設立する。Y社は2つの建設会社に代わって政府と契約を締結する。Y社の法的形態の特徴は，Y社ではなく，両当事者がY社の資産に対する権利と負債に対する義務を有していることである。当事者間の契約上の取決めは，Y社が行う活動に対する共同支配を定めている。それによると，①事業に必要なすべての資産に対する権利，②事業に関するすべての営業上および財務上の義務に対する連帯責任，ならびに，③事業に関するすべての損益については，Y社への持分に比例して両当事者が共有することが合意されている。

c．2つの銀行が，企業金融や資産管理業務等の活動を統合するために，別個のビークルZ社を設立する。Z社の法的形態の特徴は，各当事者ではなく，Z社が契約に関連する資産に対する権利と負債に対する義務を有していることである。当事者間の契約上の取決めは，Z社が行う活動に対する共同支配について定めている。それによると，①紛争が生じた場合には，両当事者が持分に比例して必要な資金を提供すること，②必要ならば，両当事者が連帯してZ社が関連法規制を遵守するようにすることが合意されている。

（正解） a．共同支配企業，　b．共同支配事業，　c．共同支配企業

（解説） aでは別個のビークルが設定されていて，ビークルの資産への権利または負債への義務を当事者が有しておらず，ビークルの純資産に対して権利を有するにとどまるため，共同支配企業に該当する。bは，別個のビークルを設定しているものの，ビークルの資産や負債に対して，当事者が権利や義務を有していることが明らかであるため，共同支配事業に該当する。cはaと同様，当事者はビークルの純資産に対して権利を有するにとどまる。なお，Z社が関連法規制を遵守することができなくなった場合には支援を行うという合意はあるものの，両当事者がZ社の負債に対して義務を有することを示す他の事実はないことから，この取決めは共同支配企業に該当する。

［小谷　学］

IFRS 12 : Disclosure of Interests in Other Entities

38 他の企業への関与の開示

目的と適用範囲

1 目的

本基準書の目的は，財務諸表の利用者が，(a)**他の企業への関与**（interest in another entity）の内容とそれに関連するリスクと，(b)関与が財政状態，財務業績およびキャッシュ・フローに与える影響を評価できるようにするための情報開示を企業に要求することである。

2 適用範囲

本基準書は，次のいずれかの形で他の企業に対して関与を有する企業が適用しなければならない。(a)子会社，(b)共同支配の取決め（すなわち共同支配事業や共同支配企業），(c)関連会社，(d)非連結の組成された企業がそれである。

他方，本基準書は次のものには適用されない。(a)IAS19号「従業員給付」が適用される退職後給付制度その他の長期従業員給付制度，(b)企業の個別財務諸表でIAS27号「個別財務諸表」が適用されるもの（ただし，企業が非連結の組成された企業への関与を有しており，個別財務諸表を唯一の財務諸表として作成している場合には適用される。また，子会社のすべてをIFRS10号「連結財務諸表」の31項に従って純損益を通じて公正価値で測定した財務諸表を作成する投資企業は，本基準が要求している投資企業に関する開示を表示しなければならない），(c)共同支配の取決めに参加しているが，共同支配を有していない企業が保有している関与，(d)IFRS 9 号「金融商品」に従って会計処理される他の企業への関与。

会計基準の内容

1　本基準書の概要

本基準書の目的を満たすため，企業は次の事項を開示しなければならない。

(a)　①他の企業または取決めへの関与の性質，②関与を有する共同支配の取決めの種類

（下記２），③該当がある場合，投資企業の定義を満たしている旨（下記３）を決定する際に行った重大な判断と仮定

(b) ①子会社（下記４），②共同支配の取決めおよび関連会社（下記６），③企業が支配していない**組成された企業**（structured entity）すなわち非連結の組成された企業（下記７）への関与に関する情報

本基準書が要求する開示が，他のIFRSの要求する開示と合わせても，本基準書の目的を満たさない場合は，目的を満たすのに必要な追加的な情報を開示しなければならない。

一方，企業は，開示目的を満たすのに必要なレベルの詳細さと，要求事項のそれぞれにおくべき重点度を考慮しなければならない。重要ではない詳細情報を大量に含めたり，性格の異なる項目を集約したりして，有用な情報が隠されてしまわないように，開示の集約または分解を行わなければならない。たとえば，企業は，子会社，共同支配企業，共同支配事業，関連会社，非連結の組成された企業への関与について，別々に情報を表示しなければならない。他方，これらの企業の種類の中での集約のレベルとして適切となる可能性のあるものの例として，活動の性質（たとえば，研究開発企業，リボルビング・クレジットカード証券化企業），業種分類，地理的区分（たとえば，国や地域）があげられる。

2 重大な判断と仮定の開示

企業は，次のことを決定する際に行った重大な判断と仮定（ならびにその変更）に関する情報を開示しなければならない。①他の企業（IFRS10号「連結財務諸表」で述べられている投資先）への支配を有していること，②共同支配の取決めや他の企業に対する重要な影響力を有していること，③取決めが別個のビークルを通じて組成されている場合の共同支配の取決めの種類（すなわち，共同支配事業または共同支配企業）がそれである。

たとえば，企業は，次のことを決定する際に行った重大な判断と仮定を開示しなければならない。①他の企業の議決権の過半数を保有している（保有していない）のに，その企業を支配していない（支配している）こと，②企業が代理人または本人であること，③他の企業の議決権の20％以上を保有している（保有していない）のに，その企業への重要な影響力を有していない（有している）こと。

3 投資企業の地位

親会社がIFRS10号「連結財務諸表」に従ってみずからが投資企業であると決定した場合には，当該投資企業はみずからが投資企業であると決定する際に行った重要な判断および仮定に関する情報を開示しなければならない。投資企業が，IFRS10号で定義されている投資企業の典型的な特徴のうち１つまたは複数を有していない場合には，それでもみず

からが投資企業であると結論を下した理由を開示しなければならない。

4 子会社への関与に関する情報の開示

企業は，連結財務諸表の利用者に対して次の情報を開示しなければならない。

(a) 企業集団の構成と，非支配持分が企業集団の活動とキャッシュ・フローに対して有している関与に関する理解を可能にする情報

具体的には，①子会社の名称，②子会社の主要な事業場所（および主要な事業場所と異なる場合には設立国），③非支配持分が保有している所有持分の割合，④所有持分の割合と異なる場合，非支配持分が保有している議決権の割合，⑤報告期間中に子会社の非支配持分に配分された純損益，⑥報告期間末における子会社の非支配持分の累積額，⑦子会社に関する要約財務情報（たとえば，流動資産，非流動資産，流動負債，非流動負債，収益，純損益，包括利益合計が含まれるが，これらに限らない）を開示しなければならない。

(b) 次のことの評価を可能にする情報

(i) 企業集団の資産へのアクセスや利用および負債の決済を行う能力に対する重大な制限の内容と程度。たとえば，①親会社や子会社が現金その他の資産を企業集団内の他の企業に（または他の企業から）移転する能力に関する制限，②保証または他の要求で，企業集団内の他の企業に（または他の企業から）配当その他の資本分配の支払いや貸付の実行または返済を制限する可能性のあるもの，ならびにその制限が適用される資産と負債の連結財務諸表上の帳簿価額を開示しなければならない。その制限に対して非支配持分が防御的な権利を有する場合には，その内容と程度も開示しなければならない。

(ii) 連結した組成された企業への関与に関連したリスクの内容および変動。まず，連結した組成された企業に対して，親会社や子会社が財務的支援を提供することを要求する可能性のある契約上の取決めの条件を開示しなければならない。財務的支援等を行う現在の意図の開示も必要である。そのような契約上の義務がない場合の財務的支援等については，①提供した支援の種類と金額，②その支援を提供した理由を開示しなければならない。これまで非連結であった組成された企業に対して財務的支援等を提供し，その支援の提供によって企業が当該組成された企業を支配することとなった場合には，企業はその決定に至る際に関連性のある要因の説明を開示しなければならない。

(iii) 支配の喪失に至らない子会社に対する親会社の所有持分の変動の帰結。その影響を示す表を開示しなければならない。

(iv) 報告期間中の子会社に対する支配の喪失の帰結。企業は，IFRS10号に従って計

算した利得または損失を，①その金額のうち，旧子会社に対して保持している投資を支配喪失日現在の公正価値で測定することに起因する部分と，②その利得または損失が認識される純損益の表示科目（独立表示しない場合）とともに開示しなければならない。

連結財務諸表の作成に使用する子会社の財務諸表の日付または期間が，連結財務諸表と異なる場合には，企業は，その子会社の財務諸表の報告期間の末日，および異なる日付や期間を使用している理由を開示しなければならない。

5 非連結の子会社への関与に関する情報の開示（投資企業）

IFRS10号に従って，連結への例外措置を適用して，子会社に対する投資を，純損益を通じて公正価値で会計処理することを要求されている投資企業は，その旨を開示しなければならない。非連結の子会社のそれぞれについて，投資企業は，①子会社の名称，②子会社の主要な事業場所（および主要な事業場所と異なる場合には設立国），③投資企業が保有している所有持分の割合，およびそれと異なる場合には，保有している議決権の割合を開示しなければならない。このほか，上記4(b)に類似した事項の開示も要求されている。

6 共同支配の取決めおよび関連会社への関与に関する情報の開示

企業は，連結財務諸表の利用者に対して次の情報を開示しなければならない。

(a) 共同支配の取決めおよび関連会社への関与について，その内容，程度，および財務上の影響。具体的には，報告企業にとって重要性のある共同支配の取決めや関連会社のそれぞれに関しては，①名称，②報告企業との関係，③主要な事業場所（異なる場合には，法人設立国も），④報告企業の所有持分または参加持分の割合（異なる場合には，議決権の割合も）を開示し，共同支配企業と関連会社のそれぞれに関しては，①評価方法（持分法または公正価値。持分法で評価されている場合には，その投資の公正価値も）と，②要約財務諸表を開示しなければならない。個々には重要性がない共同支配企業と関連会社については，すべての共同支配企業の合計額とすべての関連会社の合計額を別々に開示しなければならない。その他，共同支配企業や関連会社については，現金配当の送金能力等に関する重大な制限の内容と程度，財務諸表の日付や期間が異なる場合の理由（4の子会社のケースと同じ），損失に対する持分の認識停止に関する開示も規定されている。

(b) 共同支配企業および関連会社への関与に関連したリスクの内容とその変動。具体的には，保有するコミットメントや，関与に関連して負っている偶発負債は，他のコミットメントや偶発債務の金額と区別して開示しなければならない。

7　非連結の組成された企業への関与に関する情報の開示

企業は，連結財務諸表の利用者に対して次の情報を開示しなければならない。

(a)　非連結の組成された企業への関与の内容と程度を理解するための情報。たとえば，組成された企業の内容，目的，規模，活動，資金調達方法等の定性的情報や定量的情報等を開示しなければならない。次の(b)で要求している情報を提供していない非連結の組成された企業のスポンサーとなっている場合には，企業は，①その決定方法，②報告期間中の**組成された企業からの収益**（income from a structured entity），③報告期間中に組成された企業に移転された全資産の移転時の帳簿価額を開示しなければならない。②と③の情報は，適切なスポンサー活動別に表形式で表示するのが基本である。

(b)　非連結の組成された企業への関与に関連したリスクの内容とその変動。企業は，次の事項の要約を基本的に表形式で表示しなければならない。①その関与に関して財務諸表で認識した資産と負債の帳簿価額，②その資産と負債が認識されている財政状態計算書上の表示科目，③その関与から生じる損失に対する企業の最大エクスポージャーを最もよく表す金額（金額に表せない場合は，その旨と理由の開示が必要），④その関与に関係する資産と負債の帳簿価額と，その企業からの損失に対する企業の最大エクスポージャーとの比較。企業は，非連結の組成された企業に対する財務的支援その他の支援を提供した場合には，支援を行う現在の意図を開示しなければならない。契約上の義務がない場合には，支援の種類と金額も開示する必要がある。

日本基準との比較

(1)　持分法の適用範囲。日本基準では，非連結子会社および関連会社に対する投資については，原則として持分法が適用される。一方，IFRS12号では，非連結子会社に関する規定は存在しない。

(2)　持分法適用範囲の例外規定。日本基準では，財務および営業または事業の方針の決定に対する影響が一時的であると認められる関連会社や，持分法を適用することによって利害関係者の判断を著しく誤らせるおそれがあると認められる非連結子会社および関連会社には持分法を適用しないとされている。一方，IFRS12号では，そのような例外規定は設けていない。

キーワード

他の企業への関与＝企業を他の企業の業績からのリターンの変動性にさらす契約上および非契約上の関与。

組成された企業＝誰が企業を支配しているかの決定に際して，議決権や類似の権利が決定的な要因とならないように設計された企業。

組成された企業からの収益＝①経常的および非経常的な報酬，金利，配当，②組成された企業への関与の再測定，または③認識の中止にかかる利得または損失，ならびに④組成された企業の資産および負債の移転から生じる利得または損失など。

演習問題

［1］ 以下の文章のうち，IFRS12号が適用されるものに○，適用されないものに×をつけなさい。

a．企業が非連結の組成された企業への関与を有していて，唯一の財務諸表として作成している個別財務諸表。

b．共同支配の取決めに参加しているが，共同支配を有していない企業が保有している関与。

c．IFRS 9 号「金融商品」に従って会計処理される他の企業への関与。

（正解）a．○　b．×　c．×

（解説）本文「目的」と「適用範囲」参照。

［石川　博行］

IFRS 13 : Fair Value Measurement

39 公正価値測定

目的と適用範囲

1 目的

本基準書の公表以前は，公正価値の定義がIAS32号「金融商品の表示」で示され，測定のヒエラルキーと開示がIFRS 7 号「金融商品の開示」で定められていた。2011年に公表された本基準書の目的は①公正価値の定義，②公正価値測定のためのフレームワークの提示，③公正価値測定に関する開示の規定である。

2 適用範囲

本基準書は他のIFRSにおいて，公正価値測定やこれに関する開示（および公正価値から売却費用を控除するような公正価値を基礎とする測定，あるいはそれらの測定に関する開示）が求められるか許容される場合において適用される。ただし例外として，IFRS 2 号「株式に基づく報酬」が規定する株式に基づく報酬，IFRS16号「リース」が適用されるリース取引には適用されない。また公正価値に類似しているが公正価値ではないIAS 2 号「棚卸資産」の正味実現可能価額，IAS36号「資産の減損」に関する使用価値の測定に本基準書は適用されない。さらに，IAS19号「従業員給付」に従って公正価値で測定される年金資産，IAS26号「退職給付制度の会計と報告」における公正価値で測定される退職給付年金投資，IAS36号「資産の減損」における回収可能額が公正価値から処分費用を控除した価額である資産については，本基準書の開示規定が適用されない。

会計基準の内容

1 公正価値の定義

「測定日時点で，市場参加者間の秩序のある取引において，資産を売却して受取るであろう価格，または負債を移転するために支払うであろう価格」を公正価値の定義とする。

2 定義における留意事項

⑴ 資産または負債

公正価値測定は，特定の資産または負債に関するものである。したがって市場参加者が価格付けの時に資産・負債の特性を考慮するのであれば，企業も公正価値の測定時にその特性を考慮に入れなければならない。この特性の例としては①資産の状態と所在場所，②もしあれば，資産の売却や使用に対する制約があげられている。

⑵ 取 引

公正価値測定は，その時点の市況下での資産売却あるいは負債移転を行う市場参加者間の秩序ある取引において，測定日に資産あるいは負債が交換されるものと仮定している。また資産売却または負債移転は①資産・負債の主要な市場，②主要な市場がない場合には資産・負債にとって最も有利な市場，のいずれかにおいて生じると仮定している。

⑶ 市場参加者

企業は，資産・負債の価格を決めるときに市場参加者が用いるであろう仮定を用いて，市場参加者が経済的利益の最大化に関心をおいて行動すると仮定し，資産・負債の公正価値を測定しなければならない。

⑷ 価 格

公正価値は，その時点の市況下での主要な（あるいは最も有利な）市場の秩序ある取引において，測定日に資産を売却して受取る金額，あるいは負債を移転して支払う金額（すなわち出口価格）であり，それが直接観察可能であるか他の評価技法を使用して見積られるかは問わない。

3 非金融資産への適用

非金融資産の公正価値測定は，最善の状態での資産の使用，または資産を最善の状態で使用する他の市場参加者への売却による市場参加者の経済価値の創出能力を考慮して行う。

4 負債および企業自身の資本性金融商品への適用

⑴ 一般原則

公正価値測定に際しては，金融あるいは非金融負債または企業自身の資本性金融商品（たとえば企業結合の対価として発行される資本持分）が測定日に市場参加者に移転されると仮定する。また負債や企業自身の資本性金融商品の移転は以下のように仮定される。

① 負債は決済されずに残り，市場参加者たる譲受人は義務を履行することを要求され

る。また負債は測定日に債務者との間で決済されず，あるいは解消されない。

② 企業自身の資本性金融商品は発行されたままであり，市場参加者たる譲受人はその商品に関する権利と責任を引受ける。測定日において消却その他の消滅は行われない。

⑵ 資産として他の者が保有する負債および資本性金融商品

同一あるいは類似の負債や企業自身の資本性金融商品を移転するための相場価格が利用不可能な場合で，同一の品目を他社が資産として保有している場合，企業は負債や資本性金融商品の公正価値を，測定日に資産として同一の商品を保有する市場参加者の観点から測定しなければならない。

⑶ 資産として他の者が保有していない負債および資本性金融商品

同一あるいは類似の負債や企業自身の資本性金融商品を移転するための相場価格が利用不可能な場合で，同一の品目を他社が資産として保有していない場合，企業は負債や資本性金融商品の公正価値を，負債を負うか持分の請求権を発行した市場参加者の観点から，評価技法を使用して測定しなければならない。

⑷ 不履行リスク

負債の公正価値は不履行リスクの影響を反映する。不履行リスクは，限定されないかもしれないが，(IFRS 7号「金融商品の開示」に定義された) 企業自身の信用リスクを含む。不履行リスクは，負債の移転前後で同じであると仮定されている。

5 評価技法

⑴ 一般原則

企業は，その状況において適切であり，公正価値測定のために十分な資料が利用可能な評価技法を使用しなければならない。また信頼できる観察可能なインプットの使用を最大化し，観察不可能なインプットの使用を最小化しなければならない。

⑵ 公正価値ヒエラルキー

公正価値測定と関連する開示において，一貫性と比較可能性を増進するために，本基準書は，公正価値測定のために使用される評価技法へのインプットを，以下の3つのレベルに区分している。

① レベル1のインプットは，活発な市場において特定の資産や負債に関して，測定日に企業が入手可能な（調整されていない）相場価格である。

② レベル2のインプットは，資産あるいは負債に関して直接的や間接的に観察可能な，レベル1の範囲に含まれる相場価格以外のインプットである。

③ レベル3のインプットは，資産や負債に関して観察不可能なインプットである。

6 開 示

企業は，当該企業の財務諸表の利用者が，以下の事項を評価することに役立つ情報を，開示しなければならない。

① 財政状態計算書において当初認識後に，経常的あるいは非経常的に公正価値で評価する資産や負債に関して，測定するために使用される評価技法およびインプット

② 重要な観察不可能なインプット（レベル３）を用いる経常的な公正価値測定に関して，期間の損益あるいはその他の包括利益における測定の影響

日本基準との比較

日本では企業会計基準委員会から，企業会計基準第30号「時価の算定に関する会計基準」，企業会計基準適用指針第31号「時価の算定に関する会計基準の適用指針」および企業会計基準適用指針第19号「金融商品の時価等の開示に関する適用指針」が公表されている。日本基準はIFRS13とほぼ同じ内容であるが，主な相違点は，以下のとおりである。

(1) IFRS13は，原則としてIFRS全体を適用範囲とし，たとえばIFRS16リースなど適用されないIFRSを示している。日本基準では，金融商品とトレーディング目的で保有する棚卸資産を適用範囲としている。

(2) IFRS13で要求されているが，日本基準では要求されていない開示項目がある。

キーワード

インプット＝市場参加者が，資産あるいは負債の価格を付す場合に用いるであろう仮定で，以下のようなリスクに関する仮定を含む。なおインプットは観察可能である場合もあれば観察不可能な場合もあるかもしれない。

① 公正価値を測定する際に用いる特定の評価技法（たとえば価格付けモデル）に固有のリスク

② 評価技法のための仮定に固有のリスク

不履行リスク＝企業が義務を履行しないであろうリスク。不履行リスクには企業自身の信用リスクを含むが，それには限定されない。

演習問題

［1］ 公正価値測定に関して，正しいものに○，誤っているものに×をつけなさい。

a．棚卸資産を評価する場合における正味実現可能価額は，IFRS13号「公正価値測定」の規定に基づいて測定されなければならない。

b．資産特性を市場参加者が価格付けの時に考慮するのであれば，公正価値測定時においてその特性を考慮すべきである。

c．公正価値測定は，金融資産に適用されるものであり非金融資産には適用されない。
d．評価技法の使用にあたっては，信頼できる観察可能なインプットのみを使用をすることとし，観察不可能なインプットを使用してはならない。

（正解）a．×　b．○　c．×　d．×

（解説）IFRS13号「公正価値測定」では，棚卸資産の正味実現可能価額は，公正価値に類似しているが公正価値ではないとして，適用範囲には含めていないためａは誤り。非金融資産への適用を想定している規定が存在するためｃは誤り。評価技法の使用にあたり観察不能なインプットの使用は最小限とすると規定しているが，禁止はしていないためｄは誤り。

［安井　一浩］

IFRS 14 : Regulatory Deferral Accounts

40 規制繰延勘定

目的と適用範囲

◎1◎目的

本基準の目的は，電気・ガス・水道など公共性が強いため料金規制を受ける事業を営む企業がIFRSを初めて適用する場合に，直前まで採用してきた料金規制事業の会計基準に基づく会計処理をそのまま継承することを認めることである。本基準書は，IASBが料金規制事業の会計基準に関して進行中のプロジェクトが確定するまでの間の，過渡的な基準としての性質をもつ。

◎2◎適用範囲

本基準書は，料金規制事業を営む企業がIFRSを初度適用する場合に適用できるが，次の2つの要件を満たす場合に限られる。①料金規制対象事業を行っていること，および②従前の会計基準に従った財政状態計算書（貸借対照表のこと）において，規制繰延勘定残高としての要件を満たす金額を認識していたことがそれである。

会計基準の内容

1　認識，測定，減損および認識の中止

料金規制の対象企業の会計処理は，一般企業とは異なる場合がある。一般企業であれば費用計上すべき支出について，それを資産化して繰り延べる会計処理が許容または要求されたり，また純損益やその他の包括利益として認識すべき金額が，料金規制対象企業では負債の部に計上する会計処理が許容または要求されたりする。この会計処理により財政状態計算書（貸借対照表のこと）に計上される項目を**規制繰延勘定**（Regulatory Deferral Accounts）というが，これらの項目は資産・負債の定義を満たさない。

しかし上述の適用範囲で示した要件を満たす企業は，規制繰延勘定の認識，測定，減損，認識の中止について，IAS 8号「会計方針，会計上の見積りの変更及び誤謬」11項の定め（類似・関連事項に関する規定，概念フレームワークにおける資産負債の定義，認識

規準・測定概念の参照と適用可能性の検討）によることなく，従前の会計処理を引き継ぐことが認められる。

2 表 示

本基準は，従前の会計基準に基づいて認識された規制繰延勘定に関して，その残高と増減に関する分類表示を，次のように定めている。財政状態計算書において，規制繰延勘定の借方（貸方）残高は，他の基準に従って表示している資産（負債）と区別するために，流動または非流動に分類することなく，規制繰延勘定の借方（貸方）残高以外の資産合計（資本および負債合計）を算出したうえで，その小計に規制繰延勘定の借方（貸方）残高を加算する形式で表示される。

一期間における規制繰延勘定残高の正味増減額は，純損益およびその他の包括利益計算書の中で，その他の包括利益の部において，①後に純損益に振り替えられることがないもの（純損益にリサイクルされることがないもの）と，②後に所定の条件が満たされた場合に純損益に振り替えられるもの（純損益にリサイクルされるもの）を区別して，独立の表示科目として表示しなければならない。そこでは，財政状態計算書の場合と同様に，規制繰延勘定残高の正味増減を表示する前に小計を示すことにより，他の会計基準に従って表示する収益・費用と区別しなければならない。

3 開 示

本基準は，料金規制の内容とそれに関連したリスク，ならびに当該料金規制が財政状態，財務業績およびキャッシュ・フローに与える影響を利用者が評価できるようにするために，①料金規制の対象となっている活動と，②認識されている金額に関する情報の開示を要求している。料金規制の対象活動については，料金規制対象活動や料金設定プロセスの内容，料金規制機関が関連当事者であるかどうか，規制繰延勘定の借方（貸方）残高の将来の回収（返還）がリスクや不確実性の影響をどのように受けるのか等の情報を財務諸表において示さなければならない。認識している金額については，規制繰延勘定残高の認識および認識の中止の根拠，当初と事後の測定の方法，当期首と当期末の帳簿価額の調整表等の情報を開示しなければならない。

日本基準との比較

日本基準において，本基準に相当するものは存在しない。

キーワード

規制繰延勘定残高＝費用（または収益）勘定の残高で，他の基準に従えば資産または負債として認識されないが，顧客に請求できる料金を料金規制機関が設定する際に含めているか，または含めると見込まれていることにより繰延べの要件を満たす残高。

料金規制＝財やサービスについて顧客に請求できる価格の設定のための枠組みで，料金規制機関の監督ないしは承認の対象となっているもの。

料金規制機関＝企業を拘束する料金または料金の幅を設定する権限を法令や規則で与えられている公認の機関。料金規制機関は，第三者機関である場合も，企業自身の関連当事者（企業自身の統治機関を含む）である場合（当該機関が法令や規則により，料金の設定を顧客の利益と企業の全体的な財務上の存続能力の確保の両方のために行うことが要求されている場合）もある。

料金規制対象活動＝企業の活動のうち料金規制の対象となっている活動。

演習問題

［1］ A社は電力事業を行っており，当事業年度（2018年1月1日～2018年12月31日）より，IFRSを採用している。前事業年度末（2017年12月31日）において，A社は規制繰延勘定残高としての要件を満たす金額を認識していなかったが，2018年7月1日に暴風雨災害による損失が生じ，それに伴い，翌事業年度（2019年1月1日～2019年12月31日）より，電気料金の値上げを実施することになった。この場合，A社は本基準の適用範囲に該当するか。

（正解）該当しない。

（解説）本基準の範囲は，(1)料金規制対象活動を行っていること，(2)従前の会計原則に従った財務諸表において，規制繰延勘定残高としての要件を満たす金額を認識していたことの2つであり，A社は(2)の要件を満たしていない。

［2］ 規制繰延勘定残高の表示に関する規定として，正しいものはどちらか。

a．すべての規制繰延勘定の借方（貸方）残高の合計額を独立の表示科目として表示し，他の基準に従って表示している資産（負債）と同様に，流動または非流動に分類して表示する。

b．すべての規制繰延勘定の借方（貸方）残高の合計額を独立の表示科目として表示し，流動または非流動に分類せず，規制繰延勘定の借方（貸方）残高以外の資産合計（資本および負債合計）を算出したうえで，その小計に規制繰延勘定の借方（貸方）残高を加算する形式で表示する。

（正解）b

（解説）規制繰延勘定の借方（貸方）残高については，他の基準に従って表示している資産（負債）と区別しなければならず，その方法として，規制繰延勘定残高の表示前に算出する小計の使用が求められている。

［森脇　敏雄］

IFRS 15 : Revenue from Contracts with Customers

41 顧客との契約から生じる収益

目的と適用範囲

1 目的

本基準書の目的は，顧客との契約から生じる収益やキャッシュ・フローについて，その性質・金額・時期・不確実性に関する有用な情報を提供するために，企業が適用すべき原則を定めることである。本基準書は，アメリカの財務会計基準審議会（FASB）と共同開発されたため，米国基準とも文言レベルでほぼ一致しており，また日本の財務会計基準第15号「収益認識に関する会計基準」もIFRS15号の内容を基本的にすべて取り入れる方針で設定された。その結果，主要先進国の会計処理が統一されることになり，損益計算書の冒頭に記載される収益の情報の国際的な比較可能性は大きく促進されるものと期待される。

2 適用範囲

本基準書は，契約の相手方が顧客である場合のすべての販売取引に適用されるが，次の契約は除かれる。リース契約（IFRS16），保険契約（IFRS17），金融商品およびその他の権利義務（IFRS9, 10, 11およびIAS27, 28），同業他社との非貨幣性の交換がそれである。従来，収益の認識については，(a)工事契約の収益と原価に関して工事進行基準の適用を規定したIAS11号「工事契約」と，(b)物品販売や役務提供からの収益の認識を規定したIAS18号「収益」が存在したが，これらは廃止された。

IFRS15号は，2014年の公表後，2018年1月1日以後に開始の年度から適用されている。

会計基準の内容

1　5段階での収益認識の概要

IFRS15号は企業の収益認識を5段階に区分して規定している。①契約の識別と②そこに含まれる履行義務（これが収益認識の単位）の特定，③取引価格の算定と④その配分

（1契約が複数の履行義務を含む場合），および⑤履行義務を充足した一時点での，または一定期間にわたる，収益の認識という5つのステップがそれである。次の設例でこれを例示する。

エレベータの生産販売と保守点検サービスの提供を事業内容とする当社は顧客との間で，当期首にエレベータの販売と据付を行い，あわせて当期首から5年間にわたる保守点検サービスを，対価1,380で提供する契約を締結した。当社は，このエレベータの販売と据付だけを行う場合の取引価格を1,000としており，また5年間の保守点検サービスだけを提供する場合の取引価格を500としている。

この設例では，①エレベータに関する当社と顧客の合意が，収益認識の対象となる契約であり，②そこにはエレベータの販売・据付と保守点検サービスのそれぞれが履行義務として含まれている。③対価となる取引価格は総額で1,380であるが，④この総額を販売価格の比率1,000対500に基づき，エレベータ分［1,380×（1,000／1,500）＝920］と保守点検サービス分［1,380×（500／1,500）＝460］に配分する。そして⑤エレベータの売上収益は，一時点で充足する履行義務として，据付の完了時に計上し，保守点検サービスは一定期間にわたり充足する履行義務として，時の経過に比例して均等額［460÷5＝年間92］ずつ収益を認識する。

2 契約の識別

収益認識の第1ステップは，会計処理の対象となる契約を識別することである。契約とは，企業と顧客の間に法的強制力のある権利義務を生じさせるような取決めをいい，書面・口頭・取引慣行のいずれによるかを問わないが，次のすべての要件を満たす必要がある。

(a)当事者が契約を承認し義務の履行を約束していること，(b)当事者の権利と(c)支払条件を識別できること，(d)企業の将来キャッシュ・フローを変化させる経済的実質があること，および(e)対価の回収可能性が高いことがそれである。対価の回収可能性に大きな不確実性がある契約は，約束した対価額のうち回収できないよりも回収できる可能性の方が高いと見込む部分だけが収益認識の対象となる。

これらの要件を満たして識別された契約であっても，完全に未履行の段階では収益認識の対象にならない。他方，いったん識別した契約について，そこで約束されている財やサービスの範囲または価格が変更された場合の取扱は，変更の状況により会計処理が次のように異なる。①新たな財やサービスが追加されて契約の範囲が拡大し，かつ追加分の独立販売価格に見合う分だけ対価額が増額されていれば，追加分を独立した契約として取扱うが，②財やサービスの範囲に変化がなければ（たとえば価格のみの変更），既存の契約の変更として会計処理する。しかし③財やサービスの範囲の変更を伴うのであれば，既存の契約が解約され新規契約が締結されたと仮定した会計処理を行う。

3　履行義務の識別

(1)　収益認識の単位

契約の識別に続く第2ステップは，契約に含まれる履行義務を識別することである。顧客との契約において，財やサービスを顧客に移転する約束は，そのそれぞれが企業にとっての**履行義務**となる。したがって1つの契約が複数の履行義務を含むことがあり，その場合は識別された履行義務のそれぞれが収益認識の単位となる。前述のエレベータをめぐる契約は，その一例である。

契約に含まれる履行義務が別個のものとして判断されるためには，(a)約束された財やサービスから，顧客がそれ単独で（または他の経済的資源と組み合わせて）便益を享受することができ，(b)契約に含まれる他の約束と区別できなければならない。

このほか履行義務の内容や区分については，次の(2)～(4)のような留意事項がある。

(2)　本人と代理人の区別

顧客への財やサービスの提供で企業が果たす役割については，①企業みずからが財やサービスを提供することが履行義務である場合と，②他の当事者が提供するように企業が手配することが履行義務である場合がある。①であれば企業が取引の本人であるから，顧客から受取る取引価格を総額で売上収益に計上するが，②では代理人にすぎないから，顧客からの受取額から他の当事者への支払額を控除した純額だけを収益に計上する。

企業が①本人に該当するには，顧客への提供前の財やサービスを企業が支配していなければならない。それには企業が，約束の履行に主たる責任を負い，売れ残りなどの在庫リスクを負担し，価格設定について裁量権を有していることが，重要な判断の指標となる。

(3)　追加の財やサービスを取得するオプションの提供

小売店のポイント制度のように，取引した財やサービスの提供に加えて，顧客が将来時点で利用可能なポイント等の形で，追加の財やサービスを取得するオプションを企業が顧客に付与すれば，そのオプションから履行義務が追加的に生じる。したがって取引価格のうち，①現時点で提供した財やサービスに配分した額は，当期の売上収益として認識するが，②オプションに配分された額は**契約負債**として計上したうえで，オプションの行使や消滅の時に，収益として認識する。

(4)　財やサービスに関する保証の付与

付与した保証は，それが財やサービスとは別個の履行義務として識別されるか否かにより，会計処理が次のように異なる。①顧客に移転した財やサービスが合意された仕様に従っていることを保証するだけであれば，別個の履行義務として識別せず，取引価格の全体を売上収益としたうえで，保証に伴って発生が見込まれるコストについて，製品保証引当金を設定する。法律で要求されていたり，対象期間が短かったり，欠陥品の返品コストを企業が負担するような保証は，これに該当する可能性が高い。

しかし②合意された仕様の遵守に加えて，保証期間が通常より長期に及ぶなど，追加的なサービスを顧客に提供するものであれば，その追加的保証サービスを別個の履行義務として取扱い，取引価格の一部を配分して契約負債を計上する。

4 取引価格の算定と配分

(1) 取引価格による収益の測定

収益の額は取引価格に基づいて測定する。取引価格とは，財やサービスを顧客に移転するのと交換に，企業が権利を得ると見込む対価の額をいう。対価が現金以外の場合は，対価の時価評価額が取引価格となる。

企業が顧客から受取る金額であっても，第三者のために回収する部分は，売上収益に含めない。したがって販売時の消費税は，企業が税務当局に代わって消費者から回収する額であるから，税込方式ではなく税抜方式で会計処理しなければならない。酒税・タバコ税・揮発油税についても同様である。

(2) 変動対価

顧客と約束した対価のうち，変動する可能性のある部分を**変動対価**という。①仮価格での取引や交渉中の売上値引，②大量取引による代金減額分としての売上割戻や返金，③早期納品を促すインセンティブ対価や割増金と，納品遅延のペナルティとなる対価の減額，および④返品権付き販売などがこれに該当する。

変動対価を含む取引は，変動部分の金額を見積るとともに，対価額の不確実性が事後的に解消する際に，それ以前に計上した収益の著しい減額が生じない可能性が非常に高いと見込まれる金額だけを，売上収益に計上し，各決算日に金額の見直しを行う。

変動対価の見積りに際しては，**最頻値**（最も発生の可能性が高い単一の金額）による方法と，**期待値**（発生の可能性がある対価額を確率で加重平均した金額）による方法による方法のうち，企業が権利を得ることになる対価額をより適切に予測できる方法を選択し，これを首尾一貫して適用する。

(3) 金融要素

対価額の回収を相当期間にわたり猶予するなど，顧客に対して信用供与の重要な便益が提供される場合は，取引価格に金融要素が含まれるので，対価額から金利相当分を除去した額で売上収益を計上する。ただし財やサービスの移転時点から対価回収時点までの期間が1年以内であれば，金利分を調整しないことができる。

割賦販売の取引価格は，対価回収の猶予期間の利息相当額だけ，通常の販売より高く設定されるのが通常である。したがって利息相当額に重要性があれば，割賦売上債権と売上収益は利息相当額を除いて計上するとともに，利息相当額は割賦売上債権の回収期間にわたって償却原価法で受取利息として計上するのが適切である。

(4) 履行義務への配分

取引価格が複数の履行義務に対するものである場合は，取引開始日の**独立販売価格**（それぞれを独立に販売する場合の価格）の比率に基づき，取引価格を履行義務に配分する。

独立販売価格を直接に観察できなければ，①その財やサービスの販売市場を評価して，顧客が支払うと見込まれる価格を見積る方法，または②履行義務の充足に要するコストの見積額に適切な利益相当額を加算する方法でこれを見積る。しかし，過去のデータから典型的な価格が観察できず企業にも取引経験がない履行義務については，③取引価格の総額から他の部分の独立販売価格を控除する方法を使用することができる。採用した見積方法は類似の状況で首尾一貫して適用しなければならない。

契約で約束した財やサービスの独立販売価額の合計が，契約の取引価格を上回る部分は，売上値引の性質を有するから，識別されたすべての履行義務に対して比例的に配分する。

5　履行義務の充足による収益の認識

収益は，企業が履行義務を充足することにより認識される。**履行義務の充足**とは，約束した財やサービスに対する支配が，企業から顧客に移転することをいう。そして財やサービスに対する支配とは，その財やサービスの使用を指図し，それらが有する便益のほとんどすべてを享受する能力を意味する。

企業がそのような履行義務を充足するパターンには，①前述の設例のエレベータのように一時点で充足する場合と，②メンテナンス・サービスのように一定の期間にわたって充足していく場合がある。したがって①ではその一時点で売上収益を認識し，②では一定期間にわたる充足につれて収益を認識する。このため，識別された履行義務を企業が充足するパターンが，①と②のいずれに区分されるかの判定が重要となる。

この判定は，次の３要件のいずれかを満たすものを②として先に特定し，いずれの要件も満たさないものを①とする方法で行う。

(a) 企業による履行義務の充足につれて，顧客が便益を享受すること（たとえば設例のメンテナンス・サービス）。

(b) 履行義務の充足につれて，資産の創出やその価値増加が生じ，それにつれて顧客がその資産を支配すること（たとえば顧客の土地で建設業者が行う建物の建設）。

(c) 創出ないし価値増加した資産を，企業が別の用途には転用できず，かつ履行済部分の対価の収受を強制できる権利（たとえば顧客の解約に伴う補償請求権）を有すること（たとえば企業の社内で行われる特定仕様の造船やソフトウェア制作）。

6 一時点での収益認識

(1) 通常の販売

一時点で充足される履行義務に分類された取引は，資産に対する支配が企業から顧客に移転した時点で収益を認識する。そのような支配の移転の時点は，次の指標を考慮して決定する。(a)対価を収受する権利の獲得，(b)法的所有権の所在，(c)物理的占有の移転，(d)顧客による資産のリスク負担と経済価値の享受，および(e)顧客による資産の検収がそれである。支配の移転は，顧客が検収を行うことによって確定する。

割賦販売では，財やサービスが移転した時点でこれらの指標がほとんど満たされるため，売上収益は割賦代金の回収時点ではなく取引開始時点で計上する。また**予約販売**では，予約金受取額をいったん負債としておき，財やサービスが移転する時点で売上収益に振替える。返品自由の条件で企業が発送した商品を顧客が試用して気に入れば買い取ってもらう**試用販売**では，顧客の買取りの意思表示により上記の指標が満たされるから，その時点で売上収益を計上する。

(2) 特殊な販売契約

① 買戻し契約

買戻しの権利や義務の定めを含む契約は，その権利や義務が企業と顧客のいずれに所在するか，また当初の販売価格と買戻価格のいずれが大きいか等により，その経済的な実態を反映した会計処理を行う。

たとえば，当初販売価格が買戻価格より大きい取引の多くは，製品等を顧客に移転して使用させた後に価値が低下したものを安価で買い戻していると解釈できるので，売手の企業はリース取引の貸手として会計処理する。逆に，当初販売価格より買戻価格の方が大きい取引の多くは，販売価格分の融資を受ける担保として製品等を相手に引渡し，これに借入利息を加えた額で相手から買い戻していると解釈できるので，売手の企業は金融取引の借手として会計処理する。ただし買戻価格が市場価格より小さければ，顧客が買戻しを要求する経済的なインセンティブを有するとは限らないので，これを返品権付販売として処理する。

② 委託販売契約

委託販売とは，企業が自己の商品の販売を他企業（受託者）に依頼する取引をいう。逆に，他企業（委託者）の商品の販売を引受ける取引を**受託販売**という。委託販売であることの判断は，(a)受託者の販売前は委託者が商品を支配し，(b)委託者による商品の返還要求や第三者への販売が可能であり，(c)受託者が委託者に無条件の対価支払義務を負わないことを指標として行う。

委託販売による売上収益は，委託者から受託者への商品引渡時ではなく，受託者が商品を最終消費者に販売した時点で計上する。この販売時点は，受託者からの売上計算書の到達日ではなく，売上計算書に示された最終顧客への販売日付による。

③　請求済未出荷契約

企業が顧客への対価の請求を終えているが，商品の物理的な占有は将来の引渡時点まで企業が保持する契約を**請求済未出荷契約**という。未出荷でも，次の全要件を満たしていれば顧客が商品を支配していると判断されるから，売上収益はこれらの要件の充足時点で計上する。その要件とは，(a)その契約の締結に合理的な理由があり，(b)商品が他とは区別されており，(c)顧客への物理的な移転の準備が完了しており，(d)その商品を当社が使用したり他の顧客に振向けることができないことである。

④　返品権付き販売契約

返品権付きの商品販売や返金条件付きのサービス提供の取引は，売上返品や返金の見込額を取引価格から控除して，企業が権利を得ると見込む対価の額を算定し，その金額で収益を認識する。控除した返品や返金の見込額は，返金負債として会計処理する。

7　一定期間にわたる収益認識

(1)　進捗度の見積り

一定期間にわたり充足される履行義務に分類された取引は，充足の**進捗度**の見積りに基づいて収益を一定の期間にわたり認識する。この会計処理が適合する可能性が高い取引の代表例には，(1)事前の契約に基づく継続的なサービス提供や，(2)建物の建設工事・造船・ソフトウェア制作などがある。受注生産が一般的なこれらの取引では，顧客と取引価格が契約で特定されていて，販売に関する不確実性がほとんどないから，生産に伴って収益を計上することに合理性が認められる。

ただしこの会計処理の結果が十分な信頼性を有するためには，履行義務の充足の進捗度を合理的に見積ることができなければならない。その方法にはアウトプット法とインプット法がある。**アウトプット法**は，契約で約束した財やサービスのうち，企業が現在までに移転した部分の顧客にとっての価値の割合を，生産単位数や経過期間などを基礎として，直接的に見積る方法である。他方，**インプット法**は，企業が履行義務を完全に充足するのに必要と予想されるインプット合計のうち，現在までに投入されたインプットの割合を，発生したコストや労働時間などを指標として見積る方法である。企業はこれらの方法のうち合理的と判断される単一の方法を選択し，類似のものにはその方法を首尾一貫して適用しなければならない。

(2) 継続的役務提供

継続的役務提供とは，不動産や金銭の貸付およびビル清掃や設備のメンテナンスのように，事前に締結された契約に基づいて継続的なサービス提供を行う取引をいう。この契約では，契約対象の全期間のうち企業がサービスを提供した期間の割合として，進捗度をアウトプット法で見積るのが合理的な場合が多い。

(3) 工事進行基準を適用する工事契約

建物や道路の建設工事を請負う企業が，契約した対価の全額を，受注工事の完成引渡の年度だけで収益として一括計上すると，工事が完成する以前の年度でも企業が経済活動によって価値を創出した事実が，財務諸表に反映されないという不都合が生じる。したがって工事の進行途上でも，進捗部分について経済活動の成果が達成されていると認められれば，履行義務の充足の進捗度に比例して，取引価格を工事期間にわたって配分し，収益として認識するのが合理的である。この会計処理方法を**工事進行基準**という。

ただし工事進行基準の適用が是認されるには，顧客と取引価格が契約で前もって特定されているだけでなく，進捗度の合理的な見積りが可能でなければならない。工事原価総額の見積額のうち，当期末までに発生した工事原価の割合として算定する**原価比例法**は，1つの合理的な方法である。見積った進捗度は毎決算日に見直さなければならず，見積りの変更によって生じた影響額は，「会計上の見積りの変更」として変更年度の損益に含める。

工事進行基準によって計上された収益に対応する資産の増加額は，いったん契約資産として認識されたのち，約束の支払期日が到来した時点で，工事未収金などの債権（すなわち対価に対する法的な請求権）の勘定に振替えられる。逆に，財やサービスの移転前に顧客から対価を受取る場合は，**契約負債**を貸借対照表に計上する。

工事進行基準の適用は，進捗度の合理的な見積りを前提とするが，そのような見積りができなければ，工事が完成して顧客への引渡が完了した時点で，工事収益を計上することになる。この会計処理方法を**工事完成基準**という。ただし進捗度の合理的見積りができなくても，発生した費用が回収可能であると予想できるのであれば，進捗度の合理的見積りが可能になる時点まで，回収可能と見込まれる費用と同額を収益に計上する。この会計処理は**原価回収基準**と呼ばれ，これを適用すると売上収益と売上原価が同額で計上されるため，利益はゼロとなる。

8 表示と開示

(1) 表 示

・顧客との契約から生じた収益として当期に認識された金額は，「**収益**」の科目でこれを当期の純損益を計算する書面に含めなければならない。

・顧客が対価を支払う（または支払期限が到来する）前に，企業が財やサービスを顧客に移転した場合は，債権として表示する金額を除いて，これを財政状態計算書（貸借対照表）に**契約資産**として表示しなければならない。

・逆に，企業が財やサービスを顧客に移転する前に，顧客が対価を支払った場合は，これを**契約負債**として表示しなければならない。

(2) 開　示

企業は収益について，次の事項を開示しなければならない。

・顧客との契約から生じた(a)当期の収益の内訳，(b)契約資産・契約負債・受取債権の期中変動，(c)履行義務に関する補足情報，(d)未充足の履行義務に配分された取引価格。

・基準の適用に関する重要な判断，たとえば(a)履行義務の充足時期の決定方法や(b)取引価格の決定と配分の方法など。

・資産計上した契約獲得コストや契約履行コストの説明。

日本基準との比較

IFRS15号に対応する日本基準は，企業会計基準第29号「収益認識に関する会計基準」である。この日本基準は，(a)IFRS15号の規定内容を基本的にすべて取り入れるとともに，(b)日本での適用上の課題に対応するため，国際的な比較可能性を大きく損なうことがない範囲で，IFRS15号とは異なる代替的な会計処理を追加的に認めるという方針で制定された。したがってその内容は基本的に同じであるが，追加的に認められた次のような会計処理に関して相違がみられる。

たとえば日本基準では，(1)国内取引で出荷から検収までの期間が数日間程度の通常の期間であれば，出荷時や着荷時など前もって決められた一時点で収益を認識できること，(2)顧客への出荷や配送のように契約の観点で重要性が乏しい活動は，履行義務として識別しないことができること，(3)一定期間にわたり充足される履行義務でも，工期がごく短い工事契約のように，取引開始日から完了までの期間が短い場合は，履行義務を完全に充足した一時点で収益を認識できること，等の許容規定がそれである。このほか(4)顧客との契約獲得コストや契約履行コストで回収可能と見込む額の資産計上を求める規定は，日本基準には存在しない。

キーワード

契約資産＝企業が顧客に移転した財やサービスと交換に受け取る対価に対する企業の権利のうち，法的な請求権を除く部分。

契約負債＝顧客に財やサービスを移転する企業の義務のうち，企業が顧客から対価を受け取っている部分。
履行義務＝契約において企業が財やサービスを顧客に移転する約束。
取引価格＝顧客に約束した財やサービスの移転と交換に，企業が権利を得ると見込んでいる対価の額。
独立販売価格＝企業が約束した財やサービスを独立に顧客に販売するであろう価格。

演習問題

［1］ IFRS15号に準拠した会計処理として，正しいものに○，誤っているものに×をつけなさい。

a．メーカーと顧客の間の製品販売の取引は，製品の出荷によってメーカーの履行義務が充足されるから，製品出荷の時点で売上収益を計上するのが最も適切である。

b．割賦販売した商品代金の回収可能性に大きな不確実性がある場合は，当期中の回収額だけを当期の売上高に計上することができる。

c．顧客の敷地内で建設業者が行う建物の建設工事契約では，履行義務が一定期間にわたって充足されるから，すべての契約の工事収益は工事進行基準を適用して計上しなければならない。

d．商品の売上高は，消費税を除く額で計上するのが原則であるが，継続適用と注記を条件として，消費税を含む金額で計上してもよい。

e．委託販売の収益は，受託者による商品の販売時点で計上するのが原則であるが，受託者からの売上計算書の到着日に計上する方法を採用する方法も認められている。

（正解）a．×　b．×　c．×　d．×　e．×

［2］ 次の取引について，顧客との契約から生じる収益として，損益計算書に計上される金額はいくらか。

a．ある小売企業が仕入先から商品を85,000円で仕入れ，個人顧客に97,000円で販売した。この企業は，商品の販売促進には関与するが，商品の所有権と管理責任，売れ残りのリスク負担，品揃えや販売価格の決定権は仕入先にある。

b．ある企業は，顧客が商品を購入するごとに購入額の５％分のポイントを付与し，次回以降の購入時に１ポイントにつき１円の値引を受けることができる制度を運営している。当期の売上高は8,000,000円であり，顧客がポイントを利用する確率は80％と予想される。

c．ある企業は商品を割賦販売し，代金は本日を第１回目として１年ごとに2,439円を４回にわたって受け取ることにした。代金総額に含まれる利息相当額には，年７％の実効利子率が含まれている。

d．ある企業は商品2,000個を単価80円で販売したが，顧客による無条件の返品が可能な約束であるため，25個の返品が予想されている。

e．ある企業が３年の制作期間と1,500万円の制作コストが見込まれる特定仕様のソフトウェアの制作を1,800万円で請け負い，当期に375万円の制作コストを負担した。しかしこのソフトウェアの細部の仕様が交渉中であるため，進捗度を合理的に見積ることはできないが，当期に発生した制作コストは回収可能と予想される。

（正解）ａ．12,000円　ｂ．7,692,307円　ｃ．8,839円
　　　　ｄ．158,000円　ｅ．3,750,000円

ａ．この企業は代理人であるから純額を受取手数料として収益に計上する。

ｂ．取引価格8,000,000円を，商品購入額8,000,000円とポイント評価額（8,000,000×５％×80％＝320,000円）に按分する。8,000,000×（8,000,000／8,320,000）＝7,692,307円。

ｃ．2,439円＋2,439円÷1.07＋2,439円÷（1.07)^2＋2,439円÷（1.07)^3＝8,839円

ｄ．80円×（2,000－25）個＝158,000円

ｅ．進捗度の合理的見積ができないから工事進行基準は適用できないが，制作コストが回収可能であるから原価回収基準で収益を認識する。

［桜井　久勝］

IFRS 16 : Lease

リース

目的と適用範囲

1 目的

リースに関する基準として従来は2001年４月にIASBによって承認されたIAS17号「リース」が適用されてきた。これはIASCによって1997年12月に公表されたもので，1982年９月に公表されたIAS17号「リース会計」を置き換えるものであった。同じ2001年４月にはIASBによりSIC15号「オペレーティング・リース－インセンティブ」が承認された。その後2001年12月にSIC27号「リースの法的形式に関連する取引実態の判定」が公表された。また2004年12月にはIFRIC４号「条項がリースを含むか否かの判断」が公表された。

本基準書はこれらのIAS17号，SIC15号，SIC27号，IFRIC４号を置き換えるものとして2016年１月に公表された。本基準書はリースの認識，測定，表示および開示の原則を規定するものであるが，その目的は，借手および貸手が取引を忠実に表現する方法によって，目的適合的な情報を提供することを確保することである。

2 適用範囲

本基準書は，すべてのリースについて適用されるが，そこにはサブリースにおける資産使用権のリースも含まれる。ただし①鉱物，石油，天然ガスおよび類似の非再生資源の探索および利用のためのリース，②IAS41号「農業」の適用範囲内である借手に保有されている生物資産，③IFRIC12号「サービス委譲契約」の適用範囲内であるサービス委譲契約，④IFRS15号「顧客との契約から生じる収益」の適用範囲内である貸手によって与えられた知的資産のライセンス，⑤IAS38号「無形資産」の適用範囲内である映画フィルム，ビデオ記録，脚本，原稿，特許権および著作権のような品目に対する，貸手によって保有された使用許諾権に対しては適用が除外される。

会計基準の内容

1　認識の免除

借手は①短期リースおよび②少額資産のリースについては，本基準書の規定の一部を適用しないことを選択することができる。その場合，リース期間にわたる定額法その他の規則的な方法により支払リース料を費用として認識する。なおここで短期リースとは，リース開始日においてリース期間が12カ月以内のものをいうが，購入オプションを含む場合には含まれない。

2　リースの識別と契約の構成部分の分離

契約の開始時点から企業は，契約がリースであるかまたはリースを含むか否かについて見積る。対価と引き換えに一定期間，特定される資産の利用を支配する権利を契約がもたらす場合に，契約がリースであるかまたはリースを含むものとする。

またリースであるかリースを含む契約について，企業は契約の非リース部分と区分し，契約内の各リース構成部分をリースとして会計処理を行う。この場合，借手はリースの構成部分と１つまたはそれ以上の追加のリース，あるいは非リースの構成部分を含む契約について，契約の対価をリース構成部分の独立価格と非リース構成部分の独立価格合計額との比率に基づいて配分する。また貸手はIFRS15号「顧客との契約から生じる収益」を適用して配分する。

3　リース期間

企業は解約不能期間に①借手が行使することが合理的に確実である期間延長オプションの対象期間，②借手が行使しないことが合理的に確実であるリース解約オプションの対象期間を加えリース期間として決定する。なお解約不能期間に変更があった場合にはリース期間を修正する。

4　借手における認識および測定

(1)　認　識

開始日において，借手は使用権資産とリース負債を認識する。なお開始日とは貸手が，借手によって原資産が使用可能な状態にする日をいう。

(2) 測　定

(i) 当初認識時の測定

使用権資産は開始日に取得原価で測定する。なお取得原価は①リース負債，②受け取ったリース・インセンティブを差し引いた開始日以前のリース料支払額，③リースによって発生した直接経費，④原資産の廃棄および除去，設置場所の再生，リース契約の条件により要求された状態への原資産の再生のために借手により負担すべき見積費用（たな卸資産を生産するために，これらの費用を負担する場合は除く）から構成される。

リース負債は開始日において支払われていないリース料の現在価値で測定する。リース料は，リースの計算利子率が容易に求められる場合には，その利率によって割引かれるが，容易に求められない場合には，借手の増分借入利率を用いる。

(ii) 当初認識後の測定

使用権資産は取得原価モデルで測定する。ただし投資不動産についてIAS40号「投資不動産」を適用する場合，投資不動産の定義に合致する使用権資産については，公正価値モデルを適用する。またIAS16号「有形固定資産」に規定された再評価モデルを適用する有形固定資産の項目に使用権資産が関連する場合には，有形固定資産の項目に関連するすべての使用権資産について再評価モデルを適用してもよい。

リース負債は①リース負債の利息を反映した増加額，②リース負債の支払を反映した減少額，③リース負債の再評価またはリース条件の変更あるいは改訂された実質的な固定支払額を反映した再測定額によって測定する。

リース負債の再評価にあたり，リース料の変動を反映してリース負債は再測定されるが，リース負債の再測定額は使用権資産の修正として認識する。ただし使用権資産がゼロまで減額され，リース負債の再測定においてそれを超える減額がある場合には，その残りの金額は損益で認識する。

(iii) リース契約の変更

リース契約の変更において①１つまたはそれ以上の原資産の使用権を追加することによって，その変更がリース対象を増加させ，かつ②リース対象の増加に対応する独立価格に見合った金額，および特定の契約の状況を反映するためのその独立価格の適切な修正により，リース料が増加する場合には，その変更部分を独立したリースとして会計処理を行う。

独立したリースとして会計処理を行わない変更の場合には，リース契約の変更の効力発生日において①変更契約におけるリース料を，契約の構成部分の分離に関する本基準書の規定を適用して配分し，②変更されたリースのリース期間を，リース期間の決定に関する本基準書の規定を適用して決定し，③改訂されたリース料を，改訂された割引率で割引くことによりリース負債の再測定を行う。改訂された割引率が容易に求められる場合には，残存リース期間の計算利子率によるが，そうでない場合には変更の効力発生日における増分借入利率によるものとする。またこの場合，リース負債の再測定について①リース対象を減少させるリース契約の変更には，一部分あるいは全部のリースの解約を反映させるために，使用権資産の簿価を減額したうえで一部分あるいは全部のリースの解約に関連する損益を認識し，②他のすべてのリース契約の変更には，これに対応する使用権資産の修正を行うような会計処理を行う。

5　借手における表示および開示

(1)　表　示

財政状態計算書において使用権資産は他の資産と区分して表示する。あるいは区分して表示しない場合には，①もし所有されているならば原資産が表示されるであろう科目に含めて表示し，②その原資産が財政状態計算書のいずれの科目に含まれているのかを注記で開示する。ただし投資不動産の定義に合致する使用権資産は，この規定が適用されず財政状態計算書において投資不動産として表示される。またリース負債は他の負債と区分して表示する。あるいは区分して表示しない場合には，そのリース負債が財政状態計算書のいずれの科目に含まれているのかを注記で開示する。

損益および包括利益計算書においてリース負債にかかる利息費用は，使用権資産の減価償却費とは区分して表示する。またリース負債にかかる利息費用は財務費用の構成要素で，損益および包括利益計算書において区分して表示されるようにIAS 1号「財務諸表の表示」第82項(b)が要求するものである。

キャッシュ・フロー計算書において①財務活動に含まれるリースの元本部分に対する支払い，② IAS 7号「キャッシュ・フロー計算書」の支払利息の規定を適用するリース負債の利息部分に対する支払い，③営業活動に含まれるリース負債の測定に含まれない短期リース料，少額資産のリース料および変動リース料に対する支払いに分類する。

(2)　開示の目的

開示の目的は，財政状態計算書，純損益計算書，キャッシュ・フロー計算書において提供される情報とともに，リースの財政状態，経営成績およびキャッシュ・フローにおける影響を，財務諸表利用者が評価するための基礎を提供する情報を，注記において開示することである。

(3)　開示情報

開示する情報は①原資産の種類ごとの使用権資産の減価償却費，②リース負債にかかる利息費用，③支払リース料を費用として認識した短期リースにかかる費用（ただし1カ月以下のリース期間に係る費用は含める必要はない），④支払リース料を費用として認識した少額資産のリースにかかる費用（ただし少額資産の短期リースにかかる③に含まれる費用を含めてはならない），⑤リース負債の測定に含まれない変動リース料にかかる費用，

⑥使用権資産のサブリースからの収益，⑦リースに関するキャッシュ・アウト・フロー合計，⑧使用権資産の増加，⑨セール・アンド・リースバック取引から生じた損益，⑩原資産ごとに分類した期末現在における使用権資産残高などである。

また上記の情報に加えて，開示の目的に合致する必要な追加の定性的および定量的情報を開示しなければならない。この追加の情報には財務諸表利用者が①借手のリース活動の性質，②リース負債測定に反映されていないが，借手が潜在的にさらされている将来キャッシュ・アウト・フロー（これには(a)変動リース料，(b)延長および解約オプション，(c)残価保証，(d)契約済みで開始前のリース額が含まれる），③リースによって課されている制約条件あるいは特約，④セール・アンド・リースバックの評価を行うことを支援する情報が含まれるかもしれないが，これらに限定されるものではない。

6 貸手におけるリースの分類

貸手は各リースをオペレーティング・リースまたはファイナンス・リースに分類する。原資産の所有権に付随するすべてのリスクと便益が，実質的に移転する場合にはファイナンス・リースに分類され，実質的に移転しない場合にはオペレーティング・リースに分類される。いずれのリースであるのかは契約形態よりも取引の実態による。

個々にあるいは組み合わせにより，通常はファイナンス・リースに分類される例として①原資産の所有権を借手にリース期間終了まで移転するリース，②行使可能となる日の公正価値より十分に低いと予想される価額で原資産を購入する選択権が行使されることを，契約日において借手が合理的に確実にする場合，③所有権が移転されていない場合であっても，リース期間が原資産の耐用年数の大部分を占める場合，④契約日においてリース料の現在価値が，少なくとも実質的に原資産の公正価値のすべてとなる場合，⑤原資産が，借手のみ大きな改修をしないで使用できるような，特別な性質のものである場合があげられる。

また個々にあるいは組み合わせにより，ファイナンス・リースに分類される可能性がある状況の指標として①借手がリースの解約が可能である場合で，解約に関連する貸手の損失を借手が負担する場合，②残存価額の公正価値の変動から生じる利得または損失が，借手のものとなる場合（たとえばリースの終了時の売却代金の大部分と等しくなるような賃借料の割戻しの形をとる場合），③借手が市場の賃借料よりも実質的に低い賃借料で，次期にリースを継続する能力がある場合がある。

なおこれらの例および指標は常に決定的なものではない。リースが原資産の所有権に付随するリスクと便益のすべてを実質的に移転しないことが，他の特性から明確である場合，そのリースはオペレーティング・リースに分類される。たとえばリース期間終了時に，その時点の公正価値と等しい変動額で原資産の所有権が移転する場合，あるいは変動リース料が存在し，結果として実質的にすべてのリスクと便益を移転しない場合がこれに該当するかもしれない。

またリースの分類はリース契約日において行われ，リース契約の変更がある場合にのみ見直される。(たとえば経済的寿命または原資産の残存価額の見積りの変更といった）見積りの変更，あるいは（たとえば借手の債務不履行といった）環境の変化は会計処理を目的とした新たな分類をもたらすことはない。

7　貸手におけるファイナンス・リースの扱い

⑴　認識および表示

開始日にファイナンス・リースのために所有する資産を，財政状態計算書において認識し，正味リース投資未回収額と同額で債権として表示する。ここで正味リース投資未回収額とは，リース投資未回収額（リース料未回収額と貸手のものとなる無保証残存価額の合計額）をリースの計算利子率で割引いたものである。

⑵　測　定

(i)　当初認識時の測定

正味リース投資未回収額を測定するためにリースの計算利子率を用いる。また開始日において，正味リース投資未回収額の測定に含まれるリース料は，開始日において未収である，リース期間に原資産を利用する権利を得るための①固定リース料（実質上の固定支払額を含む）から未払のリース・インセンティブを控除したもの，②指数あるいは利率に基づく変動リース料で，当初は開始日における指数または利率を使用して測定されたもの，③借手，借手の関係者，あるいは保証に基づく義務を解除する財務能力をもつ貸手に関係しない第三者から貸手に提供された残存価額補償額，④借手が合理的に確実に行使する場合の購入オプションの行使価格，⑤借手がリース解約権を行使することをリース期間に反映する場合のリース解約の違約金から構成される。

(ii)　製造業者あるいは販売業者の貸手

開始日において製造業者または販売業者の貸手は，ファイナンス・リースの①公正価値，またはより低い場合は貸手のものとなるリース料の現在価値で，市場利子率を用いて割引いたものである収益，②原価，または異なる場合には原資産の簿価から無保証の残存価額の現在価値を差し引いたものである売上原価，③ IFRS15号「顧客との契約から生じる収益」が適用される無条件販売に対する方針に対応した（収益と売上原価の差額である）販売利益または損失を認識する。また IFRS15号で述べられているように原資産の移転を行ったか否かにかかわらず，ファイナンス・リースの販売利益または損失は開始日において計上する。

(iii)　当初認識後の測定

正味リース投資未回収額に対する定率の期間リターン率を反映するパターンに基づいて，リース期間にわたり金融収益を認識する。貸手は規則的かつ合理的な基準でリース期間にわたり金融収益を配分することを目的とするため，期間に関連するリース料をリース投資未回収額に充当し，元本および未収金融収益の両方を減額する。

またIFRS 9号「金融商品」の認識中止と減損の規定を純リース投資未回収額に適用する。総リース投資未回収額を計算するにあたり使用された見積無保証残存価額を定期的に見直すが，見積無保証残存価額の減額がある場合には，リース期間にわたる収益配分を見直し未収額の減額を直ちに認識する。

ファイナンス・リースの対象である資産を，IFRS 5号「売却目的で保有する非流動資産および非継続事業」を適用して売却目的（または売却目的で保有すると分類された除却グループに含まれる場合）に分類した貸手はIFRS 5号に準拠して会計処理を行う。

(iv) リース契約の変更

ファイナンス・リース契約の変更が①1つまたはそれ以上の原資産の使用権を追加することによって，その変更がリース対象を増加させ，かつ②リース対象の増加に対応する独立価格に見合った金額，および特定の契約の状況を反映するためのその独立価格の適切な修正により，リース料が増加する場合には，その変更部分を独立したリースとして会計処理を行う。

独立したリースとして会計処理を行わない変更の場合には①開始日において変更が有効であるとすればオペレーティング・リースに分類される場合には(a)変更が有効となる日からリース契約の変更を新しいリースとして会計処理を行い，(b)リース契約の変更が有効となる日の直前に，正味リース投資未回収額として原資産の帳簿価額を測定し，②それ以外の場合には，IFRS 9号「金融商品」の規定を適用する。

8 貸手におけるオペレーティング・リースの扱い

(1) 認識および測定

オペレーティング・リースからのリース料は，定額法またはその他の規則的な基準のいずれかにより利益として認識する。原資産の使用からの利益が減少するパターンをより表現する基準であるならば，当該その他の基準を適用する。

減価償却費を含むリース収益を獲得するにあたり発生した原価は，費用として認識する。オペレーティング・リースの対象である償却可能な原資産の減価償却方法は，類似する資産に適用される通常の減価償却方法と一貫性があるものとする。減価償却はIAS16号「有形固定資産」およびIAS38号「無形資産」に従い計算する。またオペレーティング・リースの対象である原資産が，減損しているか否かを判断し，判明した減損損失を会計処理するためにIAS36号「資産の減損」を適用する。

⑵ リース契約の変更

オペレーティング・リースの契約変更は，効力発生日から新規のリースとして会計処理を行うが，元のリースに係る前払または未払のリース料は，新規のリースのリース料の一部と見なす。

⑶ 表　示

オペレーティング・リースの対象である原資産は，財政状態計算書においてその属性に応じて表示する。

9　貸手における開示

⑴ 開示の目的

開示の目的は，財政状態計算書，純損益計算書，キャッシュ・フロー計算書において提供される情報とともに，リースの財政状態，経営成績およびキャッシュ・フローにおける影響を，財務諸表利用者が評価するための基礎を提供する情報を，注記において開示することである。

⑵ 開示情報

ファイナンス・リースでは①販売利益または損失，②正味リース投資未回収額からの金融収益の金額，③正味リース投資未回収額の測定に含まれていない変動リース料に関連する収益の金額を開示する。またオペレーティング・リースではリース収益の金額を，指数または利率に依存しない変動リース料に関連する収益と分離して開示する。

また上記の開示の目的に合致するために必要なリース活動についての定性的および定量的な追加情報を開示する。この追加情報には財務諸表利用者が①貸手のリース活動の属性，②原資産に残存する権利に関するリスクを貸手がいかに管理しているのか（特にリスクを軽減する手段を含め，原資産に残存する権利に関するリスク管理戦略，たとえば買戻契約，残価保証あるいは特定の限度を超えた使用に対する変動リース料）を評価することを支援する情報が含まれるが，これに限られるものではない。

この他にもファイナンス・リースでは，正味リース投資未回収額の帳簿価額の重要な変動に関する定性的および定量的な説明，未収リース料の満期日ごとの分析を開示する。

またオペレーティング・リースでは，有形固定資産項目にIAS16号「有形固定資産」の開示規定が適用されるが，適用にあたって有形固定資産の項目ごとにオペレーティング・リースの対象資産とそうではない資産とに分けるものとする。またIAS36号「資産の減損」，IAS38号「無形資産」，IAS40号「投資不動産」およびIAS41号「農業」の開示規定をオペレーティング・リースの対象資産に適用する。さらにリース料の満期日ごとの分析を開示する。

10 セールス・アンド・リースバック

(1) 本基準書の適用と売却か否かの判断

企業（売主である借手）が他の企業（買主である貸手）に資産を移転し，当該資産を買主である貸手から借り戻している場合，双方の企業は移転契約とリースについて本基準書の規定を適用して会計処理を行う。

資産の移転が売却として会計処理が行われるか否かを判断するために，履行義務がどの時点で満たされたかを判断するIFRS15号「顧客との契約から生じる収益」の規定を適用する。

(2) 資産の移転が売却である場合

売主である借手は，リースバックから生じる使用権資産を，売主である借手によって維持される使用権に関わる資産の，従前の帳簿価額の部分に応じて測定する。そのため売主である借手は，買主である貸手に移転された権利に関わる損益の金額のみを認識する。また買主である貸手は，資産の購入については適用可能な基準を適用し，リースについては本基準書における貸手の規定を適用する。

資産の売却代金の公正価値が資産の公正価値と一致しない場合，またはリース料が市場価格ではない場合，企業は売上高を公正価値で測定するようにするために，①市場を下回る条件は前払リース料として，②市場を上回る条件は買主である貸手から売主である借手に対する追加の金融提供であるとして会計処理を行う。これらの調整額は，①売却代金の公正価値と資産の公正価値との差額と②契約上のリース料の現在価値と市場のリース料の現在価値との差額の，より決めやすい基準によって測定する。

(3) 資産の移転が売却ではない場合

売主である借手による資産の移転が，資産の売却であるとして会計処理が行われるためのIFRS15号の規定の要件を満たさない場合，①売主である借手は，移転した資産を継続して認識し，移転の対価と同額を金融負債として認識する。またIFRS 9 号「金融商品」を適用し金融負債として会計処理を行う。②買主である貸手は，移転した資産を認識することなく，移転の対価と同額を金融資産として認識する。またIFRS 9 号を適用し金融資産として会計処理を行う。

日本基準との比較

日本では企業会計基準委員会から企業会計基準第13号「リース取引に関する会計基準」および企業会計基準適用指針第16号「リース取引に関する会計基準の適用指針」が2007年に公表されている。IFRS16とこれらの日本基準にはいくつかの相違点があるが，その主な点は以下のとおりである。

⑴ 日本基準では，リース契約をファイナンス・リースとオペレーティング・リースに分類したうえで，借手は，ファイナンス・リースに関して貸借対照表にリース資産とリース債務を計上し，オペレーティング・リースに関しては賃貸借取引として取り扱うことが規定されている。他方，IFRS16はファイナンス・リースとオペレーティング・リースを区別することなく，借手は少額資産を除くすべてのリース契約に関して，資産の使用権を使用権資産とし，リース料の支払義務をリース負債として貸借対照表に計上するよう求めている。なお，リースの貸手に関しては，ファイナンス・リースとオペレーティング・リースの分類が行われ，ファイナンス・リースについて売買に準じた会計処理が行われ，オペレーティング・リースについて賃貸借の会計処理が行われる点で，日本基準とIFRS16は同じである。

⑵ 少額資産のリースについてIFRS16では，借手は支払リース料をリース期間にわたる定額法その他の規則的な方法により，費用として認識することが選択可能である。ただし少額の具体的な金額基準は示していない。これに対し日本基準では，具体的な基準（一契約300万円以下）を示し，該当する場合には，通常の賃貸借取引に準じて会計処理を行うことが選択可能である。

なお2023年５月に日本の企業会計基準委員会から公開草案「リースに関する会計基準（案)」および「リースに関する会計基準の適用指針（案)」が公表された。この公開草案では，IFRS16との相違点の解消を図るため，借手についてファイナンス・リースとオペレーティング・リースとの分類を行わず，原則としてすべてのリース契約について使用権資産とリース負債を貸借対照表に計上する単一の会計処理モデルが採用されている。また少額資産に新たな基準（原資産の価値が５千米ドル以下）が追加されている。

キーワード

リース＝対価の見返りとして一定期間ある資産（原資産）の使用権を移転する契約または契約の一部。

原資産＝リースの対象となる資産で，その資産の使用権が貸手により借手に提供されているもの。

借手＝対価の見返りとして一定期間，原資産の使用権を取得する企業。

貸手＝対価の見返りとして一定期間，原資産の使用権を提供する企業。

リース・インセンティブ＝リースに関連した貸手から借手への支払，または貸手による借手の費用の補償または肩代わり。

演習問題

リースに対して要求される会計処理に関して，正しいものに○，誤っているものに×をつけなさい。

ａ．リース期間は解約不能期間からのみ構成され，期間延長オプションの対象期間を含むことは禁じられている。

b．当初認識時において借手の使用権資産の取得原価の金額は，その時点のリース負債の金額と常に同額となる。

c．貸手のリースの分類はリース契約日において行われ，リース契約の変更がある場合にのみ見直され，見積の変更あるいは環境の変化により新たな分類をもたらすことはない。

d．セールス・アンド・リースバック取引において，資産の移転が売却として会計処理が行われるか否かを判断するために，履行義務がどの時点で満たされたかを判断するIFRS15号「顧客との契約から生じる収益」の規定を適用する。

（正解）a．× b．× c．○ d．○

（解説）リース期間には解約不能期間のみならず，借手が行使することが合理的に確実である期間延長オプションの対象期間も含まれるためaは誤り。当初認識時において借手の使用権資産の取得原価は，①リース負債，②受け取ったリース・インセンティブを差し引いた開始日以前のリース料支払額，③リースによって発生した直接経費，④原資産の廃棄および除去，設置場所の再生，リース契約の条件により要求された状態への原資産の再生のために借手により負担すべき見積費用から構成されるためbは誤り。

［安井 一浩］

IFRS 17 : Insurance Contracts

43 保険契約

目的と適用範囲

1 目的

それまでの保険契約に関する会計基準が存在しなかった状況を改善するため，IFRS 4号「保険契約」が2004年3月に公表された。しかしIFRS 4号は限定的・暫定的な基準であった。また保険契約に関する従来からの会計処理方法が認められるなど，統一的な基準による開示がなされているといえる状況ではなかった。さらに投資家に対して十分な情報開示が行われていないとの指摘があった。このような状況のもとで保険契約に関する包括的・恒久的な基準の公表を目指し開発が進められた。その後2010年7月に公開草案が公表され2013年6月には再度公開草案が公表された。これらに対して寄せられたコメントをふまえ2017年5月にIFRS 4号を置き換えるものとして本基準書が公表された。本基準書の目的は，保険契約を忠実に表現する目的適合性のある情報の提供を確実にすることである。

2 適用範囲

本基準書は①企業が発行する保険契約（再保険契約を含む），②保有する再保険契約，③保険契約を発行する場合における裁量権付の有配当性を伴う投資契約（以下，裁量権付有配当投資契約）に適用される。

会計基準の内容

1　保険契約の結合と構成要素の分離

同一または関連する相手先との一組または一連の保険契約が，全体として効果を達成するか，そのように設計されている場合がある。このような契約の実態を報告するためには，全体として単一の契約として捉える。

保険契約には，もしそれが独立の契約であるならならば，他の基準の適用範囲となる構成要素を含んでいる場合がある。たとえば保険契約が，投資要素またはサービス要素，あるいは両方を含んでいる場合がある。企業は①分離すべき組込デリバティブが存在するか否かの判断，存在する場合の会計処理方法についてIFRS 9号「金融商品」を適用し，②投資要素が区分できる場合には，主契約から投資要素を分離し，分離した投資要素の会計処理にはIFRS 9号を適用する。

また組込デリバティブに関連するキャッシュ・フローおよび投資要素を分離した後，保険契約者に対する別個の財の移転または非保険サービスの保証を，IFRS15号「顧客との契約から生じる収益」第7項を適用し主契約から分離する。これらの保証にはIFRS15号を適用し会計処理を行う。

2 保険契約の集約

企業は保険契約のポートフォリオを識別する。このポートフォリオは，類似のリスクにさらされており一体として管理されている契約から構成される。1つの商品系列の中の契約は，類似のリスクがあると考えられるため，一体として管理されていれば同じポートフォリオに属すると見込まれる。一方で一時払いの定額年金と通常期間の生命保険のように，商品系列が異なれば類似のリスクがないと考えられるため，異なるポートフォリオに属すると見込まれる。なお企業は最低限でも①当初認識に不利である契約グループ，②当初認識にその後に不利となる可能性が大きくない契約グループ，③残りの契約グループの3つのグループにポートフォリオを分割する。またポートフォリオは収益性，不利となる可能性，不利である程度によってさらに細分化することも選択可能である。ただし発行時点が1年を超えて離れた契約は同じ契約グループに含めることはできない。

3 認　識

企業は発行する保険契約グループを①契約グループの補償期間の開始時，②グループ内における契約者からの最初の支払期日の到来時，③不利な契約グループの場合は不利となった日の，最も早い日において認識する。なお契約上の支払期日が存在しない場合には，契約者からの最初の支払を受けた時を支払期日とみなす。

4 測　定

(1) 当初認識時の測定

企業は当初認識時に以下の構成要素（Building block）の合計額で保険契約グループを測定する。

(i) 履行キャッシュ・フロー

(a) 見積将来キャッシュ・フロー

(b) 時間価値および金融リスクの調整額（ただし金融リスクが見積将来キャッシュ・フローに含まれていない場合）

(c) 非金融リスクの調整額

(ii) 契約上のサービス・マージン

将来キャッシュ・フローの見積りにあたり①見積将来キャッシュ・フローの額は，過度の費用または労力をかけずに，合理的で裏づけ可能な情報を偏りなく取り込む。そのため確率的加重平均により見積る。②関連する市場変数の見積りが観察可能な市場価格と整合する場合には，企業の視点を反映する。③測定日現在の状況を反映する。④他の見積りと分けて非金融リスクの調整額を見積る。また最適な見積技法が組み合わせる場合を除いて，時間価値および金融リスクの調整額と分けてキャッシュ・フローを見積る。

将来キャッシュ・フローの見積りにあたって適用される割引率は①時間価値，キャッシュ・フローの特性および当該契約の流動性を反映させ，②当該契約とたとえば時点，通貨，流動性などで整合的な性質のキャッシュ・フローをもつ金融商品の市場価格と整合的であり，③その市場価格に影響するが当該契約のキャッシュ・フローに影響を与えない要因は排除するとされている。

非金融リスクから生じるキャッシュ・フローの金額および時点に関する不確実性を負担するために企業が求める対価を反映するために，将来キャッシュ・フローの現在価値の見積りを調整する。

契約上のサービス・マージンは，将来におけるサービス提供によって認識することとなる未稼得利益を意味する。これは①履行キャッシュ・フローの当初認識額，②保険獲得キャッシュ・フローについて認識した資産または負債の当初認識日における認識の中止額，③当初認識日における契約から生じるキャッシュ・フローから，収益も費用も生じない金額で測定する。

(2) 当初認識後の測定

保険契約グループの各報告期間末における帳簿価額は①残存補償にかかる負債（そのグループに配分されている将来サービスに関する履行キャッシュ・フローおよびグループの契約上のサービス・マージンで構成される），②発生保険金にかかる負債（そのグループに配分された過去のサービスにかかる履行キャッシュ・フローで構成される）の合計額である。

企業は残存補償にかかる負債の簿価変動について①保険収益（当期のサービス提供に伴う残存補償にかかる負債の減額に対するもの），②保険サービス費用（不利な契約のグループにかかる損失および損失の戻入れに対するもの），③保険金融収益または費用（貨幣の時間価値の影響および金融リスクの影響に対するもの）を認識する。

また発生保険金にかかる負債の簿価変動について①保険サービス費用（当期に発生した

保険金および費用による負債の増加に対するもの），②保険サービス費用（発生保険金および発生した費用にかかる履行キャッシュ・フローの事後変動に対するもの）および③保険金融収益または費用（貨幣の時間価値の影響および金融リスクの影響に対するもの）を認識する。

(3) 保険料配分アプローチ

保険契約グループの測定において①上記の原則的な測定方法と重要な差異がないと企業が合理的に予測している場合，または②各契約の補償期間が1年以内である場合には簡便法として保険料配分アプローチが認められる。

このアプローチでは，受取保険料から保険獲得キャッシュ・フローおよび保険収益として認識した額を控除した額に，その他の調整を加えた額を残存補償にかかる負債の帳簿価格とする。金融要素が重要である場合には，時間価値および金融リスクを反映させるための調整が必要となる。なお当初認識時における補償期間が1年以内である場合には，保険獲得キャッシュ・フローを発生時に費用とすることを選択できる。

また発生保険金にかかる負債は，関連する履行キャッシュ・フローで測定しなければならない。測定にあたっては，時間価値および金融リスクを反映させるための調整が必要となるが，請求の発生日から1年以内に支払うことが見込まれる場合には，当該調整は不要である。

5 再保険契約

再保険契約とは，ある企業が他の企業に対して，当該他の企業が発行した保険契約（これを「基礎となる契約」という）から生じる保険金を補償するために発行するものである。保有している再保険契約については，一部について上記の保険契約とは異なる規定が設けられている。

たとえば認識については，再保険契約が比例的な補償を提供している場合には，再保険契約の補償期間の開始時，または基礎となる契約の当初認識時のいずれか遅い時点となる。また測定については，保有している再保険契約とともに基礎となる契約についても，将来キャッシュ・フローの現在価値の見積りを行う。

契約上のサービス・マージンに関して，当初認識時には保有している再保険契約は未稼得利益が存在せず，再保険の購入にかかる正味の費用または利得があるという事実を反映する。

なお保険料配分アプローチは発行した保険契約とは異なる特徴を調整したのち①原則的な測定方法と重要な差異がないと企業が予測している場合，または②各契約の補償期間が1年以内である場合には適用することが可能である。

6 裁量権付有配当投資契約

裁量権付有配当投資契約とは，特定の投資者に発行者の裁量の対象とはならない金額に加えて，以下の追加の金額を受取る権利を与える金融商品である。

① 給付全体のうち重要な部分となると見込まれる。

② 時期または金額は発行者の裁量により決められる。

③ 契約により(a)所定の契約プールまたは種類の契約に対するリターン，(b)発行者保有のあらかじめ決められた資産プールの実現または未実現投資リターン，(c)契約発行者またはファンドの純損益のいずれかに基づくものである。

裁量権付有配当投資契約は重大な保険リスクの移転を含んでいないため，当初認識の時点が契約当事者となる日であるなど，いくつかの点で上記の保険契約に関する規定が修正され適用される。

7 条件変更および認識の中止

保険契約の条件変更が行われ，かつ①条件変更後の契約が本基準書の範囲から除外される場合，②異なる構成要素を主契約から分離し本基準書が適用される異なる保険契約が生じる場合，③変更後の契約が異なる契約グループに含まれる場合などのいずれかに該当する場合には，当初の保険契約の認識の中止を行い，変更後の保険契約を新しい契約として認識する。また保険契約に定められた義務が消滅，免除または取り消される場合には，保険契約の認識の中止を行う。

8 表 示

(1) 財政状態計算書における表示

財政状態計算書では①発行した資産である保険契約，②発行した負債である保険契約，③保有している資産である再保険契約および④保有している負債である再保険契約に区分して表示する。

(2) 純損益及びその他の包括利益の計算書における表示

純損益及びその他の包括利益の計算書では，①保険収入と保険サービス費用から構成される保険サービス損益，②保険金融収益または費用に区分して表示する。

保険サービス損益の区分において，保険収益は純損益に表示されるが，保険契約グループから生じた補償およびその他のサービスの提供を，企業が当該サービスと交換で権利を取得すると見込まれる対価を反映した金額で表示しなければならない。また保険サービス費用も純損益に表示されるが，ここでは発生保険金，他の保険サービス費用およびその他の金額で構成される。なお投資要素は保険収益および保険サービス費用から除外される。

保険金融収益または費用は①貨幣の時間価値および貨幣の時間価値の変動の影響，②金融リスクおよび金融リスクの変動の影響から生じた保険契約グループの帳簿価額の変動から構成される。また①当期の保険金融収益または費用を純損益に含める方法，②当期の保険収益または費用を分解し，予想される保険収益または費用の合計額を，保険契約グループの存続期間にわたって規則的に配分し，純損益に含める方法のいずれかが会計方針として選択される。

なお②を選択する場合には，その方法により測定した保険金融収益または費用と，当期の保険金融収益または費用との差額をその他の包括利益に含める。また保険契約グループを移転するか保険契約の認識の中止を行う場合には，過去にその他の包括利益に認識した当該グループまたは契約に係る残額は，組換調整額として純損益に振り替える。

9 開 示

企業は下記に関する定性的情報および定量的情報を開示する。

(1) 本基準書の範囲に含まれる契約について財務諸表において認識した金額

契約の帳簿価額の純額が，キャッシュ・フローおよび収益，費用により当期にどのように変動したのかを示す明細表，残存補償にかかる正味負債の期首残高から期末残高への変動明細表，将来キャッシュ・フローの現在価値の見積り，非金融リスクにかかるリスク調整，契約上のサービス・マージンなどについての期首残高から期末残高への変動明細表などを開示する。

(2) 本基準書を適用する際に行った重要な判断および当該判断の変更

使用したインプット，仮定および見積技法，非金融リスクにかかるリスク調整を決定するために使用した信頼水準などを開示する。

(3) 本基準書の範囲に含まれる契約から生じるリスクの性質および程度

保険リスクおよび金融リスクならびにそれらが，どのように管理されているかに焦点が当てられる。金融リスクには信用リスク，流動性リスクおよび市場リスクが含まれるが，これらに限定されない。すべての種類のリスクについてリスクの集中に関する情報，保険リスクおよび市場リスクについてリスク・エクスポージャーの変動に対する感応度に関する情報，保険リスクについて実際の保険金と見積りとの比較などを開示する。

日本基準との比較

日本基準では，本基準書に対応する会計基準は存在しない。ただし保険業法および保険業法施行規則により，将来における債務の履行に備えるための責任準備金の積み立てが義務づけられている。一方で日本公認会計士協会から業種別監査委員会報告『保険業における「責任準備金対応債券」に関する当面の会計上及び監査上の取扱』および『保険業における金融商品会計基準適用に関する会計上及び監査上の取扱い』が公表されている。前者では一定の要件を設け，保険負債である責任準備金に対応するために保有していると認められる債券について「責任準備金対応債券」として分類し，途中で売却可能であるが償却原価法に基づく評価を行うことを認めている。また後者では満期保有目的の債券の振替または売却を行った場合における区分経理単位の判断の必要性およびその要件などについて規定している。

キーワード

保険契約＝特定の将来の不確実な事象（保険事故）が保険契約者に不利に影響する場合に，保険契約者に補償することを合意することによって，保険発行者が保険契約者から重要な保険リスクを受け入れる契約。

保険契約者＝保険事故が発生した場合に，保険契約に基づいて補償を受ける権利を有する当事者。

保険リスク＝財務リスクを除く保険契約保有者から保険発行者へ移転されるリスク。

補償期間＝保険事故に対する補償を企業が提供する期間。この期間には保険契約の境界内における保険料に関する補償が含まれる。

演習問題

保険契約に対して要求される会計処理に関して，正しいものに○，誤っているものに×をつけなさい。

a．保険契約に分離すべき組込デリバティブが存在するか否かの判断，存在する場合の会計処理方法については，IFRS 9 号「金融商品」ではなく IFRS17号「保険契約」の規定を適用する。

b．保険契約グループは当初認識時において，履行キャッシュ・フローと契約上のサービス・マージンの合計額で測定される。

c．保険契約グループの測定において簡便法として保険料配分アプローチは①上記の原則的な測定方法と重要な差異がないと企業が合理的に予測している場合，または②各契約の補償期間が1年以内である場合に認められる。

d．再保険契約に対しては，認識および測定において通常の保険契約と同様の規定が適用される。

（正解）a．×　b．○　c．○　d．×

（解説）保険契約に分離すべき組込デリバティブが存在するか否かの判断，存在する場合の会計処理方法については，IFRS 9 号「金融商品」を適用するため a は誤り。再保険契約については，比例的な補償を提供している場合，認識が再保険契約の補償期間の開始時または基礎となる契約の当初認識時のいずれか遅い時点となるなど，一部について通常の保険契約とは異なる規定が設けられている。そのため d は誤り。

［安井 一浩］

IFRS 18 : Presentation and Disclosure in Financial Statements

44 財務諸表における表示および開示

目的と適用範囲

1 目的

本基準書の目的は，企業の資産・負債・資本・収益・費用を忠実に表現する目的適合的な情報が提供されるよう支援するために，一般目的財務諸表（General Purpose Financial Statements）における情報の表示と開示についての要求事項を設定することである。個々の特定の取引の認識・測定・開示のための基準は，他の基準書や解釈指針で規定される。

本基準書は，2027年1月以降に開始する事業年度から適用される。従来のIAS第1号「財務諸表の表示」に取って代わるものであり，企業間での財務諸表の比較可能性の向上を目指している。本章はこの新基準について解説している。

2 適用範囲

本基準書は国際財務報告基準（IFRS）に準拠して作成し表示されるすべての財務諸表に適用される。

会計基準の内容

1 財務諸表の全般的要件

財務諸表の目的は，財務諸表の利用者が企業への将来の正味キャッシュ・フローの展望を評価したり，企業の経済的資源についての経営者の受託責任を評価したりする際に，財務諸表の利用者にとって有用な，報告企業の資産・負債・資本・収益・費用に関する財務情報を提供することである。

完全な一組の財務諸表は次のものから構成される。①財務業績計算書（一期間），②財政状態計算書（期末現在），③持分変動計算書（一期間），④キャッシュ・フロー計算書（一期間），⑤注記（一期間），⑥比較情報（先行期間）。なお，企業が重要な内容に関して会計方針の遡及適用や財務諸表項目の遡及修正をした場合は，先行期間の期首現在での財政状態計算書も，併せて要求される。

IFRS18は上記に列挙した計算書を「基本財務諸表」として識別し，それら計算書のすべてを同じ重要度で表示するように求めている。計算書の名称は上記以外のものを利用してもよい。

IFRS18は基本財務諸表と注記にそれぞれ明確かつ相互補完的な役割を与えている。基本財務諸表は，企業が認識した資産・負債・資本・収益・費用・キャッシュ・フローについての構造化された要約を提供する。そしてその提供を通じて，財務諸表の利用者が，企業の財務状況を理解したり，企業間・報告期間間での比較をしたり，追加的な情報を必要とする領域を識別したりするのを支援する。他方，注記は基本財務諸表を補完するものであり，追加的に必要とされる重要な情報の提供を通して，項目の理解を確実にし，財務報告の全般的な目的を促進するのに役立つ。

IFRS 会計基準書には，ある特定の情報が基本財務諸表や注記に含められるよう指示しているものがある。しかし，たとえその情報の表示や開示が最低限の要件として基準書で列挙されていたとしても，結果として生じる情報が重要でなければ，それを表示・開示する必要はない。他方，IFRS 会計基準の規定の順守が利用者の理解につながらなければ，追加的な表示や開示の必要性を再検討しなければならない。

基本財務諸表が有用な構造化された要約を提供するには，財務諸表の構造を決定するIFRS18における特定の要求事項が順守される必要がある。IFRS 会計基準書には，特定の項目を基本財務諸表中で区分表示するよう求めている規定がある。しかし有用な情報提供の観点からみて，その区分表示が不必要であれば，基準書の順守のためだけに区別表示を行う必要はない。他方，基本財務諸表が有用な構造的要約を提供するために必要であれば，追加的な項目と小計の表示が求められる。

基準書は，企業が財務諸表を明瞭に特定することを求めている。財務諸表は同じ公表書類中の他の情報とは区別されなければならない。また，基本財務諸表の一つ一つと注記とは区別されなければならない。加えて，次の情報は目立つように表示され，必要なら繰り返し表示されなければならない。①報告企業の名称やその変更，②連結と個別の区別，③報告期間，④表示通貨（IAS 第21号「外国為替レート変動の影響」），⑤端数処理の水準（千，百万など）がそれである。

完全な一組の財務諸表は，最低年に一度は作成されることを前提としている。もし年度の報告期間が変更され，財務諸表が異なる期間について作成される場合，企業は変更の理由を開示し，その金額が完全には比較可能な数値ではない旨を表明しなければならない。

財務諸表の項目についての表示・開示・区分は，状況の変化や新 IFRS 基準の要求がない限り，毎期継続されなければならない。

IFRS18以外の基準書に省略の規定がない限り，前期の全数値に関する比較情報が，基本財務諸表の本体と注記の両方で開示される必要がある。また当期の財務諸表の理解に必要であれば，文章で説明した情報についても先行期間の比較情報が開示されなければならない。

企業は基本財務諸表とそれに付随する注記の中で，情報を集計（Aggregation）したり分解（Disaggregation）したりすることを求められる。項目は，属性が共通していれば集計され，共通性がなければ分解しなければならない。これにより基本財務諸表と注記が，それぞれの役割を果たし，重要な情報が決して曖昧にならないことを可能にする。具体的には，基本財務諸表の中で表示された項目や，注記の中で開示された項目について，その項目の属性を忠実に表示する方法で分類（Classification）し説明することが求められる。

資産と負債，収益と費用は，IFRS によって要求されたり容認されたりしない限り，相殺できない。

2　基本財務諸表の各々に関する要求事項

(1)　損益計算書

報告期間におけるすべての収益と費用の項目は，IFRS 会計基準が損益計算書に含めないように要求していたり，含めないことを容認しているのでない限り，損益計算書に含めなければならない。それらの項目は，損益計算書の中で次の５つの区分のうちどれか１つに分類される必要がある。

(a)　営業の区分：(b)〜(e)に分類されない収益と費用はすべて，この区分に分類する。
(b)　投資の区分
(c)　財務の区分
(d)　法人所得税の区分
(e)　非継続的事業の区分

収益と費用を営業，投資，財務の区分に的確に分類するには，それに先立って，企業の主たる事業活動が，特定種類の資産への投資や顧客への融資提供（IFRS 第18号はこれを特定された主たる事業活動とよぶ）であるか否かを評価することが必要とされる。特定の資産投資や顧客への融資提供を主たる事業活動とする企業は，これに該当しない一般企業であれば投資や財務の区分に分類するであろう収益や費用を，営業の区分に分類しなければならない。

他方，特定の資産投資や顧客への融資提供を主たる事業活動としていない企業は，次の項目から生じる収益と費用を投資の区分に分類することが求められる。

(a)　関連会社，ジョイント・ベンチャー，非連結子会社への投資
(b)　現金および現金同等物
(c)　個別的かつ他の資源からほぼ独立的にリターンを創出する資産

ただし特定種類の資産投資を主たる事業活動とする企業が，これらの項目を営業の区分に分類するという原則には，持分法で会計処理される関連会社，ジョイント・ベンチ

ャー，非連結子会社への投資，および現金及び現金同等物からの収益と費用を，投資の区分に分類するという例外がある。

また，顧客への融資の提供を主たる事業活動としているのではない一般企業にとって，財務の区分は以下の収益・費用から構成される。

(a) 資金調達だけに関係する取引によって生じる負債（たとえば借入金や社債）から生じる支払利息などの費用と収益

(b) 資金調達だけに関係するのではない取引によって生じる負債（たとえばリース負債や確定給付年金債務）に関係する利息費用と利息収益，および利子率変更の影響額

他方，顧客への融資の提供を主たる事業活動とする企業は，顧客への融資の提供のための資金調達だけに関係する取引から生じる負債からの費用と収益を，営業の区分に分類する。また顧客への融資の提供に関連せず資金調達だけに関連する取引から生じる負債からの費用と収益を，営業と財務のどちらの区分に分類するかを，会計方針として選択する。

企業は損益計算書の中で，①営業損益（Operating Profit or Loss），②財務活動及び法人所得税を算入する直前の損益，および③最終的な損益について，合計と小計を表示しなければならない。

損益計算書に表示しなければならない項目のうち，主要なものは次のとおりである。

(a) 収益：実効利子率を用いて計算された利息収入，保険収入は区別して表示する。

(b) 営業費用：選択された表示によっては，さらに区別した項目が要求される。

(c) 持分法で会計処理される関連会社およびジョイント・ベンチャーの損益の持分

(d) 法人所得税に関連する費用と収益

(e) 非継続的事業の合計額についての単一の金額

(f) 減損損失（減損損失の戻入を含む）

(g) 償却原価で測定された金融資産の認識中止から生じる損益

(h) 金融資産の公正価値とその従前の償却原価との差額から生じるあらゆる損益（償却原価での測定から，損益に算入する公正価値での測定へと，再分類される日現在のもの）

(i) 従前はその他の包括利益の中で認識されていたが，損益に再分類されることになる累積的な損益（その他の包括利益を通じた公正価値での測定から，損益に算入する公正価値での測定へと，金融資産の再分類をした日現在のもの）

その報告期間の最終的な損益を非支配持分と親会社持分へ配分した金額も，損益計算書に含めなければならない。

損益計算書の営業の区分に掲載される費用の項目は，費用の性質または機能のいずれかによって分類し表示しなければならない。費用の項目を機能によって区分する場合は，単一の注記の中で，減価償却，なし崩し償却，従業員給付，減損損失とその戻入，棚卸資産評価減とその戻入の合計額を開示しなければならない。

⑵ 包括利益を表示する計算書

企業は包括利益の合計を表示する計算書の中で，①損益，②その他の包括利益（後の期間において損益へ再分類される項目とされない項目を区分する），③包括利益（損益とその他の包括利益の合計）の３つを表示しなければならない。

その報告期間の包括利益を非支配持分と親会社持分とに配分した金額も，表示する必要がある。包括利益を表示する計算書の各区分の中では，持分法で会計処理する関連会社とジョイント・ベンチャーのその他の包括利益のうちの持分に関する表示項目，およびその他の包括利益のうちの他の項目についても，同様である。

企業は，その他の包括利益の構成要素に関連する再分類調整，およびその他の包括利益の各項目に関する法人所得税の金額を，包括利益を表示する計算書の本体に表示するか，注記の中で開示する必要がある。

⑶ 財政状態計算書

企業には，流動性分析に基づく表示の方がより有用な構造化された要約でない限り，流動と非流動で資産と負債を区分する区分式の財政状態計算書を表示することが求められている。いずれのケースでも，期末日から１年より先に回収（決済）される金額と，１年以内に回収（決済）される資産（負債）の金額とを合算している場合には，１年より先に回収（決済）される金額を，１年以内に回収（決済）される資産（負債）の金額から区別する注記の開示が要求される。

流動資産とは次をいう。⒜企業の通常の営業循環過程内もしくは期末日から１年以内に現金化する予定である資産，⒝主として売買目的で保有されている資産，⒞現金および現金同等物（使用制限が加えられていないもの）。これら以外の資産はすべて非流動資産である。

流動負債とは次をいう。⒜企業の通常の営業循環過程内もしくは期末日から１年以内に決済される予定である負債，⒝主として売買目的で保有されている負債，⒞期末日から１年より先に負債の決済を繰延べることのできる期末日現在の権利を有していない負債。

これら以外の負債はすべて非流動負債である。

財政状態計算書の本体には，次の項目が表示される。⒜有形固定資産，⒝投資不動産，⒞無形固定資産，⒟のれん，⒠金融資産（⒢・⒥・⒦を除く），⒡IFRS17の範囲内で資産に該当する契約のポートフォリオ，⒢持分法で会計処理される投資，⒣生物資産，⒤棚卸資産，⒥営業債権その他の受取勘定，⒦現金および現金同等物，⒧IFRS５に準拠して，売却目的での保有に分類される資産と，売却目的に分類される処分グループに含まれる資産との合計，⒨営業債務その他の支払勘定，⒩引当金，⒪金融負債（⒨・⒩を除く），⒫IFRS17の範囲内で負債に該当する契約のポートフォリオ，⒬IAS12で定義される当期の税金に関する流動負債と流動資産，⒭IAS12に定義される繰延税金資産と繰延税金負債，⒮IFRS５に準拠して，売却目的に分類される処分グループに含まれる負債，⒯非支配持分，⒰親会社の所有者に帰属する資本金と資本剰余金。

(4) 持分変動計算書

持分変動計算書には次を表示しなければならない。(a)包括利益計算書で算出される包括利益の金額，(b)包括利益を親会社株主持分と，非支配持分とに区分して表示した金額，(c)IAS 8 に準拠して，会計方針の遡及訂正を行った場合あるいは財務諸表の修正再表示を行った場合における，株主持分に含まれる個々の項目への影響額，(d)株主持分に含まれる個々の項目についての期首と期末の帳簿価額の調整表（損益，その他の包括利益，所有者との取引については区別して開示する）。

持分変動計算書の本体またはその注記のいずれかで，その他の包括利益に含まれる個々の項目についての期首と期末の調整表を表示しなければならない。また株主への配当総額とその 1 株当たりの金額も表示しなければならない。

3 注記による開示

(1) 構　成

注記（notes）には，財務諸表作成の基本となる事項ならびに会計方針，IFRS によって要求されているが基本財務諸表の本体には表示されていない情報，基本財務諸表の理解に役立つ追加情報を開示しなければならない。

注記は体系的な方法で表示され，基本財務諸表の本体の各関連項目と相互参照される。

公表された財務諸表の中で次の情報がどこにも載っていない時には，注記に開示しなければならない。(a)本拠地，法的形態，法人設立国，登記上の本社の所在地ほか，(b)事業内容や主要な営業活動に関する説明，(c)親会社名，連結企業全体の親会社名，(d)存続期間の定めがある場合にはその期間についての情報。

(2) 経営者が定義する業績指標（MPM）

IFRS18は，経営者が定義する業績指標（Management Defined Performance Measure，以下 MPM）を識別することを求めている。企業は注記にそれについての詳細な開示をする必要がある。この情報は，経営者がその MPM によって伝達されると考える財務業績の側面，およびその MPM が IFRS 会計基準で定義された指標とどのように比較されるかについて，財務諸表の利用者が理解するのを可能にするに違いない。

MPM は次のような収益と費用の小計である。

・財務諸表外での公的なコミュニケーションにおいて利用される。

・投資者に対して，その企業の財務業績の側面についての経営者の見解を伝達するために利用される。

・IFRS18で列挙されておらず，IFRS 会計基準書により具体的に要求されてもいない。

企業は財務諸表の単一の注記の中で MPM に関する情報を開示する。その注記は，その

MPMが企業の全般的な財務業績の側面についての経営者の見解を提供するものであり，他の企業が提供している類似の名称や説明をもった指標は必ずしも比較可能ではないという記述を含むことになる。この注記には次の事項が含められる。

・財務業績の側面についてそれが伝達するものについての説明。なぜ経営者はそのMPMが企業の財務業績に関する有用な情報を提供すると考えるのかを含む。
・MPMと，それと最も直接的に比較可能な次の数値との調整情報。すなわち，IFRS18に列挙された小計，あるいはIFRS会計基準によって要求される合計ないし小計とMPMの関係。

⑶ 資 本

企業は，財務諸表の利用者が資本管理に関する企業の目的・方針・プロセスを評価することができるように，次の質的・量的情報を開示しなければならない。⒜企業が資本と捉えているもの，⒝いかに外的要件が満たされるか，⒞前期からの変化，⒟資本規制への遵守の状況，⒠資本規制を遵守していない場合のその影響。

⑷ その他の情報

企業は，授権株式数や発行済株式数を含む株式の各種類ごとの詳細な情報，資本における準備金を，財政状態計算書ないし持分変動計算書に表示，あるいは注記上に開示する必要がある。加えて，財務諸表の承認前に提案または宣言された未認識の配当金額についての情報は，注記に開示される必要がある。

日本基準との比較

財務諸表の表示と注記に関して，国際会計基準と日本基準の間にある主要な相違点は次のとおりである。

⑴ 財務諸表の表題が異なる。日本基準では「財政状態計算書」を貸借対照表，一計算書方式の場合の「包括利益計算書」を損益及び包括利益計算書，そして「持分変動計算書」を株主資本等変動計算書と呼ぶ。なおIFRS18は損益計算書と包括利益計算書，ないし損益及び包括利益計算書を「財務業績計算書」と総称している。

⑵ 適正表示のために一定の場合に基準書の規定から離脱することを求める規定がある。日本基準にはそのような規定はない。

⑶ 当期損益の表示に際しては，収益と費用を，営業・投資・財務・法人所得税・非継続的事業という5つの区分に分類してこの順に記載し，途中で①営業損益と，②財務および法人所得税前損益を表示するよう求めている。いかなる項目も特別損益として表示してはならず，経常損益は表示されない。日本基準では，営業損益計算・経常損益計算・純損益計算の区分が設けられ，営業利益・経常利益・税引前損益という段階的利益が表示され

る。その際には，特別損益に属する項目を区分表示しなければならない。

(4) 財政状態計算書のひな型として固定性配列法の様式が示されている。より適切にする場合には流動性配列法によるべきとされている。日本基準では流動性配列法が原則である。

(5) IFRS会計基準に基づく財務諸表の枠外で測定されコミュニケーションに利用される業績指標を，経営者が定義する業績指標と名づけ，その指標の意図や計算方法などの注記を求めている。日本基準ではそのような注記は求められていない。

キーワード

集計（Aggregation）＝資産・負債・資本・収益・費用・キャッシュ・フローに関し，共通する属性を有するものを同じ区分に含めて合算すること。

分類（Classification）＝資産・負債・資本・収益・費用・キャッシュ・フローに関し，共通する属性を有していない項目を種類分けすること。

分解（Disaggregation）＝共通する属性をもたないものは，その項目を構成部分へと分解する。

一般目的財務報告（General Purpose Financial Reports）＝報告企業についての財務情報を提供する報告書。企業は，報告書の主たる利用者が，その企業に資源を提供することに関する意思決定をする際に，有用な情報を提供する。意思決定には次を含む。

(a) 資本性金融商品や負債性金融商品の購入・販売・保有

(b) 融資やその他貸付の提供や販売

(c) 企業の経済的資源の使用に影響を及ぼす経営陣の行動に関する，議決権の行使や，その他の影響力の行使

一般目的財務報告は，企業の一般目的財務諸表とサステナビリティ関連の財務上の開示を含む。ただしこの2つに限定されているわけではない。

一般目的財務諸表（General Purpose Financial Statements）＝特定の様式の一般目的財務報告書。報告企業の資産・負債・資本・収益・費用についての情報を提供するもの。

経営者が定義する業績指標（Management Defined Performance Measure）＝収益と費用の次のような小計。

(a) 財務諸表外での公的なコミュニケーションにおいて企業が利用する。

(b) 財務諸表の利用者に対して，その企業の全体としての財務業績の側面に関する経営者の見解を伝達するために企業が利用する。

(c) IFRS18のパラグラフ118の中で列挙されてはいないし，IFRS会計基準書によってその表示や開示が個別的に要求されてはいないもの。

重要な情報（Material Information）＝財務諸表の主要な利用者が財務諸表に基づいて行う意思決定に，その情報が省略，誤表示，不明瞭であり影響が生じると合理的に予想される場合は，その情報は重要である。

注記（notes）＝基本財務諸表で表示される情報に追加して，財務諸表で提供される情報

営業損益（Operating Profit or Loss）＝営業の区分に分類されるすべての収益と費用の合計。

演習問題

[1] 損益計算書上での項目の区分について誤っているものはどれか。

a. 資産への投資や融資の提供を主たる事業活動にしない一般企業が営む主たる事業活動からの収益と費用は，営業の区分に表示する。

b．資産への投資や融資の提供を主たる事業活動にしない一般企業は，持分法による投資利益を投資の区分に分類し，借入金の支払利息を財務の区分に分類する。

c．営業の区分に表示される費用は機能によって分類し表示する。

d．非継続事業から生じた収益と費用を，営業の区分に含めてはならない。

（正解）c：営業の区分に表示される費用は，性質または機能のいずれかによって分類し表示する。

（付記）本書の第4章「財務諸表の表示（IAS 1）」の演習問題［1］および［2］は，IFRS18のもとでも有効である。併せて参照していただきたい。

［増村　紀子］

執筆者一覧（執筆順）　2024年4月1日現在

桜井　久勝（さくらい・ひさかつ）　昭和女子大学・グローバルビジネス学部・特命教授
池田　健一（いけだ・けんいち）　福岡大学・商学部・教授
小野慎一郎（おの・しんいちろう）　東北学院大学・経営学部・教授
増村　紀子（ますむら・のりこ）　兵庫県立大学大学院・社会科学研究科・教授
石光　　裕（いしみつ・ゆう）　京都産業大学・経営学部・教授
土田　俊也（つちだ・としや）　兵庫県立大学大学院・社会科学研究科・教授
浦山　剛史（うらやま・たけし）　兵庫県立大学・国際商経学部・准教授
山下　和宏（やました・かずひろ）　姫路獨協大学・人間社会学群・教授
金光　明雄（こんこう・あきお）　桃山学院大学・経営学部・准教授
音川　和久（おとがわ・かずひさ）　神戸大学大学院・経営学研究科・教授
若林　公美（わかばやし・ひろみ）　関西学院大学・商学部・教授
石川　博行（いしかわ・ひろゆき）　大阪公立大学大学院・経営学研究科・教授
桜井　貴憲（さくらい・たかのり）　同志社大学・商学部・准教授
石井　孝和（いしい・たかかず）　小樽商科大学・商学部・准教授
村宮　克彦（むらみや・かつひこ）　大阪大学大学院・経済学研究科・教授
與三野禎倫（よさの・ただのり）　神戸大学大学院・経営学研究科・准教授
北川　教央（きたがわ・のりお）　神戸大学大学院・経営学研究科・教授
髙田　知実（たかだ・ともみ）　神戸大学大学院・経営学研究科・教授
奥原　貴士（おくはら・たかし）　高松大学・経営学部・教授
小谷　　学（こたに・まなぶ）　熊本学園大学・商学部・准教授
安井　一浩（やすい・かずひろ）　神戸学院大学・経営学部・教授
森脇　敏雄（もりわき・としお）　北九州市立大学・経済学部・准教授

■編著者紹介
桜　井　久　勝（さくらい・ひさかつ）
略　歴　1952年生まれ
1971年４月～1979年３月　学生として神戸大学経営学部・大学院に在学
この間に　1977年３月　公認会計士　登録
1979年４月～2016年３月　教員として神戸大学経営学部・大学院に勤務
この間に　1992年10月　神戸大学から博士（経営学）の学位取得
2016年４月～2019年３月　教員として関西学院大学商学部・大学院に勤務
この間に　2015年９月～2018年９月　日本会計研究学会　会長
2019年４月～2022年３月　金融庁　公認会計士・監査審査会　会長
2022年４月～　昭和女子大学　グローバルビジネス学部　特命教授

主要著書
『会計利益情報の有用性』千倉書房，1991年３月。（博士論文）
『財務会計講義』中央経済社，初版1995年，第25版2024年。
『財務諸表分析』中央経済社，初版1996年，第９版2024年。
『会計学入門』日経文庫，初版1996年，第５版2018年。
『財務会計・入門』有斐閣，初版1998年，第17版2024年。（共著）
『利益調整：発生主義会計の光と影』中央経済社，2023年。

■テキスト　国際会計基準（こくさいかいけいきじゅん）［新訂第２版］　〈検印省略〉

■発行日――2001年６月26日　初　版　発　行
2005年６月16日　第　2　版　発　行
2008年４月16日　第　3　版　発　行
2009年11月26日　第　4　版　発　行
2010年12月16日　第　5　版　発　行
2013年10月16日　第　6　版　発　行
2018年11月16日　新　訂　版　発　行
2024年７月６日　新訂第２版発行

■編著者――桜井久勝（さくらいひさかつ）

■発行者――大矢栄一郎

■発行所――株式会社　白桃書房（はくとうしょぼう）
〒101-0021　東京都千代田区外神田5-1-15
☎03-3836-4781　Ⓕ03-3836-9370　振替00100-4-20192
https://www.hakutou.co.jp/

■印刷・製本――藤原印刷株式会社

Printed in Japan　ISBN978-4-561-35236-5　C3034